Couvertures supérieure et inférieure manquantes

A TRAVERS LE PASSÉ

SOUVENIRS D'ALSACE

PORTRAITS, PAYSAGES

PAR

Charles GOUTZWILLER

avec un dessin à la plume par l'auteur

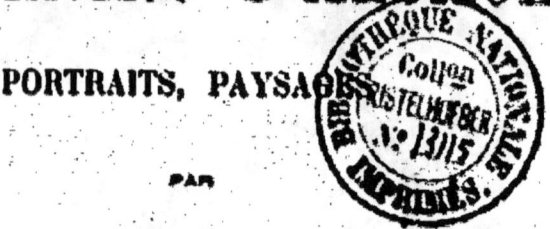

BELFORT. — IMPRIMERIE NOUVELLE
21, Faubourg de France, 21
1898

A ma fille bien aimée

Madame Maria Andry

Affectueux souvenir,
Ch. GOUTZWILLER.

Paris, avril 1898.

GRAND HANAP DE RIBEAUPIERRE
1580

(Voir page 379.)

A TRAVERS LE PASSÉ

Souvenirs d'Alsace

PORTRAITS ET PAYSAGES

> La parole est l'humble servante de son auguste maîtresse, la Vérité.
> C. FLAMMARION.

I

Chères ombres

Vivre de souvenirs, c'est presque vivre deux fois. Avant de dormir le grand sommeil, tout homme aime à remonter le cours de son existence, ressusciter par la pensée ses années d'enfance et d'âge mûr, revoir comme dans un mirage les figures aimées qui ont guidé ses premiers pas dans la vie, les jeunes amis qui ont partagé ses premières émotions, les paysages lumineux du pays natal. C'est un rêve, sans doute, mais un rêve fortifiant. Quel est l'homme qui n'a trouvé dans le rêve, dans ce défilé vaporeux des chères ombres du passé, de quoi rasséréner son esprit fatigué par les préoccupations du jour ?

Pour l'homme sérieux, qui observe avec attention tout ce qui se passe autour de lui et apprécie les événements auxquels il a été mêlé, quand la providence lui a accordé une vie relativement longue, c'est un devoir de tenir note exacte de ses impressions. Elles peuvent exercer une influence utile dans le cercle intime de la famille et même constituer un ensemble de données intéressantes pour tous ceux qui ne sont pas indifférents aux manifestations de la vie ambiante. Ah ! que de fantômes hantent ma pensée ! Presque tous ils sont disparus les vaillants compagnons de ma jeunesse, semés par le destin loin du sol natal. Parmi eux de braves cœurs, des natures d'élite, exilés volontaires, reposent aujourd'hui dans des cimetières étrangers. Leurs profils énergiques de lutteurs se détachent en lumière sur le sol brumeux du passé. Ils résument pour moi la plus belle période de l'existence, le printemps radieux où l'homme ne doute pas encore, où il croit naïvement à la réalisation de ses rêves.

> Les vaillants de dix huit cent trente,
> Je les revois tels que jadis,
> Comme les pirates d'Otrante,
> Nous étions cent, nous sommes dix.
>
> Th. Gautier.

Encore le chiffre dix est-il bien ébréché et se réduit-il aujourd'hui à deux ou trois pirates... d'eau douce.

II

A vol d'oiseau. — Sundgau et Rauraques

Là-bas, dans cette région jurassique qui forme l'extrême limite de la Haute-Alsace, je vois s'estomper sur le ciel bleu la gracieuse silhouette d'Altkirch, ma ville natale. Elle s'élève en amphithéâtre sur un monticule dominant la vallée de Saint-Morand et baigné par la rivière d'Ill. Cette rivière prend sa source dans un contrefort du Jura, à Winckel, près de Ferrette, et traverse presque toute l'Alsace pour se jeter dans le Rhin près de Strasbourg. Comme aspect général, la physionomie du paysage est très-pittoresque. Borné d'un côté par la chaîne des Vosges qui étend son rideau violet à l'ouest et se perd vers Belfort, le coup d'œil, par les belles soirées d'été, peut s'étendre à l'est jusqu'aux glaciers suisses de la Jungfrau et du Stockhorn dont les profils dentelés forment un splendide décor à l'horizon Que de fois suis-je allé, sur les hauteurs voisines, contempler ce poétique spectacle et voir mourir les derniers rayons du couchant sur ces cimes neigeuses, alors que les premiers plans du paysage étaient noyés dans le crépuscule ! C'était comme une échappée de vue sur une autre planète.

A travers toutes les péripéties qu'il a subies dans des périodes historiques plus ou moins orageuses, l'ancien Sundgau terre gallo-romaine, comprenant presque tout le département du Haut-Rhin, a passé sous la domination des archiducs d'Autriche. On sait que le comté de Ferrette, dont la seigneurie d'Altkirch faisait partie, devait son origine à la famille des comtes de Pont-à-Mousson et de Montbéliard, dont les domaines étaient compris dans l'ancien royaume de Bourgogne. Ses comtes s'allièrent aux archiducs d'Autriche, landgraves de la Haute-Alsace.

Dans les premières années du seizième siècle, le souffle de la réforme passa sur le comté de Ferrette sans entamer cette foi de vieille roche que l'Autriche catholique avait su rendre inattaquable par une série de règlements draconiens connus sous le nom de *Coutume de Ferrette*. Ils formaient un gros volume manuscrit conservé pendant de longues années par M. le notaire Desgrandchamps et qu'il a bien voulu, à ma demande, déposer à la bibliothèque de la ville de Colmar.

Après l'accession de l'Alsace à la France, Louis XIV avait donné, à titre de fief, une grande partie du comté de Ferrette au cardinal Mazarin, son ministre, qui transmit ce fief à ses neveux et héritiers. En 1667 nous trouvons la vieille résidence féodale entre les mains d'Armand-Charles, duc de

Mazarin, qui confirma les anciennes franchises de la ville de Ferrette.

Vers la fin du règne de Louis XV, la seigneurie appartenait au duc d'Aumont-Mazarin, avec tous les privilèges féodaux de l'époque : elle était administrée, sous la haute investiture du seigneur, par un bailli et un procureur fiscal ayant droit de haute et basse justice. Ce duc d'Aumont, vivant séparé de sa femme, n'administrait pas directement ses domaines, laissant ce soin à la duchesse qui signait les actes publics nommant les officiers du bailliage, comme le prouve la nomination de mon grand-père en qualité de sergent seigneurial de la ville et comté de Ferrette, signée le 1er février 1774 par la duchesse d'Aumont ainsi qualifiée :

« Louise-Jeanne de Durfort de Duras, duchesse de Mazarin et de Mayenne, princesse de Château-Porlieu, marquise de Chilly et Lonjumeau, comtesse de Rozoy, Belfort, Rozemont, Thann et Ferrette, baronne de Massy et d'Altkirch, dame d'Issenheim et de Delle, épouse séparée quant aux biens de M. Louis-Marie-Gui d'Aumont, duc de Mazarin, marquis de Pienne, baron de Chappes, maréchal des Camps et armées du Roy. »

Sous la période gallo-romaine la partie du Sundgau confinant à la Suisse était comprise dans le pays des Rauraques dont *Augusta rauracorum*, situé aux environs de Bâle, était le chef-lieu. Ce nom de *Rauraques* ne provient-il pas de l'ancien celtique *raue Rachen* qui signifie *gosiers rauques*, et s'est conservé dans l'allemand actuel ? En effet, singulier phénomène, le langage des paysans de la frontière du Sundgau, de Ferrette à Bâle, a quelque chose de particulièrement guttural et grossier où le *h* aspiré joue un grand rôle. Cela a été ainsi pendant de longs siècles et cela ne s'est pas modifié au contact des populations du restant de l'Alsace dont la langue est plus douce, plus policée.

Je disais plus haut que le souffle de la réforme religieuse n'avait point pénétré dans le Sundgau pendant la domination des archiducs d'Autriche. Cette assertion n'est pas tout à fait exacte ; car, fait curieux et étrange, au beau milieu de ce

Sundgau catholique, s'était formée comme une enclave, la
République protestante de Mulhouse. devenue peu à peu un
important centre industriel où s'imprimaient, où s'impriment
encore ces belles toiles peintes d'Alsace qui ont fait le tour
du monde. Mulhouse a été réuni à la France en 1798.

III

La Révolution à Ferrette. — Incendie de la maison du bailli. — Pillages.

En 1789, après la prise de la Bastille, quand le cri d'affranchissement parti de Paris s'était répercuté sur tout le territoire français, le Sundgau se souvint qu'il avait été un des
principaux acteurs dans la guerre des Paysans de 1525. Cette
levée de boucliers contre l'ancienne noblesse féodale avait eu
pour lui des conséquences terribles, représailles par le fer et
le feu qui n'avaient fait qu'aviver sa haine. De sourdes
rumeurs parcouraient l'ancien comté de Ferrette et l'on sentait que des évènements graves allaient se produire au chef-
lieu de la seigneurie où résidait le bailli des ducs de Mazarin,
M Gérard, de Belfort. Il avait à côté de lui comme secrétaire
en chef de la subdélégation de l'Intendance provinciale,
M. Alexandre Moll. de Colmar, le même qui devint en 1811
directeur général des contributions directes dans les provinces
conquises de la rive gauche du Rhin, à Dusseldorf, et plus
tard directeur à Colmar même. La maison du bailli occupait
alors l'emplacement où a été construite, depuis, la maison du
notaire Desgrandchamps, vis-à-vis de l'église. C'est dans cet
hôtel du bailli que se trouvaient le dépôt des archives en
même temps que les fonds provenant des contributions publiques. Dans un manuscrit daté du 1er août 1789 et que son
petit-fils, M Yves Moll, président du tribunal de Sancerre, a
bien voulu me communiquer, M. Moll a tenu note, jour par

jour, des événements dont il a été le témoin. Son écriture est jeune, alerte, brillante, sans ratures, celle d'un calligraphe ayant le respect de lui-même et des autres, celle d'un esprit de haute marque, ayant un vocabulaire approprié aux choses dont il parle, et dont la phrase claire et pénétrante révèle des études littéraires peu communes en Alsace à cette époque lointaine.

Donc, vers la fin de juillet 1789, on apprit qu'une bande de gens sans aveu, vagabonds et déserteurs, qu'on disait rassemblés dans la vallée de Saint-Amarin, n'attendait qu'un signal pour venir à Ferrette saccager les maisons des officiers de justice et qu'après les avoir pillées on réduirait la ville en cendres. Du moment qu'il ne s'agissait que d'une tourbe de malandrins vulgaires prêts à pêcher dans l'eau trouble, on s'explique difficilement la grande panique qu'elle provoqua au chef-lieu du bailliage. A peine M. Gérard eut-il vent de la nouvelle, qu'il fit ses malles dans la nuit pour aller se réfugier en Suisse, laissant à M. Moll le soin de garder la maison jusqu'à son retour qu'il croyait prochain. Ce départ eut lieu à l'insu de tout le monde, même des domestiques de la maison et produisit le plus mauvais effet. Devant cette conduite pusillanime du bailli, toute la population de Ferrette prit peur, et, au lieu de faire bonne contenance, le procureur fiscal, suivi des principaux bourgeois, se sauva à son tour.

Vers dix heures du matin, les villageois des environs et des gens étrangers au bailliage vinrent se poster en observation dans les rues de Ferrette, attendant les événements.

« La maison de M. Gérard étant isolée et, d'ailleurs, dominante d'un côté et dominée de l'autre, est plus en évidence qu'aucune autre. Je vis très bien, dit M. Moll, qu'elle était plus particulièrement surveillée, au point que nous y étions comme bloqués, en ce sens qu'on ne pouvait rien transporter hors de l'enclos sans être aperçu. Si bien que je n'ai pu trouver un seul instant pour transporter au dehors un sac de douze mille livres en écus de six livres que j'avais tenu prêt pour aller le jeter dans le puits assez profond du jardin. Je me réservais de profiter de l'entrée de la nuit pour exécuter mon dessein : il n'était plus temps.

« La bourgeoisie fut convoquée à l'hôtel-de-ville pour aviser aux moyens à employer éventuellement. Le résultat de cette convocation fut complètement nul. Aucune disposition ne fut prise parce que, disait-on, et la chose fut généralement accréditée, on n'en voulait qu'aux Juifs et qu'il n'était question que d'anéantir et de brûler, dans les dépôts respectifs, les titres et papiers de leurs créances usuraires, en même temps que les documents et diplômes de féodalité et des droits seigneuriaux qui blessaient la dignité de l'homme ; que d'ailleurs, la bande d'insurgés qu'on avait insidieusement exagérée comme marchant par milliers, ne permettait aucune résistance efficace. Voilà comment on avait raisonné ou plutôt déraisonné. Malheureusement personne ne s'est trouvé à la réunion, pour faire ressortir ce qu'un pareil égoïsme avait de lâche et de honteux.

« Le courage de Mme Gérard n'a pu être ébranlé pour cela ; elle était décidée à ne pas quitter la maison, résolue à courir toutes les chances. Sa présence ne pouvant cependant être d'aucune utilité réelle, nous cherchions à lui faire comprendre que la prudence voulait qu'elle fît le sacrifice de sa résolution. Elle ne s'est éloignée que vers le soir, alors que ses soins devenaient tout à fait inutiles.

« Je restai seul avec des serviteurs fidèles et dévoués, occupés à visiter les appartements pour soustraire ce qui aurait été oublié. Il y avait encore différents objets mobiliers pour remplir trois grands poêles de poterie chauffant la pièce du rez-de-chaussée. Je les y ai fourrés comme dans le refuge le plus sûr. Précaution vaine ; tout y a été spolié et consumé par le feu.

« Ce qui a mieux répondu à ma prévoyance, c'est d'avoir placé devant la porte d'entrée de l'une des caves un tonneau vide en le posant de manière que cette porte se trouvait entièrement masquée. Elle est toute remplie de vins étrangers et de liqueurs en bouteilles. Je crois que dans nos contrées, il n'y a pas une seule cave aussi bien assortie. C'en était fait si la porte eût resté à découvert.

« La foule continuait à aller croissant et devint bientôt un attroupement formidable qui ne pouvait qu'augmenter mes justes appréhensions. Il était huit heures et demie environ. Le crépuscule était déjà étendu sur l'horizon. La porte-cochère fut forcée ; on se jette pêle-mêle dans la cour. Je remarquai qu'une partie de ces garnements étaient déjà pris de vin et même dans l'ivresse.

Après cet envahissement les plus audacieux se mirent à crier d'un ton impératif : « Qu'on nous serve à l'instant autant de vin qu'il nous plaît !... » On se précipite avec impétuosité dans la cave où chacun voulait arriver le premier. »

Là ce fut une vraie orgie, et les brutes s'enivrèrent à tel point qu'il n'y eut plus moyen de leur faire entendre raison. M. Moll parvint, non sans grande peine, à remonter dans la maison complètement envahie. Seul, sans aucune assistance, sans appui, sans conseils, il se rendit à Vieux-Ferrette où s'était retirée Mme Gérard, pour l'informer de l'état des choses. Il était minuit quand il voulut retourner en ville. A mi-chemin il vit surgir une colonne de feu, et apprit par le jardinier de la maison, venu à sa rencontre, que l'incendie allumé sur divers points à la fois, était alimenté par les papiers du greffe du bailliage qui avait été complètement saccagé par les émeutiers. Tous les registres, chartes, titres de créances étaient devenus la proie des flammes.

« Le château qui domine la ville et les rochers qui la bordent vers l'orient, apparaissent au milieu de la nuit avec une clarté d'un effet beaucoup plus saillant que le jour et qui, sans la cause qui l'a produite, eût offert un spectacle phénoménal le plus majestueux. »

Enfin les habitants du voisinage, craignant de voir se propager l'incendie, se réveillèrent de leur apathie, tombèrent à coups de bâtons sur la bande de pillards et finirent par les mettre en fuite. L'incendie concentré sur la seule maison du bailli, touchait à sa fin. M. Moll se mit alors en devoir d'accompagner Mme Gérard qui se dirigea vers Porrentruy et eut à subir en route bien des misères et pas mal d'avanies.

« En cheminant vers Dirlinsdorf le spectacle le plus contristant venait s'offrir à nos regards. Des familles entières de la population juive de Dürmenach, campaient sur les bords du chemin et dans les fossés. Elles s'étaient soustraites à la persécution d'une autre bande d'insurgés qui avait spolié et saccagé leurs demeures. Des enfants à la mamelle, des femmes, des vieillards, des berceaux, de la literie et autres effets mobiliers, tout cela se trouvait pêle mêle à terre. Les enfants criaient, les adultes gémissaient. Heureusement le temps fut fort beau et semblait protéger ces tristes caravanes. »

Quand tout fut fini, deux ou trois jours après les événements, deux compagnies d'infanterie du régiment de Bourgogne, qu'on avait détachées de la garnison d'Huningue, arrivaient à Ferrette pour y rester en cantonnement. Comme les fameux carabiniers de la grande duchesse de Gérolstein, ils arrivaient trop tard pour se rendre utiles.

Le coffre-fort du bailli, contenant quatre à cinq mille livres, avait été, avant l'incendie, transporté dans un pré voisin. Les pillards parvinrent à y pratiquer un trou assez grand pour y passer la main et même le bras. Chacun voulant avoir la plus forte part, il y eut alors parmi ces gens ivres une mêlée générale où les horions pleuvaient dru. M. Moll rapporte que l'un d'eux, habitant de Linsdorf, en voulant plonger ou retirer la main, eut le poignet coupé tout net. Quoiqu'il en soit, ils parvinrent à voler toute la somme.

La petite garnison de Ferrette opéra plusieurs arrestations. Les prévenus furent conduits dans les prisons d'Huningue où fut instituée une commission prévôtale pour instruire extraordinairement et faire le procès aux auteurs, fauteurs et complices des désordres et pillages. Le général Castéja vint lui-même sur les lieux, prendre des informations et assurer les dispositions nécessaires pour le rétablissement complet de l'ordre.

Quand les cendres de l'incendie furent refroidies, M. Moll, accompagné de M⁽ᵐᵉ⁾ Gérard, fit faire des fouilles par une équipe d'ouvriers sur l'emplacement de la maison, dans l'espoir de retrouver les douze mille livres en argent qu'il n'avait pas eu le temps de jeter dans le puits lors de l'invasion de la maison et qu'il avait simplement déposés sous une petite table dans le cabinet de M. Gérard. Après un travail assez long, et à la profondeur d'environ quatre pieds, les ouvriers rencontrèrent de la résistance et s'aperçurent qu'ils remuaient des matières métalliques et sonores. C'étaient, à la grande surprise des assistants, des piles d'écus de six livres entassées les unes sur les autres. Ces pièces d'argent étaient tellement agglutinées et adhérentes qu'il était impossible de les disjoindre. Chose merveilleuse, il ne manquait aux douze mille livres que *quatre écus !*

« Bien que cette découverte, dit M. Moll, ne soit qu'un faible allègement des pertes causées par l'incendie, elle me donna d'autant plus de satisfaction qu'elle surpassait mon attente et que, d'un autre côté, elle attestait ma sollicitude pour sauver ce qui pouvait l'être. »

Pour terminer cette relation qui, dans le manuscrit original occupe 70 pages, voici les réflexions qu'inspirait en 1835, à M. Moll son séjour assez long parmi les populations du Sundgau :

« Ferrette est le seul endroit de la province qui a offert le triste spectacle de l'incendie. Ailleurs on s'en est tenu au sac, au pillage et à la dévastation. On a voulu conclure de là que la morale, parmi les populations du Sundgau, est plus relâchée qu'ailleurs et que, dès lors, il doit y avoir moins de retenue pour commettre des actions criminelles. Il m'appartient de repousser hautement ce qu'une semblable inculpation aurait d'injuste. J'ai vécu pendant plusieurs années au milieu de cette population, je fus en relation journalière avec les habitants de la campagne et les autorités locales, en raison des fonctions administratives que j'exerçais en sous-ordre ou par délégation ; je me trouvais, par conséquent, mieux à même que qui que ce soit d'étudier, d'observer, d'apprécier le caractère et les mœurs des habitants. J'ai rempli postérieurement, en différentes contrées, des fonctions publiques, et je puis dire avec assurance, nulle part je n'ai trouvé plus de loyauté, plus de déférence de la part des administrés envers l'autorité, que dans le ci-devant comté de Ferrette... Que le genre de vie, les habitudes et les usages dans les relations sociales, parmi la classe plébéienne, y conservent quelque chose d'antique ou de moins maniéré qu'ailleurs, c'est-à-dire que la contrée ne soit pas à la hauteur de ce qu'on appelle si fastueusement la lumière progressive, c'est possible, je n'entends pas le contester. Mais c'est précisément par ce que les mœurs patriarcales se sont conservées plus intactes, que je pourrais soutenir que la vieille bonne foi y est plus ingénue, plus confiante et par là même plus accessible aux moyens de séduction qui ont pu y être pratiqués. »

IV

Sur le Rhin. — De Strasbourg à Dusseldorf. — Lafontaine et Brend'amour.

En 1805, la famille de mon père se transplanta à Altkirch, chef-lieu d'arrondissement récemment créé, dans un milieu de magistrats et de fonctionnaires où les relations étaient empreintes d'un grand caractère de sociabilité. Cela tenait sans doute, à la position topographique de la petite ville, située sur la grande route nationale de Paris à Bâle, entre les deux places fortes de Belfort et d'Huningue. Elle avait reçu, de très bonne heure, l'empreinte des idées françaises, d'une part en logeant les troupes de passage entre les deux places, de l'autre par le contact avec les voyageurs venant de l'intérieur. Les grandes foires établies depuis des siècles à Altkirch avaient amené des échanges nombreux avec les populations commerçantes des Vosges, de la Haute-Saône, de la Haute-Marne et du Doubs. Les familles aisées avaient même pris l'habitude d'envoyer leurs enfants se perfectionner dans le français aux environs de Belfort et jusque dans la Haute-Saône.

Ici un souvenir d'enfance qui me remonte au cœur comme

un regret. Pendant un court séjour à Walheim, mon père, un peu calligraphe, avait écrit en caractères du vieux idiôme mulhousien, un *Livre de Prières* qu'il offrit à une dame Marx, la propriétaire de la maison qu'il habitait. En 1827, le petit-fils de cette personne, élève comme moi à l'école primaire d'Altkirch, me signala ce fait en mettant sous mes yeux le manuscrit de mon père conservé dans une reliure à tranche d'or. Dans ma naïveté d'enfant je le priai de me céder ce livre, en échange d'un jouet quelconque ; mais sa grand'mère y tenait comme à la prunelle de ses yeux et toutes les démarches que j'ai faites, dans la suite, pour racheter ce manuscrit demeurèrent sans résultat.

.·.

Après le traité de Campo-Formio qui avait cédé à la France toute la rive gauche du Rhin et la Belgique, l'empereur Napoléon Ier divisa le pays en départements qui furent administrés d'après les règles de la Constitution de l'an VIII qui nous donna le bonheur peu enviable d'une centralisation à outrance. La direction du service des contributions directes du département du Rhin, chef lieu Dusseldorf, fut confiée en 1811, à M. Moll, auteur du manuscrit que j'ai analysé plus haut. Avant de se rendre à son poste il choisit comme collaborateurs quelques jeunes alsaciens initiés au travail de bureau et connaissant à fond la langue allemande. M. Karm, de Turckheim, et mon père firent partie de ce personnel administratif destiné à opérer sur un terrain entièrement nouveau. Ce n'était pas chose facile, alors, que d'entreprendre un si long voyage. Il n'existait aucun service régulier de voitures publiques, pour ceux surtout qui étaient accompagnés d'un lourd bagage. La caravane se décida donc à prendre la voie du Rhin où il existait de tout temps un service de batellerie très apprécié des voyageurs désireux d'arriver rapidement à destination. Souvent, dans nos veillées, mon père nous raconte toutes les péripéties de ce voyage incidenté, les merveilleux paysages du Rhin de Mayence à Cologne, le dangereux passage du *Bingerloch* ou gouffre de Bingen formé par les rochers d'une île du Rhin où se trouve le *Mausethurm* (tour des rats) dont Victor Hugo a reproduit la palpitante légende dans son livre : *Les bords du Rhin*. Dès que le voisinage de cet épouvantail fut signalé, la femme du batelier, frappée de terreur, s'agenouilla faisant force signes de croix et invitant les passagers à en faire autant, pendant que les rameurs — c'était bien plus plus prudent — s'efforçaient d'entraîner le bateau hors des cercles attractifs du tourbillon. Ensuite c'était la légende de *Loreley*, la belle sirène allemande qui, à l'exemple de l'enchanteresse Circé, attirait les navigateurs séduits par ses chants magiques jusqu'au pied du rocher où leur esquif se brisait, entraînant les malheureux dans le gouffre.

Dans ce long trajet sur un bateau d'installation peu confortable, les voyageurs passèrent successivement à Germersheim, Spire, Mannheim, Worms, Mayence, Bingen, St-Goar, Coblentz, Bonn et Cologne, localités qu'ils purent visiter sommairement pendant les courts arrêts du bateau.

Dusseldorf, qui a aujourd'hui plus de 70.000 âmes, est régulièrement bâti le long du Rhin, dans une magnifique vallée. La ville fut agrandie et embellie par les Electeurs palatins. Elle a de beaux monuments, entre autres la cathédrale St-Lambert, renfermant les tombeaux des anciens ducs de Juliers et de Berg, l'église St-André, d'une architecture très riche et les statues équestres de l'électeur Jean-Guillaume. Elle possédait une magnifique galerie de tableaux anciens formée par le prince et comptant trois cent soixante cinq œuvres des principaux maîtres de la Renaissance. Depuis les guerres de la Révolution cette galerie a été transférée à Munich. L'école de peinture, fondée en 1767 et réorganisée en 1822, a joui d'une certaine célébrité sous l'habile direction des peintres Cornélius et Schadow, artistes de grand renom. La ville renferme aussi une remarquable imprimerie en taille douce et un Institut ou *Académie xylographique*, école de gravure sur bois où se sont formés de nombreux artistes, hommes et femmes, sous la direction de *Brend'amour*, descendant sans doute des anciens réfugiés français lors de la révocation de l'édit de Nantes. Chose curieuse, c'est dans cet institut qu'ont été gravées les illustrations dessinées par J.-J. Grandville pour la jolie édition des *Fables de Lafontaine*, publiée en 1870 par la maison Mame, de Tours. A deux siècles de distance, c'est un artiste allemand, au nom français, qui associe son talent à celui du célèbre dessinateur nancéen pour la publication de l'œuvre immortelle du fabuliste. J.-J. Grandville, l'auteur des *Animaux peints par eux-mêmes et dessinés par un autre*, des *Scènes de la vie privée et publique des animaux*, où se donne carrière le plus désopilant humour, des *Fleurs animées* et des *Fables de Lafontaine*, était secrétaire en chef de la mairie de Nancy ; ce qui prouverait que le sentiment de l'art n'est pas incompatible avec un milieu bureaucratique généralement réfractaire aux conceptions du beau idéal. Disons encore, à la gloire de ce joli nom de Brend'amour, qui semble échappé d'une bergerie de Watteau et fait rêver à une idylle, que malgré le nom aussi rébarbatif que grec de *Xylographische Académie*, les gravures qui en sortent ont un vrai mérite d'exécution et sont recherchées par les éditeurs de journaux illustrés.

Voici l'impression produite sur mon père par cette ville si intéressante. Elle est extraite d'une lettre écrite par lui le 3 septembre 1812 et conservée depuis lors dans notre famille :

« La ville est jolie et très gaie et le sera davantage dans la suite. Il y a surtout un quartier qu'on appelle la Carlstadt, où je loge, qui est fort beau ; les rues y sont tirées au cordeau et les maisons semblent toutes être autant de palais. L'empereur Napoléon, pendant qu'il a séjourné ici, entre autres dispositions qu'il a faites en faveur de la ville, a assigné un million, chaque année, pour son embellissement. Mais c'est surtout le parc et les promenades publiques qu'il vous faudrait voir ; tous les voyageurs qui passent ici conviennent n'en avoir vu d'aussi belles dans tout le reste de l'Allemagne. Les habitants sont affables et prévenants envers les étrangers, mais, par contre, très portés au luxe et aux plaisirs. »

Quand la grande armée de Napoléon se mit en branle pour la désastreuse campagne de Russie, une grande partie de ses corps d'élite passa le Rhin à Dusseldorf. Mon père assista à ce long défilé de jeunes soldats pleins d'ardeur et dont la grande majorité ne revint pas. Nous avons connu à Altkirch quelques lamentables débris de la retraite de Russie, entre autres un nommé Joseph Schmitt, de Reschwoog (Bas-Rhin), décoré de la légion d'honneur, qui avait travaillé à la construction du pont de la Bérésina, et un pauvre vieux juif, nommé Marem, marchand de ferraille, qui avait eu les pieds gelés et marchait très péniblement. Il est juste de décerner un souvenir à ces humbles soldats de la terrible épopée.

Le 1er juin 1813 mon père fut nommé contrôleur des contributions à Essen, aujourd'hui la fameuse usine des canons Krupp, alors chef-lieu d'arrondissement ne possédant qu'une manufacture d'armes blanches qui, de transformations en transformations est devenue la plus formidable fonderie d'engins à l'usage de la guerre... Dans le registre de correspondance du contrôleur, je trouve la trace de l'excellent accueil qui lui a été fait dans cette ville industrielle dont les habitants ont été pour lui et ses collègues aussi prévenants que ceux de Dusseldorf.

Après la bataille de Leipzig vint la débâcle, vinrent les Cosaques, et le personnel de la Direction des contributions rentra en Alsace. C'était l'invasion.

V

Les invasions de 1813 et 1815. — Le général Lecourbe. — Pierre Lidy et le Champ de la Mort.

Situé sur la grande route de Bâle à Paris, à six lieues de la frontière, Altkirch reçut la première visite de l'ennemi et vit défiler les innombrables cohortes d'Autrichiens, de Russes, de Cosaques, de Bavarois, de Croates, de Hongrois, se précipitant vers l'intérieur de la France. Le jour de Noël, 25 décembre 1813, les troupes de Schwarzenberg font leur entrée dans la ville, musique en tête, puis s'éloignent et vont établir leur quartier général à Langres avec celui de Blücher. Alors commence cette lutte épique, pied à pied, entre Napoléon et les armées de la Sainte-Alliance.

A la seconde invasion, en 1815, le général Lecourbe, nommé pendant les Cent-Jours commandant du corps d'observation du Jura, avait établi son quartier général à Altkirch et y dirigea les manœuvres de cette vaillante retraite d'une petite division de l'armée française disputant à l'armée autrichienne de Colloredo le sol de la France. Une action meurtrière devait s'engager sous les murs même de la ville le 27 juin 1815 ; les canons étaient braqués lorsque, à la sollicitation des habitants, il écarta de la ville le théâtre d'une collision qui pouvait devenir désastreuse pour les personnes et pour les propriétés. Le souvenir de ce fait est attesté par une lettre que le vainqueur de Souwarow écrivit aux magistrats d'Altkirch en réponse aux témoignages de reconnaissance des habitants. La voici :

« Au quartier général à Belfort, le 9 aoust 1815.

» Le général en chef Lecourbe, commandant le corps d'observation du Jura à Messieurs les Maire et membres du Conseil municipal d'Altkirch.

« J'ai reçu, Messieurs, l'obligeante lettre que vous m'avés fait l'honneur de m'écrire. L'expression des sentimens qu'elle renferme à mon égard m'est extrêmement sensible. Toujours enclin par la bonté de mon cœur à soulager les habitans et à rendre le moins pesant le fardeau de la guerre, je suis bien récompensé lorsque je peux reconnaître les soins et les égards que votre commune a eu pour moi.

« Je suis heureux d'avoir su mériter votre estime, et je ferai mes efforts pour la conserver.

« Veuillés, Messieurs, agréer les sentiments de ma haute considértion.

« LECOURBE. »

Dans cette héroïque retraite où un corps de 000 Français tint tête à 40000 Autrichiens, la bravoure était contagieuse. Lecourbe et ses généraux d'état-major Abbé, Montfort, Martel et Meuziau, avaient fait des prodiges de valeur. Après les engagements meurtriers à la tuilerie de Dannemarie et à Bessoncourt, les alliés se portaient en masses compactes vers Belfort. L'accès de la place était défendu par des redoutes avancées. Il s'agissait d'enlever la redoute du général Gudin située à Danjoutin. Colloredo avait promis des récompenses à ses soldats qui prendraient cette redoute d'assaut. Un bataillon de Hongrois se met en marche à la baïonnette, puis s'étant formé en carré, reçoit le choc d'un escadron du 13ᵉ chasseurs français. Dans l'impétuosité de l'attaque, celui-ci perd ses officiers, à l'exception d'un sous-lieutenant qui, ne consultant que sa bravoure, prend le commandement, force la haie de baïonnettes, enfonce le carré, et ses hommes électrisés par son exemple, taillent en pièces tout le bataillon hongrois. Ce sous-lieutenant était Pierre Lidy, un enfant du Sundgau, né à Bourbach-le-Bas près de Thann, et décoré déjà sur d'autres champs de bataille. Il est mort le 18 janvier 1849 à Altkirch où il était venu se fixer après le licenciement de 1815 et où il remplit longtemps les fonctions d'adjoint au maire. Ce trait d'héroïsme, dont il me raconta lui-même les détails, était pour lui chose toute simple. L'histoire l'a recueilli : elle le mentionne en trois lignes dans les *Victoires et Conquêtes*, sans indiquer le nom du brave. Le terrain où eut lieu ce massacre a conservé le nom de *Champ de la mort*.

Lidy était un de ces rudes bonnets à poil, un de ces sabreurs émérites doublé d'un vrai patriote, qui marchent au feu sans broncher. Il était criblé de cicatrices qui le faisaient beaucoup souffrir.

Étant adjoint au Maire, il avait dû, un jour, verbaliser contre les bouchers, pour je ne sais plus quelle contravention aux règlements. L'affaire fut portée en police correctionnelle où Mᵉ C..., l'avocat des contrevenants, se permit quelques allusions déplacées à l'insuffisance administrative de M. Lidy. Aussitôt le procureur du roi, M. Masson, se lève et lui décoche cette rude apostrophe : « Sachez, Mᵉ C... qu'alors que vous usiez vos culottes sur les bancs de l'école, M. Lidy versait son sang pour la patrie sur les champs de bataille de l'Europe. » Vive sensation dans l'auditoire.

VI

Le major Devallant. — Calamités de 1817. — Mosaïque ethnographique. — La famille Cassal.

Après le licenciement de 1815 plusieurs anciens officiers des armées de la République et de l'Empire vinrent se fixer à Altkirch. De ce nombre était M. Ignace Devallant, ancien capitaine-major de hussards, qui s'était signalé surtout dans les guerres d'Espagne. Originaire d'Altkirch, il fut nommé maire en 1810, par le gouvernement de la Restauration auquel, malgré ses services dans les armées républicaines, il demeura fidèle jusqu'à sa mort en 1828. Comme bien d'autres il portait la croix de Saint-Louis à côté de celle de la légion d'honneur. Il épousa la veuve du notaire Coudre, née Bresson, dont la famille était très considérée. Dans mes lointains souvenirs d'enfance, je revois sa silhouette se détachant sur le fond lumineux de l'épopée impériale. Vrai type du légendaire grognard, figure au profil rigide, coiffé du grand chapeau-claque du Directoire, le menton emprisonné dans une immense cravate noire, le torse sanglé dans une longue redingote tombant jusqu'à la cheville, la main appuyée sur un jonc à pomme d'argent. Dans cet accoutrement original il venait tous les matins à l'hôtel-de-ville, où, en entrant dans la salle du Conseil, son premier soin était de frapper du bout de l'index sur un grand baromètre à cadre doré, style Louis XV, fabriqué selon Toricelli, par l'italien Baruzzi, orfèvre et opticien à Altkirch. Selon les oscillations de l'aiguille, l'humeur du père Devallant flottait entre le beau fixe et la tempête.

C'est à lui que la ville devait la création de son vaste champ de foire au moyen du décapement du terrain bossué situé devant la Porte neuve qu'il avait reconstruite. A lui aussi revint l'honneur d'avoir planté la belle promenade de tilleuls qu'on a malheureusement rasée en 1810 pour la construction de la halle aux blés.

L'année 1817 fut particulièrement calamiteuse. D'abord l'occupation du territoire par les alliés et les charges souvent écrasantes qui en résultaient pour les malheureux habitants, ensuite une disette cruelle provoquée par des pluies incessantes qui noyaient les fourrages et empêchaient les céréales de mûrir, d'où une cherté exceptionnelle des vivres. Que de fois ma grand'mère m'a dépeint les tristesses et les amertumes de la vie à cette époque où le sac de blé se payait 100 francs. Elle avait à loger souvent une douzaine de soldats grossiers et arrogants. Les meilleurs étaient les Russes et les Cosaques, hommes très doux, très polis, très sobres, mais adorant l'eau-de-vie. Quand la mère leur refusait le *schnaps*, ils se bornaient à protester par leur juron national : *Passemaremdemdem*, sachant que ce juron euphonique avait le don de faire déboucher la bouteille.

Après le départ des alliés, la Haute-Alsace était devenue une espèce de terre promise, de pays de cocagne pour une masse d'étrangers, résidus hétéroclites des armées d'invasion, Autrichiens, Hongrois, Slovaques, Polonais, Croates, Transylvaniens, Suisses, Italiens, portant des noms à se démandibuler la mâchoire, toute une mosaïque d'échantillons ethnographiques de l'Europe. Les raffinés, établis là depuis des siècles, c'étaient les épiciers lombards, les orfèvres et fabricants de baromètres, les ramoneurs portant des noms sonores, Zenoni, Mancini, Bianchi, Gaffino, des Tyroliens de Montefuno, artistes de la truelle, des Badois de la Forêt-Noire, célibataires endurcis, qui avaient la spécialité de la quincaillerie, de la brosserie et de la boissellerie. La plupart des tailleurs et des cordonniers étaient allemands. Tout ce monde se laissa assimiler par l'élément indigène, par l'action ambiante des conditions physiologiques et morales, de telle sorte que la ligne de démarcation des races finit par se fondre dans le grand tout latin. C'est, d'ailleurs, un fait historiquement prouvé, depuis les temps anciens, que dans la fusion des races, l'élément conquis reste prédominant. Ainsi les Romains et les Francs, établis en Gaule, ont été neutralisés par les Gaulois et ont formé avec eux un élément latin mitigé.

L'immigration en Alsace des marchands lombards datait de fort loin. A Altkirch, à Ferrette et dans les environs, s'étaient établis les Garozzi, les Gilardoni, les Cassal, les Rey, les Romazzotti, les Lavezzani, les Chiapini. Commerçants, industriels, hommes de loi, artistes, ils ont tous fait honneur à leur patrie d'adoption et leur descendance est restée très honorée. Les Cassal, de Milan, étaient venus en France au XVIe siècle. L'un d'eux, qui était joaillier, avait vendu à François Ier une coupe en émeraude d'un travail précieux. Une branche de cette famille vint s'établir à Ferrette sans doute à l'époque des Mazarin. Voici ce qu'on lit dans les *Comptes* des bâtiments du roi François Ier (année 1538) :

« A Jehan-Ambrois Cassal, millanoys, marchand dud. lieu II mil CCL livres tournois, pour la valeur de mil escuz d'or, pour son paiement d'une coupe d'esmeraulde faite à feillaiges le ded et les bords dorez d'or, laquelle le d. seigneur a pareillement achaptée de luy. led. pris, pour en faire et disposer comme dessus, à prendre au coffre du Louvre, des deniers du quartier d'avril, may et juing. » (1).

Au commencement de ce siècle la famille Cassal, de Ferrette, était représentée par cinq frères, Louis, Charles, Joseph, Jean et Célestin. Leur père, tabellion seigneurial, avait épousé la sœur aînée de ma grand'mère. Louis, prédestiné au rôle de patriarche, avait eu de deux femmes, vingt-huit enfants. Le roi Salomon et Artaxerxès en avaient, je crois, davantage. N'importe, c'était une belle colonie à

---

(1) *Dictionnaire de l'ameublement et de la décoration*, par Henry Havard. — Tome II, à l'article *Emeraude*.

établir. Quand on songe aux frais d'entretien matériel et d'éducation de toute cette progéniture, on comprend que le père, tout en ayant une étude de notaire assez productive, ait eu beaucoup de peine à boucler son budget familial. Et cependant tous ces enfants ont prospéré plus ou moins et ont fait leur trouée dans le monde par le chemin du travail et de l'honneur.

VII

Le poëte des Jardins à Luppach. — Le café et la Muse. — Le docteur Charles Soller et l'homœopathie.

Je sais que le moi est haïssable ; mais en écrivant ces mémoires où revivent, dans la trame du récit, bien des faits du domaine familial, des scènes de mœurs, des usages disparus, l'auteur peut-il abstraire complètement sa modeste personnalité, alors qu'il parle en témoin de choses vues, senties, vécues ? Cela paraît bien difficile. Qu'on lui pardonne, en faveur de sa sincérité, ses incursions dans les plates-bandes du pronom possessif. Continuons donc, sans broncher, notre promenade dans le jardin touffu du souvenir.

A peu de distance de Ferrette, près du village de Bouxwiller, était situé dans un petit vallon, l'ancien couvent des Franciscains récollets de Luppach. Le 9 avril 1793 le couvent fut converti en hôpital militaire. On y avait installé un économe et un médecin, en attendant les malades qui n'arrivèrent jamais. L'économe était M. Ignace Durthaller, d'Altkirch, dont le nom vénéré est gravé dans les souvenirs de ma famille. Avec lui était resté le cuisinier des Franciscains attendant, d'un air mélancolique, le moment de faire chanter ses marmites. Un beau jour de septembre 1794 ces deux fonctionnaires de luxe virent arriver dans leur asile champêtre un petit homme fort laid, au visage grêlé et extrêmement myope. C'était l'abbé Delille, l'immortel auteur du poëme des *Jardins*, le célèbre traducteur des *Géorgiques* de Virgile. Homme de l'ancien régime et suspect, à ce titre, aux séïdes de Robespierre, il avait furtivement quitté Paris pour aller chercher un refuge aux environs de Bâle. En quête d'un asile propice à sa vie de poëte, dans une retraite obscure au milieu des champs et des bois, il vint à Ferrette où on lui indiqua le vieux monastère de Luppach comme un abri sûr pendant la tourmente révolutionnaire. En cas d'alerte il n'avait que deux pas à faire pour franchir la frontière. (1).

A l'exemple de Voltaire, Delille était un grand amateur de café. Le père Durthaller, qui avait le plaisir de lui verser sa tasse, m'a raconté souvent avec quelle volupté de sybarite il la dégustait à petites gorgées. C'est que le café, si cher aux poëtes, le café chanté avec tant d'enthousiasme par Berchoux, a le don d'exalter les facultés imaginatives et d'appeler la Muse. Aussi Delille, après s'être reposé de ses longues promenades en forêt, et avoir siroté sa tasse réconfortante, se mettait-il à écrire, en beaux alexandrins, ses impressions de la journée. C'est ainsi qu'il écrivit à Luppach son poëme de *l'Homme des champs*, publié en 1800 à Strasbourg par le libraire Levrault à qui Delille avait vendu son manuscrit. Mais sa myopie rendait très difficile le travail de l'écrivain et faisait tort à sa verve poétique. Heureusement l'économe Durthaller, qui avait de l'instruction et maniait bien la plume, lui vint souvent en aide et eut ainsi l'insigne honneur d'écrire sous sa dictée plusieurs chants de ses poëmes. Delille quitta Luppach en 1795. Après avoir séjourné pendant quelque temps à l'ermitage romantique d'Arlesheim, en Suisse, puis en Angleterre, il retourna à Paris en 1802.

Fatigué de son emploi *in partibus* dans un hôpital sans malades, M. Durthaller alla se marier à Ferrette puis revint à Altkirch où il fonda une maison de commerce. Depuis ce moment se nouèrent entre nos deux familles des relations qui, depuis bientôt un siècle, dans la bonne comme dans la mauvaise fortune, ont conservé le caractère le plus affectueux.

(1) *Séjour en Alsace de quelques hommes célèbres*, par E. de Neyremand — Colmar 1861.
Voir aussi *Ferrette et ses environs*, Guide du touriste, par H. Vogelweid — Altkirch 1892.

* *

Dans la première moitié de ce siècle la vie était encore facile pour tous. On se procurait à bas prix tous les objets de consommation courante, les vêtements et les meubles modestes *nécessaires aux besoins de la vie*, comme dit l'article 213 du Code civil. Pour peu que la mère de famille fût habile et économe, elle parvenait sans trop de peine à équilibrer son budget. Dans chaque ménage les aïeules et les servantes filaient le chanvre ou le lin, et au bout de quelques années les armoires, parfumées de lavande, se remplissaient de linge pour deux ou trois générations. Les femmes de la bourgeoisie portaient des robes de cotonnade mélangées de fils de chanvre, tissées chez le tisserand du village voisin et presque inusables.

Le pasteur anglican Malthus n'avait pas encore proclamé ses absurdes doctrines. Dans ces beaux pays d'Alsace qui avaient vu massacrer leur jeunesse sur les champs de bataille, on suivait les salutaires préceptes de la Bible : chaque famille un peu aisée avait six ou huit enfants. Cependant beaucoup d'entre eux succombaient à cette terrible et mystérieuse maladie, le croup, dont la soudaineté et les ravages déconcertaient les médecins impuissants. Pour me sauver moi-même des griffes du monstre qui me tenait à la gorge en 1825, le docteur Charles Soller n'hésita pas à m'administrer une cuillerée d'émétique, sachant fort bien qu'il jouait quitte ou double. Il a réussi. Donc honneur et reconnaissance à lui.

Ceci m'amène à dire que cet homme n'était pas le premier venu. Travailleur sérieux, au courant de tous les progrès de la médecine tant en France qu'à l'étranger, il fut un des premiers adeptes du système homœopathique du docteur Hahnemann, qu'il contribua à propager. *Similia similibus*. Cette découverte, qui fit grand bruit pendant les premières années du règne de Louis-Philippe et se basait sur la dilution infinitésimale de certains produits toxiques, fut même la cause du départ de M. Soller pour Paris, en 1835. Il installa son cabinet de consultation au n° 3 de la rue neuve Coquenard (aujourd'hui rue Rodier), acquit une grande réputation d'homœopathe, se créa une clientèle nombreuse et vécut au-delà de quatre-vingts ans. Sa vie, toutefois, ne fut pas exempte d'incidents et de chagrins de toute sorte. Par son premier mariage, réalisé dans des conditions particulièrement romanesques, il s'était allié à la famille Rey, une des plus anciennes et des plus honorables d'Altkirch. Sa femme était la sœur de M⁽ᵐᵉ⁾ Muller, mère de mon excellent ami Émile Muller, ingénieur civil, constructeur des cités ouvrières de Mulhouse, mort récemment à Paris. Il eut deux fils, Charles et Victor, qui ont fait leur éducation au collège d'Altkirch. Nous avons vu se signaler, pendant ces dernières années, dans le monde des explorateurs, un M. Charles Soller, de Paris, qui a voyagé dans l'Afrique équatoriale et a pénétré dans les régions peu connues des Somalis. Serait-il un petit-fils du docteur Soller ?

Dans mes plus lointains souvenirs, la figure de cet excellent homme et surtout éminent praticien, ne m'apparaît pas autrement que vêtue d'un manteau Garrick à plusieurs cols superposés, de couleur havane et coiffée d'un chapeau tromblon en peluche de soie, un bolivar comme on les portait au temps de la Restauration. Le docteur Soller était de Colmar, mais il vint de bonne heure avec son père à Altkirch, où celui-ci exerçait déjà la médecine et faisait partie du conseil municipal, s'occupant surtout de l'adduction des eaux de sources pour les fontaines publiques.

VIII

L'Instruction sous les Bourbons. — Dessin et calligraphie. — Redler et Krafft. — La girafe. — Le Collège d'Altkirch et ses abbés. — Charles X à Mulhouse. — Le peintre Hirn. — Le lithographe Engelmann.

La royauté de droit divin ne dépensait pas beaucoup d'argent pour l'instruction publique à tous les degrés. C'était là son moindre défaut. Sous les règnes de Louis XVIII et de Charles X, les congrégations et les curés avaient la haute main sur les écoles. Ce pelé, ce tondu, ce galeux qui s'appelait maître d'école, était leur aimé et féal sujet. Depuis les premiers temps de l'Empire, Altkirch possédait une école secondaire communale, où les lettres latines étaient enseignées, et que dirigeait dans le principe l'abbé Danzer, à qui succéda en 1818, l'abbé Fleury, excellent homme, d'une bonté proverbiale, mais peu doué au point de vue universitaire. L'école primaire de garçons était sous la direction d'un ancien chef de musique d'un régiment de cavalerie, homme assez instruit, appréciant comme méthode d'enseignement l'influence bienfaisante de la férule, engin non renouvelé des Grecs. Il ne manquait pas d'une certaine dose de littérature. Les fables de La Fontaine, des récitations françaises puisées dans les œuvres du baron de Ségur, quelques traductions allemandes, voire même les premiers principes du latin, *terra est rotunda*, tel est le bagage, peu lourd, que j'emportai de l'école en entrant au collège en 1820.

Dans cette période de 1820 à 1830, la société de notre petite ville, constituée par l'élément bourgeois et par la colonie des fonctionnaires et magistrats de tout ordre, offrait les ressources les plus agréables. Aux époques troublées de la révolution, des guerres de l'empire et des invasions, avait succédé une période de calme et de recueillement où les mœurs s'affinèrent, où les relations devinrent aimables. Ma mémoire d'enfant très impressionnable a conservé l'empreinte très nette de cette époque si lointaine et si différente de la nôtre. Elle était pour moi l'âge d'or, rayonnant et pur. L'élément artiste y était représenté aussi. M. Protais Redler, de Guebwiller, avait étudié la peinture à Paris dans l'atelier du baron Gros, l'auteur célèbre des *Pestiférés de Jaffa* et de la *Bataille d'Eylau*. Revenu en Alsace après 1815, il fonda à Altkirch un petit cours de dessin qui fut fréquenté par de nombreux élèves de l'école primaire et du Collège. Il se maria avec une amie intime de ma mère. J'eus ainsi le bonheur de voir dessiner les grands élèves, de les voir copier des modèles de figures et de fleurs rapportés de Paris par le maître, qui avait des cartons pleins de dessins originaux de Gros, de Prud'hon, de David, de Greuze, de Boucher, de Brenet, etc.. Plus tard sa veuve m'en a offert une dizaine que je possède encore et qui sont remarquables. Au contact de ce petit milieu artistique, mon goût inné pour le dessin se développa ; mais, hélas ! l'occasion de le cultiver fut courte. En 1828 Redler mourut dans un accès de fièvre chaude.

L'art de la calligraphie était alors représenté à Altkirch par Jean-Baptiste Krafft, qui possédait dans cette spécialité un vrai talent d'ornemaniste. Il publia plusieurs recueils d'écriture qui servirent de modèles dans les écoles, un *Pater* splendide et une composition graphique consacrée au souvenir du général Foy, le tout gravé à Paris par l'habile burin de Piquet. Il se produisit en 1826 un incident qui eut une grande influence sur la carrière de J.-B. Krafft. Professeur de calligraphie au collège communal dirigé par l'abbé Fleury, il avait donné à un de ses élèves, comme prix d'écriture, *les Ruines* de Volney. Ce fut un scandale énorme dans le clan clérical et réactionnaire. Volney, un des grands coryphées de la libre-pensée ! il y avait là de quoi effaroucher toute la société bien pensante plus ou moins dominée par l'élément prêtre. Aussi Krafft fut-il révoqué sans phrases. Il alla ouvrir un cours de calligraphie et de comptabilité commerciale à Mulhouse, où il eut beaucoup de succès. Son jeune frère Jacques le suivit, étudia la gravure sur rouleaux alors très en vogue pour l'impression des magnifiques toiles peintes qui ont fait la réputation de Mulhouse et devint, dans son genre, un artiste éminent. Je l'ai vu s'éteindre à Paris à l'âge de quatre-vingt six ans, peu de temps après avoir célébré à l'hôtel Continental la cinquantaine de son mariage, belle fête à laquelle j'ai assisté. Les Krafft étaient une famille d'inventeurs. Jacques avait réalisé des perfectionnements dans la gravure industrielle et avait même proposé à la Banque de France un système d'impression des billets qui devait en empêcher la contrefaçon.

En parlant de calligraphie, je ne veux point manquer de signaler le splendide Album d'écritures et de compositions ornementales, publié vers 1833 par Midolle et gravé sur pierre chez Silbermann à Strasbourg. Cet homme a su enchanter et instruire toute une génération de jeunes élèves en mettant sous leurs yeux les types d'écritures de toutes les époques et de tous les pays, encadrés dans des fioritures aussi savantes que gracieuses.

En 1827, une fièvre d'émigration pour l'Amérique s'empara de beaucoup de familles alsaciennes. On se communiquait des lettres d'émigrés vantant les ressources immenses de ce pays neuf et on invitait les parents et amis à venir chercher fortune dans cet Eldorado. Mon oncle Paul Hanser, séduit comme bien d'autres, partit au mois d'août 1827. Dans une lettre qu'il écrivit de Paris à sa mère, se trouve ce passage : « J'étais aujourd'hui au Jardin des Plantes qui est augmenté d'une *girafe* depuis trois semaines, ce qui fait que dans tout Paris on vend et fait tout *à la Girafe*, cravates, culottes, habits pour hommes et femmes ». L'arrivée de cette girafe offerte à Charles X par Méhemet Ali, vice-roi d'Egypte, a fait sensation non seulement en France, mais dans l'Europe entière. On comprend que des industriels aient saisi cette occasion d'écouler leurs rossignols sous le vocable de la Girafe.

.

En 1820 l'abbé Loetscher était principal du collège et professeur de seconde et de rhétorique : il avait pour collaborateurs les abbés Hennigé, professeur de sixième et de septième, Hartmann, professeur de huitième, Thomas de quatrième et cinquième, et Boucher, professeur de troisième et de mathématiques. M. Didner était à la fois professeur de dessin et de calligraphie. Avant lui le cours de dessin était dirigé par M. Achille Th...nberger et plus tard par M. Hérissé. Pour un établissement universitaire ressortissant à l'Académie de Strasbourg, ce mélange des éléments ecclésiastique et laïque semblait, à première vue, une étrange anomalie. Mais ces trois prêtres, adeptes de l'église gallicane et par cela même accessibles à toutes les idées libérales, savaient parfaitement s'accommoder de la situation et jamais aucun froissement ne se produisit. Au contraire, l'harmonie la plus parfaite régnait dans ce cénacle d'éléments disparates où se sont formés plusieurs élèves hors ligne qui ont fait leur chemin dans le monde.

Le collège était installé dans les bâtiments de l'ancienne Officialité des évêques de Bâle, tribunal ecclésiastique qui fonctionna jusque vers la fin du XVIII° siècle. Situé à l'ouest de la ville et dominant le faubourg de Belfort, il était exposé aux furieux assauts du vent d'ouest. Il avait environ 150 élèves tant internes qu'externes ; dans ce nombre beaucoup de jeunes gens des communes environnantes qui y venaient à pied, sac au dos, de deux lieues à la ronde. Grâce à l'initiative vigoureuse de l'abbé Lœtscher, les études y étaient poussées assez loin pour mener au baccalauréat les jeunes gens qui se destinaient aux carrières publiques. Type curieux, notre principal. Grand, bel homme, à l'expression plutôt sévère qu'avenante, il savait à l'occasion tempérer par une gaîté communicative cet aspect un peu rébarbatif qui faisait trembler ses élèves. Sa voix tonitruante portait à un kilomètre à la ronde. Au demeurant, excellent homme, dévoué comme pas un à ses fonctions, qui étaient pour lui un sacerdoce, grand admirateur de Bossuet et de ses oraisons funèbres, grand ami des classiques latins et grecs dont il dégustait les beautés, en vrai gourmet, dans la fameuse édition Panckoucke. Anacréon, l'aimable poète de l'anthologie grecque, avait le don de le séduire et je me rappelle avec quelle verve enthousiaste il nous communiquait le charme contenu dans les strophes de *l'Amour mouillé*.

Pour la gestion matérielle de son internat il avait eu la chance heureuse de trouver dans l'abbé Hartmann l'étoffe d'un grand panetier et d'un grand échanson. Préfet de police en même temps, ce majordome aux yeux d'Argus inspirait un respect mêlé de crainte à la jeune marmaille tentée de s'émanciper. Sa poigne est restée célèbre chez les récidivistes et les réfractaires qu'il menait au cachot. En dégageant de ces accessoires sévères la figure du brave abbé, ceux qui l'ont connu ne peuvent s'empêcher de lui garder bon souvenir. C'était un spécimen bien réussi d'abbé élégant, prenant la vie par ses bons côtés, très soigneux de sa personne. Jamais un atôme de poussière ne déshonorait les vénérables redingotes en alpaga qui recouvraient sa non moins vénérable bedaine. Cet aimable homme est mort à Thann à l'âge de quatre-vingt deux ans.

L'abbé Hennigé, bien que doué d'un caractère jovial et caustique, était un homme d'étude possédant à merveille ses auteurs grecs et latins, versé dans l'histoire ancienne et passionné pour l'étude des langues modernes. Il avait une excellente manière d'enseigner, sachant intéresser ses élèves par le côté saillant et humoristique des choses, mêlant parfois des plaisanteries salées à ses explications de la mythologie grecque, et quand il arrivait aux métamorphoses de Jupiter, l'appelant carrément séducteur de filles, une traînée de rire homérique parcourait la salle, et c'est ainsi que, dans sa classe, on n'engendrait pas la mélancolie. Cela n'empêchait pas le sympathique abbé d'être un excellent prédicateur, au langage profond et coloré. C'est à lui que je dois de connaître la langue de Schiller et de Gœthe et d'avoir appris dans l'idiome de Dante quelques phrases aussi suggestives que sonores. Donc bon souvenir à ce brave et peu morose éducateur mort à soixante deux ans en qualité d'aumônier de l'hôpital de Saint-Morand. Eternelle reconnaissance aussi au principal Lœtscher, ce vieux gallican qui a su imprégner toute une génération d'élèves d'idées libérales. Grâce à lui ils ont pu puiser dans les lettres grecques et latines, tout un arsenal d'idées saines et de beaux exemples et, ainsi lestés, marcher droit dans la vie. Il lui arriva de dire à mon beau-père, alors inspecteur de l'enseignement primaire à Altkirch : « C'est drôle, tous mes élèves en quittant le collège, deviennent des rouges », voulant dire qu'ils emportaient, dans leur bagage classique, des idées avancées et libérales.

Fait curieux : ces trois abbés avaient dans leur tenue extérieure quelque chose qui contrastait avec celle du clergé ordinaire. D'abord ils n'ont jamais porté le tricorne, se coiffaient de chapeaux haute forme et ne revêtaient la soutane que le dimanche. Le reste de la semaine ils paraissaient en classe et au-dehors en redingotes boutonnées. L'abbé Lœtscher, né au commencement du siècle, est mort en 1868 à Luxeuil où il était allé faire une saison de bains. Il avait fait ses études théologiques au séminaire de Saint-Sulpice à Paris, alors tout imbu des principes d'indépendance de l'église dite gallicane. Avant d'être nommé principal il était professeur au collège épiscopal de Lachapelle-sous-Rougemont. Le siège de l'évêché de Strasbourg était alors occupé par Mgr Le Pappe de Trevern, d'origine bretonne, ancien officier de cavalerie touché par la grâce et qui, sous la soutane violette du prélat, hanté par le souvenir de sa carrière militaire, faisait volontiers des promenades à cheval dans les environs de Strasbourg.

Le roi Charles X avait succédé en 1824 à son frère Louis XVIII. La population d'Altkirch semblait, je ne sais pourquoi, heureuse de ce changement. J'entends encore, dans un écho lointain, les explosions de cris de « Vive le roi » partant de tous les rangs du peuple, le jour de sa fête qui se célébrait le 4 novembre. Toutes les maisons s'illuminaient et des feux d'artifice partaient dans les jambes des promeneurs. Aux gamins inconscients ces réjouissances paraissaient le superlatif du beau. En 1828, mon père m'emmena à Mulhouse voir la personne sacrée du roi lui-même faisant sa visite de bienvenue à ses amés et féaux sujets d'Alsace. Charles X, en landau découvert, traîné par six chevaux richement caparaçonnés, ayant à sa gauche le duc d'Angoulême son fils, devant lui les ministres de Villèle et de Martignac, tous en grand costume de cérémonie. Entré par le faubourg de Colmar, il avait un long trajet à faire jusqu'au nouveau quartier situé au faubourg de Bâle : il fut reçu par les autorités de l'arrondissement et de la ville au siège de la société industrielle. Le nouveau quartier, dont la construction avait été commencée depuis deux ou trois ans, était loin d'être achevé. On avait aménagé et décoré à la hâte la grande salle du premier étage : les murs à peine crépis de la partie inférieure étaient masqués par des branchages. Ce qui m'a frappé le plus dans la décoration de cette salle de réception, c'est une série de grands tableaux de nature morte peints par M. Hirn, fabricant de toiles peintes au Logelbach, près

Colmar. Un, entre autres, représentant des grappes de raisins merveilleusement peintes, m'intéressait d'autant plus que l'artiste y avait représenté un moineau voltigeant autour pour les becqueter et rappelant ainsi la légende du peintre grec Appelles. L'artiste, me disais-je en moi-même, doit être un vrai magicien pour être capable de produire un pareil trompe-l'œil.

Ce qui m'a encore très vivement impressionné c'est de voir fonctionner dans cette salle la presse lithographique de M. Godefroi Engelmann, disciple de Senefelder, qui opérait lui-même, comme les photographes d'aujourd'hui, tirant sous les yeux du roi les premières épreuves de la planche, dessinée à l'avance, représentant le cortège royal entrant à Mulhouse. Quatre ans plus tard, lors du voyage de Louis-Philippe, la même presse imprima une planche pareille : il n'y avait de changé que les personnages. La maison Engelmann publia, peu de temps après, un Album in-folio représentant les diverses étapes du voyage du roi en Alsace, avec le texte des allocutions pompeuses adressées à S. M.

Hélas, le ci-devant comte d'Artois, le vert galant de la Cour de Louis XVI, le chef peu vaillant des émigrés et de la Chouannerie, m'apparut là sous la forme glabre d'un vieillard à la lèvre pendante, tel que je le retrouve encore aujourd'hui sur les rares pièces de cent sous de l'époque. Etait-ce l'effet de la pluie qui sévissait à jet continu et donnait à la scène un aspect glacial d'arrière-saison, ou bien était-ce le pressentiment de la fin d'un règne ? Mon imagination d'enfant de huit ans n'a conservé de tout cela qu'une impression voilée de brume.

Les manufacturiers de Mulhouse avaient, du reste, bien fait les choses. Sur tout le trajet parcouru par le cortège ils avaient planté des poteaux surmontés d'oriflammes et d'écussons fleurdelisés et reliés entre eux par des draperies rouges et blanches en calicot. Le Maire d'Altkirch, M. Devaillant, avait eu l'honneur de haranguer le roi qui lui fit une réponse flatteuse. Ce fut là un des derniers actes de son administration ; car il mourut peu après et fut remplacé par le Comte de Reinach de Foussemagne.

IX

Franconi. — Un juge original. — Théâtres. — Saint-Nicolas. — Étrennes d'un harpiste. — Veilleur de nuit. — Oracle de St-André. — Les rois Mages. — Sainte-Agathe et les maléfices.

Le voisinage de Mulhouse nous offrait souvent l'occasion d'excursions intéressantes. Ainsi, peu avant l'arrivée du roi, Franconi, le fameux Franconi en personne, était venu y donner des représentations avec sa troupe équestre. Ces exercices de haute école, ces tours de voltige, ces sauts périlleux et surtout ces clowns aux figures abracadabrantes, étaient alors chose entièrement nouvelle dans notre province presque complètement sevrée de spectacles : aussi le cirque installé dans une vieille remise couverte en planches, fut-il plein jusqu'au comble.

C'est vers cette époque que vint loger chez nous M. d'Agon de La Contrie, juge d'instruction au tribunal, homme d'un certain âge, qui avait été juge à Mayence, puis avocat à Colmar. La position de juge dans un petit tribunal d'arrondissement, était alors plutôt honorifique que lucrative. Singulier original que ce père d'Agon, et pas prétentieux du tout, ce descendant des croisés. Le jour de Pâques, en frac et en chapeau haute forme, il s'en allait gravement acheter des œufs coloriés chez la marchande des quatre saisons, les mettait dans le fond de son chapeau, sous son bras, entrait chez le boulanger Stephi, fourrait une grande brioche dans le susdit chapeau et venait triomphalement, tête nue, m'offrir mes œufs de Pâques. Pour remplir utilement les intervalles de ses audiences il s'était créé un passe-temps singulier. On le voyait, pendant la belle saison, une boîte sous le bras, s'installer sur les bancs qui se trouvaient alors devant les maisons, dévidant avec une attention soutenue des déchets de coton, dont il formait de grandes pelotes qu'il offrait aux tricoteuses de la bonne société. M{ᵐᵉ} d'Agon, très au courant de ce qui se passait dans le royaume capricieux de la mode, donnait le ton au beau monde. C'était alors le règne des manches à gigot exagérées comme aujourd'hui, des chapeaux-calèches et des ridicules dont les estampes de Gavarni et des frères Johannot nous ont transmis les formes grotesques. J'ai eu le bonheur d'assister à l'éclosion de cette mode excentrique qui a duré plus que ne durent les roses et qui correspondait, chez le sexe laid, aux collets très-montants, aux cravates empesées à triple tour, aux chemises à jabots et aux chapeaux bolivar. En 1831, M. d'Agon fut nommé conseiller à la cour de Colmar. C'était son bâton de maréchal.

On s'est beaucoup amusé à Altkirch pendant le séjour de la famille d'Agon. Il y avait là une floraison de jeunes filles et de jeunes gens prenant l'existence par ses bons côtés. Ainsi, sous l'impulsion d'un M. Ammel, receveur des contributions indirectes, on organisa un théâtre de société où l'on joua plusieurs pièces du Vaudeville et du Palais-Royal. Personne ne se scandalisait alors de voir monter sur les planches des jeunes filles de la bonne société, chaperonnées qu'elles étaient par leurs mères et leurs frères qui leur donnaient la réplique. Aujourd'hui, dans notre société plus guindée, on se montrerait moins tolérant qu'à l'époque du bon roi Charles X où, cependant, la tolérance n'était pas précisément à l'ordre du jour, puisque les candidats aux fonctions publiques étaient tenus de produire leurs billets de confession. Je me rappelle, à ce propos, que M. Ch. Couchepin, esprit indépendant et peu orthodoxe, dut aller se confesser pour obtenir sa nomination d'avoué au tribunal, et que les magistrats en robe étaient tenus de suivre les processions.

Le petit théâtre de société, dont je viens de parler, ne fournit pas une longue carrière. Les amateurs de spectacle durent alors se rabattre sur les troupes nomades allemandes qui venaient, à cette époque, en Alsace. Elles jouaient tout le répertoire de Kotzebûe, des traductions et des adaptations des meilleurs vaudevilles de Scribe, les *Brigands* de Schiller, quelques opéras écourtés pour les mettre au niveau de la médiocrité des chanteurs. Cependant une de ces troupes possédait une étoile assez lumineuse pour éblouir des spectateurs accommodants. C'était la belle Mᵐᵉ Wellendorf dont la séduction plastique rehaussait le charme de son filet de voix. Son apparition en scène avait le don de soulever un tonnerre d'applaudissements dont le sous-préfet donnait le signal.

A l'approche de la semaine sainte la rigidité des mœurs locales ne s'accommodait plus de pièces profanes, et la troupe, pour vivre, dut s'ingénier à composer des spectacles de carême. C'est alors que nous vîmes pour la première fois les scènes de la Passion reproduites en tableaux vivants. Les avocats du tribunal prêtaient leurs robes aux acteurs qui pouvaient ainsi se costumer en apôtres. Des casques et des sabres de pompiers, les hallebardes du suisse d'église et du crieur de nuit servaient à compléter l'accoutrement fantaisiste des soldats. Bref la troupe avait l'entente du groupement et nous vîmes des tableaux très heureusement agencés et rappelant, toute proportion gardée, les célèbres drames de la Passion d'Oberammergau (Bavière) qui, de nos jours encore, attirent des masses d'étrangers. La scène la plus émouvante était celle du Calvaire où trois acteurs, figurant le Christ et les deux larrons, vêtus de maillots couleur de chair, restaient attachés à la croix pendant dix minutes sans bouger, donnant ainsi une impression réaliste des plus saisissantes. Tout se passait en pantomime : le geste seul et la variation des attitudes étaient parlants. Ajoutons que la belle Mᵐᵉ Wellendorf, qui représentait la Vierge au pied de la croix, remplissait ce rôle à la perfection sous ses draperies bleues et blanches.

Dans cette période de calme des dernières années de la Restauration les familles avaient entre elles d'excellentes relations. On complotait des parties de plaisir, des pique-niques en forêt, des promenades à Hirsingue où les carpes frites et les pralines du père Schott attiraient les amateurs. A certains jours de fête les familles amies fabriquaient des monceaux de beignets qu'on se partageait entre soi pour le plus grand bonheur de la jeune marmaille. A la fête patronale de la St-Barthélemy, le 24 août, le kougloupf régnait en maître. La place de danse était installée au milieu des boulingrins de la promenade créée par le maire Devallant.

.·.

Pendant que j'égrène le chapelet de mes souvenirs d'enfance, j'aurais mauvaise grâce à passer sous silence quelques impressions poétiques qui tintent encore à mes oreilles comme un chant lointain s'évanouissant dans une nuit étoilée. C'était d'abord la Saint-Nicolas, ce patron traditionnel des enfants de toute la région de l'est, de la frontière belge à la Suisse, embrassant les Ardennes, la Marne, la Moselle, la Meurthe, les Vosges, l'Alsace (sauf le Bas-Rhin et Colmar où a prévalu l'usage de l'arbre de Noël). St-Nicolas, dans sa splendeur de papier doré, avec sa barbe blanche en filasse et sa mitre en carton, accompagné d'un âne chargé de friandises faisant résonner ses grelots devant les maisons où l'attendaient les petits privilégiés, pendant que les joueurs d'orgue italiens pataugeaient dans la neige en criant : « *Lanterne magique ; pièces curieuses.* »

Les longues nuits d'hiver se succèdent, tristes et monotones, jusqu'au nouvel an qui permet d'entrevoir dans le lointain l'aurore du renouveau. Tous les ans, pendant la nuit du 31 décembre, par les froids, par la neige, un petit homme venu d'Otmarsheim, une harpe sur le dos, parcourait notre petite ville en donnant des aubades aux familles plus ou moins notables. En dépit de l'onglée qui raidissait ses doigts, ce courageux artiste savait tirer de son instrument des sons tellement harmonieux qu'il me semblait entendre un concert pareil à celui des anges jouant de la harpe sur les vieilles images. Pauvre vieux harpiste, il venait le lendemain nous souhaiter la bonne année, et après avoir fait sa récolte, s'en retournait content sur les bords du Rhin.

Parmi les voix que je me plais à écouter encore, ces voix qui parlent du fond des temps passés, des années disparues, qui semblent sortir d'un océan de feuilles mortes, s'élève comme la voix argentine de l'alouette, le chant sonore, la mélopée vibrante du crieur de nuit. Était-ce une réalité, était-ce une apparition ? Pendant la nuit noire, quand le balancier de la vieille pendule familiale battait le pouls avec la monotonie glaciale des choses inertes, semblant mis en mouvement par un fantôme invisible, un pas lourd résonne sur le pavé de la ville endormie, une lanterne jette sa lueur tremblante sur les maisons silencieuses, une hallebarde frappe le sol en cadence et une voix s'élève claire, mélodieuse, scandée comme une poésie, jetant dans la nuit ces paroles étranges :

> Loset was i euch will saga,
> D'Glocka hat zwelfa g'schlaga...
> Zwelfa g'schlag a...

(Écoutez ce que je vais vous dire ! La cloche a sonné minuit, sonné minuit !...)

Et l'écho répétait au loin cette parole rassurante qui semblait dire : Dormez en paix ; je veille.

À trois heures du matin, la même voix de contralto chantait cette strophe du réveil et de l'espérance :

> Der Tag der kunnt geschleichen
> Den armen wie den reichen
> Der helle Tag den Gott uns gab ;
> Gott geb'uns allen e'guete Tag !

(Doucement le jour arrive, pour les pauvres comme pour les riches, ce jour radieux que Dieu nous donna. Que Dieu nous donne une bonne journée !)

Et le chanteur nocturne qui nous souhaitait ainsi le bonjour avant l'aurore, comme la voix de clairon du coq, avait soin d'appuyer de toute la force de ses poumons sur ces trois mots : *Ce jour radieux*, comprenant que là était la vie, que là était l'espoir pour l'homme qui souffre, pour l'homme qui travaille, pour le vieillard comme pour l'enfant au berceau.

Et lui-même, le veilleur de nuit, était un vieillard à barbe blanche, au front chauve, au dos courbé. En somme un curieux philosophe qui, le jour, exerçait son métier macabre de *fossoyeur* et la nuit, pour un misérable salaire de quelques cents francs, sacrifiait son sommeil pour veiller sur le repos des vivants. Dors en paix, pauvre vieux Néflant ; tes chants nocturnes ont bercé notre enfance et ta voix, sortie de la tombe, résonne encore à mes oreilles.

Une coutume singulière dont l'origine semblait plonger dans la nuit des temps, c'était la consultation de Saint-André par les jeunes filles désireuses de se marier. La veille de la fête du saint, qui tombait le 30 novembre, celles qui voulaient consulter l'oracle se rendaient après l'angelus chez une veuve et lui adressaient ces seules paroles : « Veuve, pomme. » La dame, sans répondre, donnait à chacune un quartier de pomme qu'elles mangeaient avant de s'endormir. Les privilégiées, et elles étaient, paraît-il, assez rares, voyaient alors en rêve l'image de l'heureux mortel qu'elles devaient épouser. Cette pomme fatidique, donnée par une femme, dans un but divinatoire, n'est-elle pas un souvenir de la pomme d'Eve ?

A la fête des Rois on voyait circuler de maison en maison Gaspard, Melchior et Balthazar, dont les rôles étaient remplis par les enfants de chœur très joliment costumés qui trouvaient là une occasion de récolter une moisson de gros sous et de pièces blanches. Généralement c'était Melchior, le roi nègre, qui faisait la quête après le chant et le boniment traditionnels :

> Moi je viens de l'Orient,
> Moi je viens de l'Occident,
> Moi je viens du Midi.
> C'est l'étoile qui nous conduit.

Un enfant, vêtu de blanc et couronné de roses en papier, faisait tournoyer l'étoile d'or fixée au haut d'une perche.

Ce que c'est pourtant que la gloire ! Elle traîne l'envie à sa suite. Les enfants de chœur de Carspach, village voisin, jaloux des lauriers de leurs émules d'Altkirch, voulurent tenter la fortune dans notre ville. Ils se costumèrent tant bien que mal en se couvrant de chemises en toile blanche et de quelques oripeaux empruntés à la sacristie, puis vinrent bravement chanter dans les maisons d'Altkirch sans se douter du tour pendable qu'on allait leur jouer. Pendant qu'ils débitaient leur boniment avec entrain au café Rolla, un mauvais plaisant armé d'un pinceau trempé dans un pot de moutarde….. le reste se devine sans qu'il soit besoin d'insister. Nos pauvres petits paysans, ne se doutant de rien, continuèrent leur promenade dans les rues, exhibant leurs peintures peu orthodoxes. Poursuivis et hués par une légion de polissons, les victimes de cette stupide algarade durent se sauver à toutes jambes vers leur village natal. Dans les petites choses comme dans les grandes, la roche Tarpéienne est près du Capitole.

Dans tous nos villages du Sundgau, il n'est pas rare de rencontrer, aujourd'hui encore, collées sur la porte des écuries, des invocations à Sainte-Agathe, rehaussées de floritures peinturlurées par de jeunes artistes du cru. Voici le latin énigmatique que le paysan considère comme une conjuration infaillible contre tous les maléfices :

« *Mentem sanctam, spontaneum honorem Deo et Patriae. Sancta Agatha, ora pronobis.* »

Le 5 février, jour de la fête de cette gracieuse sainte, sortie de la *Légende dorée* et poétisée avec Agnès dans le *Rêve* de Zola, les gamins allaient faire bénir à l'église ces images préservatrices et les vendaient deux sous aux amateurs. Henner, le grand peintre, et moi avons sur la conscience d'avoir trempé nos pinceaux enfantins dans ce saint commerce.

Comment s'est-il fait que les paysans du Sundgau, depuis des siècles, tiennent en si haute estime la vénérée compatriote de M. Crispi ? Car, de même que le grand ministre, elle est née à Palerme. Martyrisée au troisième siècle de notre ère, elle est entrée de plein pied dans la Légende dorée où elle symbolise la pureté angélique des âmes vierges, la blancheur immaculée de la gemme qui lui a donné son nom. Et c'est peut-être pour cela que la croyance populaire lui attribue un mystérieux empire sur le génie du mal. *Mentem sanctam*, l'âme sainte par excellence, sachant allier le culte de Dieu à celui de la Patrie, et protectrice naturelle des humbles ; c'est, selon moi, la seule explication plausible du culte quinze fois séculaire dont elle est l'objet.

X

Carnaval et Carême. — Souvenirs pantagruéliques. — Emancipation des femmes. — Fêtes printanières. — Cloches de bois. — Concert de ténèbres. — Escargots et mésanges.

Voici venir le carnaval avec son désopilant mardi gras. Une jeunesse enthousiaste savait alors organiser des bals déguisés et masqués, des cortèges avec scènes de caractère empruntées au répertoire des facéties gauloises et au théâtre de Molière. On voyait se dérouler sur un char la grande scène du *Médecin malgré lui*, les perruques poudrées, les bonnets pointus et les seringues projetant leurs jets d'eau sur les passants ahuris. Dans un ordre plus secondaire on voyait un musicien qui semblait sorti d'une estampe de Callot, un lamentable truand, portant un vieil orgue de Barbarie veuf de son mécanisme et dont la manivelle tournait à vide, pendant qu'il expliquait à grands coups de baguette appliqués sur un tableau troué, le drame imaginaire d'un *Mordthat* (assassinat) ; allusion aux artistes de la Forêt-Noire qui venaient, chaque jour de foire, exhiber aux yeux des paysans ébahis un grand tableau à compartiments consacré aux exploits du légendaire *Schinderhans* ou d'un Fra-Diavolo quelconque. Toute la sainte journée l'orgue ne cessait de moudre l'air mélancolique de la complainte.

Ces jours de liesse étaient pour la cuisine bourgeoise une occasion solennelle de se payer quelques hors-d'œuvre épiques. Il fallait voir avec quel orgueil la ménagère décrochait de la cheminée un de ces jambons fumés et dodus réservés pour les joies épulaires. Habillé de soie, *cher ange*, comme l'appelait Charles Monselet, de gastronomique mémoire, tu fournissais bien involontairement au sybaritisme humain les plus belles pièces de son menu carnavalesque ; d'abord le lard et les saucissons pour garnir la choucroûte traditionnelle, ce mets alsacien dont l'origine, a dit Ch. Gérard, plonge dans le déluge, tellement elle remonte loin dans la nuit des temps ; ensuite le filet mariné servant à fabriquer le pâté monumental à croûte dorée, pièce de résistance et de haut confort, puis la hure à la gelée réservée aux appétences délicates des gourmets émérites ; pour renforcer ces plantureux menus, il y avait le petit-salé, le boudin, les saucisses, les andouilles, les criblettes, les saucissons de foie, les bajoues, enfin toute une mosaïque de charcuterie transcendante dont Grandgousier se fût pourléché les babines. Ces agapes se terminaient par un plat pyramidal de beignets appelés *Knyplets*, de forme carrée rappelant ces pièces de drap que les ménagères cousaient aux genoux des pantalons ébréchés de leurs gamins.

Dans la campagne, les paysans célébraient le mardi gras en absorbant de grands plats de *Schnitz* et de lard fumé. Les *Schnitz* étaient des quartiers de pommes ou de poires séchés au four, dont chaque ménage avait un approvisionnement réservé pour les fêtes de famille. Puis commençait le carême avec ses tristes menus de légumes secs et de *Stockfisch* (morue sèche et non salée de Norwège) que les épiciers battaient à coups de maillet pour les faire tremper ensuite dans une cuve remplie d'eau. Ces cuves, placées dans la rue, avaient le don d'attirer tous les chiens du voisinage qui, l'un après l'autre, les saluaient à leur manière. Cuit à l'eau avec accompagnement de croûtes de pain blanc, le Stockfisch qui est la mort au beurre, aime à se parfumer d'oignons frits et croustillants dont les vrais amateurs étaient friands. Mais gare à l'indigestion pour les estomacs peu complaisants !

On pensera peut-être que le carnaval du Sundgau prenait

fin dans la nuit du mardi gras. Erreur : deux vieilles coutumes remontant peut-être au paganisme et qui formaient le prolongement du carnaval, se donnaient carrière le dimanche et le lundi après le mardi gras. Le dimanche, à la nuit tombante, la jeunesse se rendait au Roggenberg, sur la place d'exercices, où l'on allumait un grand feu, puis chaque assistant armé d'une baguette dont le bout était garni d'une rondelle de bois blanc, appelée *cive* (du nom de ces vitres rondes enchâssées dans du plomb et d'importation italienne) plongeait la rondelle dans le feu jusqu'à ce qu'elle fût enflammée ; enfin, brandissant la baguette au-dessus d'une grosse pierre que la rondelle venait effleurer, celle-ci se lançait en tournoyant dans les airs. Le même jeu étant répété par tous les assistants, c'était un vrai feu d'artifice d'étoiles filantes dont la population suivait de loin les péripéties charmantes.

Le lendemain, lundi, c'était la fête des femmes mariées, le fameux *Hirsch-Mentig* (le lundi du cerf) où la plus belle moitié du genre humain s'offrait l'illusion d'une liberté éphémère, échappant pour un jour aux tyranniques tracasseries de ses seigneurs et maîtres, revendiquant les droits de la femme que le vingtième siècle leur donnera peut-être. Elles se réunissaient entre elles autour d'un goûter dont l'appétissant kougloupf et le café au lait sentimental, suivi des confitures de quetsch et de cynorrhodon, faisaient les frais. Le soir il y avait grand bal dans la salle du tir, chez Schmitt au Roggenberg, où les dames avaient la condescendance d'admettre l'élément masculin, trouvant sans doute qu'un bal sans cavaliers manquait de poésie. Mais pourquoi donc ont-elle donné ce nom de *Hirsch-Mentig* à leur jour d'indépendance ? Vrai, ce nom de l'animal cornu me chiffonne. Serait-il une allusion narquoise au malheureux sort qui pouvait atteindre certains maris dont le cénacle féminin aurait reconnu les torts ? En chroniqueur véridique je dois dire qu'à Altkirch les hommes étaient des modèles de fidélité, les femmes des parangons de vertu et que jamais ils n'ont donné le moindre coup de canif dans leurs contrats. Donc écartons toute allusion désobligeante et laissons aux archéologues de l'avenir le soin d'expliquer le vrai sens de ce vocable burlesque qui a traversé les siècles comme la choucroûte.

Voici la mi-carême, la fête des jeunes filles, qui semble correspondre à un rêve printanier. Les primevères et les violettes vont fleurir au coin des haies d'aubépine, le maussade carême, avec ses sermons filandreux et son Stockfisch, est arrivé à la moitié de sa course. Pâques approche et son Alleluia, qui est celui de toute la nature, va secouer les torpeurs hivernales, faire sortir des armoires aux senteurs grisantes, les robes d'indienne légère, les charmants costumes printaniers. Ne faut-il pas préluder à cette bienheureuse explosion des rêves bleus, à l'effeuillement sentimental des pâquerettes, par une petite fête d'une discrète gaîté ? Le matin, toute la congrégation de la Vierge assiste à la messe et entonne quelques cantiques de circonstance. Je ne dirai pas qu'il n'y ait pas eu, dans l'ensemble mélodieux, quelques notes nasillardes émises par des nymphes de la quarantaine ; mais, en somme, la jeunesse dominait et c'était plaisir de la voir rentrer au domicile familial, arborer le tablier de cuisine blanc et se mettre consciencieusement à fabriquer les *beignets de demoiselles* en forme de spirale (*Striwlé*). D'un entonnoir à manche sortait la pâte liquide qui tombait dans le beurre bouillant, avec un mouvement de rotation imprimé par la main de la cuisinière, de façon à donner au beignet la forme d'un tire-bouchon. Une fois déposé sur le plat, on le saupoudrait de sucre, et ce beignet divin, sorti de la main des Grâces, avait la même composition et la même saveur transcendante que les *Paix de nonnes*, dont l'esprit rabelaisien moderne a travesti d'une façon peu séante le nom historique et dont la pâte suave et fondante jouit d'une réputation universelle.

Comme un préservatif contre les malheurs domestiques on voyait dans chaque maison, ornant le modeste Christ en bois, les branches de buis et de houx aspergées par l'eau lustrale du dimanche des Rameaux. Le jeudi saint, en partant pour Rome, d'après la croyance enfantine, les cloches laissaient tomber des œufs de Pâques dans le buis des jardins. Pour remplacer le son des cloches silencieuses, le sacristain Kiéné installait à une des baies du clocher une grande crécelle à cylindre et à manivelle dont il jouait pour appeler les fidèles. En sonnant à sa façon l'angelus et le couvre-feu, cette cloche de bois avait quelque chose d'étrange et de lugubre, qui frisait même le grotesque. Mais le grotesque prenait un caractère formidable dans la nef de l'église, pendant les Ténèbres, quand l'engeance turbulente des écoles, armée de crécelles en forme de girouettes (*Rara*), de planchettes à manches et à marteaux de bois (*Spakaker*), de caissons représentant en petit nos modernes machines à battre (*Rafla*) entonnait un concert étourdissant qui faisait boucher les oreilles aux vieilles dévotes et donnait l'impression d'un ouragan satanique combiné avec la chute d'un torrent. Rien ne saurait mieux peindre la cacophonie abracadabrante de ce concert *spirituel* que les noms mêmes donnés par les exécuteurs à leurs instruments de torture : *Rara*, *Spakaker* et *Rafla*, noms d'une harmonie imitative tellement sauvage qu'ils ne seront jamais admis dans aucun Dictionnaire d'Académie.

Pauvre sacristain ! Armé de son éteignoir en sa qualité de chef d'orchestre, il le brandissait d'un air menaçant pour imposer silence aux virtuoses. Mais, comme l'a dit le bon La Fontaine, cet âge est sans pitié. Plus le père Kiéné jouait de l'éteignoir, plus le concert infernal redoublait son crescendo, et cela durait jusqu'à extinction de chaleur vitale, jusqu'au moment où les jeunes polissons dont j'avais l'honneur de faire partie, tombaient exténués à côté de leurs instruments.

Passons rapidement sur le chant à trois voix de la Passion pour ne retenir que l'écho émouvant du mot *Barrabam*, articulé par l'abbé Hartmann d'une voix tellement caverneuse qu'elle donnait la chair de poule à tous les assistants.

Si le dimanche des rameaux se signalait par une choucroute au maigre, garnie de harengs salés, les vrais gourmets, observateurs du carême, célébraient le jeudi saint en se donnant la jouissance délectable d'un plat d'escargots des vignes. Ces aimables petites bêtes à cornes, aussi coriaces que gluantes, embaumées dans leurs coquilles sous un hachis de fines herbes, se prélassaient en mosaïque apétissante sur une purée de pois nageant dans le beurre. On les dégustait avec componction.

J'ai le souvenir d'une autre curiosité gastronomique qui nous venait de Ferrette et que nous dégustions en automne. L'homme, ce carnassier sans plumes, ne recule devant aucun forfait pour satisfaire ses appétits gloutons. Comme Lucullus, comme Apicius, qui se faisaient servir des plats de langues de faisans, les Ferrettiens (*horresco referens*) faisaient une consommation effrénée de ces jolies petites mésanges bleues au bec rose, fleurs vivantes qui foisonnaient dans leurs sapinières. Pour les prendre ils bâtissaient dans la forêt une cabane couverte de branches de sapin. Le chasseur s'y installait, poussant par une petite ouverture une longue pince en bois percée de petits trous où passait une ficelle. Il sifflait dans un appeau imitant à la perfection le petit chant monotone de la mésange. Elles venaient alors s'abattre par douzaines sur la cabane, et finissaient par se percher sur les deux branches de la pince. Le chasseur tirait la ficelle, les branches se resserraient, les pauvres oisillons étaient pris par les pieds, la pince rentrait dans la cabane et le féroce chasseur étranglait les victimes qu'un complice enfilait, comme les grains d'un chapelet, à une longue ficelle. Ainsi arrangées, elles arrivaient à Altkirch dans la hotte du vieux piéton Buchowatz, dit Sepplé, un hongrois resté dans le pays après les invasions. A cette époque quasi-préhistorique, Sepplé représentait à lui seul, entre Ferrette et Altkirch, le service de la poste à grande et petite vitesse, y compris le télégraphe et le téléphone.

Ces abominables massacres d'innocents durèrent jusqu'à l'époque où la loi sur la chasse du 3 mai 1811 vint y mettre ordre.

XI

Un krach dans le Sundgau. — Excursion à Bâle.
— Barbanègre à Huningue. — La tour du
« Lally ». — Erasme et Holbein. — Le Panorama de Wocher. — Peintures d'Appiani
à St-Morand. — Le roman d'un comte.

Vers 1825, M. de ..... était receveur particulier des finances à Altkirch. Bien que sa situation, au point de vue des produits de sa charge, fût brillante, il eut l'ambition de la faire plus brillante encore, en créant une banque de dépôts pour la petite épargne. L'institution gouvernementale de la Caisse d'épargne n'existait pas encore. Elle ne fut créée qu'en 1832 grâce à l'active propagande d'Emile de Girardin. M. de ..... recevait donc les dépôts des petits commerçants, des ouvriers économes, des paysans plus ou moins fortunés. Tout marcha bien dans les premiers temps : on paya régulièrement l'intérêt des versements. Le banquier s'était attaché un courtier rabatteur dans la personne d'un israélite, obéissant ainsi au préjugé enraciné dans le Sundgau depuis des siècles, qui faisait considérer comme un élément certain de succès l'intervention d'Israël dans les opérations commerciales. Quelques malheureuses spéculations de bourse aidant, la banque d'épargne périclita bientôt et sa déconfiture finale produisit dans le pays l'effet d'un coup de tonnerre imprévu. Les victimes du krach firent un tapage assourdissant devant la caisse effondrée : on n'entendait plus que les lamentations des gogos réclamant l'argent sorti de leurs bas de laine. Pour les consoler dans leur détresse, un loustic de l'endroit leur dédia une chanson en idiome sundgovien, persiflage assez lourd, où il malmenait surtout une malheureuse couturière, *Nanette aux souliers verts*, que j'ai connue, et qui, à force de travail et d'économie, s'était amassé un petit pécule. C'est le cas de rappeler que :

> De tout temps
> Les petits ont pâti des sottises des grands.

Nos Panamas modernes et autres colossales flibusteries en sont la preuve. La naïveté du gogo se laissera toujours échauder par les aigrefins de la finance cosmopolite.

* *

La ville de Bâle, cette ancienne capitale des Rauraques, exerçait à cette époque, une vraie séduction sur les populations du Sundgau qui, avant le prodigieux développement commercial de Mulhouse, y entretenaient des relations suivies et en tiraient des avantages appréciables, celui surtout d'y trouver les denrées coloniales et les étoffes à des prix très avantageux. Bâle, cité grande et riche, peuplée de monuments remarquables, ayant un passé célèbre dans l'art et dans l'histoire d'où se détachent ces deux gloires, Holbein et Erasme, où ont vécu des savants comme Euler et Bernoulli, exerçait sur nous l'attraction d'un rêve à réaliser. Faire un voyage à Bâle, traverser le pont du Rhin, voir ses vieux monuments, était en effet le rêve caressé par la jeunesse et l'âge mûr.

Donc, par une belle journée de dimanche, nous partîmes de grand matin, par la route royale, avec quelques amis dont faisait partie M. E. de Neyremand, alors avocat à Colmar. C'était en 1828. A l'auberge des Trois-Maisons, relai de poste, l'air s'embaumait du parfum des lilas de Perse plantés à l'entour, dans les jardins. Il y a, dans la vie, de ces impressions dont le charme se poursuit sans s'effacer jamais. Cette sensation idéale et grisante des lilas respirés c'était comme une fête de la nature dans son épanouissement printanier, et ces fêtes-là s'impriment pour toujours dans le souvenir. Nous nous dirigions vers Huningue. Sur le bord de la route, M. Lavezzari, fils du notaire de cette ville, venu à notre rencontre, ramassa un tout petit lézard doré et le mit délicatement sur le plastron de sa chemise comme une épingle vivante. La charmante petite bête, consciente de son rôle, ne bougea point jusqu'à notre arrivée aux remparts désolés de la forteresse. J'ignorais alors, que derrière ces murs démantelés, ces bastions rasés que le génie de Vauban avait construits, comme une sentinelle avancée de la France, s'était passé un drame héroïque digne de l'Iliade, le siège de 1815 soutenu par Barbanègre et sa petite troupe de 135 *invalides* contre les 25,000 autrichiens de l'archiduc Jean. J'ignorais que le général français ne capitula qu'après épuisement complet de ses moyens de défense et sortit avec les honneurs de la guerre devant l'armée autrichienne stupéfiée et humiliée de tant de valeur. M. Edouard Detaille, le grand peintre militaire, a pris ce dernier épisode du siège comme sujet d'un tableau historique, d'une facture superbe, où les uniformes blancs de l'archiduc autrichien et de ses officiers forment un violent contraste avec la sombre et lamentable défroque des uniformes lacérés et les bandages des éclopés français défilant fièrement, tambour en tête, devant les soldats de la Sainte-Alliance. Ce tableau, qui a figuré au salon de Paris de 1892, a fait sensation.

En entrant en ville, nous y vîmes les traces parlantes du siège, des édifices brûlés, des boulets de canon encastrés dans les murs, notamment dans l'imposte de la porte de l'hôtel Schulz où nous étions descendus pour déjeuner. Notre voiture alla nous attendre à St-Louis (l'ancien *Bourg libre*) et nous prîmes à pied le chemin du Rhin pour le traverser en bateau, l'ancien pont volant ayant été détruit. Un quart d'heure après nous débarquâmes sur la rive badoise (1) à deux pas du Petit-Bâle situé à l'entrée du grand pont du

(1) C'est là que se trouve le monument élevé au jeune général Charles Abbatucci, mort à 26 ans, en 1797, en défendant la tête du pont d'Huningue contre les autrichiens. Ce monument avait été construit par un tailleur de pierres d'Altkirch, François Nussé, qui m'en avait souvent parlé.

Rhin, de l'autre côté duquel s'élevait la tour du *Lally*. Ce Lally, tête grimaçante, espèce de Quasimodo à la bouche démesurément ouverte, tirait la langue de minute en minute, sous l'impulsion du balancier de l'horloge qui le surmontait ; en somme stupide monument d'une rancune séculaire élevé par les Bâlois pour narguer leurs voisins du Petit-Bâle en souvenir d'une vieille offense.

Sur le pont du Rhin, le spectacle est grandiose. Le fleuve est très-large, son cours très-rapide. Entourée de grands arbres et d'édifices superbes, la cathédrale est située sur une haute terrasse dominant le Rhin et faisant face aux montagnes de la Forêt-Noire d'où émerge le cône de la Chrischona, dont le nom rappelle la légende des onze mille vierges. Nous descendons à l'Hôtel des Trois Rois dont la base est baignée par les eaux vertes du fleuve.

Visite de la cathédrale qui renferme le tombeau de l'humaniste Erasme dont le salon carré du Louvre possède le portrait, ce chef d'œuvre peint par son ami Holbein, la salle du Concile œcuménique qui s'y tint de 1431 à 1443, sous la présidence d'Aeneas Sylvius Piccolomini devenu pape sous le nom de Pie II, et qui a servi plus tard de musée pour les collections gallo-romaines découvertes à Augusta-Rauracorum. Au faubourg St-Alban, dans un édifice en forme de tour ronde, nous avons vu le panorama de Wocher, paysagiste bâlois très en renom, et qui représente la ville de Thoune et le paysage alpestre de l'Oberland. A l'intérieur de cette tour, éclairée d'en haut, l'artiste a peint tout un quartier de Thoune occupant le premier plan circulaire, puis, se dégradant à l'horizon, les chaînes de montagne de l'Oberland avec tous les glaciers qui s'en détachent, donnant l'illusion de la réalité au spectateur placé au centre de la tour dans un édicule circulaire où il lui suffit de se retourner pour embrasser les aspects successifs du spectacle.

Bâle devait une grande partie de sa prospérité aux protestants français qui s'y réfugièrent lors de la révocation de l'édit de Nantes et y importèrent la fabrication des soieries, source d'un grand commerce. Le descendant d'un de ces réfugiés, M. Legrand, vint au commencement de notre siècle, établir un tissage de rubans de soie dans l'ancien Prieuré de Saint-Morand à Altkirch. Dans le jardin de l'hôpital actuel, près du canal qui le traverse, on voit encore le mausolée de sa fille dont un préjugé barbare avait interdit l'inhumation au cimetière catholique attenant à ce jardin.

* *

Quand, vers 1829, la ville fit restaurer l'ancien prieuré des Jésuites pour y installer l'hôpital civil, on ouvrit de nouveau à la célébration du culte l'ancienne chapelle située au second étage. Dans cet oratoire les Jésuites avaient fait peindre, en 1768, une série de fresques représentant les miracles de Saint-Morand, patron du Sundgau. Le peintre milanais Andrea Appiani, auteur de ces fresques, et artiste de talent, attira dans sa vieillesse l'attention de Napoléon I*er*. L'empereur, roi d'Italie, lui conféra le titre de peintre impérial, le décora et le nomma membre de l'Institut des arts et des sciences d'Italie. Pendant la Révolution, les fresques de Saint-Morand avaient été recouvertes d'un badigeon blanc. Lors de la création de l'hospice personne ne se souvenait plus de leur existence, lorsqu'un heureux hasard les fit découvrir. On enleva délicatement la pellicule de chaux et un lavage intelligent remit à jour, sans dommage, la belle composition, où se remarquaient des figures allégoriques de grande allure. Le plafond, représentant le saint montant au ciel, soutenu par des anges, était particulièrement remarquable par la souplesse de ses lignes aériennes. Mais la manie de restauration qui sévit de nos jours, ne tarda pas à altérer ce bel ensemble, en confiant à M. Oster, peintre de tableaux religieux à Strasbourg, le soin de recouvrir en peinture à l'huile ces compositions à la détrempe, ce qui en a complètement dénaturé le caractère.

* *

M. Pierre-François-Casimir-Amand-Félix-Fulbert comte de Reinach de Foussemagne avait succédé en 1828 à M. Devallant comme maire d'Altkirch. C'est sous son administration que le couvent des Jésuites fut transformé en hôpital. Le comte de Reinach avait été longtemps au service du roi Ferdinand des Deux-Siciles, comme colonel du régiment suisse de Roll. Sa carrière militaire tenait du roman. Sans cesse sur mer, entre Naples, Palerme et Syracuse, il reçut un jour une mission pour Gibraltar où il fit la connaissance d'une jeune américaine de Philadelphie, la baronne Henriette de Questenau. Charmé par la grâce et l'esprit de la jeune fille, qui appartenait à une famille distinguée, le beau colonel, doué lui-même des plus séduisantes qualités, demanda la main de la belle américaine. Les fiançailles eurent lieu et le mariage fut subordonné au voyage prochain du comte qui devait retourner à Naples rendre compte au roi de sa mission et obtenir son consentement au mariage. Nos jeunes fiancés se quittèrent pleins d'espoir, sans songer que les vagues de la Méditerranée, bleues comme l'azur de leurs rêves, cette mer enchanteresse dans ses moments de calme, pouvait leur réserver de terribles surprises. En effet, le vaisseau que montait le comte de Reinach fut poussé par la tempête sur les côtes barbaresques et capturé par les pirates à la solde du Dey d'Alger. Le colonel et sa suite furent faits prisonniers, chargés de chaînes et jetés dans les cachots de la Régence dont les geôliers n'étaient pas tendres. Le Dey comptait, sans doute, toucher une belle rançon pour une razzia de cette importance. Dans cette amère situation les idées du prisonnier avaient passé du bleu clair au noir intense : il se désespérait, sachant le sort qui l'attendait si le secours n'arrivait pas. Très heureusement pour lui l'ange du salut veillait à Gibraltar. La tragique aventure avait, au premier abord, déconcerté la jeune baronne ; mais, en américaine pratique, elle sut se ménager des intelligences à Alger par l'intermédiaire des navires de guerre anglais et apprit que le Dey consentirait à libérer son prisonnier en échange d'un carillon de cloches. Ce musulman mélomane avait, sans doute, des prisonniers hollandais habiles dans l'art de faire tinter les carillons. Bref, moyennant beaucoup de livres sterling, la jeune fiancée se procura en Espagne un beau jeu de cloches qu'elle envoya au Dey et eut ainsi le bonheur de faire mettre le comte en liberté. Ce récit, qui a l'air d'une légende, m'a été transmis par ma famille, très-liée avec le comte de Reinach, et je me rappelle fort bien qu'il avait cours à Altkirch dans mon enfance. Il est remarquable que les deys d'Alger ont toujours eu un faible pour les instruments de musique. On peut voir au Louvre, dans les galeries du musée de marine, une grande et belle horloge à musique prise au palais de la Casbah, en 1830, lors de la conquête d'Alger. Fabriquée à Londres, cette horloge, qui est en argent ciselé, a un répertoire varié de morceaux dansants et un jeu de tuyaux rappelant le mécanisme des orgues.

Le mariage du comte et de la baronne eut lieu à Gibraltar. A en juger par le nombre respectable de rejetons sortis de cette tige de Foussemagne, on eût pu croire qu'elle serait la souche d'une nombreuse colonie. Il n'en fut rien et j'ai vu disparaître successivement la plupart des huit enfants de Reinach. Cependant un seul, mon ancien condisciple Casimir, a laissé des descendants. Devenu receveur des postes à Saverne, il y a épousé Mlle de Latouche, fille du maire.

Quand le comte de Reinach rentra en France pour y reprendre sa nationalité d'origine, sous le règne des Bourbons, il dut provoquer un jugement du Tribunal d'Altkirch pour régulariser son acte de mariage et l'état civil de ses enfants nés à l'étranger. Ce jugement très-volumineux a été transcrit sur les registres de la mairie où il constitue de précieuses archives pour la famille. Cinq des enfants sont nés à Syracuse, à Messine, à Catane, à Naples et à Palerme ; les trois derniers à Altkirch.

La comtesse Hélène et sa sœur Louise sont venues, dans

leur vieillesse, habiter Colmar où j'ai eu le plaisir de les retrouver, gracieuses et bonnes, comme je les avais toujours connues. Toute cette famille, aux allures bourgeoises, m'a laissé les meilleurs souvenirs. L'aîné des fils, John, capitaine de dragons, en garnison à Colmar, épousa en 1863 Mlle Boulin, la nièce de Frédéric Titot, ancien préfet de la Haute-Vienne. Pendant l'invasion de 1870, le comte John de Reinach-Foussemagne commandait la place de Schlestadt et dut capituler après une vigoureuse et honorable résistance. Il mourut à Paris, en 1893, à l'âge de quatre vingts ans.

XII

L'hiver de 1829. — Une exécution capitale. — Un enfant né sans bras. — La flétrissure. — Souvenirs du collier de la reine. — Xavier Jourdain, un industriel bienfaiteur.

Voici venir le terrible hiver de 1829. Six mois de neige et de glace avec une température sibérienne. Inénarrables sont les souffrances endurées par tout le monde. Les fauves eux-mêmes, ne trouvant plus de nourriture, renards, lièvres, sangliers, loups, s'approchaient des habitations rurales, pénétraient dans les cours des fermes, cherchant un abri dans les étables où les paysans les tuaient à coups de fourches. Sur toutes les vitres s'étalaient, en capricieuses frondaisons, les arabesques du givre, ne laissant au regard aucune échappée de vue au dehors. Les oiseaux transis, moineaux, rouges-gorges, pinsons, linottes, venaient sur les appuis des fenêtres mendier un peu de pain comme les pauvres du bon Dieu : on en a vu quelques uns mangeant le suif des chandelles suspendues à l'air aux boutiques d'épicerie. Désolation partout sous le ciel noir et morne, sous l'âpre sévérité de la nature. Dans les caves, les pommes de terre et les légumes gelaient : les tonneaux de vin se convertissaient en glaçons ; la choucroûte seule, protégée par sa saumure, restait indemne. Les maigres provisions apportées au marché par des paysannes qui n'avaient pas froid aux yeux, se payaient fort cher. Heureusement le pain, le lait, les légumes secs et la viande formaient une ressource précieuse pour ceux qui avaient le moyen de les payer. Mais les pauvres, les sans pain, les sans travail, que devenaient-ils ? De la ville et de la campagne ils venaient par bandes frapper aux portes, et c'était pitié de voir ces miséreux à moitié gelés, exténués de privations sous leurs vêtements insuffisants. C'est alors, sous la poussée de cette navrante calamité, que surgit l'idée des loteries de charité. Les dames mirent leur dévouement en commun pour apporter quelque soulagement à tant de misères, en confectionnant des vêtements chauds pour les enfants et les femmes.

J'avais les pieds et les mains gonflés et gercés par les engelures. Leurs démangeaisons cuisantes ne se calmaient un peu que par des frictions de neige ; cela n'empêcha pas les écoliers, d'aller par vingt-cinq degrés de froid, faire des parties de traîneau sur les chemins en pente. On se hissait à trois ou quatre sur un de ces traîneaux primitifs, qu'un camarade poussait par derrière jusqu'à ce que le véhicule, entraîné par son propre poids, filât avec rapidité au bas de cette colline, où il versait son chargement dans les fossés du chemin.

Par une de ces nuits glaciales, un malheureux douanier nommé Ehrismann, posté en observation au coin du bois du Burgerwald, sur la route d'Hirsingue, fut mordu par un loup enragé qu'il parvint à tuer. Atteint de la rage quelques temps après, il succomba aux plus cruelles souffrances, laissant une veuve et un pauvre orphelin qui était mon condisciple au Collège, à l'époque même où se produisit ce tragique évènement.

Depuis lors nous avons subi bien des froids ; mais cet hiver de 1829 à 1830 est resté dans les souvenirs du pays comme un tableau sombre et sévère des contrastes de la nature frappant l'homme dans ses énergies vitales, engourdissant tout son être. C'était pour moi le type des mauvais hivers. Il fut suivi d'un printemps superbe et d'un été très chaud.

.·.

La royauté des Bourbons avait conservé une partie du vieil et barbare arsenal de pénalités qui s'appliquaient aux criminels, telles que l'exposition publique et la flétrissure des condamnés à perpétuité aux travaux forcés, et la peine des parricides qui consistait à leur couper la main droite d'un coup de hache avant de leur passer la tête sous le couperet de la guillotine. Vers 1820, un crime de parricide fut commis à Didenheim, près Mulhouse, par le mari et la femme sur la mère de celle-ci. Les assassins furent condamnés à subir leur peine sur la place du marché à Altkirch. Les habitants de la campagne environnante étaient venus en masse se repaître de ce spectacle féroce. Dans la foule des spectateurs se trouvait la femme Lipp, d'Altkirch, attirée par une de ces envies irrésistibles que pouvait justifier son état de grossesse. Elle fut tellement impressionnée de voir tomber sous la hache les mains des suppliciés, que quelques mois après elle mit au monde un enfant dépourvu de mains : à la place de celles-ci figuraient deux moignons repliés sur l'humérus. Ce pauvre petit Joseph Lipp qui, du reste, était bien constitué et fort intelligent, fréquentait l'école primaire en même temps que moi et n'avait pas l'air de trop souffrir de cette cruauté des hommes et de la nature qui l'avait condamné, victime innocente, à porter toute sa vie le stigmate d'une pénalité barbare. Le malheureux enfant s'était appliqué, avec une rare persévérance à écrire avec son pied droit, absolument comme le peintre Ducornet, né aussi sans bras et qui peignait du pied de jolis tableaux que j'ai vus. Lipp ne parvint néanmoins jamais à gagner sa vie et je le voyais, devenu homme, se promener mélancoliquement sur les chemins sans jamais demander l'aumône. Sa famille, quoique pauvre, parvenait à faire vivre cette triste épave de la société qui n'avait d'autre distraction que la lecture et la promenade. Il a dû être recueilli à l'hôpital civil, à la mort de ses parents.

J'ai vu, en 1828, appliquer la terrible peine de la flétrissure à un malheureux paysan condamné aux travaux forcés à perpétuité pour je ne sais plus quel crime. J'ai vu le bourreau chauffer jusqu'au rouge, dans un réchaud apporté sur la place publique, la marque T F, saisir le manche en bois de ce hideux cachet, l'appliquer rapidement sur l'omoplate gauche du patient, et, pour calmer la douleur cuisante, enduire d'un onguent la brûlure. De ce spectacle aussi navrant que révoltant il m'est resté une légitime horreur, contre ceux, gouvernants et magistrats, assez dépourvus d'humanité pour appliquer de telles peines. C'est à Louis-Philippe que revient l'honneur de les avoir abolies en 1840. Plus tard ma révolte contre ce genre de supplice s'est encore accentuée, quand j'ai lu le *Collier de la Reine*, d'Alexandre Dumas, et la féroce expiation infligée à Mme de Lamotte, la complice du cardinal de Rohan, et la scène émouvante qui se passa sur la Place de Grève, entre elle et le bourreau armé de la terrible fleur de lis qui devait appliquer son fer rouge sur l'épaule palpitante de l'aventurière, dont la pudeur outragée se révoltait devant tant d'inhumanité. C'était la loi, sans doute ; mais la royauté avait le droit de la modifier et le cœur de femme de la reine pouvait intervenir pour épargner à la coupable ce suprême martyre. Il y a chez les grands de la terre de terribles retours de destinée. Les larmes versées dans la prison de la Conciergerie par la victime royale ont-elles effacé complètement le souvenir d'une impitoyable rigueur ?

.

En 1820 vint s'établir à Altkirch, M. Xavier Jourdain, de Neuf-Brisach, élève de l'école des Arts et Métiers de Châlons, avec l'intention d'y fonder un tissage mécanique. Homme de grande initiative, au front puissant, à l'œil d'aigle révélant l'énergie et l'intelligence, il avait rêvé de convertir en établissement industriel une ancienne scierie située sur une chute du canal des Moulins dérivé de la rivière d'Ill, près du chemin de Carspach. Avec ses ressources personnelles et celles que lui procura son mariage avec la fille d'un commerçant très-aisé, il transforma complètement le vieux bâtiment, auquel il ajouta une aile et une tour servant de séchoir, et y installa, dans des conditions très-modestes, ses premiers métiers à tisser, actionnés d'abord par la grande roue en bois mue par la chute d'eau. La proximité du grand centre industriel de Mulhouse lui permit de trouver des débouchés immédiats pour ses calicots qui servirent à l'impression des indiennes alors dans toute sa prospérité. L'établissement s'agrandit peu à peu : une machine à vapeur vint doubler sa production accélérée encore par la construction d'un second canal que M. Jourdain dériva de l'Ill à Carspach et qui augmenta sensiblement la chute, partant la puissance mécanique. Après les métiers à tisser vinrent les self-acting et les mull-jenny, ces admirables machines à filer le coton que M. Jourdain utilisa dans son association avec MM. Guth et Hirn. Avec des fils d'une ténuité fantastique, mais solides tout de même, il créa un article à lui, une étoffe légère comme la gaze, transparente comme les tissus de l'araignée, qui eut un débit énorme et ajouta à la réputation de ses établissements. A mesure qu'arrivait la fortune, M. Jourdain, pour donner à son besoin d'activité fiévreuse un nouvel aliment, se fit cultivateur, devint, par des acquisitions successives, propriétaire d'une grande partie du ban d'Altkirch, acheta ou construisit des fermes, éleva du bétail, se livra à la culture intensive au moyen des machines perfectionnées, puis acheta à Rouffach le grand domaine du château d'Isenbourg qu'il transforma, et où il vint mourir en 1868, ayant l'âge de son siècle qui, pour lui, partait de Marengo, tant il vénérait la mémoire de Napoléon. Il laissa à ses enfants une fortune considérable qui a prospéré dans leurs mains, à en juger par les nouveaux agrandissements qu'ils ont su donner à ses créations diverses. Sa mémoire s'honore d'une quantité de fondations généreuses, et ce fils de ses œuvres a consacré des legs considérables à des œuvres humanitaires, sans oublier ni sa ville natale, ni l'Ecole de Châlons.

XIII

La révolution de 1830. — Garde nationale. — La Fête-Dieu. — Un aumônier de la duchesse d'Orléans. — M. Ch. de Reinach, pair de France. — L'émigration polonaise.

Au mois de juillet 1830, après la publication des ordonnances anti-libérales de Charles X, on sentait vaguement dans l'air le souffle précurseur de graves événements. On s'empressait autour des rares journaux, presque tous réactionnaires, que la malle-poste nous apportait et qui ne contenaient que des articles écourtés mais, au fond, peu rassurants. Le 28 juillet, le *Moniteur Officiel* arrivait, criblé de lacunes blanches et de tronçons d'articles avec cette mention de l'imprimeur : « Nos formes ayant été brisées par les insurgés, nous avons dû faire le tirage tel quel pour pouvoir expédier le journal en temps utile ». C'était la révolution ! Les esprits s'échauffaient dans notre petite ville où l'opinion n'était plus favorable aux Bourbons ; mais personne ne se doutait encore de la tournure qu'allaient prendre les événements. On croyait à l'installation d'une régence en faveur du jeune duc de Bordeaux, Henri V, l'enfant du miracle, quand le lendemain arriva la dépêche annonçant que Louis-Philippe, duc d'Orléans, venait d'être proclamé lieutenant général du royaume, après la fuite de Charles X, et que le général La Fayette était chargé d'organiser la garde nationale. A ce moment ce fut un enthousiasme indescriptible. Sans rien comprendre à tout ce qui se passait, ma curiosité de gamin me poussait partout : n'ayant connu jusque-là que le drapeau blanc fleurdelisé, je voyais avec étonnement arborer le drapeau tricolore aux édifices publics. Le Sous-Préfet, M. Ruell, homme très-aimé à Altkirch, était sans ordres et ne savait à quel saint se vouer. Il en était de même du maire, le comte de Reinach-Foussemagne. Ces deux braves soutiens du trône et de l'autel sentaient que quelque chose s'effondrait autour d'eux, quand ils virent des groupes se former et parcourir la ville en chantant la *Marseillaise*, ayant la cocarde tricolore attachée à la casquette. Naturellement ce spectacle parut tellement étrange, tellement merveilleux aux collégiens, que nous suivions de confiance les chanteurs, répétant avec eux le refrain :

> Aux armes, citoyens !
> Formez vos bataillons !

Mais le *sang impur* me chiffonnait un peu et j'aurais bien voulu en connaître la signification. Tous les soirs, à l'arrivée du courrier, M. Joseph Gœtschy, imprimeur de la *Feuille d'annonces d'Altkirch*, s'installait au haut d'un escalier de la grand'rue et lisait à la foule assemblée les nouvelles les plus saillantes des journaux de Paris. Le surlendemain des trois glorieuses on reçut quelques exemplaires du chant national la *Parisienne*, composé dans la nuit du 29 juillet par Casimir Delavigne, le poète des *Messéniennes*. Il faut croire que le poète n'était pas en veine ou que la muse héroïque ne l'inspirait guère. Ce chant manquait absolument de souffle et d'allure martiale : il ne rappelait en rien la fougue patriotique de la *Marseillaise*. Il n'en fut pas moins accueilli comme un symptôme de délivrance.

> En avant marchons
> Contre leurs canons,
> A travers le fer, le feu des bataillons,
> Courons à la victoire !

Heureux écoliers ! ils s'époumonaient à vociférer cette poésie incolore.

. .

M. Prud'homme, au sabre légendaire, doit se remémorer avec bonheur les beaux jours de la garde nationale. Parlons sans amertume de cette institution bourgeoise que j'ai vue naître, vivre et mourir. Le scepticisme moderne ne saurait s'imaginer ce qu'il s'est dépensé d'efforts et d'argent... et de vanité dans ce sport peu athlétique des soldats citoyens affublés d'uniformes disgracieux. C'étaient d'énormes shakos-tromblons, des habits à basques exagérées, des pantalons à sous-pieds, des gibernes monumentales et de longues buffleteries d'un blanc cru à crever les yeux. Le Gouvernement avait envoyé en province, pour le service de la garde nationale, tous les vieux fusils à pierre qui avaient fait merveille du temps de Louis XV et avaient peut-être figuré avec honneur à la bataille de Fontenoy. A Altkirch on ne se montrait guère scrupuleux dans le recrutement de cette garde ; on y incorporait pêle-mêle tous les tailleurs, cordonniers, charpentiers, menuisiers, maçons et ramoneurs étrangers, suisses, tyroliens, croates, italiens et autres qui étaient venus s'installer dans nos murs pour faire concurrence aux ouvriers du crû. Dire avec quelle grâce défilait tout ce monde exotique, est impossible. C'était à la fois désopilant et triste. Un musée de cire qui représenterait aujourd'hui des spécimens de la garde nationale de Louis-Philippe, y compris ses sapeurs porte-hache, à grande barbe et à longs tabliers blancs en cuir, serait sûr de faire de bonnes recettes. N'oublions pas de parler de notre tambour-major, le grand Dorcy, espèce de géant dont le monumental Kolbak rehaussait encore la taille et qu'agrémentait un immense plumet tricolore. Tout le succès des sorties de parade était pour lui et son flamboyant uniforme.

Si les gardes nationaux se montraient réfractaires au service de garde des édifices publics, et apportaient peu d'enthousiasme aux exercices et prises d'armes, ils ne se refusaient pas au service purement décoratif des processions de la Fête-Dieu et aux enterrements des personnages éminents, parce qu'il y avait là une belle occasion de brûler la poudre en feux de peloton devant les superbes reposoirs.

En parlant de la Fête-Dieu, comment ne pas rappeler le triomphe de notre professeur, l'abbé H..., qui, sous son surplis le plus immaculé, faisait manœuvrer avec ensemble la phalange des thuriféraires et des fleuristes ? Nous étions là, en 1830, une quinzaine d'éphèbes vêtus de longues robes blanches, robes d'innocence, avec ceintures bleues moirées très-larges, portant les uns l'encensoir, les autres la navette, les plus petits ayant une corbeille suspendue au cou par un ruban bleu, pleine de feuilles de roses et de coquelicots. Un mois à l'avance nous nous étions exercés, dans la cour du collège, aux évolutions gracieuses et géométriques que devaient former nos figures devant le dais du Saint-Sacrement. L'abbé tenait à la main un livre en bois simulant un bréviaire dont l'un des plats s'ouvrait comme un couvercle de tabatière et faisait un bruit sec en retombant. Attention ! Cette boîte, suivant la position que lui donnait le maître des cérémonies, indique aux exécutants qu'ils doivent former la croix, le carré, le losange, le demi-cercle, les parallèles, le rectangle, que sais-je encore ? Et l'encens montait en bouffées enivrantes, et les petits fleuristes semblables aux anges de Murillo, moins les ailes, faisaient voltiger leurs fleurs comme une nuée rose devant l'ostensoir que portait le vieux curé Chevrier. Du sol jonché de verdure et de fleurs, sous les pas des fidèles, il montait des effluves de parfums grisants, quand, subitement, le feu de peloton des gardes nationaux ou des pompiers faisait entendre sa note stridente, mêlant l'âcre odeur de la poudre aux bouffées de l'encens. Les mères pleuraient d'émotion en voyant leurs petits jouer leurs rôles d'anges dans cette cérémonie presque païenne, renouvelée des théories grecques du Parthénon. Et la musique du père Britschgi, jouant le grand air de la *Norma*, complétait, dans une large mesure, le charme de ce spectacle cher à la population.

..

Le remplacement des fonctionnaires dépendant du gouvernement se fit peu après l'avènement du nouveau roi. Au sous-préfet Ruell, qui s'était retiré dans sa belle propriété de Landser, succéda M. Verny, avocat à Colmar, qui avait longtemps séjourné en Westphalie, du temps de l'occupation française, et s'y était marié en secondes noces à Crefeld avec la mère de M. W..., avocat originaire des provinces rhénanes, établi depuis quelques années à Altkirch (1). M. Verny, appartenant au culte protestant, avait eu de son second mariage un fils qui était devenu pasteur et fut nommé en cette qualité, en 1837, aumônier de la princesse Hélène de Mecklembourg qu'avait épousée le duc d'Orléans (2). Dans toutes les circonstances solennelles, aux fêtes du roi, dans les réunions publiques, le sous-préfet prononçait des discours

(1) C'était un phénomène curieux que cette immigration en Alsace d'avocats westphaliens, qui eut lieu à cette époque. Pour ma part, j'en ai connu deux à Altkirch, MM. W... et J... Leurs cabinets étaient achalandés : ils parlaient un français très pur et, dans la connaissance du droit, ne le cédaient en rien à leurs collègues du Tribunal.

(2) Le pasteur Verny avait épousé à Colmar Mᵐᵉ Gschædler, fille d'un boulanger de la Rue Turenne, aussi distinguée par son éducation que par son extérieur gracieux.

empreints des témoignages les plus vifs de son dévouement à la dynastie nouvelle. Il avait l'élocution vibrante, le geste solennel, et quand il évoquait le souvenir des batailles de Jemmapes et de Valmy, où Louis-Philippe s'était signalé, son émotion communicative entraînait l'auditoire. Et cependant, deux ans à peine après sa nomination, sans que rien annonçât que sa position fût menacée, une brusque révocation vint le frapper. Cet orage soudain, éclatant dans un ciel clair, produisit une vive sensation dans notre ville où M. Verny était très-aimé. Son beau-fils, M. W... qui, alors, était commandant des sapeurs-pompiers, s'empressa de donner sa démission au Maire dans des termes très-vifs où j'ai recueilli cette phrase : « Je ne veux plus servir un gouvernement qui se montre si ingrat envers ses amis les plus dévoués ». M. Verny était un homme d'une grande intelligence, très-affable, très-accessible aux humbles. Après sa destitution, il dut reprendre la robe d'avocat pour vivre. Il fut remplacé par M. Charles Doll, de Colmar, secrétaire de la mairie de Cernay où il avait épousé Mlle Engel, fille d'un riche fabricant et sœur de M. Engel-Dollfus, de Mulhouse. Mme Doll a fait sensation par sa grande beauté.

Quand M. Doll entra à l'Hôtel de la Sous-Préfecture, entre deux haies de sapeurs-pompiers, complimenté par les autorités locales qui l'attendaient sur le perron, je vis ce pauvre M. Verny accoudé tristement à la croisée d'une maison d'en face, ayant le courage de regarder ce spectacle si peu réjouissant pour lui et semblant se dire in petto : *sic transit gloria mundi.*

Ce fut alors un branle-bas général chez tous les nobles de l'ancien régime qui, lors de la restauration des Bourbons, s'étaient précipités à la curée des places et occupaient toutes les positions importantes, l'inspection des forêts, la direction des douanes et des contributions, l'entrepôt des tabacs, l'enregistrement, la Recette des finances. Les Sabourin de Nanton, les de la Goupillière, les Selleron de la Tremblaire et bien d'autres dont les noms m'échappent durent plier bagage devant les représentants du nouveau régime. Le comte de Reinach-Foussemagne fut remplacé comme maire par M. Jean-

Adam Pflieger, propriétaire agronome, et issu d'une ancienne famille du pays, qui avait donné des gages à la Révolution française. C'était un de ces engagés volontaires des armées de la République accourus sur le Rhin pour défendre la patrie menacée et qui devint officier dans l'armée de Moreau. Son père, membre de la Convention nationale, figurait dans le parti avancé.

M. Pflieger, homme d'une grande bienveillance et d'une popularité justement acquise, eut comme adjoint M. Pierre Lidy, dont j'ai parlé longuement plus haut. Il rendit de véritables services à la population de l'arrondissement comme président de la commission de répartement de l'impôt. Ses connaissances pratiques dans le domaine agricole, son expérience comme propriétaire exploitant un vaste domaine, l'avaient signalé à l'attention de ses concitoyens qui l'envoyèrent siéger au Conseil général et plus tard à la Chambre.

* *

En 1831 vint se fixer à Altkirch la famille de M. Nicolas Gœtschy, imprimeur à Paris, qui racheta de son frère l'imprimerie affectée aux publications judiciaires et administratives de l'arrondissement. Cette famille, originaire de Porrentruy, a animé pendant de longues années, et réjoui par sa bonne humeur communicative toute la société d'Altkirch. Que de fêtes, que de parties de plaisir ! Dans cette famille patriarcale de neuf enfants on naissait musicien ou chanteur. La fée de la joie était la marraine de tout cet aimable monde. Jamais un nuage noir n'a assombri cette sérénité incoërcible sur laquelle glissaient les soucis de l'existence. La maison Gœtschy, hospitalière à tout le monde, amie de la jeunesse, était considérée comme la maison du bon Dieu. Mme Gœtschy, née Thomas, de Rouffach, était la sœur de M. Thomas (dit *de Colmar*) inventeur de l'arithmomètre, dont les journaux de l'époque ont tant parlé et en même temps directeur général de la Compagnie d'assurances *Le Soleil*. Joseph, le fils aîné, était compositeur de musique ; Henri dirigeait l'imprimerie avec son père ; Louis était avocat à Paris où son frère Colin faisait de la peinture ; enfin Charles alla fonder en Russie une fabrique de chapeaux de paille qui, paraît-il, prospéra. A l'âge de soixante-dix ans, le père voulut aller lui rendre visite : il s'embarqua sur un paquebot-poste à Boulogne, traversa la Baltique et arrivé en vue de Pétersbourg où son fils l'attendait, tomba mort frappé d'apoplexie, ayant comme Moïse, à peine entrevu la terre promise. L'aînée des demoiselles épousa M. Levêque, avocat à Paris, qui devint conseiller à la Cour d'appel ; les autres se sont mariées avec des professeurs ou des éditeurs de musique pour ne pas manquer aux traditions de famille où la musique était en vénération. Mme Goetschy avait un parent, M. Eugène Mertian, qui habitait Rouffach et était, comme corniste, un vrai virtuose, comparable à Vivier. Il venait, de temps en temps, jouer dans les concerts d'Altkirch où il nous tenait sous le charme de son instrument dont il savait tirer des sons d'une souplesse et d'une harmonie merveilleuse, des accents de voix humaine se perdant dans le monde des rêves. Somme toute, la famille Goetschy a tenu plus d'une génération sous le charme de son aimable savoir-vivre. Toutes ces figures gracieuses et lointaines, que j'ai connues bien vivantes, et qui ont fait danser mes vingt ans dans les premiers rêves bleus, tôt évanouis, me remontent à la mémoire comme les fantômes sympathiques d'un monde disparu.

* *

En sixième, dans la classe du jovial abbé Hennigé, j'eus pour condisciple Joseph Liblin, de Grosne, le fondateur et le continuateur, depuis quarante-cinq ans, de la *Revue d'Alsace*. Ensemble nous avons pioché le thème latin et la version grecque, tout en souriant aux calembredaines de notre professeur à propos des métamorphoses de Jupiter ; ensemble, au cours de dessin dirigé par Hérissé, nous nous sommes consciencieusement appliqués à dessiner, selon l'ancienne méthode, des têtes aux hachures savantes. Ne serait-ce pas faire violence à sa modestie que de rappeler ici les éminents services qu'il a rendus à l'histoire d'Alsace ? Mais une amitié qui remonte à soixante ans, qui a suivi le vaillant lutteur pendant toute sa carrière et le retrouve aujourd'hui toujours debout, infusant une nouvelle vie à son œuvre, a le droit de dire à ce patriarche qu'il a résolu le grand et difficile problème : *être et avoir été*.

Le baron Charles de Reinach d'Hirtzbach, avait été nommé, sous le règne de Charles X, député de l'arrondissement d'Altkirch. Une de ses sœurs avait épousé à la mairie de notre ville un M. Dolomieu, originaire de la Côte-Saint-André (Isère), fils du marquis de Dolomieu, et parent du célèbre géologue qui fait partie de l'expédition d'Egypte. M. de Reinach, bien que fervent légitimiste par tradition de race, n'avait cependant pas voulu suivre Charles X sur le terrain dangereux des ordonnances. Il fut, en 1830, un des deux cent vingt-un signataires de l'adresse que la Chambre présenta au roi pour le mettre en garde contre les entraînements d'une politique néfaste. Cet acte d'énergie le maintint en bonnes grâces auprès de ses électeurs et lui permit d'attendre l'expiration de son mandat pour briguer la pairie. M⁻ᵉ Dolomieu avait été nommée dame d'honneur de la reine Marie-Amélie. Dès lors la porte des Tuileries fut ouverte au baron et à l'une des premières fournées de pairs, il fut nommé par le roi membre de la Chambre haute. La population d'Altkirch se porta en masse à sa rencontre pour le féliciter à son retour de Paris. La musique l'accompagna jusque dans le bois près du *Silberbrünnlé* (la source argentée) où une explosion de vivats salua le nouveau pair de France (1).

Aux élections qui eurent lieu en 1831, pour la Chambre des députés, la presque unanimité des suffrages se porta sur M. J. A. Pflieger, maire d'Altkirch et membre du Conseil général. Le mandat de député était alors gratuit. M. Pflieger quoique possédant une importante fortune territoriale, dut s'imposer des sacrifices pour subvenir aux frais de ses séjours à Paris. Siégeant sur les bancs de l'opposition, il s'interdit par cela même, de demander aucune faveur au Gouvernement. Sa digne attitude lui gagna les sympathies de tous et les électeurs lui renouvelèrent son mandat jusqu'à sa mort, en 1846, époque à laquelle il fut remplacé par M. André Kœchlin, maire de Mulhouse et riche industriel qui fit couler le champagne à flots, pour assurer le succès de sa candidature.

. . .

C'est le moment de parler du triste spectacle de l'émigration polonaise de 1831 dont nous avons vu passer à Altkirch de nombreuses phalanges venant d'Allemagne et se dirigeant sur Paris.

« A travers les villas mortuaires du cimetière de Varsovie, dans un parfum vague de fleurs pieusement entretenues, on arrive jusqu'à un talus désert singulièrement respecté des visiteurs qui ne foulent jamais sa verdure sacrée. Là dorment les vaincus des derniers combats, les martyrs des dernières libertés revendiquées, les héros de 1831, les *dix mille* qui ne battirent pas en retraite et moururent écrasés

---

(1) Il est presque superflu de faire remarquer que les familles de Reinach, vivant en Alsace, ces descendants d'anciens preux qui, au moyen âge, ont noblement payé de leur sang, les faveurs de leurs souverains, n'ont absolument rien de commun avec les Von Reinach de Hambourg, qui portent le même nom et que le Panama a rendus tristement célèbres.

par la force, pendant que le héros de notre 1830, le cruel bourgeois Louis-Philippe, s'applaudissait cyniquement et publiquement d'avoir mieux servi le triomphe des Russes en bernant les Polonais par d'imaginaires espoirs de secours que leurs propres armées » (1).

D'abord, faisons observer que Louis-Philippe est bien innocent de ce massacre et que s'il n'a pu convertir en une intervention armée de la France, ses sympathies réelles pour la cause des opprimés, c'est qu'il a dû s'incliner devant la force des trois puissances qui s'étaient tranquillement partagé le royaume de Pologne et pouvaient mettre l'Europe en armes pour soutenir le fait accompli. La cause de la Pologne a toujours été une cause française ; mais l'histoire a ses inéluctables fatalités.

Quoiqu'il en soit, toutes nos populations de l'Est ont fait bon accueil, en 1831, à ces malheureuses épaves de la grande insurrection polonaise. C'étaient tous de beaux jeunes gens appartenant à de grandes familles, des officiers portant de brillants uniformes et parlant presque tous un français très pur. Les habitants d'Altkirch, suivis de la foule des gamins, allaient au-devant d'eux sur la route de Bâle et leur faisaient cortège jusque sur la place de l'hôtel de ville. Les enfants suivaient les groupes en criant : « Vivent les Polonais ! » Plusieurs de ces martyrs de l'indépendance se fixèrent en Alsace, entre autres des médecins, des ingénieurs, des agents des ponts-et-chaussées.

(1) *La Russie*, par Armand Silvestre. — Paris, 1892.

XIV

A l'armée de Condé. — Spilmann et le duc d'Enghien. — Souvenirs de trois Alsaciens. — Expédition de Grèce. — Lord Byron. — Conquête d'Alger. — La lithographie en Alsace. — Le télégraphe Chappe. — Création des chemins de fer. — La photographie. — Les allumettes chimiques.

Parmi les ardents légitimistes que nous possédions alors, figurait M. Spilmann, aubergiste à l'*Agneau d'Or*, ancien soldat de l'armée de Condé, que la restauration, en récompense de ses services, avait nommé gendarme à Altkirch. On lui pardonnait sa haine de la Révolution en songeant au souvenir tragique qui a pesé sur l'existence de cet homme. Sa famille, originaire de Rhinau (Bas-Rhin), habitait en 1793 la commune d'Herrlisheim, près Colmar. C'était en pleine terreur, alors qu'Euloge Schneider, le moine apostat Allemand, nommé accusateur public près le tribunal criminel, parcourait l'Alsace avec la guillotine, escorté d'une bande de misérables qui lui servaient de juges. Le père de Spilmann, dénoncé à Schneider comme réactionnaire, fut arrêté, transféré avec d'autres malheureux à la prison de Colmar, puis envoyé à Langres où il fut décapité après un jugement sommaire. Son fils franchit le Rhin, rejoignit l'armée de Condé et en 1804, ayant appris que la vie du duc d'Enghien, qui habitait alors le château d'Ettenheim, au pays de Bade, était menacée par Napoléon, accourut près du jeune prince avec une petite troupe d'émigrés pour lui constituer une garde du corps. Mais par suite d'une de ces circonstances fortuites qui déroulent les prévisions humaines, sa mission de dévouement échoua. On sait que le jeune prince était à la chasse quand la compagnie de dragons envoyée de Schlestadt pour l'arrêter, vint cerner le château. Spilmann fit l'impossible pour prévenir le prince du danger, sans pouvoir le rencontrer. Celui-ci, revenant par un chemin qu'il n'avait pas l'habitude de prendre, tomba dans l'embuscade.

Spilmann avait un neveu, né comme lui à Rhinau, qu'il recueillit chez lui et qui fut mon condisciple de 1831 à 1834. Ce neveu, Hubert Diss, était passionné comme moi pour le dessin, ce qui nous rapprocha. Esprit aventureux, il partit de bonne heure pour Paris où il entra dans le commerce, puis il émigra en Amérique où il s'établit dans l'état de Kentucky comme colon et agent d'émigration, vivant au milieu des forêts vierges qu'il aurait bien voulu exploiter, s'il avait eu des moyens de transport pour amener les bois jusqu'au fleuve. Sa fortune chanceuse éprouva des hauts et des bas et, en définitive, malgré son intelligence et d'énergiques efforts, il ne parvint pas à la fortune. La vie a de singulières surprises. Nous nous étions perdus de vue depuis cinquante ans, lorsque, en 1882, pris du désir bien naturel de revoir son pays natal, il revint passer quelques temps en Alsace où on lui donna mon adresse. Hélas ! dans cette tête de vieillard il ne restait plus rien du collégien fûté que j'avais connu. L'âpre lutte pour la vie avait éteint son regard qui, dans sa jeunesse était très-vif. Il avait apporté à Paris quelques vieilles peintures qu'il attribuait complaisamment à Rubens, à Van Dyk et à Franz Hals et qu'il comptait vendre un prix élevé. Or, d'après l'opinion des experts consultés, ce n'étaient que de mauvaises copies de grands maîtres. Depuis lors Diss m'écrivit souvent et je pus constater, à mon grand étonnement, avec quelle facilité il maniait cette belle langue française que, depuis tant d'années il ne parlait plus. Le génie français, avec ses qualités de race, avait persisté dans ce cerveau qui savait s'assimiler toutes les belles choses. Parmi les vieux papiers de famille qu'il avait rapportés d'Alsace figuraient trois manuscrits précieux pour lui, les mémoires de ses trois oncles Spilmann, qui avaient parcouru le monde vers la fin du siècle dernier et dont l'un avait pénétré jusqu'en Sibérie. Il y avait dans ces mémoires des incidents romanesques, des descriptions de pays alors inconnus et de nature à intéresser vivement les amateurs de ce genre de littérature. Diss enfourcha de nouveau le dada de ses illusions, alla s'installer à Onset, petite plage maritime près de Boston, où il fit d'importantes retouches à ces mémoires un peu frustes. Il écrivit ainsi quelques centaines de pages, de quoi faire un gros volume de librairie et intitula le livre : *Souvenirs de trois Alsaciens*. Croyant ce livre appelé à partager la popularité des œuvres d'Erckmann-Chatrian, et sans me consulter au préalable, il m'expédia le ballot, en me chargeant de le remettre à l'éditeur M. Hetzel, comptant recevoir en retour un chèque important ; mais il dut bientôt mettre une sourdine à ses espérances. J'avais pris la peine de lire d'un bout à l'autre ce volumineux manuscrit. Ma satisfaction fut tempérée par la conviction qu'au point de vue de la forme il ne répondait pas aux exigences d'un récit d'aventures. D'une allure trop grave, il ne faisait pas la part assez large au côté humoristique qui séduit toujours le lecteur. Après avoir fait examiner l'ouvrage par son lecteur attitré, M. Hetzel me le rendit en exprimant le regret de ne pouvoir l'éditer.

Depuis ce moment la correspondance de mon ami Diss respira de plus en plus le découragement. Une de ses dernières lettres se rapporte à la mort de mon autre ami et excellent condisciple Joseph Durthaller, directeur du collège des Jésuites de New-York, dont il alla voir le corps exposé dans une chapelle ardente. En me rendant compte de ses impressions devant le cadavre rigide du missionnaire qui avait évangélisé les Peaux-Rouges, il me fit remarquer que les traits de ce prêtre convaincu avaient conservé dans la mort l'expression de l'apôtre chaleureux prêchant ses ouailles. La correspondance de Diss ayant cessé peu de temps après, je n'ai pu avoir aucune nouvelle de lui et dois supposer qu'il est mort.

Ce dix-neuvième siècle, qui a vu tant de révolutions, tant de guerres, tant de désastres, a eu au moins la bonne fortune de voir naître la plupart des grandes inventions destinées à transformer la face du monde. Il a vu aussi, en 1827, ce grand événement, la proclamation de l'indépendance de la Grèce, grâce à l'intervention armée de la France dont la flotte, unie à celles de la Russie et de l'Angleterre, a anéanti la flotte turque à Navarin. M. Félix Pflieger, fils du maire d'Altkirch, et un de nos parents, Joseph Hanser, ont fait partie de cette expédition où nos soldats ont eu beaucoup à souffrir du climat et de la mauvaise nourriture. On sait que l'expédition française avait été précédée en 1823 par l'aventure romanesque de lord Byron, ce fou de génie, ce poète enthousiaste qui, lui aussi, voulait émanciper les Hellènes avec une poignée d'hommes, et trouva la mort à Missolonghi. Le dernier survivant de la bataille de Navarin vient de mourir à Chalon-sur-Saône, à l'âge de quatre-vingt treize ans (février 1895). C'est Martin Hunold, né à Pfaffenheim (Haut-Rhin). Embarqué sur le *Scipion*, il prit part en 1827 au combat de Navarin. En 1830 il assistait à la prise d'Alger, puis à l'expédition de Tahiti sous l'amiral Bruat et au bombardement de la ville de Salé sous l'amiral Dubourdieu qui le fit nommer, en 1834, chevalier de la Légion d'honneur. Nous retrouvons ce vaillant marin en 1838 à la prise de Vera-Cruz par l'amiral Baudin.

La prise d'Alger par le maréchal de Bourmont, quelques jours avant la révolution de 1830, avait produit une sensation énorme, parce qu'elle mettait fin à la piraterie dans la Méditerranée, et qu'elle offrait à la France l'occasion de se créer, non sans cruels sacrifices, une admirable colonie. Ce sera l'éternel honneur de Louis-Philippe et de ses fils d'avoir entrepris et mené à bonne fin cette importante conquête, située presque aux portes de France et une des grandes étapes de son empire africain.

Dans les premières années de son règne, un souffle de progrès et d'idées généreuses courait dans l'air. J'ai été heureux d'avoir pu, dans ma prime jeunesse, assister à l'éclosion et à l'épanouissement de tant de choses nouvelles.

* *

Aloïse Senefelder, né à Prague en 1771, avait inventé la lithographie à Munich, en 1796. Cet art ne servit pendant longtemps qu'à l'impression de la musique, qui jusque là se faisait au moyen de planches en cuivre. Vers 1820, un homme de génie, Godefroy Engelmann, de Mulhouse, s'empara de la découverte pour la perfectionner ; il fonda deux établissements, l'un à Paris, Cité Bergère, l'autre à Mulhouse, rue de la Justice, s'associa des artistes dessinateurs de grand mérite et parvint à produire de merveilleuses épreuves au crayon qui luttèrent avantageusement avec la gravure au burin. C'est ainsi qu'il reproduisit des séries de tableaux de maîtres, des monuments, des portraits, des paysages, des sujets historiques du premier empire qui s'en allèrent, dans les campagnes, entretenir la légende napoléonienne. On retrouve aujourd'hui, dans les cartons des bouquinistes et des marchands de bric-à-brac, ces épaves parfois belles encore des temps disparus.

Aux débuts de l'art lithographique en Alsace, nous trouvons le nom de Jacques Rothmüller, de Colmar, artiste d'un grand mérite et qui a laissé une œuvre considérable presqu'entièrement consacrée à la reproduction des monuments si remarquables de la plaine et de la montagne alsaciennes. Aujourd'hui que l'art lithographique, si apprécié autrefois, est tombé en plein discrédit par suite de l'envahissement de la photographie, on se ferait difficilement une idée des services qu'il a rendus et des efforts qu'ont dû faire ses adeptes pour nous conserver la physionomie exacte des choses anciennes que nous avons admirées dans notre enfance et qui, sous l'action du temps et des hommes, ont changé de physionomie. C'est Rothmüller qui, avec la collaboration d'un artiste parisien nommé Bichebois et aussi du général Althalin, a exécuté les magnifiques planches qui accompagnent l'ouvrage en deux volumes in-folio des *Antiquités de l'Alsace*, par de Golbéry et Schweighaeusser. C'est lui aussi qui a dessiné d'après nature les cent vingt-trois planches d'un livre devenu aujourd'hui très-rare, les *Vues pittoresques des châteaux, monuments et sites remarquables de l'Alsace*, accompagné de notices historiques par un auteur anonyme. Cet auteur, je crois le savoir, est M. Renaud Yves, le spirituel et brillant avocat de Cour d'assises qui, sans doute par modestie, n'a pas voulu signer cette œuvre de jeunesse, en somme assez superficielle, mais qui témoigne d'une grande bonne volonté et de longues recherches faites dans les anciens historiens, surtout dans l'*Alsatia illustrata*, de Schœpflin. Dans les dernières années de sa vie, Rothmüller, qui avait acquis une expérience consommée dans l'art difficile de la lithographie, avait entrepris une œuvre particulièrement soignée, le *Musée historique d'Alsace*, avec texte par de Morville, L. Levrault et X. Mossmann. Malheureusement, il ne put terminer que le premier volume consacré au département du Haut-Rhin. Personne, en Alsace, n'était capable, au même degré que lui, de continuer cette œuvre de longue haleine et de reconstitution de l'Alsace ancienne. Sans le secours de la photographie, qui n'était pas inventée, ce petit homme, qui traînait la jambe, était allé crayonner d'après nature, par les sentiers abrupts de la montagne, dans des conditions de locomotion difficile, trempé souvent par l'orage ou les chaleurs accablantes, les ruines d'un autre âge, témoins vivants des civilisations éteintes. Mais personne n'est parfait. Si ses planches de paysage sont fort belles, elles pèchent par la configuration, invariablement la même partout, de ses arbres cotonneux. On eût dit qu'il avait conscience de cet invincible défaut, car il empruntait volontiers le crayon de ses amis Bichebois et Deroy pour la représentation des sites boisés de ses paysages.

Ce consciencieux artiste, que j'ai beaucoup connu, est mort à Colmar vers 1859. Il avait recommandé à sa femme de me donner, en souvenir de lui, quelques-uns des nombreux croquis à la mine de plomb, qu'il avait crayonnés dans ses pérégrinations artistiques. J'aime à les conserver dans mes cartons.

* * *

Qui se souvient aujourd'hui du télégraphe aérien inventé par Claude Chappe, né à Brulon (Sarthe) en 1763 ? La Convention nationale adopta et appliqua sa découverte dont le premier essai pratique, en 1793, servit à annoncer la reprise de la forteresse de Condé sur les Autrichiens. Ce télégraphe je l'ai vu fonctionner, en 1836, sur la cathédrale de Strasbourg. Il se composait d'une série de grandes lattes en métal reliées entre elles par des attaches mobiles et suspendues à un axe communiquant avec la loge du télégraphiste qui surmontait le dôme ou la nef de la cathédrale. L'employé, souvent exposé à être foudroyé par l'orage qu'attirait ce métal, faisait manœuvrer les lattes au moyen de fils de fer et créait ainsi une série de signes conventionnels formant des syllabes et des mots. Sur la ligne de Strasbourg à Paris, comme ailleurs, il y avait plusieurs stations intermédiaires, dont les gardiens armés d'un puissant télescope, suivaient les mouvements du télégraphe de Strasbourg dont ils transmettaient les signes de proche en proche jusqu'à Paris. Ce n'était pas, sans doute, la rapidité foudroyante de nos télégraphes actuels dont Ampère est l'inventeur ; mais, comparativement à la poste, c'était un progrès énorme. Ce moyen primitif de transmission avait, toutefois, deux terribles ennemis, le brouillard et la nuit. A ce propos je me souviens du mauvais tour que le télégraphe Chappe joua, en

1835, au Préfet du Bas-Rhin d'alors. Peut-être ne s'agit-il que d'une simple fumisterie dont le *Courrier du Bas-Rhin*, peu sympathique à ce fonctionnaire, s'était fait le complaisant écho. Un soir d'octobre, le télégraphe lui apporta ce lambeau de dépêche : « Monsieur, vous êtes desti.... (un malencontreux brouillard du Rhin était venu interrompre la transmission). On se figure la perplexité du préfet. Que pouvaient donc signifier ces deux syllabes *des-ti* ? Ah ! j'y suis, elles m'annoncent que je suis *destiné* à un grade supérieur, peut-être à une direction générale, peut-être même aux fonctions de ministre. Le lendemain matin, le brouillard étant tombé, le pauvre préfet reçut la fin de la dépêche : ...tué ».

Se non e vero e ben trovato.

Et les chemins de fer ? C'est sous Louis-Philippe, et en dépit de l'opinion arriérée de M. Thiers, qui adorait les diligences, que ces véhicules magiques firent leur trouée dans le monde, après les premiers et timides essais qui eurent lieu sous la Restauration. Le premier chemin de fer construit en France fut celui de St-Etienne à Andrézieux (1826) ; puis vint la ligne de Paris à St-Germain (1837), ensuite la ligne de Mulhouse à Thann inaugurée en septembre 1839. Quel enthousiasme quand, le 28 septembre, nous fîmes notre premier voyage sur cette petite ligne, traînés par une locomotive sortie de la fonderie d'André Kœchlin ! Peu de temps après (en 1840) nous vîmes construire la grande ligne de Strasbourg à Bâle, due à la puissante initiative de M. Nicolas Kœchlin qui appartenait à cette famille de grands industriels de Mulhouse dont le nom est associé à tous les progrès du pays.

Nous avons assisté aussi à la naissance de la photographie. Dès 1822, Nicéphore Niepce, de Châlons-sur-Marne, avait obtenu des résultats marqués dans ses recherches sur les moyens de fixer les images par la lumière. En 1829 il s'associa avec Daguerre dont nous avons vu le monument commémoratif à Cormeilles-en-Parisis, pour s'occuper en commun du perfectionnement de la découverte ; mais Niepce mourut dans l'intervalle et Daguerre imagina seul l'ensemble de la méthode qu'il annonça en 1839. Toujours séduit par les nouveautés intéressantes, je fus dévoré du désir de voir fonctionner les appareils du *daguerréotype*, nom que portait alors l'invention de Daguerre. Ayant appris qu'il avait cédé l'exploitation de son brevet à Mulhouse à un mécanicien nommé Léy, originaire de Wolschwiller, près Ferrette, j'allai un dimanche trouver l'opérateur (c'était en 1840) et fis faire mon portrait sur plaque métallique, le procédé de la photographie sur papier n'étant pas encore inventé. La découverte étant à ses débuts et les lentilles de l'objectif pas assez perfectionnées pour donner les proportions exactes des figures, je fus médiocrement satisfait du résultat. Ma déception fut complète quand je vis pâlir et s'évanouir complètement l'image. Comme Saturne qui dévorait ses enfants, le soleil dévorait ce que sa lumière avait produit. Ce n'est que plus tard que la science chimique parvint à rendre les épreuves inaltérables. N'importe, le progrès était acquis et l'on n'est plus à compter les services de tout genre que continue à rendre la photographie. Qu'il me suffise de rappeler ici combien MM. Braun, frères, de Dornach, l'ont perfectionnée, avec quelle louable persévérance et au prix de quels sacrifices, ils sont arrivés, d'étape en étape, à nous donner, vers 1850, ces grandes planches de monuments et de sites alsaciens qui ont fait notre admiration ; combien nous ont intéressé ensuite leurs merveilleuses reproductions des tableaux et dessins originaux de grands maîtres, de Raphaël, Léonard de Vinci, Michel Ange, le Corrège, Holbein, Prud'hon, Géricault et de tant d'autres ; puis leurs planches de monuments antiques, latins et grecs, nous donnant l'aspect réel et saisissant de ces épaves colossales que le temps a respectées. De conquête en conquête, la photographie scientifique, plongeant son regard dans l'infini des espaces, est allée nous chercher le soleil et la lune, et, en traçant la carte du ciel, nous révèle l'existence d'étoiles que l'œil humain ne saurait apercevoir.

Du commencement du règne de Louis-Philippe date aussi une invention qui, quoique modeste, n'en a pas moins rendu de grands services à l'humanité, et je tiens à la mentionner ici : c'est l'invention des allumettes chimiques qui date de 1831. Jusque là, pour faire du feu, on battait le briquet, cet instrument primitif, en fer ou en acier, ayant la forme d'un B majuscule, et qui figure, environné d'une flamme, dans le collier de la Toison d'or créé par Philippe-le-Bon, duc de Bourgogne, en 1429. La légende, si souvent maligne, prétend que cet ordre célèbre a été institué en l'honneur des cheveux rouges de la maîtresse du duc, Marie Van Crumbrugge, une beauté flamande à la Rubens, et je crois que M. de Barante ne contredit pas cette légende ; d'où la présence des flammes rouges et du briquet dans le Collier d'or auquel est suspendue la Toison. Et voyez jusqu'où peut aller le rapprochement de la Toison d'or et du briquet de Bourgogne. Dans nos campagnes du Sundgau on avait horreur des cheveux rouges et l'on baptisait du sobriquet de *Rother Firstg* (briquet rouge) les malheureux affligés d'une tignasse dorée ; de sorte que cette toison d'or devenait pour eux une vraie tunique de Nessus. En se frottant aux grandeurs de ce monde, le vulgaire briquet a conquis ses titres de noblesse. N'est-ce donc rien de faire jaillir l'étincelle sur la cuirasse du Téméraire et de briller sur la pourpre impériale de Charles-Quint ? Sur une pierre à fusil, taillée en biseau, on tenait de la main gauche, entre le pouce et l'index, un morceau d'amadou légèrement soufré. Frappé vivement contre le silex, le briquet faisait jaillir des étincelles qui mettaient le feu à l'amadou, ce qui permettait d'enflammer une longue allumette en bois, à bout soufré. Tous les anciens fumeurs se rappellent cet outil préhistorique, aussi compliqué qu'incommode. Outre l'inconvénient de s'écorcher les doigts en battant le briquet un peu fort, on avait souvent l'ennui de battre bien longtemps sans réussir à faire prendre feu à l'amadou quand celui-ci était humide ou de mauvaise qualité. Que de fois j'ai pesté contre ces ennuis quand il fallait se lever de bonne heure en hiver. On s'ingéniait alors à suppléer au silex en trempant dans un flacon d'acide sulfurique une allumette frottée de phosphore, ce qui réussissait cinq fois sur dix à réaliser cette parole consolante de la Bible : *Et lux fuit.*

En 1831, un jeune jurassien, âgé de dix-neuf ans, qui terminait ses études au collège de Dôle, trouva, après de laborieuses recherches, le procédé des allumettes à friction. L'étudiant d'alors, qui n'a tiré aucun bénéfice pécuniaire de son invention, est devenu le docteur Charles Sauviac, qui habite aujourd'hui Saint-Lothain, dans le Jura. Son père était le général Sauviac connu dans les fastes de la Révolution. Pendant longtemps les allumettes phosphorées à friction étaient connues sous le nom d'allumettes chimiques *allemandes*. Y a-t-il eu simultanéité d'invention ? c'est très-possible.

On écrirait longtemps sans épuiser le chapitre de toutes les nouveautés qui se sont fait jour sous le gouvernement de Juillet. Le règne de la plume d'oie avec laquelle nos pères moulaient cette admirable écriture diplomatique qui n'avait pas sa pareille, a fait place à celui de la plume métallique peu de temps après 1830. A l'école primaire et au collège nous n'écrivions qu'avec des plumes d'oie ordinaires, ou des plumes jaunes de Hambourg, que des marchands ambulants venaient nous vendre ficelées dans une enveloppe de fil rouge. La plume métallique, en créant une industrie nouvelle, a favorisé la propagation de l'écriture anglaise aux longs et mièvres jambages et en même temps la déformation de la belle coulée française. Depuis lors les écritures sont devenues généralement incorrectes sinon illisibles.

En même temps vint la réforme du système des poids et mesures ainsi que la réforme monétaire, au grand avantage des relations sociales et commerciales. Elles mirent un terme à l'arbitraire et à la confusion en substituant le système décimal, si limpide, à toutes les vieilles mesures de longueur, de surface et de capacité, qui variaient de province à province, de pays à pays. Louis-Philippe a eu l'honneur de rendre obligatoire, vers 1840, le nouveau système adopté par le Corps législatif le 22 juin 1799.

XV

Le choléra de 1832. — Louis-Philippe en Alsace, sa réception à Altkirch. — L'abbé Fleury. — Un émule de Saint-Labre. — Châteaubriand et les hannetons. — Le musée Speyr à Bâle. — La Bible de Charlemagne et le coffret de Numa Pompilius.

L'année 1832 débuta mal pour la santé publique. Le choléra, ce mal étrange et presque foudroyant qui, du fond de l'Asie nous arrivait par soubresauts, comme la peste au moyen-âge, avait subitement envahi, en plein hiver, les quartiers populeux et mal aérés de Paris. Devant l'impuissance de la médecine, les victimes tombaient par milliers.

Les moyens prophylactiques et antiseptiques qu'on oppose aujourd'hui avec succès à tous les microbes connus et inconnus de la création, à tous les bacilles avec ou sans virgules, étaient encore inconnus, bien que la Faculté fît d'héroïques efforts pour combattre l'épidémie. Le docteur Louis Pourcelot qui, quelques années plus tard, vint s'établir à Altkirch, était alors interne dans les hôpitaux de Paris et se signala particulièrement par son dévouement et son courage à affronter la mort au contact des cholériques. Mais devant les déplorables conditions d'hygiène où se trouvait Paris, tous les efforts échouèrent, les habitants étant réduits à boire l'eau de Seine et à l'employer à tous les usages domestiques. Cette eau viciait le sang et rendait les tempéraments les plus robustes accessibles à toutes les maladies pernicieuses. Tout le monde frémissait à la lecture des journaux et des lettres de Paris qui, avant d'être distribués, subissaient à la poste des fumigations sévères. Vers le déclin de l'épidémie, nous avions reçu de Paris une caisse renfermant une presse autographique achetée chez l'inventeur M. Pierron, comme un moyen économique de reproduire à des centaines d'exemplaires les documents administratifs de la mairie. Avant son déballage le colis fut soumis à d'énergiques désinfectants, et alors seulement nous crûmes pouvoir, en toute sécurité, nous donner la satisfaction de transporter notre propre écriture sur la plaque de zinc et d'en multiplier le tirage. C'était encore une de ces nouveautés sensationnelles qui, aujourd'hui, sont employées, comme chose courante, dans les moindres maisons de commerce.

* *

Cette même année 1832 nous réservait une de ces grandes attractions qui font époque dans la vie d'une petite ville. Au mois de juillet Louis-Philippe vint visiter l'Alsace, accompagné de ses trois fils aînés, le duc d'Orléans, le duc de

Nemours et le prince de Joinville. Altkirch était situé sur son itinéraire de Mulhouse à Belfort. La population se fit fête de recevoir et d'acclamer le roi citoyen. Sa réputation de souverain sympathique et bon enfant l'avait précédé. Un arc de triomphe en verdure fut érigé à l'entrée de la ville haute, près de l'hôtel de la Sous-Préfecture. Les pompiers et la garde nationale en uniforme, musique en tête, furent mis sur pied. Au devant de l'arc de triomphe des jeunes filles en robes blanches tenaient des bouquets à la main. On avait même appelé les gardes nationaux des villages voisins, pour flatter l'amour-propre du roi, le créateur de cette milice bourgeoise. Au faubourg de Mulhouse, débouchant du pont sur l'Ill, deux voies se présentaient pour monter dans la ville haute où étaient concentrées toutes les administrations ; la rue de droite, par une rampe assez raide, se dirigeait vers la petite promenade, près du collège, où attendait le groupe des autorités en uniforme avec les pompiers et la musique. De l'autre côté de la place du marché, au débouché de la seconde voie, qui suivait le faubourg d'Huningue, les cent cinquante élèves du collège, avec leurs professeurs, à peu près à deux cents mètres des autorités, et le long de la promenade, quelques compagnies de gardes nationaux de la campagne, sans uniforme, mais armées de fusils.

Les voitures du roi avaient pris le faubourg d'Huningue et vinrent s'arrêter en face des collégiens en rang qui saluèrent Louis-Philippe d'un formidable « Vive le roi ! » Le landau découvert où il se trouvait avec ses trois fils était traîné par quatre chevaux, précédé d'un piqueur à cheval, portant une longue dague et suivi de deux autres voitures renfermant le personnel de service et les bagages. Du reste, aucun autre cortège militaire que le service d'honneur de la gendarmerie. Le roi était en uniforme de lieutenant général ; ses fils portaient la tenue des régiments dont ils étaient officiers. On voit combien tout cela était simple, peu décoratif, le roi tenant à se montrer à ses sujets sans l'appareil éblouissant de la royauté de droit divin.

Ce fut alors un spectacle étrange. L'abbé Lœtscher, notre principal, était, ainsi que nos autres professeurs, en habit noir, culottes courtes et bas de soie. Il alla saluer le roi à sa descente de voiture et, de sa voix de stentor, lui adressa un discours pathétique. Louis-Philippe, légèrement préoccupé de cette réception extra-parlementaire, semblait se dire : « Mais où sont donc les autorités constituées ? » lorsque le Sous-Préfet, le Tribunal en robe, le Corps municipal et tous les fonctionnaires accoururent essoufflés, haletants, ruisselants, rendus et un peu honteux d'avoir été prévenus par le principal du collège. La musique jouait la *Marseillaise*; nous continuions à crier sans trêve : « Vive le roi ! » Après les discours et les présentations, le roi passa en revue la garde nationale. Quelle ne fut pas sa surprise lorsqu'en passant devant la compagnie d'Hirtzbach, il vit sortir du rang M. de Reinach, le pair de France, qui vint lui présenter les armes sous la forme d'un simple fusil de munition ? Il était en redingote longue et en chapeau haute-forme, avec le sabre et la giberne, tenue militaire ultra-fantaisiste. Scène de vaudeville, si l'on veut, mais qui, dans sa simplicité patriarcale, ne manqua point d'impressionner l'assistance. De là le roi et ses fils se rendirent à l'hôtel de la Sous-Préfecture où eut lieu la réception des autorités de l'arrondissement. Après quelques instants de repos, le roi pria le maire, M. Pflieger, de lui procurer des chevaux pour lui et ses fils, désirant faire à cheval le trajet d'Altkirch à Dannemarie. Les propriétaires de chevaux, immédiatement prévenus, amenèrent ce qu'ils avaient de mieux dans leurs écuries. Le roi choisit pour lui un cheval blanc assez efflanqué appartenant à un maquignon nommé Wolff. Au moment de monter en selle les jeunes princes nous firent de la main de gracieux signes d'adieu. Nous suivîmes le cortège jusque vers Ballersdorf, à une lieue de la ville. La chaleur était accablante et la poussière soulevée par les pas de la foule nous aveuglait. Un nommé Tony, domestique du marchand de vin Garozzi, marchait auprès du roi, époussetant son pantalon et caressant son cheval. Louis-Philippe, qui connaissait parfaitement la langue allemande, causa très-familièrement avec cet homme simple qui lui répondait dans sa langue à lui, le dialecte alsacien du Sundgau. Est-il besoin de rappeler que pendant l'émigration, Louis-Philippe et sa sœur Mme Adélaïde habitaient la petite ville de Reichenau, dans les Grisons, et que là, pour occuper ses loisirs, il s'était perfectionné dans la langue allemande, en remplissant les modestes fonctions de professeur de mathématiques et de langues modernes au Collège de cette ville.

Dans l'automne de cette même année, un ancien officier polonais, nommé Pochobraczki, était venu à Altkirch dans l'intention d'enseigner, moyennant le prix de vingt-cinq francs, un genre de peinture de fleurs qu'il appelait *peinture orientale*. Il trouva une quinzaine d'élèves dont, naturellement, je fis partie, mon père ne reculant devant aucune dépense pour entretenir en moi le goût des arts. Cette peinture qui pouvait s'appliquer sur le satin aussi bien que sur le papier, était une espèce d'enluminure, rappelant celles de la Chine et du Japon et s'obtenait au moyen de patrons découpés à l'emporte-pièce avec lesquels, et à l'aide d'une brosse plate, on formait de très jolis bouquets d'après des modèles lithographiés. C'était un peu enfantin et l'art réel n'avait rien à voir dans cet agréable passe-temps que le premier venu pouvait se donner et qui convenait surtout aux femmes pour leurs ouvrages de toilette.

De tous temps les rebouteurs ont joué un grand rôle dans la guérison des maux dont souffre la pauvre humanité ; et malgré les progrès de la civilisation, leur règne n'est pas près de finir. Un jour, en tombant de cheval, je me démis le coude du bras droit. En attendant l'arrivée du médecin, on appela le vieux Nazi, geôlier de la prison voisine, qui faisait parfois métier de rebouteur. En un clin d'œil il me réemboîta mon bras. Ce Nazi était un singulier philosophe. Il méprisait la vie à tel point que pour avoir constamment sous les yeux l'image de la mort, il avait fait faire son cercueil qu'il plaça dans sa chambre à coucher en guise d'armoire à linge. Cette chambre était située en face de nos fenêtres, et, pendant des années, nous avons *joui* du spectacle de ce cercueil jaune couvert de têtes de mort. C'était pour nous une manière comme une autre de nous bronzer sur le néant des choses humaines. Heureusement la jeunesse ne pratique point le pessimisme de Schopenhauer, et quand la vie déborde sur le chemin de l'avenir, aucune danse macabre, fût-ce celle d'Holbein, ne saurait la détourner de son but supérieur.

.⁎.

Dans la brume de ce passé lointain, je vois flotter comme une vision toujours aimable, la tête blanche et vénérée d'un vieil apôtre, l'abbé Fleury, ancien principal du Collège, alors aumônier de l'hôpital de Saint-Morand. Ce saint homme réalisait en lui ce que la charité a de plus touchant, ce que l'abnégation a de plus méritoire. Statue vivante de la bonté, il avait passé dans la vie, en semant le bien autour de lui, attirant dans son orbite les humbles et les souffrants qui le quittaient ravivés et consolés. Tous les jours il venait faire sa promenade en ville. En montant et en descendant le faubourg d'Huningue, il s'arrêtait devant les portes, causant avec les femmes et les enfants, encourageant les affligés, vidant sa maigre bourse dans la main des pauvres. Il était le confesseur attitré de tous les tièdes qui, n'osant pas rompre en visière avec les pratiques du culte, voulaient se donner, aux yeux des autres, le faux vernis de ceux qui font semblant de croire. La mort de ce sauveur d'âmes mit toute une population en deuil, et, dans ces souvenirs de ma jeunesse, je suis heureux de donner une place à cet homme de bien qui a aimé ma famille et m'avait même fait cadeau d'un merle apprivoisé, ce qui prouve que les oiseaux subissaient son charme comme celui de Saint François d'Assise.

**

En parlant de l'hôpital je ne saurais passer sous silence un autre bienfaiteur, d'un genre bien différent, une espèce de Saint-Labre crasseux et pouilleux qui avait, dans sa jeunesse, réalisé quelque fortune dans des voyages d'outre-mer. Ayant, sans doute, pas mal de péchés à se faire pardonner, il voulut les racheter par une vie de privations et le don de tout son avoir. Il s'appelait Joseph Mildner. Né à la Citadelle de Strasbourg, il était fils d'un ancien militaire de l'Empire qui termina ses jours aux Invalides. Un jour il arriva à Altkirch, tête et pieds nus, vêtu d'une longue houppelande, un énorme bâton à la main et portant quelques pauvres hardes dans un sac. Presque chauve, sa tête ressemblait à une boule d'ivoire et ses petits yeux perdus dans leurs orbites, tout en affectant des dehors d'humilité, décelaient la ruse et la roublardise. Ce singulier pèlerin, suivi par une foule d'enfants qu'amusait l'étrangeté de sa personne, se présenta à la mairie et offrit de faire donation à l'hôpital de Saint-Morand, d'une somme d'environ seize mille francs, dont il était créancier, en vertu d'une obligation régulière, sur l'aubergiste du *Lœchlé*, maison isolée sise sur la route d'Altkirch à Bâle. Très heureuse de cette aubaine qui lui tombait du ciel, la commission administrative de l'hôpital accepta l'offre avec reconnaissance et l'acte de donation fut dressé par Me Rothea, notaire à Altkirch. Le donateur avait eu la précaution d'apporter quelques feuilles de parchemin et des plumes d'oie pour la rédaction de l'acte dont il mit une expédition dans son sac. Le débiteur ne fit aucune difficulté pour reconnaître la créance et s'acquitta par acomptes en quelques années. Mildner retourna coucher dans une écurie, heureux et fier d'avoir accompli cet acte généreux et ne voulut pas même accepter un verre d'eau ni une gracieuseté quelconque. Mais il lui fallut, pour la satisfaction de sa vanité, une mise en scène dont l'étrangeté devait, selon lui, frapper les imaginations. Donc il vint prier le Maire de convoquer le Conseil municipal pour un jour donné et tenir prêt, sur le feu d'un poêle, un chaudron rempli d'eau bouillante. Tout en flairant là-dessous une mystification, le Maire ne crut pas devoir se refuser à satisfaire la lubie d'un vieil original. Au moment psychologique, Mildner arriva muni d'un sac rempli de pavés de silex qu'il plongea, l'un après l'autre, dans le chaudron. Quand ce singulier potage aux cailloux lui parut arrivé à point, il adressa cette harangue aux autorités ahuries : « La douceur, Messieurs, vaux mieux que la dureté : mon nom *Mild-ner* signifie *homme doux*. Si j'avais été dur comme ces cailloux, qu'aucune cuisson ne saurait amollir, je n'aurais pas donné ma fortune à l'hospice. *Patientia vincit omnia.* Ainsi soit-il ».

Après cette éloquente leçon de choses, dont le Conseil municipal fit certainement son profit, Mildner lui fit ses adieux, reprit sa vie errante de mendiant et alla mourir dans une écurie à Merxheim, près Rouffach. Tout cela, direz-vous, est un conte bleu, une aventure romanesque. Mais j'en ai été personnellement témoin et je puis, dès lors, en certifier la parfaite authenticité. Si ce malheureux toqué, qui avait poussé à l'excès sa sévérité pour lui-même, a été un objet de pitié et parfois de dégoût, il avait au moins cette qualité maîtresse qui excuse bien des excentricités, sa grande charité pour les autres. *Transiit benefaciendo.*

．·．

Par le plus grand des hasards le nom de notre petite ville figure dans les *Mémoires d'Outre-tombe*, de Châteaubriand. Voici comment : en 1833, l'illustre écrivain avait pris la malle-poste pour se rendre en Suisse. A cette époque la législation sur les passe-ports était strictement appliquée. En arrivant au relai de poste d'Altkirch Châteaubriand fut requis par un gendarme d'exhiber le sien, et en écrivant ses mémoires il s'est souvenu de ce petit incident assez vulgaire. Il a rappelé aussi que près de Tagsdorf, sur la grande route, la malle a rencontré une procession villageoise, et qu'informations prises, il apprit qu'elle avait pour but d'obtenir la destruction des hannetons qui, paraît-il, pullulaient dans le pays. L'auteur du *Génie du Christianisme*, qui a écrit des pages si poétiques sur les processions de la Fête-Dieu et les Rogations, en parlant des « haies d'aubépine où bourdonne l'abeille et où sifflent les bouvreuils et les merles » n'avait pas pensé à y mêler le hanneton, ce ravageur des arbres en fleurs. Il croyait sans doute que le paysan pouvait, sans recourir à l'intervention de la divinité, prendre lui-même la peine de ramasser et de détruire ces insectes malfaisants.

．·．

En 1833, par une matinée radieuse de septembre, nous longions la pointe sud de la forêt de la Harth, nous rendant à Bâle par Blotzheim, St-Louis et Bourgfelden. Dans la salle à manger de l'hôtel de la Cigogne notre attention fut attirée par un tableau reproduisant une page d'un vieux missel et invitant les amateurs à aller voir une prétendue Bible de Charlemagne dans le cabinet de M. de Speyr, antiquaire très-connu. Une déception nous attendait en entrant dans le musée Speyr : la fameuse bible venait d'être vendue au musée britannique. D'après la légende accréditée, ce missel réellement merveilleux, à en juger par le fac-similé de la page que nous avions vue, aurait été donné par Charlemagne aux chanoines de Moutiers-Grandval, dans le canton de Berne. Cachée dans un grenier à Delémont, à l'époque de la Révolution française, elle fut vendue à un riche habitant de cette ville pour vingt-quatre batz (3 fr. 60). Celui-ci, en fin connaisseur, la vendit en 1820, au prix de douze louis à un juif de Bâle qui, moyennant un modeste bénéfice de cent pour cent, céda le chef-d'œuvre à M. de Speyr. Après en avoir refusé soixante mille francs que lui offrait le roi Charles X, en 1829, son heureux possesseur la vendit pour un prix bien supérieur au British Museum. M. de Speyr, dont la collection renfermait maintes choses curieuses qu'on rencontre un peu partout, nous montra un petit coffret en ébène avec figures incrustées en ivoire, qu'il prétendait provenir de Numa Pompilius, deuxième roi des Romains, qui mourut 673 ans avant Jésus-Christ !!! Nous n'eûmes point l'indiscrétion de lui demander le certificat d'origine de ce rarissime trésor, ne sachant pas trop si nous avions à faire à un naïf ou à un fumiste.

De là nous nous rendîmes aux jardins Forcart et Merian où ont été recueillis les monuments gallo-romains découverts dans les fouilles d'Augusta Rauracorum. Vrais musées historiques en plein air, ces jardins offraient un intérêt réel aux amateurs de la belle nature combinée avec les belles œuvres d'art. Notre soirée se termina fort agréablement par une visite au *Diorama*, genre de spectacle tout nouveau, représentant les plus belles vues de Suisse avec l'illusion de la réalité. C'étaient des paysages peints sur toile transparente derrière laquelle un foyer de lumière faisait valoir les tons du tableau. Il y avait là des soleils levants et des soleils couchants sur les glaciers, des cascades dont les eaux étaient mises en mouvement par un truc et qu'on entendait mugir comme dans la réalité. Il n'en fallait pas tant pour exalter l'imagination impressionnable d'un enfant.

XVI

Dans les Vosges. — Ribauvillé, le Kœnigsbourg. — Notre-Dame-de-la-Pierre. — Landscron et La Bourg. — Curieuse salle de bains. — Un vieux châtelain. — La carte de l'Etat-Major. — Les saints du Sundgau. — Panorama d'Heidwiller.

La Caisse d'épargne, cette belle institution populaire, patronnée dans toute la France par le célèbre publiciste Emile de Girardin, venait d'être fondée à Altkirch en 1834 par le Conseil municipal aidé de l'active coopération de M. Joly, receveur particulier des finances. Une vue de la ville, mon premier essai lithographique, fut mise en tête du livret des déposants : elle avait été imprimée chez M. Bruckert, à Guebwiller, dont l'atelier de lithographie était assez ancien. Je fis, à cette occasion, ma première excursion dans les Vosges dont j'avais admiré de loin la bleue silhouette comme un pays de rêves : la belle église romane de Guebwiller, un des spécimens les mieux conservés de l'architecture ancienne, les ruines de l'abbaye de Murbach, les gracieux paysages du Florival où l'industrie moderne s'était déjà installée non sans faire tort aux beautés de la nature, tout cela était fait pour exalter mon désir de voir d'autres monuments historiques échelonnés le long de la montagne.

A Ribauvillé, l'impression fut d'autant plus saisissante que la ville était enveloppée d'un épais brouillard au-dessus duquel émergeaient, comme dans une féerie et vivement éclairés par le soleil levant, les trois châteaux des comtes de Ribaupierre, le Saint-Ulrich, de Girsperg et le Haut-Rappolstein perchés comme trois nids de vautours sur des rochers presque inaccessibles. Quelle série d'impressions devant ces ruines d'un autre âge évoquant des souvenirs de luttes et d'oppressions ! Pauvre Alsace, tu as été de tous temps un champ de bataille.

Tous les environs de Ribauvillé nous offraient d'intéressants buts d'excursions. D'abord les ruines si pittoresques de Dusenbach qu'un sentiment de piété louable, mais peut-être peu réfléchi, a restaurées de fond en comble pour en faire un lieu de pèlerinage ; puis le Saut-du-cerf, rappelant une légende émouvante du moyen âge, la vallée superbe que traverse la route de Ste-Marie-aux-Mines ; le Taennichel, l'ascension aux trois châteaux ; ensuite, par la crête de la montagne, une excursion au Haut-Kœnigsbourg, le géant de cette série de forteresses, qui, de Belfort à Saverne, hérissent le sommet des Vosges. En suivant du regard l'immense panorama qui se déroulait devant nous, changeant de tons, selon les accidents du sol et de la lumière, on avait devant soi un vrai décor d'opéra magistralement brossé.

* *

Autres paysages, dans la zone méridionale de l'Alsace, alors peu visitée par les touristes, et où les lignes jurassiques, à la silhouette sévère, offrent une grande variété d'aspects. A travers la vallée de l'Ill, où les villages se suivent, dans la verdure des prairies, comme les grains d'un chapelet sur un tapis de velours, on se dirige vers le vieux pèlerinage de Notre-Dame-de-la-Pierre (Maria-Stein) situé à l'extrême frontière du canton de Soleure. Par des chemins de traverse on passe, dans une assez grande forêt, près de l'ancienne chapelle de Saint-Prise, avant d'arriver à Rodersdorf, premier village suisse, un des foyers d'approvisionnement de la contrebande qui jadis florissait dans le pays comme une institution publique chère aux ménagères économes. Notez que ce village est situé sur une langue de terre poussée comme un coin dans le sol alsacien, ce qui favorise singulièrement le commerce interlope des chevaliers de la contrebande. De là à Leymen, dernier village alsacien, situé au pied du château de Landscron, il n'y a qu'un pas. Cette forteresse démantelée au mois de décembre 1813 par le général Bavarois de Wrede, avait pour se défendre une compagnie de *quarante sept* vétérans et quelques conscrits qui construisirent quatre redoutes avec une batterie de huit canons. Préoccupés avant tout de la défense du fort, ils ne songèrent point à faire un grand approvisionnement de vivres. Quand le corps ennemi vint assiéger la place, il ne leur restait que vingt miches de pain. Avant de capituler ils firent beaucoup de mal aux assiégeants et n'en obtinrent pas moins des conditions très-honorables. Le général de Wrede ayant décidé de faire raser le château, le curé de Niederhagenthal fit appel à l'orgueil du vainqueur et obtint de lui qu'il laissât le donjon intact en témoignage de sa victoire. Ce donjon, assez bien conservé, produit un superbe effet dans le paysage. Singulier retour des choses : ce même feldmarschall de Wrede avait été au service de Napoléon, avant 1813, avec l'armée bavaroise, et s'était signalé à la bataille de Wagram. Aujourd'hui le château appartient à la famille de Reinach d'Hirtzbach qui, par des travaux intelligents, en a fait une station très-agréable pour les touristes.

À une portée de fusil de Landscron, se trouve le pèlerinage de Maria-Stein fréquenté de tous temps par les habitants de la Haute-Alsace qui, dans leur soif d'illusions, cette maladie incurable de l'humanité, croyaient y trouver la guérison de leurs misères. Rien ne saurait prévaloir, ni la raison, ni la science, ni le progrès en toutes choses, contre cette infirmité de l'esprit humain qui croit à la possibilité du miracle. On ne peut que s'incliner devant cette force invincible de la foi qui jette éperdûment des centaines de mille malheureux sur la route des pèlerinages et dont le résultat le plus positif est d'enrichir les couvents qui les exploitent. Maria-Stein a une grande église froide et sans caractère comme le style des Jésuites dont elle porte l'empreinte, une chapelle souterraine taillée dans le roc où se trouve la fameuse Vierge noire, un couvent de bénédictins qui vendent de petites Vierges en terre cuite aux pèlerins, et une immense hôtellerie ressemblant à une caserne où les chambres, peu luxueuses, se louent à un prix fort modique. Tel était, du moins, ce caravansérail quand je le visitai il y a soixante ans. Il a dû se transformer depuis lors au point de vue du confortable et suivre en toutes choses les progrès du siècle.

. .

Autrement intéressante fut notre excursion aux bains de la Bourg, près de Biederthal qu'habitait alors l'ancienne famille noble Reich de Reichenstein. Sur un grand rocher à pic, ne tenant que d'un côté à l'un des contreforts du Jura ferrettien, s'élevait le vieux château de la Bourg, grand bâtiment carré sans aucun caractère féodal, qu'habitait une famille de fermiers ; au bas du rocher quelques rares maisons et une auberge qui a la prétention d'être un établissement de bains. Mon compagnon de route me proposa de prendre un bain dans ce Hammam d'un nouveau genre dont on ne pouvait soupçonner l'existence en pays civilisé. Il me conduisit à une espèce de sous-sol, où, dans une vaste salle, étaient rangés des troncs d'arbres creusés à coups de hache dans leur milieu, de manière à former une cuvette pour le baigneur. Tout cela ressemblait vaguement à une nécropole égyptienne où des cercueils attendaient les momies embaumées. Pas l'ombre de cabinets particuliers pour les baigneurs susceptibles. Tout était en commun comme dans les étuves du moyen âge. Ni linge, ni accessoires quelconques. Chacun se servait lui-même, ce qui était le *nec plus ultra* du sans-façon. Nous fîmes couler l'eau tiède dans deux de ces pirogues primitives et y installâmes comme dans un étui, nos membres fatigués, en nous disant qu'après tout le luxe est une chimère et que cette manière économique de se baigner à six sous par tête en valait bien une autre.

Parmi les agréments transcendants des bains de la Bourg, il y avait un bal hebdomadaire où se donnait rendez-vous la jeunesse plus ou moins élégante des environs. Le vieux châtelain de Biederthal s'était démocratisé au point de conduire ses filles à ce bal champêtre. Les de Reichenstein, ces descendants d'une race autrefois célèbre, avaient joué un rôle important dans l'histoire d'Alsace : leurs ancêtres s'étaient fait tuer pour les archiducs d'Autriche à la bataille de Sempach avec les Reinach, les Rathsamhausen, les Waldner, les d'Andlau et les Morimont.

* *

Un beau matin de l'an 1834, les paisibles habitants d'Altkirch furent agréablement réveillés par une éclatante fanfare de trompes de chasse. C'était un concert de bienvenue donné à l'hôtel de l'*Ours noir* par une demi-douzaine de jeunes, très jeunes officiers d'État-major, débarqués de la veille et chargés de relever, dans notre arrondissement, la triangulation destinée à former la nouvelle carte de France, connue sous le nom de carte de l'Etat-major ou du Dépôt de la Guerre. Tous polytechniciens et sortis de souche aristocratique, ces jeunes gens avaient apporté de Paris, outre leurs instruments de précision, une provision de bonne humeur qui leur permit de supporter gaiement l'espèce d'exil où les avait envoyés le Ministère de la Guerre. Leur grand bonheur était d'horripiler le bourgeois en lui servant tous les matins et tous les soirs, pour agrémenter son déjeuner et son souper, des variations toujours les mêmes sur la *Chasse du jeune Henry*. A ces concerts gratuits de trompes, la société bourgeoise répondait par un concert de malédictions stériles. Comme c'était un tapage diurne et jamais nocturne, l'autorité paternelle laissait faire sans protester, pensant qu'après tout il n'y avait pas grand mal puisque la musique est censée adoucir les mœurs. Pendant deux ans, ce formidable agacement continua sans autres interruptions que celles motivées par les vacances et absences momentanées des instrumentistes occupés sur les points éloignés de l'arrondissement. L'un de ces officiers s'appelait M. de Lorgeril et appartenait à la noblesse bretonne ou vendéenne. Qui sait ? c'était peut-être un ascendant du facétieux député de Lorgeril, célèbre par ses interruptions et par ses alexandrins fantaisistes.

Bien des années après, quand la grande œuvre de la carte de l'Etat-Major fut terminée et gravée, je pus examiner les feuilles détachées se rapportant au Haut-Rhin, et constater l'exactitude merveilleuse de ce relevé géographique. Pas un sentier, pas un petit cours d'eau, pas un petit hameau, pas une ferme, pas un bouquet d'arbres qui ne fussent indiqués. A l'exposition géographique qui a eu lieu, il y a quelques années, dans la salle des Etats, au Louvre, j'ai vu l'immense carte de l'Etat-Major réunie en un seul tout et couvrant un énorme panneau de la salle. L'imagination était saisie devant ce travail titanique résumant l'effort et le talent de plusieurs générations d'ingénieurs.

* *

L'hagiographie du Sundgau est peu riche en saints indigènes. De tous temps la piété des fidèles a dû faire appel à l'importation pour se constituer un calendrier respectable.

Des quatre éminents patrons du pays, St-Morand, St-Maurice, St-Eberhard et St-Siegfried, le premier venait de Cluny, le second du Valais, le troisième et le quatrième d'Allemagne. Ste-Agathe était de Palerme, St-Sébastien de Narbonne, Ste-Mechtunde, Ste-Cunégonde et Ste-Wibrande, qui avaient un autel spécial dans l'ancienne église d'Altkirch, faisaient partie de la légion des onze mille Vierges martyrisées à Cologne avec Ste-Ursule. St-Thiébaut, le vénérable patron de Thann, était évêque de Gubbio, en Toscane, le pays des belles majoliques de faïence. Massevaux possède les reliques anonymes de deux saints empruntés à la légion thébaine, qu'on a réenchâssés richement en 1862 et que j'ai vu promener à travers la ville en grande pompe processionnelle. A Hirtzbach nous trouvons la chapelle de Sainte-Afre et celle de St-Léger ou *Leodegar*, en langue vulgaire *Sanct Glücker*, d'où le nom de *Glückerwald* donné à la forêt que possède la ville dans le voisinage de la chapelle.

Mais une chose déconcertante pour l'observateur, c'est la présence, près du petit village d'Aspach, d'une statue de St-Jean Népomucène, prêtat de Bohême et patron de ce pays, martyrisé à Prague le 21 mars 1383. Par quel concours de circonstances ou de hasards et à quelle époque cette statue, qui représente le saint en surplis avec l'étole et coiffé de la barrette, est-elle venue s'installer au bord de la route entre Altkirch et Aspach, tout près d'une source et non loin de la chapelle de la Vierge située à l'entrée du Forst, au lieu dit *In der Lütte* (le bourbier) ? Je n'ai jamais pu trouver réponse à cette question. Ne peut-on pas admettre qu'elle a été érigée par un des seigneurs du pays qui tenait ce saint en vénération particulière ? D'après une légende aussi compliquée que controversée, Jean de Pomuck était aumônier et confesseur de la reine Jeanne du Palatinat, femme de Wenceslas. Ce prince soupçonneux voulut forcer Jean à lui révéler le secret de la confession de sa femme. Promesses et tortures laissèrent le saint inébranlable. Wenceslas le fit alors précipiter, mains et pieds liés, dans la Moldau. Il a été canonisé en 1729 par l'anti-pape Benoît XIII. On l'invoquait surtout contre les calomnies et les médisances. Son intervention, dès lors, ne devait pas être une sinécure.

N'oublions pas de mentionner les Quatorze sauveteurs (*Vierzeh Nothhelfer*), médecins du corps et de l'âme que les affligés allaient consulter dans le temps à l'église de Magstatt (canton de Landser). Véritable Académie de médecine, ces excellents saints étaient infiniment supérieurs à la Faculté en ce sens que leurs consultations étaient gratuites et qu'ils n'ont jamais tué personne.

Le village d'Aspach que les gens du pays appellent *Lot Aspi* ou *Lutt Aspi*, est bâti sur un terrain glaiseux, dans une dépression de sol humide où la boue sèche rarement et fait le bonheur des cordonniers ; de là le surnom qu'il porte depuis les temps anciens et qui vient du latin *lutum*, glaise, boue ; de là aussi l'allemand *Ledd*, mastic. A deux pas de cette Lutèce en miniature, dans les prés du côté d'Altkirch, existait, dit-on, à l'époque gallo-romaine une source sulfureuse et même un bain romain, ce qui semblerait résulter du nom du canton qui s'appelle *Bad-matten*, ou pré du bain. A une époque assez moderne, quand on plongeait une canne dans la vase d'où émerge la source, qui existe encore, et qu'on l'approchait du nez, elle fleurait le soufre. Il y a environ vingt-cinq ans, M. Kubler, maître d'hôtel de la *Tête d'or*, animé du louable désir de faire revivre l'ancien bain sulfureux, acheta ce pré et y fit faire des fouilles autour de la source. Elles n'amenèrent aucun résultat sérieux.

. .

Suivons maintenant la route départementale et descendons par la *Steige* (la côte) jusqu'au canal du Rhône au Rhin, pour monter ensuite sur la terrasse du château de Heidwiller. Là c'est un spectacle féerique, un paysage inoubliable pour ceux qui l'ont vu une fois. Quand, par une belle après-midi de l'été, on va s'asseoir sur la colline, plantée de vignes, qui domine le château féodal, on a devant soi l'immense et belle plaine qui s'étend de Cernay et de Thann jusqu'au delà de Massevaux vers Giromagny, plaine émaillée d'une vingtaine de villages abrités par des bouquets de bois dont la verdure estompée par les couches d'air, tranche avec la végétation dorée des céréales. Au premier plan le château et l'église de Heidwiller s'enlèvent sur le rideau de peupliers d'Italie qui longe le canal, puis les deux Spebach, Brinighoffen, Bernwiller, les deux Burnhaupt, le Pont d'Aspach ; puis, à l'extrême horizon, au pied de la chaîne des Vosges, où le ballon de Guebwiller détache sa cime neigeuse, s'élance, très-visible, la flèche gothique de Thann, ayant pour arrière-plan noyé dans les tons violets, le château renversé d'Engels-bourg ; ensuite le Vieux-Thann, et la ligne blanche des maisons de Cernay, aux confins de cette plaine mystérieuse de l'Ochsenfeld où le vent fait rage, semblant répercuter le choc des chevauchées héroïques de l'époque gallo-romaine, rappelant la rencontre de César et d'Arioviste. En somme région historique bondée de légendes, qui, au cours des siècles, a vu passer bien des armées et nourri tout un brave peuple de paysans rivés à son sol fécond.

Pendant que j'égrène, pensif, le chapelet de mes souvenirs, il me revient du fond du passé, devant ce paysage unique et radieux qui hante ma mémoire, un ravissant tintement de cloches, quelque chose comme un concert éolien qui remue mes fibres les plus intimes. Je me revois, en 1840, par une après-midi de dimanche, crayonnant les lignes de cet inimi-table coin de pays, quand subitement, du haut de tous les clochers de villages partit, dans une superbe envolée, le carillon appelant les fidèles aux vêpres. Les sons se modu-laient en gamme décroissante suivant l'éloignement graduel des villages et finirent par se fondre en un tout symphonique, comme le chant grave d'une maîtrise, d'où s'élevaient les voix de soprano des cloches argentines. Un pareil spectacle de la nature, animé par un pareil concert, reste indéfiniment gravé dans la mémoire.

En revenant par la hauteur des carrières d'Altkirch on passait près d'un petit bois de mûriers plantés, il y a soixante-dix ans, par M. Foltzer qui exploitait alors une magnanerie créée par lui à Tagolsheim. Tout jeune, vers 1815, il avait fait un voyage en Orient, ce qui n'était pas chose facile à cette époque. En visitant Smyrne et Constanti-nople, il avait vu d'importantes plantations de mûriers destinés à nourrir les vers à soie qu'on élevait dans le pays et dont les cocons servaient à approvisionner les fabriques de soieries de Lyon. Il conçut alors le projet d'élever lui-même des vers à soie. Revenu à Tagolsheim il planta des milliers de mûriers dans les environs, se procura de la graine de vers à soie et parvint à produire annuellement des quantités d'écheteaux de soie grège qu'il envoyait aux fabriques de Lyon et de Bâle. Il avait à son service un ouvrier italien que j'ai connu en 1834, alors que son industrie était en plein épanouissement et que j'allais voir chez lui les transformations de ce ver blanc qui, d'affreuse chrysalide devenait papillon, pour recommencer l'éternelle évolution de sa race, de cette race artiste qui donne aux femmes leurs plus chatoyantes toilettes.

XVII

Un charmeur. — Hommaire de Hell. — La Smala d'Abd-el-Kader. — L'échauffourée de Strasbourg. — Un notaire mécanicien et poète. — Le château de Morimont et la famille Bruat. — Le général Bonaparte et le docteur Pugnet.

Continuons notre promenade fantaisiste au milieu de tous ces fantômes d'un passé lointain où s'agitaient avec leurs passions, leurs ambitions fiévreuses, leurs travaux passagers, leurs rêves d'or, leurs amours, leurs amitiés et leurs haines, tous ces contemporains que j'ai connus pleins de vie, dont j'ai partagé les joies et les douleurs et dont je remue aujourd'hui la cendre depuis si longtemps refroidie. C'est le moyen de constituer un petit musée rétrospectif, espèce de château du souvenir où j'accroche au hasard de la mémoire quelques chères images, pastels souriants, sur lesquels le temps n'a pas de prise ; où, au milieu de couronnes fanées et de bouquets flétris, se détachent sur de ravissants paysages, les médaillons en bronze indestructible de ceux que j'ai particulièrement aimés.

> L'image au sépulcre ravie,
> Perd son aspect raide et glacé ;
> La chaude pourpre de la vie,
> Remonte aux veines du passé.
>
> (Th. Gautier).

Quel est donc, au milieu de cette légion d'ombres, ce profil de camée antique, ce regard fascinateur aux invincibles attirances ? Il est mort jeune, à quarante deux ans, ce séducteur inconscient de son charme natif, ce Don Juan involontaire qui, en quittant ce monde, a laissé derrière lui une phalange de victimes promenant leurs voiles blancs dans les cloîtres. C'était mon ami X..., un fonctionnaire qui a fait son tour de France, passant comme un charmeur à côté de pâles amantes qui subissaient l'influence de son œil de *gettatore*. Cet homme était la séduction donnant le bras à l'obligeance. Intelligence ouverte à toutes les inspirations généreuses, il avait la bosse de la protection, la passion de rendre service et j'ai pu, moi-même, expérimenter souvent cette qualité dominante en lui. S'il est vrai que ceux qui se sont aimés dans ce monde doivent se rencontrer dans les régions inconnues de l'au-delà, ce pauvre X..., ce séducteur involontaire, devra se trouver bien embarrassé devant la pléiade d'Arianes éplorées que son regard avait hypnotisées sur terre à son insu.

Un de ses amis et condisciples, Hommaire de Hell, était sorti, avec le titre d'ingénieur des mines, de l'Ecole de Saint-Étienne. Cette âme avide de gloire, qui pressentait une destinée pleine d'éclat et de périls, était surtout accessible aux sentiments les plus tendres, et déjà s'était développé en elle le germe d'une passion qui fut le souverain mobile de sa vie. Il épousa M¹¹ᵉ Adèle Hériot, de Saint-Étienne, qui l'encouragea dans son projet d'aller chercher fortune en Orient. Avant de réaliser ce projet aventureux, et pour se faire la main, il se fit attacher en sous-ordre aux études du chemin de fer de Lyon à la Méditerranée, sous la direction de M. de Kermaingant, inspecteur général des Ponts-et-Chaussées. Ce travail l'occupa jusqu'en 1835, époque où il partit pour Constantinople, plein d'illusions qui ne se réalisèrent que partiellement. J'ai publié, dans la *Revue d'Alsace*, en 1860, une biographie complète et documentée d'Hommaire de Hell, dont il a été fait un tirage à part. Ce n'est donc pas le cas de reproduire ici, tout intéressants qu'ils soient, les incidents de cette vie active du jeune et savant explorateur mort dans le cours d'un voyage en Perse et qui laissa une relation scientifique de ses voyages avec une partie pittoresque écrite par sa femme.

* *

L'année 1835 ne se signala, dans notre vie provinciale, par aucun incident remarquable. C'était le calme plat de la bonne vie bourgeoise, la paix profonde et somnolente due au système pondérateur du gouvernement de Louis-Philippe, qui avait soin d'élaguer de son champ politique toutes les ronces et toutes les épines ; mais, en dépit de sa grande prudence, le roi citoyen eut à subir bien des assauts pendant la période de 1830 à 1836 ; il eut la chance d'échapper aux attentats dirigés sept fois contre lui par de vulgaires assassins et la machine infernale de Fieschi eut un retentissement douloureux dans toute la France. Toutes ces pénibles épreuves ne firent que grandir la popularité du roi. La conquête définitive et la pacification de l'Algérie se poursuivirent alors sans relâche. Les jeunes princes y déployèrent des qualités militaires hors ligne et s'y couvrirent de gloire dans des combats acharnés contre Abd-el-Kader. Le duc d'Aumale eut l'honneur de prendre la smala de l'émir avec tous ses trésors. Je me souviens de l'effet que produisit alors l'immense tableau d'Horace Vernet, aujourd'hui au musée de Versailles, représentant cette scène épique et pittoresque dans laquelle figure un vieux Juif serrant fiévreusement ses pièces d'or, portrait, disait-on, d'un des princes de la finance. La famille d'Orléans eut l'inappréciable chance de trouver dans ce grand artiste le meilleur et le plus émouvant des historiographes. La gravure et la lithographie ont popularisé toutes ces merveilleuses compositions où la *Prise de Constantine* occupe le premier rang. Interprétés par un tel maître, les événements d'un règne se fixent dans le souvenir des masses et s'immortalisent comme une légende héroïque ou une chanson de geste.

Dans l'histoire des monuments de Paris et de ses embellissements le règne de Louis-Philippe occupe aussi une place importante. Entre autres travaux qui l'honorent, les Parisiens lui doivent l'achèvement de l'arc de triomphe de l'Étoile, l'achèvement de l'église de la Madeleine et l'érection sur la Place de la Concorde, de l'obélisque de Louqsor, don magnifique de Méhémet Ali, vice-roi d'Égypte. C'est en 1831 que fut amené en France, sur un bâtiment spécialement aménagé à cet effet par l'ingénieur de la marine Hippolyte Lebas, ce monolithe de granit rose de Syène pesant 250,000 kilogrammes. Pour réaliser cette œuvre titanique d'enlever de sa base à Louqsor et de transporter à Paris le monument qui avait vu passer à ses pieds les chars d'or des Pharaons, l'ingénieur inventa de toutes pièces un système d'appareils dont une maquette existe au musée de marine et dont la figuration exacte est gravée en traits d'or sur le granit du piédestal. L'obélisque resta longtemps couché sur les berges de la Seine et, après de nombreuses hésitations sur le choix de l'emplacement, il fut enfin érigé sur la Place de la Concorde le 25 octobre 1836. Pendant plusieurs mois, huit cents ouvriers furent occupés à l'établissement du plan incliné en maçonnerie qui devait amener le monolithe des bords du fleuve jusqu'au dé construit au centre de la place. Par une de ces attentions courtisanesques à laquelle le roi a dû être fort sensible, la face de l'obélisque, où sont célébrées en hiéroglyphes les vertus de Rhamsès Ier, fut tournée du côté des Tuileries comme elle l'était en Égypte du côté du palais de Sésostris

Aujourd'hui la foule passe indifférente devant ce témoin vivant encore des civilisations antiques, et l'auteur des *Émaux et camées* a pu écrire dans son style lapidaire :

> Entre deux fontaines campé,
> Je vois passer la courtisane
> Se renversant dans son coupé.
>
> Je vois, de janvier à décembre,
> La procession des bourgeois,
> Les Solons qui vont à la Chambre
> Et les Arthurs qui vont au bois.

Il me sera peut-être permis de rappeler ici la date du 29 octobre 1836, jour auquel je passai mon examen du baccalauréat à l'Académie de Strasbourg, parce qu'il s'y rattache un souvenir politique très-important par les conséquences qu'on peut en tirer. L'un des examinateurs était l'abbé Bautain, alors professeur de philosophie et de théologie à la faculté de Strasbourg, ancien élève de Cousin et de Jouffroy. On ne saurait rêver physionomie plus spirituelle, plus distinguée. Coiffé à la manière de Jésus-Christ, ses longs cheveux bruns tombaient en boucles et encadraient une tête imposante, faite pour inspirer le respect et la confiance. Jeune encore, l'abbé Bautain avait déjà écrit un grand nombre d'ouvrages, et notamment une réponse aux *Paroles d'un croyant* de l'abbé Lamennais, ce livre dont l'apparition en 1833 avait fait sensation dans le monde de la libre pensée. Aussitôt débarrassé des soucis de mon examen, je fis l'ascension d'une des quatre tourelles en spirale qui flanquent la tour de la cathédrale. De ce point, on jouit d'un merveilleux panorama dont la pureté de l'atmosphère automnale me permit de saisir les lignes les plus lointaines. Le lendemain soir, 29 octobre, il neigeait : je pris à 9 heures la diligence pour Mulhouse qui arriva le 30 à 10 heures du matin, plus de temps qu'il n'en faut aujourd'hui à un train rapide pour se rendre de Strasbourg ou de Mulhouse à Paris. Dans la soirée eut lieu, à la caserne de la Finckmatt, l'échauffourée du prince Louis-Napoléon Bonaparte. Il s'était ménagé des intelligences à Strasbourg avec le colonel Vaudrey du 4e régiment d'artillerie, le lieutenant Laity et d'autres officiers de la garnison. Mais le général Voirol, qui commandait le Bas-Rhin, ne se laissa point séduire. Au moment où le prince se dirigeait vers la ville avec les artilleurs, il fut cerné et pris par l'infanterie de ligne. C'est un enfant de l'Alsace, le capitaine Richard, qui lui mit la main au collet. Plus tard, quand son prisonnier était devenu empereur, le malheureux capitaine fut mis à l'index et privé d'avancement malgré ses bons services. Il dut prendre sa retraite et vint se fixer à

Colmar où je l'ai connu en 1870, commandant les gardes nationaux improvisés à l'affaire meurtrière du pont de Horbourg.

Dans cette course à travers un monde évanoui, je rencontre parfois de singuliers originaux, des types curieux et uniques dont la physionomie mérite bien un coup de crayon. Tel était le notaire D.., de Ferrette. Il m'avait invité, en 1834, à aller passer huit jours chez lui avec un jeune ami, son parent. Je ne connaissais pas encore Ferrette, ville natale de mon père. Une excursion dans ce pays montueux et pittoresque, plein de souvenirs historiques, avait donc de quoi me séduire. A la fois notaire, architecte, sculpteur, mécanicien et... poète, cet incomparable tabellion avait, on le voit, bien des cordes à son arc. Il a inventé des machines qui ont figuré aux expositions de Paris, entre autres une presse lithographique. C'est grâce à ses recherches et à ses encouragements qu'un nommé Muller a pu fonder une lithographie à Ferrette en 1837, en se servant de pierres calcaires découvertes dans les environs. Son bagage littéraire se compose d'un manuscrit sur les origines du château et de poésies diverses qui forment deux forts volumes de plus de six mille vers, d'une prosodie souvent fantaisiste ; en outre d'un gros volume de mémoires personnels où, au milieu de choses quelque peu rabelaisiennes écrites en allemand, figuraient une masse de souvenirs plus ou moins intéressants, entre autres une scène romanesque à la Macbeth dont il avait été le héros dans sa prime jeunesse. Consulté par lui, en 1867, sur l'opportunité de publier ces mémoires que j'avais lus dans leur entier, je lui fis comprendre, aussi délicatement que discrètement, que le public mordrait difficilement à une œuvre de ce genre. A part les excentricités de son caractère, le notaire D.., était un excellent homme, très-estimé dans son canton et au-delà. Il a atteint l'âge de quatre-vingt cinq ans, respecté et honoré par plusieurs générations. Caractère aimable et nature généreuse, je l'ai connu très-serviable et n'ai eu qu'à me louer de ses gracieux procédés.

Dans mes courses aux environs de Ferrette, j'eus l'occasion de visiter les ruines encore imposantes du château de Morimont situé dans un vallon entre Oberlarg et Levoncourt. Il avait été construit, dit la légende, sur le modèle du château des Sept Tours de Constantinople que Pierre de Morimont aurait vu pendant les Croisades. M. Joseph Bruat, juge au Tribunal de Colmar, en devint propriétaire en 1797. Nommé président du Tribunal d'Altkirch, il mourut dans cette ville en 1808 d'une maladie semblable au choléra. Son cadavre était devenu tout noir, et à cette occasion, les gens superstitieux et les bonnes femmes avaient fait courir le bruit que le diable avait emporté son âme. Son fils aîné, Armand-Joseph Bruat, né à Colmar en 1797, devint amiral et fut un des vainqueurs de Sébastopol ; son second fils, né à Altkirch, devint armateur à Marseille. La famille était originaire de Grandvillars (canton de Delle). J'aurai à revenir plus loin sur la brillante carrière de l'amiral, en rendant compte de l'inauguration de son monument à Colmar, en 1864.

En 1837 parut un livre qui fit sensation, précédé et suivi d'autres ouvrages du même genre, ayant pour but de raviver et d'exalter la légende napoléonienne qui couvait sous la cendre et finit par forcer Louis-Philippe à envoyer la *Belle poule* déterrer, à St-Hélène, l'aigle mort. Ce livre intitulé *Souvenirs de la vie privée de Napoléon*, contenait des anecdotes très-curieuses recueillies et publiées par Émile Marco de Saint-Hilaire, le même que Napoléon III nomma plus tard son bibliothécaire au Palais impérial de Strasbourg, espèce de sinécure destinée à récompenser ce fidèle serviteur du bonapartisme. A ce livre ont collaboré MM. Arnault, de l'Institut, le duc de Gaëte, Jules Janin, Las Cases, de Mortemart, Pelet, Frédéric Soulié et la duchesse d'Abrantès.

Le maire d'Altkirch fit l'acquisition de ce livre pour la

Bibliothèque municipale alors en formation. Nous ne fûmes pas peu surpris d'y trouver un chapitre intitulé : *Une séance à l'Institut d'Égypte*, en 1799, consacré au souvenir du docteur Pugnet et de sa querelle avec le général Bonaparte à propos du service médical de l'armée d'Égypte.

M. Pugnet (Jean-François-Xavier), né à Lyon le 16 janvier 1765, élève de la Faculté de médecine de Paris, ancien chirurgien de l'armée d'Égypte, sous les ordres de Desgenettes et de Larrey, était un ami de M. Devallant, ancien officier, devenu maire d'Altkirch en 1816. Sa fille s'était mariée à Bienne avec le docteur Blaesch, praticien distingué. Le docteur Pugnet résidait habituellement auprès de sa fille ; il venait aussi à Altkirch où il avait son domicile légal comme ancien officier de l'armée française et où j'ai eu l'honneur de faire sa connaissance. En cette qualité il a entretenu pendant de longues années une correspondance affectueuse avec mon père, puis avec moi-même.

Voici en quels termes Pugnet est apprécié dans l'article en question, et qui a pour auteur un homme du métier, M. Yu, chirurgien de la Garde impériale :

« Artiste plutôt que praticien, Pugnet passait déjà comme un extravagant aux yeux de ses confrères, moins à cause de son système médical que par suite de ses allures de désintéressement et de philanthropie. Il soignait pour soigner, guérissait pour guérir. Les malades de choix pour lui, c'étaient les pauvres.

« Voilà ce qu'était Pugnet quand il s'enrôla pour la campagne d'Orient. Dans les débuts, il n'eut à soigner que des dysenteries et des ophtalmies. Survint l'expédition de Syrie et à sa suite la hideuse peste d'Orient, intense et ne pardonnant guère, la peste au premier degré, comme la rêvait Pugnet pour se prendre corps à corps avec elle. Il fut admirable de dévouement. Obscur et inaperçu il s'établit dans une ambulance sur la cime du Mont Carmel. Là, s'absorbant dans ses malades, identifié à eux, ne voyant qu'eux, avec une natte pour tout lit, sans infirmiers, sans aides, sans linge, il passa quarante jours à étudier ce mal qui tuait si vite. Ses collègues tombaient un à un ; le simple toucher tuait un

homme ; la sueur, les hardes d'un malade avaient leur
venin.

« A l'heure de la retraite ce dévouement continua en face
de l'armée. Le dernier à l'arrière-garde, Pugnet formait la
queue de l'ambulance sanitaire. Ce fut en cette occasion que
le général en chef le vit, et tant de zèle le frappa. « Desgenettes, dit-il au médecin en chef, vous avez là un officier de
santé qui me paraît bien méritant. Quelle sollicitude ! quelle
intelligence ! Vous me donnerez son nom ».

« Après quatre mois de stérile campagne, l'armée revit
l'Égypte. Le 10 juillet 1799, une séance solennelle eut lieu à
l'Institut du Caire. Simple membre de l'assemblée, le général
en chef aimait à suivre ses travaux. Quand le président
Monge eut ouvert la séance, Napoléon prit la parole pour
demander qu'une commission s'occupât d'un travail à la fois
médical et statistique sur la peste qui avait décimé le corps
expéditionnaire. Desgenettes, Larrey et Geoffroy furent
désignés pour former cette commission. Larrey que l'on
accusait de s'être trompé sur la nature du mal, considéra
l'incident comme une attaque personnelle et refusa d'accepter.

« Voilà comme vous êtes tous, dit le général en chef d'une
voix impérative, avec vos principes d'école, médecins,
chirurgiens et pharmaciens : plutôt que d'en sacrifier un
seul, vous laisseriez périr une armée, une société entière ».
Des murmures partirent des divans circulaires où se groupait
l'auditoire. Ces murmures, Pugnet seul avait pu les hasarder ;
car la sortie générale contre la profession l'avait froissé dans
ses affections les plus vives. Le soir il écrivit à Bonaparte :

« Général, vous avez parlé hier avec bien du mépris des
hommes les plus honorables. Y songiez-vous ? Vous qui avez
grandi par la guerre, cette lèpre de l'humanité, avez-vous
caractère pour censurer un rôle de paix et de philanthropie ?
Et que sommes-nous, nous chirurgiens, nous médecins,
sinon vos réparateurs à la suite, chargés de cicatriser les
blessures que vous faites.

« Pugnet. »

« Au vu d'une lettre si étrange, signée d'un nom inconnu,

la première impression de Bonaparte fut une surprise mêlée de colère.

« Existe-t-il parmi les médecins, demanda-t-il à Berthier, un fou du nom de Pugnet ? »

Et sur sa réponse affirmative : « Qu'on réclame de Desgenettes, poursuivit-il, un rapport sur les services et la personne de Pugnet ».

Par bonheur Desgenettes savait déjà l'escapade du docteur ; il le tira d'affaire par un merveilleux à-propos : « Général, écrivit-il, à une autre époque vous me demandâtes un travail semblable. Vous souvient-il de l'officier de santé si zélé, si plein de dévouement lors de la retraite de Syrie ? Eh bien ! ce médecin dont vous voulûtes savoir le nom, cet homme qui fit tant pour nos malades, c'est Pugnet ».

La leçon était indirecte. Elle fut reçue noblement. Le jour même Desgenettes et Pugnet dînèrent à la table du général en chef qui, prenant ce dernier par les favoris, avec une familiarité toute amicale : « Jeune homme, vous êtes du midi, n'est-ce pas ? Mauvaise tête et bon cœur. Disposez de moi ; je suis à vous ». Et Napoléon se montra pendant le dîner d'un abandon si aimable, d'une bonté si vraie que le pauvre Pugnet fut touché au cœur.

Toujours modeste, le docteur ne lui demanda rien. Seulement, à son retour en France, il lui présenta une supplique pour être attaché à l'expédition de Saint-Domingue, qu'on préparait alors et où mourut de la fièvre jaune le général Leclerc, beau-frère de Napoléon. Pugnet, dont la demande fut agréée, trouva dans les Antilles de quoi exercer sa science humanitaire sur les malades atteints de la fièvre jaune.

Quand parut le livre d'Emile Marco de St-Hilaire, mon père s'empressa de l'en informer et le complimenta sur sa belle conduite en Égypte. Je conserve, comme un document précieux, la réponse que lui fit Pugnet, le 14 janvier 1838, dans les termes suivants :

« Je vous remercie pour tout ce que vous me dites de si obligeant à propos de l'article inséré dans les *Souvenirs de la vie privée*, que je ne connais point. Ce fait a été déjà cité dans différents ouvrages français, anglais, allemands etc. publiés depuis plusieurs années ; mais convenez avec moi que, toutes réflexions faites, il honore bien plus le caractère juste et modéré du grand homme que la fougueuse susceptibilité de celui qui s'est audacieusement posé devant lui. Au reste je ne sais pas comment le raconte l'auteur des *Souvenirs*.

« Conservez-moi votre amitié et conservez-vous pour tous ceux qui vous connaissent.

« PUGNET ».

Quoique d'apparence peu robuste, le docteur Pugnet, dont la vue avait été gravement affectée en Égypte, n'en a pas moins atteint un âge très-avancé. Autant que je puis me rappeler, il est mort en 1847, âgé de quatre-vingt un ans. Chaque fois que je revois au Louvre le tableau des *Pestiférés de Jaffa*, où Napoléon figure avec Desgenettes et Larrey, le souvenir du modeste et dévoué docteur me remonte à la mémoire comme une évocation toujours saisissante des grandes choses du passé.

XVIII

Les Trappistes d'Oelenberg. — Les squelettes du père Géramb. — La baronne d'Oberkirch. — Ecrivains et artistes du romantisme. — Emile de Girardin. — Les fortifications de Paris. — L'agiotage. — Halle aux blés et champ de foire d'Altkirch. — La vie du paysan et la culture au Sundgau. — L'intervention sémite. — Costumes.

Au mois de septembre 1839, visite au couvent de la Trappe d'Oelenberg, situé sur une petite éminence, près du village de Reiningen, aux environs de Mulhouse. Les Trappistes, on le sait, ne s'adonnent pas exclusivement à la vie contemplative : ils sont avant tout cultivateurs et exploitent à la perfection de grands domaines, comme, par exemple,

celui de Staouéli dans la Mitidja. Aussi la Trappe d'Oelenberg
était-elle organisée comme une grande ferme. Entouré
d'arbres fruitiers, le couvent se composait de deux corps de
bâtiments, l'un pour les hommes, l'autre pour les Trappistines. Une petite église très-simple les séparait. Les deux
communautés, absolument cloîtrées, étaient alors dirigées
par le Père Clausener, grand et beau vieillard, imposant
dans son costume blanc. Il était belge d'origine, ainsi que les
autres prêtres réguliers du couvent. Des Alsaciens, des Autrichiens, des Suisses formaient la phalange des moines ou
frères convers chargés des travaux agricoles. Ceux-ci portaient une robe brune à capuchon, serrée à la taille par une
corde d'où pend un rosaire. Sauf le frère portier, tous ces
moines sont condamnés au silence. En se rencontrant, ils
prononcent cette salutation macabre : « *Memento mori* ».

Nous dûmes, en entrant, décliner nos qualités, puis accepter
une tranche de pain noir et un verre de bière, en signe
d'hospitalité. Après trois heures de marche, nous dégustons
avec plaisir cette bière fabriquée au couvent même. Puis,
sous la conduite du frère portier, dont l'extrême loquacité
faisait contraste avec le silence des autres, nous visitons
l'intérieur des bâtiments conventuels, côté des hommes bien
entendu, car les femmes étaient sévèrement cloîtrées et
personne, si ce n'est le supérieur, ne pouvait les voir. Pendant
que nous faisions le tour du cloître intérieur, galerie carrée
entourant un préau qui sert de cimetière, un trappiste était
occupé à creuser une fosse. Notre conducteur nous apprit
que, chaque jour, le travail des fosses était repris par un
autre moine, afin d'entretenir dans la communauté l'idée
salutaire de la mort. Pour les trappistes, vivre dans cette
atmosphère de mort, en dépit des prescriptions de la loi de
prairial an XII, n'était-ce pas un moyen pratique d'abréger
cette vie qui leur pesait tant ? Cette idée s'étalait, d'ailleurs,
d'une façon ridiculement exagérée, sur les murailles du
cloître, sous la forme de squelettes rappelant les danses
macabres du moyen âge. Je demandai le nom de l'artiste
auteur de ces fresques grimaçantes, et j'appris que c'était le
fameux Père Géramb, trappiste français, qui avait été

longtemps attaché comme officier au service du roi de Naples et qui, après son voyage à Jérusalem était venu passer quelques temps à la Trappe d'Olenberg dont il traduisit le nom en celui de *Mont des Olives*. Le Père Géramb avait écrit une relation de son voyage qui obtint un grand et légitime succès, d'abord par le charme du style qui rappelait celui de Lamartine, ensuite par les incidents aussi émouvants que pittoresques de son pèlerinage au Mont Sinaï et aux lieux les plus célèbres de la Palestine.

Les bâtiments d'exploitation rurale, de même que la boulangerie et la brasserie sont situés au pied de la colline entourée d'une belle prairie où j'ai vu les frères convers travailler silencieusement à rentrer les regains. Je crayonnai rapidement une vue d'ensemble du couvent qui a été reproduite par la lithographie. Notre guide, sur lequel les austérités de son entourage n'avaient point déteint, n'oublia pas de nous faire visiter les cuisines et le réfectoire. Rien ici ne rappelle les plantureuses agapes de l'abbaye de Thélème : c'est la cuisine spartiate dans toute sa simplicité. Jamais ni viande ni poisson ; mais la nourriture végétarienne tant prônée par M. Francisque Sarcey, qui est loin d'être un spartiate. Des pommes de terre et autres légumes cuits à l'eau, du pain de seigle, du lait, du fromage et, comme boisson, de la bière. Nous avons vu la longue table où le couvert était mis et où les trappistes, assis sur des bancs de bois, venaient prendre leur maigre pitance, muets comme des ombres, pendant que l'un d'eux, assis dans une chaire, lisait les Psaumes de la pénitence ou un chapitre de l'Évangile ; de cette façon, pendant que le corps se sustentait, l'âme aussi recevait sa nourriture spirituelle.

Les dortoirs nous ménagèrent d'amères réflexions sur le sybaritisme de ceux qui ont le bonheur de coucher sur des matelas à ressorts, recouverts de beaux draps blancs et de moelleux édredons, tandis que ces malheureux trappistes couchaient sur des espèces de lits de camp en bois recouverts d'un matelas en crin mince comme une galette.

Un événement dramatique vint, la même année, jeter sa note discordante dans ce phalanstère de l'ascétisme et du silence. Une jeune fille d'Altkirch, appartenant à une famille très-honorable, était depuis quelques années au couvent des Trappistines et suivait, dans toute sa rigueur, la règle austère et anti-humaine du cloître. L'exaltation religieuse la rendit folle, et, un beau matin, on la trouva pendue dans sa cellule. La justice se transporta sur les lieux et cet événement, grossi et travesti par la voix publique, ne laissa pas de jeter un certain discrédit sur le couvent de la Trappe.

A quelques pas du couvent se trouvait le château de Schweighausen, habité vers la fin du siècle dernier par la baronne d'Oberkirch, dont les *Mémoires*, publiés récemment, ont eu un vif succès de curiosité. Ils renferment d'intéressants documents sur la cour de Louis XVI, sur la famille des comtes de Montbéliard et sur le règne de Paul Ier, empereur de Russie qui avait épousé une comtesse de Montbéliard-Wurtemberg, amie intime et correspondante de la baronne. Elle fut la mère de l'empereur Alexandre 1er, qui a joué un si grand rôle dans l'histoire de l'Europe. On est étonné de ne pas trouver dans les mémoires de Mme d'Oberkirch, une seule allusion au couvent d'Oelenberg situé dans le voisinage immédiat de son château dont il ne reste plus qu'un fragment encastré dans le domaine rural d'un cultivateur de Schweighausen.

Dans son livre intitulé : *Récits de l'infini*, Camille Flammarion, l'astronome aussi spirite que spirituel, nous raconte le voyage imaginaire et fantastique de l'âme d'un de ses amis dans l'infini des espaces célestes. Cette âme, qui avait conservé la mémoire de tous les événements de sa vie terrestre, terminée en 1873, alla se réincarner parmi les habitants de l'étoile *Capella* de la constellation du *Cocher*. Elle y rencontra un groupe de vénérables vieillards dont l'attention se fixait sur un petit point lumineux de l'espace, situé à des centaines de millions de lieues de distance. Ce petit point, presque imperceptible, c'était notre *Terre*. Les habitants de *Capella* avaient le sens de la vue tellement développé qu'ils pouvaient se rendre compte, sans difficulté, de tout ce qui se passait sur notre pauvre planète, en dévisager les habitants et suivre tous leurs mouvements. Ce jour-là, (c'était le 21 janvier 1873), ils virent le spectacle tragique qui se déroulait en 1793 sur la place de la Révolution à Paris, le supplice du roi-martyr Louis XVI. Comme de juste, l'âme nouvellement arrivée à *Capella*, avait revêtu la forme et les sens raffinés des indigènes du cru. Elle reconnut la plupart des personnages accourus sur la place, même le bourreau Samson montrant la tête coupée au peuple. Or, il ne faut pas oublier qu'en raison de la distance fabuleuse qui séparait *Capella* de notre *Terre*, la lumière réflexe de celle-ci mettait quatre-vingts ans à parvenir à l'étoile *Capella*. Par conséquent les habitants de cette étoile voyaient, en 1873, l'image des choses qui s'étaient passées à Paris en 1793, c'est-à-dire quatre-vingts ans auparavant. Et, chose plus phénoménale encore, l'ami de Flammarion lui-même put se voir tel qu'il était à l'âge de six ans, étant né quelques années avant la Révolution : il put voir aussi son père et sa mère ainsi que les jeunes compagnons de son enfance.

Pourquoi donc évoquer ici cette échappée chimérique dans les régions stellaires ?.... Tout simplement pour montrer, par une comparaison étrange, quel admirable instrument d'optique est la mémoire humaine ; qu'elle permet au vieillard de plonger son regard dans un passé lointain, de reconstituer à son gré les figures, les paysages, les spectacles, les événements qu'il a connus dans sa prime jeunesse, et dont il a emmagasiné les images comme autant de clichés photographiques dans la chambre obscure de son cerveau. On ne réfléchit pas assez à ce qu'il y a de merveilleux, de presque surnaturel dans cette faculté d'évocation qui, chez certaines natures privilégiées, acquiert une acuité extraordinaire.

Mais laissons-là cette digression dans les nuages pour revenir au terre à terre de mes souvenirs. J'ai dit plus haut que, durant les premières années du règne de Louis-Philippe, j'ai pu assister à l'éclosion de bien des progrès, voir surgir des inventions qui ont bouleversé les anciennes coutumes et changé la face des choses. N'est-il pas à propos de rappeler aussi qu'à cette époque le romantisme dans la littérature comme dans l'art, était en pleine floraison, que Victor Hugo, avec *Notre Dame de Paris*, Lamartine, avec les *Méditations* et les *Harmonies*, Casimir Delavigne, avec les *Messéniennes*, Balzac avec sa *Comédie humaine*, Alexandre Dumas, ce magicien de la littérature romanesque, avaient infusé un sang nouveau et généreux à la littérature étique de l'Empire et de la Restauration ? Que toute une pléiade de jeunes écrivains se forma à cette école du romantisme d'où sont sortis Eugène Sue, Barthélemy, Méry, Frédéric Soulié, Charles Nodier, Gozlan, Jules Sandeau, George Sand et tant d'autres ; que l'art s'appelait alors Ingres, Eugène Delacroix, Léopold Robert, Jules Dupré, Théodore Rousseau, Rude et Foyatier, qu'une des plus grandes figures de la science était François Arago et que le journalisme militant comptait parmi ses grands pontifes Armand Bertin, Emile de Girardin, Armand Marrast, Havin ; que Béranger électrisait ses contemporains par ses chansons immortelles pendant que Lamennais et Saint-Simon travaillaient, chacun de son côté, à une rénovation religieuse. Quelles heures d'enchantement nous avons passées à lire les *Méditations* de Lamartine et son *Voyage en Orient* ; à étudier la grande œuvre de Victor Hugo, exhumation du monde gothique que nous ne connaissions pas encore et que, dans notre enthousiasme juvénile, nous trouvions bien supérieur au monde grec.

* * *

Émile de Girardin s'était fait le vulgarisateur de cette époque de rénovation, en créant un journal illustré, *le Musée des Familles*, où collaboraient tous les écrivains du jour, toutes les illustrations littéraires, y compris sa femme Delphine Gay, MM^{mes} Desbordes-Valmore, Sophie Gay, George

Sand et bien d'autres. Il est vrai que l'art de la gravure d'illustration laissait alors pas mal à désirer et qu'il avait beaucoup de chemin à faire pour atteindre la perfection que nous lui connaissons aujourd'hui. N'importe, c'était pour les habitants de la province une nouveauté très-goûtée. Bien des personnes s'abonnaient à cette revue qui faisait nos délices, comme aussi au *Journal des connaissances utiles*, autre recueil mensuel et illustré qui nous tenait au courant de tous les progrès scientifiques et industriels. A côté de ces deux organes il y avait le *Magasin pittoresque*, revue plus artistique que littéraire et dont les gravures, faites par Freeman, Susemihl et Leloir, étaient très-soignées. Chacun de ces journaux ne coûtait que 7 fr. par an. Cette modicité de prix donne la mesure des combinaisons heureuses d'Emile de Girardin. Il sut ainsi initier, à peu de frais, la province, jusqu'aux plus petits hameaux, au mouvement inauguré à Paris. Ajoutons que cette propagande se complétait par un important organe agricole, *La maison rustique du XIX⁰ siècle*.

. .

En 1840 et après, la politique du roi subit bien des mécomptes. D'abord le désaveu infligé, sur les réclamations de l'Angleterre, à l'amiral Dupetit-Thouars, qui avait étendu l'influence française en Océanie, par le protectorat des Iles Marquises et de Tahiti, puis l'humiliante indemnité Pritchard, puis la question capitale du règne, cette épineuse et insoluble question d'Orient, le traité de Londres (15 juillet 1840) signé par les quatre grandes puissances, à l'exclusion de la France, et rendant au Sultan la Syrie conquise par Méhémet-Ali qu'avait soutenu le gouvernement français, ensuite le débarquement de Louis-Napoléon à Boulogne, de l'homme aux yeux froids hanté de son rêve impérial. Sur la proposition de Thiers, la Chambre vota les fortifications de Paris, et toutes les places fortes de France furent mises en état de défense. L'idée de fortifier Paris apparut comme un fait politique tellement énorme qu'elle causa une espèce de stupeur tant en France qu'à l'étranger ; l'impression qu'elle produisit chez nous fut profonde ; mais comme la gaîté ne perd jamais ses droits en France, les journaux satiriques firent pleuvoir leurs sarcasmes sur le ministère Thiers. Ils se gaussaient à qui mieux mieux de l'enceinte continue, des lunes et des demi-lunes, des bastions, des contre-escarpes et des forts détachés. En attendant, la paix se maintenait grâce aux concessions de toute espèce que le roi dut faire aux exigences de l'étranger qui voyait de mauvais œil la prospérité bourgeoise de la France. « Enrichissez-vous, » avait dit un grand ministre. On ne se le fit pas dire deux fois. Les agioteurs de tout poil avaient pris les devants, et la Bourse devint un temple où se réinstalla le culte du veau d'or. Les accapareurs tenaient le haut du pavé. Les marchands de conscrits qui exerçaient leur hideuse industrie devenaient très-riches, mais ils étaient l'objet du mépris public. On les traitait couramment de marchands de chair humaine. Phénomène presque inconnu jusque-là, cette maladie sociale qui remonte à la royauté de juillet et n'a fait que se développer depuis, c'était l'amour immodéré des richesses, la spéculation éhontée et scandaleuse sur tout ce qui pouvait fournir matière à agiotage. Il y aurait, dans ce genre, à constituer toute une galerie de fauves, appartenant à l'espèce du loup-cervier. Notre petit pays du Sundgau nous fournissait, sous ce rapport, de curieux types à crayonner.

De sourds mécontentements se manifestaient dans la masse honnête et laborieuse de la population. Il n'était pas difficile à l'observateur impartial de voir poindre çà-et-là des symptômes hostiles au gouvernement de juillet. Pour se faire un regain de popularité, le roi s'avisa de flatter l'instinct des masses en faisant revenir en France les cendres de Napoléon 1er et en leur érigeant un merveilleux tombeau sous la coupole des Invalides. Cette diversion offerte aux préoccupations du moment était-elle bien habile et n'avait-elle pas pour effet certain de réchauffer la légende impériale dans le cœur du peuple des campagnes qui l'avait conservée comme un culte ? Les événements qui suivirent la révolution de 1848 prouvèrent que le roi s'était trompé. A cette époque il existait encore dans tous les rangs de la population des milliers d'anciens soldats de l'empire, ne se souvenant que des grandeurs de d'épopée napoléonienne, ayant oublié ses revers et ses désastres. Comme le peuple d'Israël attendant le Messie, beaucoup d'entre eux croyaient au retour de l'empereur qui, disaient-ils, n'était pas mort. C'est sous cette poussée de souvenirs et d'indéracinables sympathies que son neveu put impunément escalader le pouvoir après avoir été nommé président de la République.

**

Bien que je n'eusse pas une vocation bien prononcée pour la vie bureaucratique, pour ce travail sédentaire à heures fixes capable d'anémier les plus fortes natures, je me résignai peu à peu à ce métier où l'imprévu joue un grand rôle et où les facultés imaginatives trouvent même à s'exercer. Ce qui contribuait à rendre le harnais supportable, c'est que, par suite de circonstances particulières, une grande part d'initiative m'était réservée. L'initiative ne vas pas sans la responsabilité. Le régime municipal est un grand ménage dans le quel il faut faire la part de tous les intérêts qui se heurtent, de tous les besoins qui surgissent sans cesse, de tous les usages qui imposent leur tyrannie, et encore et surtout de tous les caractères plus ou moins conciliants, des exigences plus ou moins âpres d'une population constituée par une masse d'éléments divers. Louvoyer, plier quand il le faut, se raidir parfois, se montrer juste et bienveillant toujours, prévenant et serviable pour tous, pour les humbles surtout, telle me semblait être la règle de conduite des hommes qui touchent, par un côté quelconque, à la vie publique.

**

La première œuvre importante dont nous eûmes à nous occuper fut la construction de la halle aux blés, grand bâtiment surmonté d'un étage pour les fêtes publiques. L'arrondissement d'Altkirch est un pays de grande production pour les céréales et le bétail. Vers l'époque dont je m'occupe les marchés avaient pris un développement inusité et l'on dut se préoccuper d'offrir aux producteurs une halle plus vaste. C'est M. Xavier Chauffour, conseiller municipal, qui prit l'initiative de cette mesure en proposant une combinaison qui permit d'assurer l'amortissement du capital de construction, sans contracter un emprunt immédiat. L'entrepreneur, aidé par un capitaliste, consentit à un remboursement fractionné par annuités, au moyen des produits du nouveau marché. La première pierre fut posée au mois de juillet 1841 et conformément aux anciens usages, on y inséra un procès-verbal commémoratif, en y ajoutant quelques monnaies d'argent portant le millésime de l'année. Chose curieuse, qui ne manquera pas de dérouter les archéologues de l'avenir, on y plaça aussi un écrin contenant une série de nouvelles monnaies de billon de 0. 10 c. à 0. 01 c., frappées à l'effigie de Louis-Philippe, monnaies types qui avaient été distribuées aux membres de la Chambre des députés et qui n'ont jamais été livrées à la frappe. C'est M. Pflieger, notre député, qui les avait rapportées de Paris.

* *

Les archives anciennes de la ville renfermaient un assez grand nombre de chartes sur parchemin remontant à la domination des archiducs d'Autriche, entre autres les anciens titres constitutifs des douze foires qui s'y tiennent chaque année, et dont la principale est celle de Ste-Catherine fixée au 25 novembre. Cette dernière a été instituée par diplôme délivré à Innspruck, en 1501, par Maximilien Ier empereur des Romains, archiduc d'Autriche, duc de Bourgogne, de Brabant, comte Palatin, etc. — Le champ de foire, sur lequel se pressaient souvent des milliers de têtes de bétail, aux robes moirées où le brun rouge et le blanc dominent, offrait à l'époque où je l'ai connu un bien intéressant spectacle. C'était la richesse du sol, la fierté du paysan, le plus bel élément de son revenu, l'avenir de ses enfants. Cette terre pétrie de ses mains, abreuvée de ses sueurs, nourrissait,

depuis des siècles, une population dense dont les propriétés
étaient divisées à l'infini, de façon à donner à chaque paysan
plusieurs lopins de terres arables et de prairies. Culture
démocratique par excellence, cet état de choses n'avait rien
à redouter de la prépondérance des grands propriétaires
terriens qui, d'ailleurs, étaient peu nombreux et divisaient
leurs domaines entre plusieurs fermiers. L'arrondissement
étant riche en forêts, les bois de construction étaient peu
chers: toutes les maisons rurales étaient construites en charpente apparente et maçonnerie de pisé, les plus cossues en
pierres ou en briques. Chaque cultivateur avait sa maison à
lui, son écurie, sa grange, son hangar, sa cour à fumier, son
étable à porcs et sa basse-cour. L'élevage du mouton, ne
comptait presque pas dans cet ensemble d'exploitations rurales. Tout y était sacrifié à la production du gros bétail et des
céréales. Et encore, entendons-nous: ici gros bétail signifie
bœuf de labour, vache laitière, animaux reproducteurs, le
tout à l'état maigre. C'était le premier degré et le plus utile
de l'élevage. Quand le bœuf devenait à peu près impropre à
la charrue et que le bouvillon était suffisamment fort pour le
remplacer, on conduisait le bœuf au marché où il se vendait
un bon prix aux nourrisseurs des environs de Belfort, de la
Lorraine, de la Haute-Saône, de la Franche-Comté et de la
Champagne. Ceux-ci s'occupaient de son éducation complète
en l'engraissant pour la boucherie. Donc, après avoir donné
sa force musculaire et son prix de vente à l'homme des
champs, cet austère travailleur de la glèbe, donnait, une fois
engraissé, ses biftecks, son filet et même sa culotte aux habitants des villes. Telle est la routine séculaire dans la vie
humaine, telle est la force du vieux levain de cruauté que
chacun porte en soi, à l'état latent, que le fumet d'un bon pot-
au-feu nous fait oublier l'amère destinée de ce vaillant et
docile ouvrier que la nature a associé à l'homme pour aider
celui-ci à vivre et qui, en récompense de ses bons services,
est mené à l'abattoir. Il est vrai que cette victime des anciens
sacrifices, dont les prêtres de Jupiter mangeaient les meilleurs morceaux et brûlaient les os sur l'autel de leur dieu,
recueille aujourd'hui force médailles aux concours cantonaux,

régionaux et généraux ; que son cadavre pantelant, enguirlandé de verdure et de papier doré, et couché sur un lit de fleurs, fait le plus bel ornement de l'étal des bouchers. Triste lauréat, tu te passerais fort bien de cette gloire posthume et dérisoire que te décernent les aréopages ruraux en levant le coude à ton honneur !

Disons, toutefois, à la décharge du paysan du Sundgau et à l'honneur de sa sobriété antique, que le pot-au-feu est chez lui chose rare et que tous les quinze jours à peine, il mange un morceau de vache étique et filandreuse, que le bifteck est pour lui en rêve et le filet une chimère. Toujours à l'époque lointaine dont je parle, la sobriété et l'esprit d'économie du paysan s'étendaient à tout. Jamais il ne mangeait de pain blanc. Pour lui et sa famille il se contentait de pain noir fabriqué par la ménagère avec un mélange de seigle et de vesces. Le porc, engraissé dans son étable avec du son et des déchets de légumes, lui fournissait le seul luxe de table qu'il pût se permettre sans dépenser de l'argent. Les pommes de terre et les légumes frais ou secs, les soupes aux choux rehaussés d'un morceau de lard, formaient son ordinaire avec le petit lait restant après le battage du beurre. De temps en temps un verre de vin quand il portait ses denrées au marché, et pendant le carême, le suprême régal du stockfisch, telles étaient les jouissances gastronomiques de ce vaillant enfant de la glèbe. Dans ces conditions toutes modestes, c'était le bonheur relatif. En poussant sa charrue et en tenant compte des accidents, des épidémies, des mauvaises récoltes, choses éminemment contingentes, il pouvait établir son doit et son avoir sans trop risquer de se tromper, et conserver ainsi, sa petite fortune péniblement amassée à la sueur de son front, avec l'espoir de la laisser à ses enfants.

. .
. .

Mais le marchand de biens le guettait. Sans aucun parti pris, sans aucun préjugé politique ou religieux, il est permis à ceux qui ont vu à l'œuvre cet enfant de l'Orient, de constater l'évidence d'un fait, de rappeler que dans la Haute-Alsace, à l'époque dont je parle, il intervenait dans toutes les transactions entre acheteurs et vendeurs, qu'il s'agit de bétail ou de propriétés rurales, encouragé qu'il était par le paysan lui-même qui le considérait naïvement comme son courtier attitré. On se tutoyait amicalement de compère à compagnon. Ainsi, aux foires d'Altkirch, pas une pièce de bétail, pas un cheval fourbu n'étaient vendus ou achetés sans l'intervention du maquignon qui se faisait payer, à la fois, par l'acheteur et le vendeur une belle remise sur le prix de la bête. Recevoir des deux mains n'était-ce point le comble de l'art ? Pourquoi répéter ici ce qui est connu de tout le monde, c'est que le paysan, mis en coupe réglée, s'acheminait lentement vers sa ruine. Peut-être ces mœurs ont-elles changé depuis un demi-siècle et les exploités ont-ils fini par voir clair.

* *

Nos paysans de Sundgau étaient, on le sait, très-dévoués à d'anciennes coutumes religieuses dont l'origine remonte très loin et qui ont persisté jusqu'à nos jours malgré toutes les révolutions. Etait-ce à la St-Georges, à la St-Vendelin ou à la St-Blaise ? La date m'échappe ; mais l'un des saints du calendrier avait dans ses attributions spéciales la protection du bétail. Comme il s'agissait d'une des principales richesses du laboureur et que malgré les invocations à Sainte-Agathe collées sur les portes des écuries, il était bon de s'assurer encore contre l'action insidieuse de l'esprit malin capable de jeter un sort sur les bêtes, il fallait à cet homme simple une grande manifestation de sa croyance à l'intervention du saint protecteur. Donc, le jour de la fête de ce saint, toutes les bêtes à cornes du village, les chevaux, les moutons, les porcs, les ânes et les chèvres étaient amenés sur la place devant l'église et là, après la célébration de la messe, le curé accompagné des enfants de chœur, venait donner sa bénédiction au troupeau ruminant et bêlant, et l'aspergeait d'eau lustrale. Cette coutume originale et respectable démontre combien l'homme des champs attache de valeur aux anciennes traditions qui lui ont appris à mettre ses biens sous la protection des saints mieux qualifiés que les vétérinaires pour écarter les épizooties. Fait curieux : en remerciant le curé, ces braves paysans n'oubliaient pas d'ajouter à l'expression de leur gratitude le don très-apprécié de beaux jambons, de belles bajoues et de superbes tranches de lard fumé.

* *

Généralement le costume d'un peuple persiste à travers les âges dans les pays surtout où le progrès en toutes choses est lent à pénétrer. Le costume primitif de nos paysans du Sundgau, à la fois sévère et pittoresque, a duré sans modification jusqu'après la révolution de 1848, époque à laquelle les communications avec les populations urbaines sont devenues plus fréquentes et où la création des chemins de fer jointe à l'invasion des mœurs démocratiques ont porté un coup mortel aux usages séculaires. Ce n'est point sans un bien vif regret que j'ai vu disparaître lentement, de 1830 à 1850, sur les marchés d'Altkirch, ces types aux nuances variées qui changeaient de couleur d'un canton à l'autre. C'est dans la vallée de Hundsbach que ces types se sont conservés le plus longtemps. C'était plaisir de voir défiler au champ de foire les maires de Wittersdorf, Emlingen, Schwoben, Tagsdorf, Francken, Hausgauen, Hundsbach, Iettingen et Michelbach, vêtus de leurs habits à basques et à poches profondes, en drap bleu clair, marron, vert clair, gris ou violet. Coiffés du tricorne en feutre à chenilles, le gilet rouge ou jaune tombant très-bas sur la culotte courte retenue aux genoux par des boucles, la jambe moulée dans des bas blancs, et bien cambrée dans des souliers aux boucles d'argent. Quels beaux gaillards et bien râblés ces représentants de la fortune territoriale dont les fils portaient la veste courte en treillis, le pantalon gris, le chapeau de paille noire ou la casquette ! Au moment de leur mariage seulement les jeunes se transformaient, comme la chrysalide en papillon, laissant là leur sombre défroque pour revêtir le gai costume des hommes faits. Au milieu de ces échantillons pittoresques de notre population rurale circulaient, graves et solennels dans leur austérité de sectaires, les anabaptistes assez nombreux alors dans l'arrondissement. Ils avaient, comme point de concentration, pour l'exercice de leur culte, la ferme du Birckenhof, (banlieue de Riespach) sur la route de Ferrette. Vêtus uniformément de drap gris assez grossier, ils portaient une veste courte sans basques, le pantalon tombant jusqu'à la cheville et, détail singulier, au lieu de boutons qu'ils considéraient comme objets de luxe, ils se contentaient d'agrafes pour fermer leurs gilets et leurs vestes. Ennemis du tricorne, ils avaient comme coiffure des petits chapeaux ronds et plats.

N'oublions pas de mentionner qu'à cette époque les paysans portaient couramment la blouse gauloise et le casque à mèche blanc ou rayé. C'était là surtout le costume des voituriers et des ouvriers. Cependant, dans le déshabillé de la maison, le père aimait à arborer le casque à mèche, sachant que le bonnet phrygien, bien campé sur l'occiput, lui donnait grand air.

Quant au costume féminin il était terne comme un ciel de pluie. On eût dit que les femmes cherchaient à s'effacer pour laisser tout l'avantage à leurs seigneurs et maîtres qui, comme les coqs de basse-cour, se détachaient sur le fond grisâtre de leurs compagnes. Les ménagères fabriquaient elles-mêmes leurs vêtements en filant le chanvre auquel on faisait subir une teinture avant de le donner au tisserand du village. En y ajoutant quelques écheveaux de laine rouge et bleue ou noire on faisait une cotonnade solide qui durait une génération. Les jeunes filles venaient au marché, coiffées d'un fichu rouge ou blanc, tandis que leurs mères portaient la *Schulatte*, bonnet à oreillères noué au bas du menton par un ruban de soie. En hiver elles se donnaient le luxe d'un capuchon en indienne ouatée et capitonnée, recouvrant les épaules et laissant retomber ses deux ailes sur la poitrine.

XIX

Taïti et ses Néréides. — Un portraitiste à Dürmenach. — Résurrection de la « Joconde. » — Mort de Dumont d'Urville. — La « Vénus de Milo ». — Lapérouse. — Mort du duc d'Orléans. — Le tableau de la « Stratonice ». — Au val de Giromagny. — Ballon d'Alsace. — Le Saut de la truite.

En 1841, l'amiral Dupetit-Thouars avait amené une diversion aux préoccupations politiques en établissant le protectorat de la France sur les Iles Marquises, d'abord, sur les Iles de la Société ensuite. Du coup, la fameuse reine Pomaré devint une célébrité à l'ordre du jour. Avec son merveilleux climat, sa flore tropicale, ses mœurs primitives et son bataillon de Néréides qui s'étaient bravement jetées dans les flots bleus pour faire cortège au vaisseau amiral, Taïti avait frappé nos jeunes imaginations nourries déjà par la lecture des voyages de Bougainville, de Cook et surtout de ce livre si étincelant d'esprit, le *Voyage autour du monde* par Jacques Arago, le frère de l'astronome. J'ai connu au Tréport, en 1877, un des anciens matelots de l'amiral Dupetit-Thouars. C'était le père Delabie dans la maison duquel nous logions. Il m'a raconté ce merveilleux débarquement au milieu des sirènes nageant autour du vaisseau. Comme on comprend bien, après cela, les descriptions enchanteresses et la poésie intense que dégage l'œuvre de Pierre Loti, dont le mariage imaginaire dans ces parages lointains nous a révélé l'étrange personnalité de Rarahu !

Nous rêvions de conquêtes plus importantes encore pour notre empire colonial qui avait été si beau jadis, à l'époque des Dupleix, des Suffren et des Champlain. Aussi dévorait-on les journaux qui apportaient des détails sur les mœurs et les ressources de ces contrées sauvages appelées, selon nos naïves croyances, à se transformer rapidement.

. . .

Apprendre à peindre n'est-ce pas le rêve de tous les jeunes enthousiastes qui, à défaut de talent, ont au moins la bonne volonté doublée de l'espoir d'en acquérir un jour à force de travail ? La population israélite, qui avait à Altkirch un important foyer, s'était implantée en souveraine dans le village de Dürmenach situé dans la plantureuse vallée de l'Ill, entre Altkirch et Ferrette. Inutile d'ajouter, n'est-ce pas, que là tout le monde était riche, excepté toutefois les travailleurs de la terre? Or quelques uns de ces Crésus, animés du désir bien naturel de transmettre leur image à la postérité, firent appel au talent d'un coreligionnaire nommé Vormèse, peintre-portraitiste à Besançon. L'artiste flairant là une belle aubaine, vint donc s'installer à Dürmenach, et commença par faire le portrait du maire, puis de tous les personnages importants de la tribu. Vormèse, grand et beau garçon à la barbe noire, aux manières correctes, jouant à merveille du cornet à piston, était bien supérieur comme éducation à tout ce clan dont il devait immortaliser les traits. Au cours de ce travail assez peu rémunéré, il lui arriva une aventure assez drôle qu'il m'a contée plus tard. Un des principaux habitants refusa de prendre livraison de son portrait, prétendant qu'il manquait absolument de ressemblance. L'artiste s'avisa alors de peindre pardessus le portrait trois ou quatre barreaux noirs ressemblant au grillage d'une prison et l'exposa à l'une des fenêtres de l'auberge où il demeurait. Il n'en fallut pas davantage pour mettre en liesse toute la population qui défila en procession devant le portrait dont tout le monde reconnut l'original. Et les lazzis de pleuvoir dru comme grêle sur le quidam qui avait peu d'amis. Exaspéré par tous ces sarcasmes, il voulut transiger avec l'artiste qui s'y refusa obstinément et garda le portrait que j'ai vu peu de temps après. Vormèse vint, en effet, dans notre ville où il trouva à faire de nombreux portraits, parmi lesquels celui de M. Joly, receveur particulier et ceux de ses petits enfants. Il avait installé son atelier à l'auberge de la *Demi-lune*, où pendant quelques semaines, j'allai m'initier chez lui aux procédés matériels de la peinture, ce qui s'appelle la cuisine artistique.

En quittant Altkirch, Jacob Vormèse me céda sa palette et sa boîte à couleurs, qui me servirent à faire mes premières études de peinture, vénérables croûtes dont je n'ai conservé qu'une seule, la copie d'une *Vierge à l'enfant* d'après le peintre Hohr, de Colmar. Il avait alors environ vingt cinq ans et retourna à Besançon où il se maria puis alla se fixer à Dijon. La providence se montra trop généreuse pour lui, puisqu'elle lui accorda *treize* enfants, toute une colonie, toute une tribu, qui a fait son chemin dans le monde.

Ici, vient se placer un petit coup de théâtre comme il s'en produit non seulement dans le roman, mais encore dans la vie réelle. Je viens d'assister avec Henner à une matinée musicale chez un ami commun, le peintre paysagiste M. Adolphe Guillon (13 avril 1895). Une jeune violoniste de grand talent, premier prix du Conservatoire, s'y faisait entendre avec sa nièce, fillette de quatorze ans, qui l'accompagnait au piano. Cette violoniste dont le jeu rappelle celui des maîtres de l'archet, cette virtuose au regard inspiré, faisant chanter son instrument comme un être animé, égrenant ses perles mélodieuses, c'était... Charlotte Vormèse, le *treizième* enfant du peintre qui — il y a plus d'un demi siècle — m'avait initié aux arcanes de la couleur. Cette rencontre fortuite, vrai coup du hasard, m'a d'autant plus ému qu'elle ressuscitait tout un passé, faisait revivre tout un lambeau de ma jeunesse et cela avec une intensité d'autant plus accentuée que la jeune artiste est la vivante image de son père à la fois peintre et musicien. Elle a su conquérir en très peu de temps les suffrages du monde artiste parisien. C'est un des beaux types d'une race qui, lorsqu'elle se mêle d'être séduisante, ne l'est pas à moitié.

Mon ami Henner, aussi, a eu sa part d'imprévu dans ce singulier contact du passé et du présent. Mlle Vormèse lui a rappelé que, dans les derniers temps de sa vie, son père lui avait demandé par écrit l'autorisation de copier, au musée de Dijon, sa belle œuvre *la Nymphe Biblis convertie en source*.

Tout était tellement marqué au coin de l'imprévu dans ce concert de choses presque déconcertantes, que la jeune artiste connaissait, par tradition de famille, l'histoire du portrait à barreaux, que j'ai racontée plus haut.

Comme épilogue de cette évocation d'un passé lointain sortie, comme par enchantement, d'une boîte à violon, Mlle Vormèse y a trouvé la chance inespérée d'aller poser pour son portrait dans l'atelier d'Henner séduit, comme nous tous, par le type original, le teint éblouissant et la distinction native de la jeune musicienne.

C'est pendant cette même année 1841 qu'un hasard fit retrouver dans les greniers du Louvre une vieille peinture de Léonard de Vinci, dont personne ne se souvenait plus et qui avait été reléguée dans un galetas avec bien d'autres chefs-d'œuvre qu'on en a extrait depuis. C'était le portrait de la célèbre *Monna Lisa del Giocundo*, connue dans l'histoire de l'art sous le nom de la *Joconde*. Qui ne connaît la Joconde, cette étoile de première grandeur du firmament artistique, cette perle de la plus belle eau, devant laquelle s'arrêtent les visiteurs du monde entier, fascinés par son regard de charmeuse et son sourire de sphinx? C'était la résurrection de l'œuvre la plus merveilleuse de Léonard, celle sur laquelle il s'était complu, pendant quatre ans, à exercer toutes les séductions de son pinceau, celle dont il avait fait le type unique de son rêve, le prototype de toutes ses études de femmes, celle dont on retrouve les traits dans tous ses dessins à la mine de plomb, à la sanguine, à la pierre noire et à la plume. Dans le monde des arts, la sensation fut énorme. Dès que le tableau fut mis en place dans le salon carré du Louvre, la lithographie et la gravure le reproduisirent à l'envi, sans parvenir, toutefois, à rendre l'intensité de vie, le regard profond, la bouche sarcastique qui donnent un charme si étrange à cette figure qui est une énigme. Je pus étudier ce chef-d'œuvre sur une des premières épreuves lithographiques, en attendant la jouissance suprême d'aller admirer l'original au Louvre. Dire que la critique d'art s'est escrimée avec plus ou moins de bonheur, sur la genèse de cette œuvre dont Vasari n'a dit que quelques mots, serait chose oiseuse. Ce souvenir de la résurrection de la *Joconde*, dont il n'existait alors que des études au crayon de la main même de Léonard, est à enregistrer comme une des impressions les plus agréables de ma jeunesse.

L'année 1842 fut attristée par deux grands deuils nationaux. Sur la ligne de Paris à Versailles, rive gauche, à la hauteur de Sèvres, le dimanche 8 mai, tout un train prit feu au contact d'une flammèche partie de la locomotive. Les wagons, fraîchement repeints, étaient fermés à clef, selon l'habitude imprudente de cette époque. Tout un monde d'excursionnistes, y compris l'amiral Dumont d'Urville et son jeune fils, étaient renfermés dans ces wagons dont la couleur toute fraîche offrait un terrible aliment à la flamme. Pour comble de malheur, le machiniste, perdant la tête, laissa dérailler le train. Les wagons en feu grimpèrent les uns sur les autres, formant un immense brasier d'où s'échappaient les cris lamentables de tous ces malheureux affolés faisant des efforts surhumains pour se sauver par les fenêtres trop étroites. Les employés du train essayèrent, mais envain, d'ouvrir les portières déjà envahies par le feu. Asphyxiés par la fumée, les voyageurs moururent en grand nombre et leurs corps calcinés étaient devenus méconnaissables. C'est à peine si l'on parvint à retrouver et à reconnaître les corps carbonisés de l'amiral Dumont d'Urville et de son fils. La nouvelle de cette catastrophe, arrivée en province le lendemain, causa une vraie stupeur, suivie immédiatement d'une explosion de pitié pour les victimes, de malédictions contre la Compagnie de l'Ouest dont l'imprévoyance avait causé ce désastre, un des premiers de la série de calamités amenées par l'exploitation des chemins de fer.

C'est par cette triste et horrible mort que se termina l'odyssée si brillante de Dumont d'Urville, de l'énergique et savant marin qui avait fait plusieurs fois le tour du monde, avait découvert des terres nouvelles dans les régions désolées du Pôle austral et qui, lors d'un voyage, effectué en 1819, dans l'archipel grec, avait acheté pour la France la célèbre et incomparable *Vénus de Milo*. Ce fait seul aurait suffi pour immortaliser son nom s'il n'avait eu d'autres titres de gloire comme, par exemple, d'avoir, en 1828, élevé un monument funèbre à Lapérouse, après avoir retrouvé le lieu où avait péri ce grand navigateur et quelques épaves de ses vaisseaux, d'avoir enrichi les collections publiques du Jardin des plantes par des milliers de spécimens de la faune et de la flore des Tropiques. Quelles tristes réflexions se présentent à la pensée devant de pareilles catastrophes, sur la destinée de certaines existences ! N'arrive-t-on pas presque à douter de la providence quand on voit les individualités les plus nobles et les plus dignes sacrifiées sans merci à tous les accidents d'une nature cruelle et aveugle, alors que de vulgaires gredins, des exploiteurs éhontés, des chançards de haute marque, arrivent à la gloire et à la fortune, et reçoivent, par-dessus le marché, les hommages de tous les imbéciles que fascine le succès ?

Cette chapelle de Notre-Dame-des-flammes, érigée sur l'emplacement de la catastrophe, marque une des étapes les plus douloureuses du calvaire humain. Pour les indifférents qui passent, elle est une date historique ; pour le philosophe une matière à réflexions amères traversées d'un invincible frisson. Au musée de la marine, une grande pitié, en même temps qu'une grande admiration vous monte au cœur devant le buste en marbre de Dumont d'Urville, devant cette tête énergique, au front puissant, placée en face de la pyramide où s'accrochent les cordages, les ancres, les pièces de fer qu'il a retrouvés aux Nouvelles-Hébrides et qui proviennent du naufrage de Lapérouse, « *Sunt lacrymae rerum.* »

⁂

Au mois de juillet de la même année autre deuil navrant, la mort du duc d'Orléans, fils aîné et héritier du trône de Louis-Philippe. Par sa vaillance sur les champs de bataille d'Afrique, par ses sentiments généreux, par la protection éclairée qu'il accordait aux beaux-arts, le jeune prince avait conquis la popularité. Il était le créateur de ce corps d'élite connu d'abord sous le nom de Chasseurs d'Orléans et plus tard sous celui de Chasseurs de Vincennes ou de Chasseurs à pied. En se rendant à Neuilly où se trouvait alors le château du roi, disparu depuis, les chevaux de sa voiture s'emballèrent sur la route de la Révolte : il se fendit la tête en tombant sur la chaussée et mourut quelques heures après dans la maison d'un épicier voisin, où le roi et la reine vinrent assister à son agonie. C'était pour la France en deuil une grande espérance disparue : pour la monarchie de juillet un désastre dont elle ne se releva pas.

C'est le duc d'Orléans qui avait acheté six mille francs le

fameux tableau d'Ingres, la *Stratonice* qui, après la chute de la dynastie, se vendit beaucoup plus cher et finit par être racheté, il y a quelques années, pour la bagatelle de quatre-vingts mille francs par le duc d'Aumale qui le conserve dans sa galerie de Chantilly. A ce propos le duc racontait que le roi avait considéré comme une prodigalité ce prix de six mille francs payé par son fils pour ce tableau et ne lui cacha point sa désapprobation. Etant données les habitudes d'économie de Louis-Philippe, cette anecdote n'a rien que de très-vraisemblable. Si je la cite, c'est pour montrer dans quelle fabuleuse proportion ont progressé, depuis lors, les prix des œuvres d'art. Ingres, Delacroix, Prud'hon, Géricault, Gros et tant d'autres astres de première grandeur, ont produit des œuvres qui resteront immortelles, et cependant ils n'auraient jamais osé rêver, pour la vente de leurs tableaux, des prix pareils à ceux que l'on paie aujourd'hui à des artistes d'un talent bien inférieur au leur. Tels de ces prix sont réellement insensés quand on les compare au manque de composition géniale qui caractérise certaines œuvres d'aujourd'hui.

C'est le mercantilisme sémite et américain, l'impudente spéculation sur le travail d'art qui ont créé ces mœurs nouvelles. Ce sont les Yankees enrichis dans le commerce du lard et des jambons, les israélites d'Orient dont les colossales spéculations contribuent à ruiner le commerce, d'autres encore, qui tiennent la corde dans ce sport d'un nouveau genre. C'est ce monde cosmopolite qui, par des manœuvres savantes, a fait monter à huit-cent-cinquante mille fr. le prix de l'*Angelus* du malheureux Millet, mort de chagrin, ne laissant pas de quoi vivre à sa famille, mais laissant après lui une œuvre considérable qui lui avait rapporté quelques pauvres milliers de francs et qui a fait couler le Pactole dans la caisse des spéculateurs dont je viens de parler. On semble aujourd'hui ne pas approfondir assez ce qu'il y a d'immoral dans tous ces trafics qui tiennent du délire; car, en définitive, ils ont pour résultat de soustraire des capitaux énormes à des emplois utiles aux classes souffrantes et de les immobiliser entre les mains de quelques privilégiés.

Habent sua fata tabellae. Il y a quelques années, M. Émile Vernier, l'habile lithographe et paysagiste, fut chargé de reproduire en lithographie le fameux tableau de l'*Angelus* qui avait été payé mil huit cents francs à Millet et était alors coté vingt mille francs par son heureux possesseur. Avant de livrer son travail Vernier voulut le soumettre au jugement d'Henner ; mais, n'ayant pas rencontré l'artiste, il remit à sa concierge le tableau et l'épreuve lithographique enveloppés dans un papier. Celle-ci le déposa dans un coin de l'atelier où il resta une dizaine de jours sans être déballé ; puis Vernier le reprit pour le rendre au marchand qui le vendit à M. Secretan. Lors de la vente de celui-ci le tableau atteignit cent cinquante mille francs, puis alla se promener en Amérique d'où, à la suite des spéculations dont j'ai parlé, il revint à Paris, définitivement interné dans la galerie de M. Chauchard, après avoir acquis, dans ses pérégrinations, la colossale, invraisemblable et fantastique valeur de huit cent cinquante mille francs. » !

.*.

Pour me perfectionner dans le dessin d'après nature, j'avais entrepris la publication d'un petit album de paysages, *Altkirch et ses environs*. Voulant y joindre quelques vues des Vosges, je me rendis par Belfort dans la vallée de Giromagny. La route est belle dans les pittoresques parages de Valdoie, de Sermamagny, et de Chaux : les fraîches prairies entrecoupées d'étangs y abondent, donnant au paysage un aspect d'autant plus riant qu'il forme contraste avec l'imposante silhouette de la montagne. Le docteur Zœpffel, de Giromagny, voulut bien me servir de guide dans la vallée. Nous traversons Le Puy, village pittoresque où commence la belle route à lacets des Vosges qui grimpe, par une série de courbes, à une grande hauteur. C'est la route du Ballon d'Alsace qui suit les flancs du cône le plus élevé de cette chaîne de montagnes. Dans la Goutte-Thierry, un des petits vallons dont se compose le village du Puy, nous entrons dans la petite maison où, en 1820, vint se cacher Charles Nodier, l'écrivain polémiste, compromis dans la conspiration libérale de Belfort, fomentée par les carbonari et qui eut pour conséquence l'arrestation et la mise en jugement de l'ancien colonel Caron, qui fut condamné à mort par un conseil de guerre réuni à Colmar. D'après ce qui nous fut raconté, Charles Nodier avait ébauché un roman dans cette retraite forcée, avec la belle Catherine, fille du propriétaire, qui vivait encore lors de notre visite, et dont nous ne pûmes tirer aucun renseignement, ce qui nous fit supposer que le prétendu roman n'était qu'une légende fantaisiste.

La cascade du *Saut-de-la-Truite*, que nous allons visiter ensuite, est située au bord de la route du Ballon et présente un spectacle des plus pittoresques. C'est un amoncellement de rochers entrecoupés par une série de chutes d'eau dont l'ensemble se précipite d'une grande élévation, bondit de roche en roche, jetant ses franges argentées à travers un fouillis de hêtres et de sapins, puis passe sous le pont de la route pour aller, dans les profondeurs de la vallée, servir de force motrice à de nombreuses usines. La légende populaire prétend que les truites de ce cours d'eau remontent la cascade de degrés en degrés et par bonds successifs, grâce à l'étonnante force d'élasticité dont elles sont douées. Comme il ne m'a pas été donné, pendant que je crayonnais le paysage, de contrôler la véracité de la légende, je la donne pour ce qu'elle vaut et sans commentaire.

.

Il se produisit en 1842, à Altkirch, un accident grave et de nature à préoccuper vivement l'administration municipale. D'énormes lézardes s'étaient manifestées tout d'un coup dans la façade ouest de l'ancienne église ainsi que dans la voûte du chœur. Une pierre se détacha de cette voûte et tomba sur le maître-autel. Un procès-verbal d'experts constata ces symptômes de ruine et le préfet prit un arrêté interdisant la célébration du culte dans cet édifice. On arrêta provisoirement les progrès de la désagrégation au moyen d'un solide étançonnage en bois de chêne. Il est plus que probable que les fondations du vieil édifice dont l'origine remontait au XIIIe siècle, avaient été lentement minées par l'infiltration des eaux de la fontaine placée au chevet de l'église. Fort heureusement l'ancienne halle aux blés, située à l'hôtel de la Sous-Préfecture, était devenue disponible. On s'empressa de l'approprier tant bien que mal au culte et, pendant huit ans, la population ne connut point d'autre temple.

On dut s'occuper, dès lors, de préparer les voies et moyens pour la construction d'un nouvel édifice. D'accord avec la presque unanimité de la population, le Conseil vota l'acquisition de l'enclos de l'ancien château dont la situation se prêtait à merveille à cette destination. Ce château, l'une des résidences des anciens comtes de Ferrette, seigneurs du pays, était bâti à l'est de la ville sur une espèce de cap avancé donnant sur la vallée de Saint-Morand. A l'époque dont je parle il n'était plus qu'une ruine, mais une ruine imposante et pittoresque que dominait un énorme donjon construit en pierres mal dégrossies. Ses murs avaient au moins trois mètres d'épaisseur. A côté de la tour se trouvait l'ancienne prison du château servant alors d'asile à quelques familles pauvres ; puis de vastes jardins et vergers avec quantité d'arbres fruitiers. C'était un démembrement de l'ancien fief Mazarin dont le domaine direct, c'est-à-dire la nue propriété appartenait au prince de Monaco, Honoré V, comme étant aux droits de la famille Grimaldi, héritière des Mazarin. Le domaine utile, c'est-à-dire la jouissance emphytéotique, après avoir été acquis dans un lot de biens nationaux par l'israélite Wolff Manheimer, de Colmar, qui a acquis de même le château du Haut Kœnigsbourg, avait été acheté par le docteur Ignace Lorentz, d'Altkirch. Pour éviter toute difficulté ou litige, la ville fit procéder à l'expropriation des terrains et bâtiments, pour cause d'utilité publique, en vertu de la loi récemment votée du 3 mai 1841.

*
* *

Il fallut alors créer les ressources nécessaires pour édifier le monument dont les plans, adoptés à la suite d'un concours, avaient été dressés par MM. Louis Boltz et Henri Renault, architectes à Paris. Ces plans étaient conçus dans le style roman avec trois nefs et transcept en forme de croix latine. Selon l'usage les prévisions du devis furent largement dépassées. On vota des centimes additionnels et un emprunt.

Les coupes disponibles dans les forêts de la ville furent exploitées. Il y avait là quantité de chênes et de hêtres séculaires qui ne demandaient qu'à vivre longtemps encore et qui furent sacrifiés. Les scieurs de long du Cantal et du Puy-de-Dôme qui, depuis de longues années, avaient la spécialité de venir débiter les bois de nos forêts destinés à la marine, eurent de l'occupation pour longtemps. C'étaient de vigoureux gaillards, habitués à une sobriété exemplaire et qui, leur saison terminée, retournaient à pied dans le pays d'Auvergne emportant chacun une somme assez ronde, fruit de leurs rudes efforts. L'un d'eux, Jean Chapon, venu à Altkirch au commencement du siècle, et que j'ai connu aveugle dans sa vieillesse, avait fait souche (c'est le cas de le dire) en épousant la fille d'un garde forestier.

XX

Jean-Jacques Henner. — Notes biographiques. — Ses débuts, son œuvre. — Le grand prix de peinture. — Séjour à Rome. — Correspondance.

Vers la fin d'Octobre de l'année 1842 je reçus la visite d'un grand jeune homme à l'air doux et timide, tenant par la main un petit garçon d'une douzaine d'années, vêtu d'un veston et d'une culotte de velours brun, tel que les portaient alors les enfants de la campagne. Cet enfant aux cheveux blonds et aux yeux bleus, avait le front très proéminent, signe d'une forte volonté. Son regard profond et voilé semblait cacher l'énigme d'une destinée peu vulgaire. Il s'appelait Jean-Jacques Henner. Le grand jeune homme, Séraphin Henner, était son frère aîné. La famille habitait le village de Bernwiller (arrondissement de Belfort) situé à deux lieues d'Altkirch. C'est dans ce village que Jean-Jacques est né le 7 mars 1829. (1)

(1) Établie de longue date à Bernwiller, la famille Henner était originaire du pays de Ferrette. Ses ancêtres, qui étaient chirurgiens,

« Voici, me dit le jeune homme, mon petit frère qui paraît avoir une vraie vocation pour le dessin et que nous désirons placer au collège d'Altkirch pour qu'il y suive votre cours et puisse plus tard, réaliser son rêve de devenir peintre. »

J'accueillis avec empressement ce petit élève dont la physionomie me plaisait. Dans ce cours de dessin que suivaient environ soixante dix élèves, au nombre desquels se trouvaient quelques jeunes gens bien doués, le petit Jean-Jacques fit bientôt de sensibles progrès.

Je pourrais, à cette occasion, usant d'un vieux cliché quelque peu défraîchi, dire que parmi les fées qui assistèrent à sa naissance, celle de l'art lui avait prodigué ses dons les plus brillants ; qu'elle avait chuchoté à son oreille les paroles magiques qui font vibrer les ressorts intimes de l'âme et la rendent propre aux grandes pensées et aux grandes œuvres. J'aime mieux dire, ce qui me paraît plus exact, qu'Henner était un tempérament exceptionnel, doué à un éminent degré de ce fluide vital, d'essence supérieure, qui arme l'homme pour la lutte, le rend à peu près insensible aux choses contingentes de la vie, lui laissant toujours voir en pleine clarté le but poursuivi à outrance, l'idéal à atteindre. A l'âge le plus tendre il était de ceux qui connaissent leur voie, dont rien au monde ne peut les détourner, qu'aucune passion humaine n'entame et qui, dans leur opiniâtre et fière volonté, restent incoerciblement rivés au culte austère de l'art. Tout enfant il crayonnait des figures sur les portes des granges, passait des heures en contemplation devant de vieilles peintures achetées par son père qui encourageait sa vocation, puis allait à l'église du village rêver longuement devant le tableau du maître-autel, un *Saint Sébastien*, de grande allure, peint par un artiste de Thann, M. Bulffer, jouissant d'un certain renom dans ce petit coin du Sundgau où vivait également le sculpteur Sporrer, auteur de l'*Assomption* de l'église de Guebwiller, un vrai chef-d'œuvre.

L'enfant portait dans un pli de son front le stigmate des

venaient de Niederlarg, de cette contrée jurassique qui, à l'époque gallo-romaine, faisait partie de la Rauracie.

prédestinés et ce signe des forts permettait d'augurer favorablement de son avenir. Dans les premiers temps il faisait gaîment, à pied et sac au dos, le trajet assez long qui séparait son village du collège ; mais pour ne pas le fatiguer inutilement, ses parents le placèrent en pension chez un boulanger nommé Landwerlin qui portait l'habit vert à la française et les culottes courtes, et dont l'excellente femme s'habillait à la mode Louis XV, corsage et jupe de soie gorge de pigeon, gants de filocelle montant jusqu'au coude, petit bonnet de velours brodé, avec ces disques d'or minuscules, coiffure du dimanche des Alsaciennes cossues et qu'on retrouve aujourd'hui dans les musées. Le petit Henner devint l'enfant gâté de ces deux bons vieux dont l'existence patriarcale rappelait Philémon et Baucis. Pendant les deux à trois ans qu'il a passés à Altkirch, il était le plus assidu et le plus laborieux des élèves. Ses études élémentaires étant terminées, le moment était venu pour lui d'entrer dans l'atelier d'un maître pour s'initier au dessin d'après nature et aux premiers principes de la peinture. Sa famille s'imposa de pénibles sacrifices pour le placer dans l'atelier de Gabriel Guérin à Strasbourg. Cet artiste était le neveu du fameux Pierre Guérin, contemporain et émule de David et l'auteur de plusieurs tableaux remarquables, entre autres du *Marcus Sextus*, qui figure au Musée du Louvre. Dans cet atelier très-fréquenté il eut pour condisciples Iundt, Lix, Schutzenberger, Haffner et Touchemolin qui se sont particulièrement distingués plus tard par l'originalité de leur talent et se sont acquis un juste renom dans la phalange des artistes alsaciens. Henner m'écrivit ses premières impressions dans le style naïf d'un enfant de quinze ans. A ce moment remonte la correspondance ininterrompue qu'il a entretenue avec moi, où il me rend compte des moindres incidents de sa carrière d'artiste, de ses joies, de ses peines, de ses misères, de ses découragements. J'ai conservé toute cette correspondance assez volumineuse dont la partie la plus intéressante se rapporte à son séjour en Italie, à la Villa Médicis. Il y a là dedans une familiarité tout-à-fait originale par son amical décousu. N'ayant pas eu l'occasion de faire ses études classiques, il a senti plus tard les inconvénients de cette lacune et s'est consciencieusement appliqué à étudier l'histoire ancienne, l'histoire sainte, les traductions de l'Iliade, de l'Énéide et des poètes latins, Horace, Ovide, Suétone, Lucrèce, Virgile surtout dont les *Géorgiques* et les *Bucoliques* lui faisaient entrevoir les sujets d'idylles et d'églogues qu'il a réalisés depuis avec la maëstria que l'on connait.

**

Grâce aux encouragements du Conseil général du Haut-Rhin et surtout aux généreux sacrifices de sa famille, Henner put se rendre en 1847 à Paris où il reçut les leçons de MM. Drolling et Picot, membres de l'Institut, et fréquentait les cours de l'École des Beaux-arts. Là se développèrent, sous l'inspiration des grands maîtres et surtout par la consciencieuse étude du modèle vivant, les facultés innées de notre jeune compatriote. Enfin l'horizon se dégageait pour lui, radieux, après mille luttes persévérantes et il réussit à cueillir cette pomme d'or des Hespérides qui s'appelle le grand prix de Rome.

**

Depuis longtemps la conquête du prix de Rome lui trottait dans la tête. Il dut, toutefois, par suite de circonstances indépendantes de sa volonté, ajourner ses espérances et, en 1855, il alla passer deux ans en Alsace où il se créa des ressources précieuses en faisant des portraits. La santé de sa mère s'était minée peu à peu. En fils dévoué il la soigna de son mieux. Cette femme intelligente avait le sens des belles choses et surtout des beaux spectacles de la nature. Elle faisait admirer au petit Jacques, dans son enfance, les jolies colorations du ciel à son couchant, les transformations capricieuses des nuages blancs se détachant sur l'azur, puis les moissons dorées dans la plaine. En 1857, son état empira : Jean-Jacques alla à Altkirch lui chercher une liqueur fortifiante. La bouteille qu'il rapporta était enveloppée d'un vieux journal qu'il parcourut en rentrant : il y vit qu'un de ses camarades d'atelier, moins bien doué que lui, venait de remporter le grand prix. Cela le frappa comme un présage. « Anch'io, moi aussi, se dit-il, j'irai à Rome ! » L'année suivante, son rêve devenait une réalité. A quoi tiennent les destinées humaines ; souvent au hasard d'une rencontre heureuse !

« Dieu te rendra au centuple ce que tu as fait pour moi », lui disait sa mère mourante ; paroles prophétiques qui se sont justifiées. Elle mourut sans avoir vu le grand succès de son fils.

Comme le Tintoret peignant sa fille morte, Henner prit sa palette et peignit sa mère morte, avec sa sœur agenouillée et priant à côté d'elle. En repartant pour Paris tenter la lutte suprême, il me confia cette esquisse douloureuse que je conservai longtemps à Colmar et qu'il vint reprendre plus tard comme un souvenir des heures pénibles.

Le sujet de composition pour le grand prix était *Adam et Ève trouvant le corps d'Abel.*

Henner, qui avait déjà pris part à un ou deux concours pour le grand prix, sans réussir, ne s'était point découragé. Il connaissait la devise : *Ad augusta per angusta*. Au concours de 1858, il fut enfin récompensé de sa ténacité. Voici ce qu'il m'écrivait :

« Le sujet que nous avons à traiter est *Adam et Ève trouvant le corps d'Abel* ; pas plus long que cela : aussi M. Horace Vernet s'est-il mis à rire en nous voyant attendre la dictée du programme. Nous nous attendions tous à avoir du romain ou du grec. Quant à moi, je n'aurais pas pu choisir un sujet qui convienne mieux à ma nature, ce qui ne veut pas dire que j'en fais un chef-d'œuvre.

« Mon Abel est couché tout du long sur le premier plan. Ève, à genoux, s'élance vers lui. Adam, au contraire, semble plutôt reculer, car il a deviné tout de suite, tandis qu'Ève pourrait encore douter. J'entre ici dans des détails, mais la première condition d'un tableau, c'est la tournure et l'arrangement de l'effet. »

M. Horace Vernet avait trouvé sa composition parfaite et lui avait laissé pressentir qu'elle méritait le prix.

Voici maintenant le chant de triomphe du lauréat :

« Que pensez-vous de M. Horace Vernet et de son jugement ? Ce qu'il y a de remarquable c'est qu'à l'exposition des tableaux pas une âme ne me donnait le prix. Souvent même il n'y avait personne devant mon tableau pendant qu'il y avait foule devant les autres.

« J'espère pouvoir vous embrasser sous peu. *Vous ne vous seriez jamais douté qu'un de vos élèves aurait un jour le grand prix.*

« Maintenant, depuis qu'il est exposé, on ne peut plus le voir, tellement il y a du monde. Dimanche prochain vous le verrez dans l'*Illustration* ou dans le *Monde illustré*.

« Au revoir. — Votre élève tout dévoué, J. J. Henner, Rue Bleue, 34. »

Non, certes, je ne me serais jamais douté que le jeune garçon à qui j'avais appris en 1842, l'alphabet du dessin, serait en 1858, le lauréat du grand prix de Rome et l'une des gloires futures de l'École française de peinture. Tout cela est déjà tellement loin dans le passé que cela semble appartenir au domaine du rêve. Et cependant la réalité tangible est toujours là ; et si, dans ma vieillesse, j'éprouve le mirage du rêve, la prodigieuse activité de l'artiste dont les cheveux ont blanchi comme les miens, continue à nous donner des chefs-d'œuvre vivants. Aujourd'hui il occupe à l'Institut le fauteuil d'Horace Vernet qui lui avait prédit sa destinée avec la sûreté d'intuition qui distingue les hommes de génie.

**
**

Avant de partir pour Rome mon cher élève vint à Colmar me faire ses adieux et me remettre une photographie de son tableau du grand prix, précieux souvenir que je conserve. La composition, en effet, est magistrale et ce tableau est, certes, un des meilleurs de la collection des grands prix exposés à l'école des Beaux-arts.

Le talent d'Henner, comme la facture ambrée et lumineuse de sa peinture, procèdent directement de Prud'hon. Sans doute il doit beaucoup à l'étude des artistes italiens de la

Renaissance ; mais dans Prud'hon, dans l'immortel auteur de l'*Enlèvement de Psyché*, on trouve le prototype de toute son œuvre : oppositions puissantes et savoureuses de la lumière et de l'ombre, effets magiques de clair-obscur. Je n'en veux pour preuve que la magistrale copie du *Christ en croix* de Prud'hon qu'il a donnée, en 1853, à l'église d'Altkirch comme souvenir de ses premières études dans cette ville. La copie reproduit l'original à la perfection et déjà, dans cette œuvre de jeunesse, s'affirme sa tendance à exalter la lumière.

L'austérité dans le culte du beau n'exclut ni les honneurs ni la fortune. En vertu d'une loi d'attirance d'une rigueur presque mathématique, ces biens là vont tout droit au prédestiné dont le génie a su trouver la note vraie qui plaît à l'œil, la note émue qui touche le cœur. Cette note, qui est un rayon de lumière idéale, caressant le torse d'albâtre d'une femme aux cheveux blonds se détachant sur le fond obscur d'un paysage brossé de bitume, cette note Henner l'a trouvée. De là sa gloire, de là surtout, l'admiration exaltée des femmes. C'est par elles qu'a été élevé le monument de sa grande et universelle renommée, comme un hommage de reconnaissance à l'artiste, à un des rares qui ont su figer cette forme divine dans un rayon de lumière qui, comme l'a dit Jules Ferry, « n'est ni l'aube ni le crépuscule et dont « l'heure ne sonne à aucune horloge, car c'est l'heure du rêve, « du mystère, de l'idéal entrevu. »

« Il a su, a dit M. Larroumet, directeur des Beaux-arts, reculer le domaine réservé jusqu'ici à la peinture ; il a su rendre l'intraduisible et fixer cette poésie qui flotte au seuil des bois, sous la lumière changeante des aurores et des crépuscules. »

Ah ! qu'il est long le cortège de femmes gracieuses qu'on voit défiler dans son atelier, venant apporter dans ce sanctuaire de leur culte, où les profanes n'entrent guère, la fine fleur de leurs dévotions enthousiastes. Tout un pèlerinage de types féminins les plus divers, venu de tous les pays du monde, a défilé dans cet atelier de la Place Pigalle, qui sera un jour historique. C'est là qu'ont été peints les plus ravissants portraits de femmes, de jeunes filles blondes comme les blés, belles comme la Psyché antique, des types noirs de l'Amérique espagnole, aux bras de Junon, des Juives au profil de médaille, aux yeux troublants, et surtout des parisiennes exquises, aux grâces incomparables. Toujours absorbé par la contemplation intérieure de son idéal, le maître ne s'est jamais laissé séduire par une passion quelconque. Armé contre toutes les faiblesses humaines, son aimable et malicieux sourire laisse deviner l'étonnante force de résistance dont la nature l'a doué. Il tenait à garder intacte, dans la sphère de l'idéal, sa liberté d'action, conservant pour la muse du grand art toutes les adorations de son âme.

Quand il s'agit d'un homme supérieur, tout ce qui touche à sa vie, même le côté intime, doit être recueilli par un biographe attentif. Pourquoi donc ne rappellerais-je pas ici une petite anecdote sentimentale à laquelle se mêle le côté romanesque de l'occultisme et qui donne une idée de la séduction que le jeune maître exerçait autour de lui ? C'était en 1856, à ses débuts, alors qu'il peignait des portraits en Alsace. Une jeune fille de très-bonne famille et bien rentée, s'était mis en tête de l'épouser. En posant pour son portrait, elle lui avait discrètement fait comprendre que, sans aller à la Villa Médicis, on pouvait être heureux. Mieux que cela, elle alla consulter une somnambule qui lui prédit qu'Henner remporterait le grand prix... mais dans quelques années seulement. N'empêche : elle se serait volontiers résignée à attendre si elle n'avait eu à soutenir une lutte trop inégale avec cette Muse divine, dont je viens de parler, qui s'était emparée, corps et âme, d'Henner. *Sic voluerunt fata.*

En fait de situations heureuses il avait d'abord celle de son séjour à Rome, comme élève de la Villa Médicis, de 1858 à 1864, période pendant laquelle un corps d'armée français y tenait garnison pour protéger le pape. On ne s'imagine pas le nombre d'officiers, de femmes et d'enfants d'officiers, de personnages de la diplomatie et du haut clergé dont il fit alors la connaissance. Les jardins merveilleux du Monte-Pincio, où étaient installés, sous l'ombrage des lauriers et des pins-parasols, les ateliers des jeunes pensionnaires de la

France, furent visités journellement par ce monde militaire qui lui fit faire quantité de portraits, contribua à asseoir sa réputation et, une fois rentré en France, lui continua ses plus affectueuses relations.

Ingres, un des demi-dieux de l'art français, a passé, lui aussi, de longues années à Rome pendant la Restauration bourbonienne. Il y peignit quelques unes de ses plus merveilleuses œuvres, entre autres *l'Œdipe, Raphaël et la Fornarina, Roger délivrant Angélique*, et ses plus beaux portraits, à des prix qui feraient aujourd'hui sourire de pitié le monde des brocanteurs. Il dessinait pour *vingt francs* de délicieux petits portraits à la mine de plomb, purs chef-d'œuvre qu'on se dispute aujourd'hui à coups de billets de banque.

* *

Comme je l'ai déjà dit dans le cours de ces mémoires, à l'époque de l'activité d'Ingres, le travail de nos grands maîtres était bien maigrement rétribué. Prud'hon et Greuze, ces forts parmi les forts, végétaient misérablement. Quelle a donc pu être, me demanderez-vous, la cause de cette inégalité choquante comparée à la fortune de quelques-uns de nos maîtres d'aujourd'hui ?... C'est un fait simple, mais colossal, une de ces révolutions économiques comme l'antiquité et les temps modernes n'en avaient jamais vues ni même soupçonnées ; c'est, en un mot, la découverte presque simultanée des mines d'or de Californie, d'Australie, de Sibérie et du Cap. Ce sont ces milliards sortis de terre, comme par enchantement, qui ont créé les fortunes féeriques des marchands de salaisons et des constructeurs de chemins de fer américains, des squatters marchands de moutons de l'Australie, des sémites accapareurs des blés de Russie et de tant d'autres spéculateurs. Une fois gavé de poudre d'or, tout ce beau monde éprouvait le besoin bien naturel de faire danser ses millions en marchant à la conquête des jouissances que peut offrir la civilisation la plus raffinée. C'est à Paris et dans toutes les grandes capitales de l'Europe que vint, vers 1860, couler ce Pactole dont profita d'abord le monde où l'on s'amuse, la haute galanterie et surtout le haut cosmopolitisme ; c'est alors qu'on vit s'introniser, au milieu de ce monde aux mœurs étranges, une classe de parvenus cherchant à écraser par leur luxe, leur soif d'honneurs et leur soi-disant amour des arts, les représentants de l'ancienne noblesse dont elle achetait les châteaux historiques, les chasses princières. C'est alors que le Faubourg Saint-Honoré et le quartier Monceau se peuplèrent d'hôtels luxueux appartenant presque tous à des commerçants enrichis, à des Anglais, à des Yankees, à des sémites, à toute cette aristocratie de rencontre pratiquant le culte de Mammon. A ces hôtels il fallut une décoration somptueuse, rappelant toutes les élégances de l'ancien régime, il fallut surtout des galeries de tableaux, ce luxe suprême, cette aristocratie par excellence. Tous ces nababs, tous ces snobs, tous ces braves chançards n'entendaient goutte à la peinture ; mais c'était la mode et il était de bon ton de s'y conformer. Ils avaient, d'ailleurs, en perspective, des reventes fructueuses.

Heureux moment pour les artistes de l'école française ! C'était, pour eux, la fortune et la célébrité, à courte échéance. Ils furent bientôt recherchés par ce monde cosmopolite qui les comblait de prévenances et surtout de commandes, et devinrent les fournisseurs ordinaires des galeries de peintures modernes, créées par les Crésus du jour en Europe et en Amérique.

...

Déjà Henner avait donné la note exacte de son talent, à Rome, dans son superbe tableau de la *Suzanne au bain* (1) que possède le Luxembourg, dans le *Petit pêcheur endormi* et la *Madeleine couchée*, du musée de Colmar. En rentrant à Paris, en 1864, escorté d'une réputation déjà grande, il

(1) Le colonel Péan, alors en garnison à Rome, et mort récemment général, lui a servi de modèle pour les têtes des deux vieillards.

perfectionna sa manière en créant quelques types qui appelèrent l'attention des amateurs et lui valurent des commandes à l'infini. Des figures de femme à la chair éburnéenne sortant graduellement de la pénombre pour s'exalter dans une note lumineuse de camélia s'enlevant sur une végétation assombrie, parfois une tache rouge ou bleue sur le costume sommaire, voilà tout. Avec cela et grâce à la simplicité magistrale de l'exécution, il a créé des chefs-d'œuvre, il a subjugué les amateurs des deux mondes. Nul besoin de chercher un sujet. La qualité du morceau de peinture est tout. Une nymphe aux cheveux d'or, couchée de face, de dos ou de profil perdu, étalant ses hanches opulentes au bord d'une flaque d'eau dans un paysage où il n'y a ni aurore ni crépuscule, mais une lumière fantastique concentrée sur la figure couchée ; ensuite une pleureuse, une liseuse, une dormeuse, une joueuse de flûte, exaltant leur épiderme de pêche par le contraste du fond, mais toujours séduisantes comme une chose extra-terrestre ; ensuite une *Madeleine* ou couchée ou à genoux dans une grotte, un *Christ mort*, beau comme celui d'Holbein, un *Saint-Jérome* émacié par l'ascétisme, *Un Saint-Sébastien mourant*, voilà son immuable programme. Ajoutez-y une infinie variété d'études d'atelier, têtes de femmes rêveuses aux profils suaves, aux regards énigmatiques. Tous les plus exquis modèles de Paris ont posé devant lui. La petite Alice, âgée de dix-sept ans à peine, avec ses yeux noirs perçants, comme teintés de khol, avec sa figure triangulaire, portant une casaque rouge ou bleue ou noire, faisant ressortir ses bras marmoréens et sa gorge d'ivoire, a contribué, dans une large mesure, à vulgariser la peinture d'Henner. C'est elle qui a posé pour la *Judith* et pour la fameuse *Fabiola* au voile rouge, une des perles de la Galerie Chauchard. Il fut un moment où on ne rencontrait que sa figure chez les marchands de tableaux de Paris. Elle a l'honneur d'être en bonne place dans toutes les galeries d'Europe et d'Amérique.

Vint ensuite la *Source*, jeune nymphe se coiffant au bord d'un cours d'eau, acquise par M. Mercier, haut fonctionnaire du Canada. Et les commandes de portraits affluaient. La Comtesse d'Eu, future impératrice du Brésil, vint poser dans son atelier. Mlle Dauprat, la future Mme Cottu, du Panama, y vint aussi et son portrait, en costume noir, fit sensation au salon de 1873. Que de femmes du grand monde, que de personnages célèbres de la magistrature, de l'armée, de la haute société parisienne ont fait immortaliser leurs traits par son magistral pinceau !

XXI

J. J. Henner. — La villa Médicis. — Naples et le Vésuve. — B. Ulmann. — C. Bernier.

Un écrivain de grand talent, un critique d'art de premier ordre, à la fois ami et admirateur d'Henner, M. Jules Claretie, administrateur général du Théâtre français, a publié, en 1878, une petite biographie de notre artiste, qui est un résumé vivant du caractère de l'homme et de son œuvre (1). Dans les nombreux articles que la presse française et étrangère lui ont consacré, nous n'avons jamais rencontré une note aussi juste, une conclusion aussi vraie que celle qui termine l'étude de M. Claretie. Je me fais un plaisir de la reproduire :

« Les médailles d'honneur et l'Institut n'ajoutent rien à la valeur d'un grand artiste, mais, du moins, elles la consacrent. Henner se soucie d'ailleurs beaucoup moins d'être applaudi et récompensé que de *bien faire*; son seul juge c'est sa conscience. Elle est sévère et nous avons vu cet homme robuste désolé et dégoûté devant les œuvres sorties de son pinceau et dont d'autres se fussent enorgueillis en toute justice. Conscience dans le labeur, foi, patience, telles sont les facultés maîtresses de ce tempérament mâle et doux, sûr de lui-même et pourtant timide, de Jean-Jacques Henner. Il est de ces hommes dont on aime à être l'ami. »

Et cet autre passage tout aussi vrai.

« En face du modèle, l'œil du peintre se fixe avec une intensité profonde sur l'objet qu'il va peindre. La paupière

---

(1) *Les hommes du jour.* — *J. J. Henner*, par un critique d'art. Paris, Georges Decaux, éditeur, 7, rue du Croissant.

s'abat comme pour donner je ne sais quoi de plus aigu à la prunelle qui darde devant elle un regard perçant comme une vrille et qui, pourtant, embrasse tout à la fois comme un coup d'œil circulaire. L'œil d'Henner, en un tel moment, cet œil bon, placide, souriant et reposé, semble pétillant et embrasé. C'est cet œil si vivant qui *voit*, dans leur réalité, les hommes et les choses et pousse le pinceau à les transporter tels qu'ils sont sur la toile. L'ancien élève de Drolling et Picot, depuis longtemps passé maître, serre de près, grâce à cette faculté de vision, la vérité adorée. »

En parlant des qualités instinctives qui ont fait de cet homme simple et modeste un artiste de premier ordre, on pourrait rappeler aussi ces lignes curieuses extraites du livre d'un savant explorateur : (1)

« L'art n'est pas le fruit de l'éducation ; autant que les civilisés les simples en ont la conception, et l'expression qu'ils savent donner à la manifestation de leur pensée est plus touchante que celle des gens dont le cerveau a été déformé par les idées reçues. »

On ferait un volume avec le catalogue des œuvres d'Henner. Sa puissance de travail est tout simplement phénoménale. Il se lève avec l'aurore et, à neuf heures, quand d'autres s'arrachent avec peine aux bras de Morphée, il a déjà peint de ravissantes esquisses. Ses portraits, d'où se détachent des types vivants, animés d'un souffle d'Holbein, se comptent par centaines ; innombrables sont ses petites études d'après le nu. Ses grands tableaux, qui ont franchi le seuil du Luxembourg, formeront plus tard une galerie comparable aux belles œuvres anciennes. Théophile Gautier, le grand critique d'art, disait de lui qu'il s'était taillé une jaquette dans le manteau du Titien, cela à propos de son *Baigneur endormi* ou de son *Jeune écriveur*.

De cet écrin aux perles rares, de cet ensemble austère où le blanc et le noir sont les grands facteurs d'un art personnel, d'un idéal qui ne doit rien aux procédés connus, détachons les œuvres les plus saillantes, celles qui ont donné la mesure

---

(1) *La Russie boréale*, par Charles Rabot (Hachette éditeur — 1894).

de sa force : d'abord la *Suzanne au bain* (Musée du Luxembourg), le *Jeune baigneur endormi* ; le *Christ en prison* (Musée de Colmar), le *Portrait de M. Schnetz*, directeur de l'École de Rome, la *Femme couchée* (Musée de Mulhouse), une *Idylle*, le *Samaritain* (Luxembourg), le *Portrait du général Chanzy*, et cette autre merveille, le *Portrait de Mademoiselle Dauprat*, plusieurs études de *Christs morts* et de *Madeleines* ; *Andromède* (à Mᵐᵉ Raffalowitsch) ; le portrait d'une vieille dame turque, Mᵐᵉ *Kzaraketa*, œuvre vivante et de facture incomparable, ceux de Mᵐᵉ *Antoine Herzog*, du Logelbach, de Mᵐᵉ la Comtesse d'Eu, fille de l'empereur du Brésil don Pedro, la tête coupée de Saint Jean-Baptiste, les portraits de MM. Sédille, Ernest Reyer, Paul Dubois, Jules Claretie, Sully-Prudhomme, de Mᵐᵉ Duplay, de la famille Porgès et tant d'autres dont la liste se poursuit presqu'inépuisable. Elle comprend aussi trois portraits d'après l'original qui écrit ces lignes, ceux de sa femme, de sa fille et de sa petite fille Jeanne Andry.

\. \.

Au printemps de 1871, à la fin de la guerre, Henner peignit cette figure allégorique de l'*Alsace*, qui fut offerte par les dames de Mulhouse au grand patriote Gambetta. Une jeune bonne, nommée Thérèse, coiffée du nœud alsacien, lui avait servi de modèle pour cette peinture qui ajouta, par le retentissement qu'elle eut en France, un nouveau fleuron à la couronne déjà brillante de l'artiste. Après la mort de Gambetta elle s'était tellement craquelée que Mᵐᵉ Léris, la sœur du tribun, vint prier l'artiste de la restaurer. Il la fit rentoiler et revernir par les habiles restaurateurs du Louvre, et, ainsi rajeunie, elle a pris l'aspect d'une peinture toute neuve. M. Castagnary, devenu plus tard directeur des Beaux-Arts, lui consacra dans le *Siècle* un article de vibrante allure. Léopold Flameng en a fait une belle gravure devenue rapidement populaire.

Nos relations et notre amitié demi-séculaires, qui n'ont jamais été troublées par le moindre nuage, m'ont permis de constater que cette nature, envisagée dans son ensemble, est un grand caractère et un noble cœur. Les médailles aux expositions, la croix d'honneur en 1873, la rosette d'officier de la Légion d'honneur en 1878, sa nomination à l'Institut en 1889, ont consacré son mérite hors pair. Les poètes contemporains ont célébré ses succès. Nombreux sont les sonnets, les églogues, les idylles, les poésies arcadiennes qu'il a inspirées, les dédicaces lyriques des jeunes aspirants au Parnasse posant strophes sur strophes pour lui élever un temple. A d'autres tout cela semblerait féerique : sa vanité à lui, faite de modestie, en est à peine chatouillée.

Ce qui domine dans cette existence privilégiée, si réfractaire au luxe et aux vanités du monde, c'est le sentiment exalté de la famille, le dévouement filial et fraternel. Rien ne peut donner une idée de la vénération qu'il professe pour la mémoire de ses parents, du dévouement, dont il a donné des preuves constantes à son frère aîné, à celui-là même qui l'a soutenu et assisté dans les débuts difficiles et douloureux de sa vie d'artiste, de celui qui, malheureux lui-même, avait partagé avec lui le modeste produit de son travail. En dépit du bonheur qui l'entoure il n'est jamais content de lui-même, souffrant de la passion inassouvie de son idéal. Tout en se montrant bienveillant et obligeant pour les solliciteurs qui l'assiègent, il a souvent cueilli la plante amère de l'ingratitude.

* *

M. Schnetz directeur de l'Académie de Rome, était un classique qui ne laissait pas volontiers la bride sur le cou à ceux de ses élèves manifestant des velléités d'indépendance. Henner, tempérament de coloriste, ne montrait aucun goût pour les sujets classiques puisés dans l'histoire grecque ou romaine que l'école du grand David avait mis à la mode et où les casques de pompiers jouaient un grand rôle. Pour bien accentuer le caractère de notre jeune artiste, je citerai le passage d'une lettre datée d'octobre 1860 :

« Si vous saviez ce que mes travaux m'ont coûté de sueurs

et de labeurs. Que de fois ai-je passé des nuits presque sans dormir, agité par une fièvre causée par le découragement ! Vous le savez bien, je ne suis pas très travailleur ; seulement quand j'y suis, je m'y livre avec fièvre. En ce moment encore cela recommence, je suis tourmenté de mon nouvel envoi, indécis sur ce que je vais faire. Le Directeur veut toujours que je me mette à faire une figure énergique, mâle, quelque chose de romain, d'académique enfin ; et vous savez combien tout cela est peu de mon goût. »

L'année suivante ce fut une autre note :

« Dans cette belle Rome, à la villa Médicis, au milieu des lauriers, dans une position que tant de jeunes artistes voudraient avoir, je suis triste et découragé. N'est-ce pas honteux ? C'est que, voyez-vous, je ne serai content que quand je ferai des chefs-d'œuvre. »

M. Édouard Rencker, notaire à Colmar, venait d'acquérir un certain nombre de tableaux d'artistes alsaciens, Théophile Schuler, Iundt, Schützenberger, Haffner, Glück, pour se constituer peu à peu une galerie de peintures. Voulant y joindre une toile d'Henner, il me pria de faire part à l'artiste de son désir, lui abandonnant le choix du sujet. Henner venait justement de faire une excursion dans la campagne romaine, à Sonnino, la patrie du fameux cardinal Antonelli, où il avait fait quelques études de *chauchards*, c'est-à-dire de paysans portant des *chauches* ou sandales attachées par des cordons autour des jambes. Il m'envoya donc un petit tableau représentant une famille chaucharde, le père, la mère, et l'enfant, se détachant en lumière sur un fond de rue aux maisons pittoresques.

Henner partit peu après pour Naples et les lettres qu'il m'écrivit de ce séjour enchanteur débordent d'enthousiasme. Celle qu'il m'adressa le 10 octobre 1862 renferme un croquis à la plume du golfe de Naples, avec les reliefs de la côte jusqu'à Sorrente. Le lendemain il fit l'ascension du Vésuve et cueillit dans le cratère une petite plante qu'il m'envoya. En descendant du Vésuve il alla, par une chaleur accablante, se coucher au bord de la mer, à Torre-Annunziata. Goûtez un peu ce petit mot au crayon qu'il m'écrivit, vraie photographie d'*après nature*, c'est le cas de le dire :

« Je vous écris ces mots assis dans les scories du Vésuve, trempé de sueur qui ruisselle sur tout mon corps. Non, les mots me manquent pour vous dire quelque chose de ce spectacle, vrai champ de bataille des éléments. Il est midi et demi : une chaleur du mois de juillet. Je ne peux plus rester tranquille ; je remets le papier dans ma poche.

« Deux heures de l'après-midi : je suis assis sur le bord de la mer à Torre-Annunziata, mes vêtements étalés sur le sable ou sur les morceaux de lave ou de scories lancés autrefois par le Vésuve. Pour reconnaître cet endroit, *si jamais vous y passez*, derrière moi est un véritable rempart de lave surmonté de quelques chênes rabougris

« Je suis entouré de petits pêcheurs tout nus qui me regardent avec curiosité. Je suis si blanc à côté de leur peau tout orangée que j'en parais ridicule. Ils sont superbes. Quel beau tableau il y aurait à en faire !

Je viens de me baigner et l'eau de mer est très-longue à sécher. Sitôt remis je me mets en route pour Pompéi qui n'est qu'à une demi-lieue d'ici. J'y resterai jusqu'à mardi et m'embarquerai pour Rome où j'espère trouver de vos nouvelles. — Votre élève et ami, J. J. Henner.

« Torre-Annunziata, samedi, 11 octobre 1862, à trois heures.

« P. S. — Vous voyez, je suis un homme prévoyant. J'ai sur moi papier, encre, colle à bouche et tout. Je monte dans la ville pour vous jeter la lettre à la poste. Cette fois le sable ne me manque pas. »

En effet, je ne m'expliquais pas bien comment une lettre écrite au crayon, sur un chiffon de papier froissé, dans un endroit désert, m'était parvenue, sous une enveloppe collée avec mon adresse écrite à l'encre. L'explication de l'énigme était dans le post-scriptum.

Et devant ce tableau d'un vibrant réalisme, crayonné aux pieds du Vésuve, devant cette féerie de la mer Tyrrhénienne au bleu intense, en face de Sorrente, et de Capri, devant ces tons éblouissants de la nature rappelant ceux du peintre, je termine tout ému ces notes biographiques. J'ai toujours conservé mon franc parler avec Henner. Cet homme modeste me pardonnera peut-être mes éloges, voire même mes petites mais sincèrement amicales indiscrétions.

Aujourd'hui il est entré vivant dans la renommée qui, pour d'autres, vient plus tard, laissant derrière lui une œuvre considérable dont la patine du temps ne fera qu'accentuer les beautés. Dans plusieurs siècles d'ici elles vivront encore comme de rayonnantes apparitions du passé, donnant peut-être l'impression que nous ressentons devant les *Madones* du Corrège.

Est-ce à dire que la peinture d'Henner échappe à la critique qui atteint toute œuvre humaine ? Peut-être y a-t-il de l'exagération dans le parti-pris de ses ombres. D'aucuns prétendent qu'il met trop de complaisance à reproduire toujours les mêmes motifs, préoccupé qu'il est de localiser une lumière vive dans un fond noir. Sans vouloir approfondir ces critiques plus ou moins justes, il est permis de dire qu'un succès sans cesse grandissant leur a répondu victorieusement et a gagné à l'artiste des partisans de plus en plus épris de sa manière personnelle et incomparable. Tout grand artiste a ses fanatiques comme il a ses détracteurs. En marchant droit dans la voie lumineuse qu'il a choisie, il se console aisément des morsures de la critique et des erreurs de l'opinion. Toujours maître de son orientation, il n'a jamais perdu le nord.

En même temps qu'Henner il y avait alors à la Villa Médicis un autre artiste alsacien, M. Benjamin Ulmann qui avait remporté le grand prix en 1859. Israélite d'origine, M. Ulmann, était de Blotzheim (arrondissement d'Altkirch). Le musée de Colmar possède de lui un tableau intitulé *Une défaite*. C'est un jeune soldat blessé ayant à ses pieds un glaive brisé ; dans le fond un champ de bataille semé de cadavres. On sent dans cette œuvre dont l'ensemble révèle l'étude de l'antiquité classique une tendance marquée pour les lignes sobres et sévères. Lui aussi s'est passionné pour les belles scènes italiennes et, dans ce genre, il s'est fait remarquer en peignant une scène de funérailles à l'église de Piperno, dans la campagne romaine, qu'il avait intitulée *L'Ora del planto*, (L'heure des lamentations). Les lignes horizontales qui dominent dans ce tableau peint en longueur s'harmonisent avec la donnée sévère de la composition.

Ulmann, qui était un vrai tempérament d'artiste, s'est fait beaucoup remarquer aux salons de Paris par d'étonnants portraits et par la reproduction très-animée d'une séance de la Chambre des députés. Il est mort jeune encore, n'ayant pu réaliser, comme il l'aurait voulu, les espérances sérieuses qu'avait données son talent.

*
* *

En parlant des artistes qui ont fait honneur au département du Haut-Rhin, je ne saurais oublier un paysagiste hors ligne, M. Camille Bernier, fils d'un ancien receveur général de Colmar, qui avait construit dans les environs, sur la route de Bâle, une maison de campagne portant encore son nom.

M. Bernier s'est surtout attaché à reproduire les paysages brumeux, les landes pierreuses et les bois de chênes de la Bretagne. L'Etat a fait don au Musée de Colmar de plusieurs de ses études, entre autres *l'Embouchure de l'Elorn*, *l'Etang de Pen March*, *La Fontaine*, *Un sentier dans les genêts, près de Bannalech*.

Tout cela est très-simple d'allure, mais d'invincible attraction. Un bouquet d'arbres, dans le fond la pourpre du couchant, sur le devant un cheval blanc à la pâture, c'est là tout, mais on se sent ému. C'est qu'il y a dans ce coin de nature un grain de poésie qui force les indifférents à s'incliner devant la puissance de la palette d'où est sorti ce réalisme de bon aloi.

XXII

« L'Alsace » et les dames de Thann. — L'Industrie céramique. — Tuiles Gilardoni. — Vieilles diligences. — Henri Mondeux. — L'ingénieur Émile Muller. — Pierre angulaire. — L'ingénieur Kauffmann. — Pléiade poétique.

On n'est pas toujours maître de sa plume ni de sa mémoire quand on écrit une chronique contemporaine, alors surtout qu'on n'a pas à sa disposition un canevas de notes recueillies au fur et à mesure que les événements se produisent. A la page 460 du dernier numéro de la *Revue*, j'ai attribué involontairement aux dames de Mulhouse l'honneur qui revient, en toute justice, aux dames de Thann, d'avoir offert le tableau d'Henner, l'*Alsace*, à l'éminent patriote Gambetta. On m'a très gracieusement signalé cette petite erreur. J'aurais dû me souvenir que c'est à Thann, dans un milieu bien connu de haute culture intellectuelle, sympathique aux belles manifestations de l'art, qu'Henner avait reçu ses plus précieux encouragements. C'est en effet Mme Scheurer-Kestner qui a été l'inspiratrice de son tableau l'*Andromède*, un chef-d'œuvre, et c'est à elle que le maître a offert la première réduction de son tableau l'*Alsace* devenu historique. Donc en souvenir du denier de César, nous nous empressons de rendre aux dames de Thann ce qui est aux dames de Thann.

.·.

Parmi les industries exploitées à Altkirch, pendant les premières années de ce siècle, figurait avec honneur celle des poêles en faïence que M. Pierre-Antoine Heitschlin y avait introduite et à laquelle il avait su donner un cachet artistique. Bien qu'il existât des cheminées dans certaines habitations elles y figuraient plutôt comme décor architectural que comme moyen de chauffage. Les rudes et longs hivers du Sundgau exigeaient un système plus pratique et surtout plus énergique. De là ces grands poêles en faïence qui, une fois chauffés au bois, gardaient longtemps la chaleur qu'ils répandaient dans tout l'appartement, au moyen d'un système de cors en fer-blanc, contournés en spirales et munis d'une clé servant à activer ou à modérer le tirage du poêle. A l'hôtel-de-ville existait un poêle énorme, chef-d'œuvre du père Heitschlin. C'était un vrai monument aux proportions élégantes et aux moulures ornementales du plus bel effet. Au sentiment de bien-être que l'on éprouvait à se chauffer à cet édifice de faïence blanche, se joignait le plaisir d'en admirer l'artistique structure. *Miscuit utile dulci.*

Quand son industrie fut en pleine prospérité M. Heitschlin y associa son beau-fils M. Xavier Gilardoni dont la vive intelligence s'y intéressa bientôt. Esprit inventif, son goût naturel pour pétrir la forme savait en tirer d'intéressants motifs d'ornement. Il sut perfectionner l'outillage de la fabrication, le triturage des terres glaises, le système des fours à cuire, le brillant et la solidité des émaux destinés à garantir la durée de la faïence. Vers 1831, après la mort de M. Heitschlin, Xavier Gilardoni, alors dans la force de l'âge, s'associa avec son frère Joseph pour agrandir et transformer l'établissement. Dans un jardin de la rue de Ferrette, à côté de la Synagogue, ils construisirent une grande maison d'habitation, de vastes ateliers pour la fabrication des poêles avec tous les perfectionnements mécaniques destinés à activer leur production. Dans l'œil-de-bœuf du frontispice, Xavier avait introduit, comme spécimen de sa fabrication un buste de paysan, en casque à mèche, fumant sa pipe. En passant par là, avec sa mère, pour aller en pélerinage à *Mariastein*, le petit Henner, âgé de sept ans, s'arrêta longtemps, hypnotisé par cette figure réaliste qui semblait vivante. Xavier dirigeait la fabrication : la partie commerciale et les voyages étaient du ressort de Joseph.

Dès ce moment, les préoccupations de Xavier, concentrées jusque là sur l'industrie des poêles et objets céramiques, se tournèrent vers un autre but qui devait, vingt ans après, assurer une grande réputation en même temps qu'une grande fortune à la maison. C'était l'invention de la tuile mécanique connue sous le nom de *tuile Gilardoni*, appréciée aujourd'hui dans toute l'Europe. Cette invention, dont l'idée première procédait de la tuile romaine avait aussi hanté le cerveau de M. Edouard Cassal, de Ferrette, ancien élève de l'École de Châlons, qui avait, de son côté, conçu un modèle de tuile à emboîtement établi à peu près dans les conditions de la tuile romaine, mais dont il ne poursuivit point l'application (1).

---

(1) Très heureusement doués au point de vue de l'intelligence, les divers membres de la famille Cassal ont montré une aptitude particulière pour les travaux spéculatifs, un esprit primesautier qui s'assimile facilement tout ce qui est du domaine des sciences.

Après de longs tâtonnements qui ne rebutèrent point sa persévérance, Xavier Gilardoni inventa un type de tuile plate, de grandes dimensions, réalisant avec quelques variantes celui des anciennes tuiles romaines. Il les enduisit de goudron pour les garantir contre la mousse. Prévoyant une grande extension de leur fabrication, MM. Gilardoni frères, édifièrent alors une série de grands bâtiments avec une usine à vapeur pour actionner les machines à pétrir la terre et à fabriquer les tuiles.

Au début les essais laissaient quelque peu à désirer. Il fallut lutter contre la routine hostile toujours aux idées nouvelles, introduire dans la fabrication des modifications coûteuses. Après une expérience assez peu concluante sur la couverture de l'église d'Altkirch exposée aux furieux assauts du vent d'ouest, on dut prendre le parti héroïque de fixer les tuiles aux lattes au moyen de fils de fer passés dans des petits trous pratiqués dans l'épaisseur de la tuile. De perfectionnements en perfectionnements, de brevets en brevets, M. Xavier Gilardoni finit par créer le modèle définitif et pratique de la tuile qui porte son nom et dont l'usage s'est tellement généralisé que la maison, pouvant difficilement suffire aux commandes, a cédé ses brevets dans tous les pays du monde.

Audaces fortuna juvat. M. Gilardoni, rude et modeste travailleur que la chance a porté au-delà de ses plus beaux rêves, est mort à Altkirch au mois de mai 1893, âgé de quatre-vingt-six ans. Ses enfants comme ceux de son frère, ont tous fait honneur à la famille et occupent des positions distinguées. Son neveu Joseph, mort dans la force de l'âge, était un esprit éminent possédant une rare culture littéraire.

Ainsi, Louis Cassal, le frère d'Édouard, également élève de l'École des arts et métiers, avait entrevu tout un nouveau système cosmogonique qu'il a condensé dans un livre intitulé « *Essai sur les causes* » et qui renferme des aperçus tout-à-fait originaux sur les mouvements et l'attraction des astres, et sur le rôle prépondérant qu'y joue l'éther. Ce livre intéressant, écrit en partie à Colmar, en 1867, a été imprimé par la maison C. Decker.

En 1842, un de ces crimes, d'autant plus sensationnels qu'ils sont plus rares, vint jeter son éclat sinistre sur notre calme province d'Alsace. Des inconnus avaient expédié une malle en gare de Fegersheim, petite commune du Bas-Rhin, sur la ligne de Bâle à Strasbourg. Au bout de quelques jours, le chef de gare s'aperçut que cette malle dégageait une forte odeur cadavérique : il prévint l'autorité qui fit ouvrir le colis et y trouva le corps d'une femme plié en deux, la tête détachée du tronc. On constata que le colis avait été expédié sous un faux nom de la gare de Dornach près Mulhouse. Le parquet d'Altkirch, alors chef-lieu d'arrondissement, recueillit des témoignages d'après lesquels le corps était celui d'une étrangère qu'on avait vu logeant dans la maison d'un nommé B..., marchand de vin situé dans un faubourg de Mulhouse rapproché de la gare de Dornach. Ce B... dont les antécédents, paraît-il étaient sujets à caution, était le frère d'un magistrat, circonstance qui ne contribua pas peu à surexciter la curiosité publique. Il avait à son service un domestique et deux bonnes. Des témoins prétendaient, sans l'affirmer catégoriquement, avoir vu l'une d'elles et le domestique, porter la malle à la gare de Dornach. La femme étrangère ayant disparu depuis quelques jours du domicile de B..., on interpréta contre lui cette mystérieuse disparition ; il fut arrêté et transféré à la prison d'Altkirch avec ses trois domestiques. Je le vis là, les menottes aux mains, conduit chaque jour par les gendarmes, au cabinet du juge d'instruction. L'enquête fut longue et pleine de difficultés. Bien que la justice ne pût relever que des présomptions contre lui et ses co-accusés, le procès fut porté devant la Cour d'assise de Colmar, dans le courant de l'été 1843. On avait mis la tête de la femme inconnue dans un bocal d'esprit de vin, et cette pièce à conviction resta déposée jusqu'au moment des assises, dans les archives du Greffe du Tribunal, situées au rez-de-chaussée de l'hôtel-de-ville. Les bonnes comme les mauvaises odeurs ont une action singulière sur la mémoire. Aujourd'hui encore après un demi-siècle, je sens les effluves nauséabonds de ce bocal qui se répandaient dans le grand corridor et la cage d'escalier de l'hôtel-de-ville. M. Jacquot-Donnat, alors procureur du roi, préoccupé des moyens de constater l'identité de la femme assassinée, me pria de lui faire un dessin de la tête. La photographie, alors à ses débuts, ne pouvait être utilisée. Je n'eus pas de peine à lui faire comprendre que cette pièce anatomique, déformée et boursouflée, en pleine décomposition, n'avait pas conservé le moindre caractère d'individualité et ne pouvait, dès lors, fournir les linéaments d'une ressemblance, même lointaine, avec la personne inconnue.

Malgré toutes les recherches, malgré l'immense publicité donnée par les journaux à tous les incidents de cette grave affaire, la personnalité de la victime ne put jamais être établie. La justice marchait à tâtons dans le domaine du vague et de l'inconnu. Il était, dès lors, facile de prévoir que les avocats des accusés plaideraient le doute et l'absence de preuves suffisantes, pour leur assurer le bénéfice de l'acquittement. Ce qui, en effet, eut lieu après des débats particulièrement mouvementés et semés d'incidents de toute sorte. Pour satisfaire la curiosité fiévreuse de toute l'Alsace, le *Courrier du Haut-Rhin*, auquel collaborait l'ami Liblin, organisa un service sténographique qui rendait compte de la physionomie curieuse des débats, de la ferme attitude des accusés. On s'arrachait partout ces feuilles volantes que chaque courrier nous apportait pendant huit jours.

Et voyez les conséquences désastreuses d'une accusation même suivie d'acquittement. Le magistrat, frère de l'accusé innocenté, homme intègre et distingué, orateur disert, dut donner sa démission et sacrifier une carrière acquise, à des susceptibilités d'honneur qui ne se discutent pas. Il subissait l'inexorable fatalité antique. B... lui-même dut s'expatrier et changer de nom pour pouvoir vivre ailleurs.

..

Voir de près, dans le sanctuaire du Louvre, les œuvres des grands maîtres de toutes les époques ; voir fixé sur la toile, sous une forme vivante, le génie de Raphaël, de Léonard de Vinci, du Corrège, de Rubens, de Vélasquez ; voir les monuments historiques témoins de gloires séculaires, quel incomparable bonheur pour un jeune enthousiaste ! J'allai donc visiter, en septembre 1843, le Paris de Louis-Philippe bien différent du Paris d'aujourd'hui. Les chemins de fer, entre l'Alsace et Paris n'existaient pas encore : le règne des diligences battait son plein. On s'embarquait à Belfort dans une de ces lourdes voitures des messageries royales ou de Laffitte et Caillard qui mettaient près de trois jours à faire le trajet. On s'arrêtait plus d'une demi-heure dans les villes désignées pour les repas, Vesoul, Langres, Troyes et Provins. A notre arrivée, par la barrière de la Râpée, un beau soleil couchant incendiait Notre-Dame Ses statues, ses moulures, ses clochetons, ses gargouilles grimaçantes semblaient s'animer, et cette masse imposante dans la simplicité de ses lignes avait un caractère de grandeur qui impressionne.

Le lendemain, ma première visite fut pour le musée du Louvre où j'eus le plaisir de trouver mon ancien élève Louis Werner (1), autre enfant de Bernwiller, copiant la *Vierge au Voile*, de Raphaël. Le Louvre et les Tuileries étaient loin, alors, de présenter l'aspect grandiose qu'ils offrent aujourd'hui. Le long de la rue de Rivoli et sur la Place du Carrousel, s'étalait dans toute sa hideur un amas de vieilles constructions presque en ruines, coupé de ruelles infectes, habitées par une population grouillante de marchands d'oiseaux, de bric-à-brac, de bibelots de tout genre, beaux échantillons de ce monde bohème tel que nous l'ont dépeint Balzac et l'auteur des *Mystères de Paris*, dont le roman sensationnel avait paru depuis peu.

La grande tragédienne Rachel était alors dans toute sa vogue et dans tout l'éclat de son talent. Pouvait-on manquer d'aller admirer Hermione prononçant, avec l'accent qu'on connaît, ce vers fameux :

« Je t'aimais inconstant, qu'aurais-je fait fidèle ? »

(1) Werner, je le regrette pour lui, laissa là ses pinceaux, pour aller à Londres créer une photographie artistique.

Après un pèlerinage à tous les monuments, au palais de Versailles et à son merveilleux musée historique, nous rentrâmes en Alsace par Nancy et Strasbourg.

* *

En 1843 nous eûmes l'occasion de voir à Altkirch un de ces jeunes prodiges dont les étonnantes facultés de calcul semblent porter un défi aux savants les plus renommés. C'était Henri Mondeux, le petit pâtre de la Touraine, accompagné d'un ancien principal de collège qui le promenait par toute la France. Par le seul travail mental il résolvait, séance tenante, les problèmes les plus ardus. Son attitude, pendant ses opérations de calcul, était singulière : il fermait les yeux croisait les deux mains sur le ventre et se balançait à droite et à gauche pendant que ses lèvres s'agitaient fiévreusement, répétant à voix basse le sourd travail de la pensée. Le professeur de mathématiques du collège (1) lui avait posé ce problème célèbre : « Calculer la somme totale que produirait un centime placé à intérêts composés depuis la naissance de Jésus-Christ ». Il lui fallut à peu près une demi-heure pour le résoudre et quand il annonça le résultat colossal qui concordait avec les calculs préalables faits à tête reposée par le professeur, une salve d'applaudissements enthousiastes vint récompenser son effort.

Malheureusement, comme ces bolides qui brillent un instant dans la nuit, puis s'évanouissent sans retour, tous ces prodiges précoces, tous ces jeunes virtuoses des arts, des sciences et des lettres, tournent presque tous au fruit sec et

---

(1) Ce professeur était M. Eugène Colomb qui, après quarante ans d'activité, est venu se fixer à Asnières, près Paris. Nous nous étions perdus de vue pendant cette longue période, quand, il y a quatre ans, il est venu me voir avec sa fille, Mme Latruffe qui possède un vrai talent dans l'art difficile de la miniature sur ivoire. Elle dirige à Paris un cours de dessin et de peinture. M. Colomb a aujourd'hui 77 ans et continue à faire partie des commissions d'examens scolaires.

ne parviennent pas à utiliser d'une façon pratique leurs facultés exceptionnelles. Ne serait-ce pas là une revanche de la nature sur toutes les productions hâtives qui n'ont pas pour elles la solidité et la durée que, seuls, peuvent donner l'étude patiente et le travail persévérant ?

.⁎.

J'ai dit plus haut que la construction de notre nouvelle église avait été adjugée, en novembre 1843, à Émile Muller, ingénieur civil qui avait fait ses études d'architecte-constructeurs à l'École centrale des arts et manufactures de Paris. Son père, avocat distingué, originaire de Saint-Quentin (Aisne), était venu se fixer vers 1820 à Altkirch où il s'allia à une ancienne famille de magistrats alsaciens. Émile est né le 21 septembre 1823. Après avoir fait ses premières études au collège de sa ville natale, il suivit sa famille à Mulhouse. Les relations qu'il se créa dans la grande cité manufacturière, où il trouva un terrain tout préparé pour ses aptitudes scientifiques, décidèrent sa vocation. Il devint un des brillants élèves de l'École centrale des arts et manufactures, et en sortit, en 1844, avec le diplôme d'ingénieur-constructeur.

Sa ville natale se préparait alors à édifier une église monumentale. Cette entreprise séduisit le jeune ingénieur et c'est là, sur ce premier champ d'activité et à travers des péripéties nombreuses, qu'il déploya les qualités géniales de son talent de constructeur. Peu de temps après surgit la question des cités ouvrières de Mulhouse. C'était un nouvel horizon ouvert aux études techniques et expérimentales d'Émile Muller. Les grands industriels préoccupés d'assurer à leurs ouvriers le bien-être matériel et moral par la construction d'un quartier salubre et bien aménagé, confièrent la direction de cette œuvre humanitaire à notre ingénieur. Il en traça les plans, en suivit l'exécution complète et imprima la marque de son talent d'architecte et de ses études économiques à l'installation de cette cité devenue un modèle du genre. Dans un ouvrage in-folio, accompagné de planches et publié en

1855, il résuma toutes les études faites pour cette œuvre importante qui restera comme une des premières applications faites en France d'un système auquel ont applaudi tous les esprits généreux. Compatriote et ami de Muller, je fus le confident de ses peines et de ses espérances dans l'enfantement de cette œuvre complexe. Peu de jours avant sa mort je retrouvais, dans ses lettres intimes, le souvenir de cette époque si lointaine mais déjà si laborieuse de sa vie.

Dès ce moment il se passionna pour les questions ouvrières. Rien de ce qui touche à l'émancipation de ces humbles agents de la vie industrielle ne lui demeura étranger. Une large part de ses préoccupations leur était acquise ; et la preuve c'est qu'il a été l'un des fondateurs et le président de la Société pour préserver les ouvriers des accidents.

Ses doctrines prévalurent dans toutes les constructions de cités qui suivirent son impulsion première. C'était un de ces initiateurs que rien ne décourage. En 1864 il est nommé professeur à l'Ecole centrale, et l'activité de ce vaillant lutteur allait toujours grandissant. Il voulut avoir une usine à lui, un foyer de production où son esprit inventif pût se donner carrière dans le domaine des matériaux de construction et de la céramique ornementale. C'est aux portes de Paris, à Ivry, qu'il fonda cet établissement où il sut donner un grand développement à la fabrication des briques réfractaires de son invention et des tuiles mécaniques du système Gilardoni, d'Altkirch, dont l'emploi s'est si rapidement propagé. La céramique émaillée devint une des branches maîtresses de l'usine d'Ivry. Elle a affirmé son succès dans l'ornementation des dômes de l'Exposition universelle de 1889, en donnant à l'ensemble de ses magnifiques palais, le cachet de grandeur et d'élégance, l'aspect féerique qui ont frappé ses millions de visiteurs. Ses conceptions hardies dans le domaine architectural, où l'apparition de nouveaux matériaux modifia radicalement d'anciennes conventions, trouvèrent une heureuse application dans ce splendide tournoi des peuples. En poursuivant la réalisation de son idéal, il faisait honneur à la France. Deux grands prix et cinq médailles d'or ont récompensé les efforts et couronné l'œuvre de l'artiste-ingénieur.

Dans le cercle d'activité multiple où évoluait à l'aise sa haute intelligence, dans la Société des ingénieurs civils dont il fut un des présidents, à l'École spéciale d'architecture fondée et dirigée par son savant ami, M. Émile Trélat, au journal *Le Génie civil*, une de ses créations, nous le retrouvons toujours sur la brèche. Jamais son autorité, émanation d'un caractère droit et juste, ne fut contestée. Rares sont les hommes qui, comme lui, traversent la vie sans connaître les déboires ou les inimitiés qui s'attachent si souvent aux positions conquises de haute lutte par un mérite exceptionnel. Il avait en partage toutes les séductions des natures supérieures, le vif sentiment du beau et du bien, la parole vibrante et communicative, le coup d'œil pénétrant, l'art de convaincre ses auditeurs par le charme de l'esprit. Pendant ses vingt-cinq ans de professorat, de nombreuses générations d'ingénieurs se sont imbues de ses doctrines, ont gardé l'empreinte de son haut enseignement et lui ont voué une amitié durable.

Nul mieux que lui n'a connu les âpres jouissances, les saintes émotions du travail ; mais les occupations du professeur menées de front avec les mille travaux de l'Exposition, les congrès scientifiques, les séances et rapports des Comités, ont fini par miner sourdement sa santé. Dans le courant d'avril 1889 l'ami d'enfance qui écrit ces lignes le voyait plein d'entrain et de bonne humeur, dispos comme un jeune, causant des choses d'autrefois avec ce charme séducteur, cachet de sa nature d'élite. Etait-ce le crépuscule brillant d'une vie dont les jours sont comptés ? Je n'osais le croire, et pourtant le déclin approchait. Forcé lui fut de prendre un repos nécessaire, de partir pour le Midi avec la compagne dévouée de sa vie et de laisser à son fils, qui a puisé dans l'exemple paternel les traditions de devoir et de travail, le soin de continuer son œuvre. A Nice, au milieu d'une nature enchanteresse où tant d'existences atteintes viennent demander au soleil un sursis souvent éphémère, le mal de mon ami s'accentua. Après quelques semaines de langueur, il s'éteignit, le 11 novembre 1889, avec la sérénité du travailleur qui a terminé sa tâche. En Alsace son nom restera attaché pour toujours aux œuvres importantes de sa jeunesse.

De cet homme supérieur, adepte résolu de la crémation, il ne reste aujourd'hui qu'une poignée de cendres dans une urne funéraire. Mais son génie a laissé une traînée lumineuse. L'œuvre c'est l'homme : elle vivra.

* *

La démolition de la vieille église d'Altkirch a permis de détacher du chœur un joli clocheton sous lequel s'abritait, dans le temps, une ancienne vierge à laquelle la piété des habitants attribuait une origine légendaire. Pendant la révolution elle fut détruite et remplacée par une autre bien plus moderne. On a employé ces restes à la décoration de la fontaine monumentale érigée en 1856 sur l'emplacement même de l'église démolie (1).

C'est au mois de mai 1845 que fut posée la première pierre du nouvel édifice. Située à gauche, à ras du sol, de la façade principale, cette pierre a dans son milieu une petite cavité renfermant la boîte doublée de verre dans laquelle fut placé le procès-verbal de la cérémonie avec une série de monnaies en or, argent et billon, toutes à l'effigie du roi Louis-Philippe et portant le millésime de l'année. Sur une belle feuille de parchemin j'écrivis en lettres gothiques (quel anachronisme!) ce procès-verbal enjolivé d'ornements dans le goût des anciens missels — car j'avais alors la malheureuse toquade du gothique —. Il fut signé des autorités présentes, M. Charles Doll, sous-préfet, M. Pflieger, maire, MM. Couchepin et Lidy, adjoints, le Conseil municipal, le curé, l'architecte et l'entrepreneur. Quand, au trentième siècle, les hommes de l'avenir trouveront ce papyrus des temps barbares où nous vivons, personne ne saura plus déchiffrer son écriture qui sera pour eux aussi préhistorique que les caractères cunéiformes des Assyriens. Chacun des personnages officiels donna ensuite un coup de maillet sur la pierre du souvenir qui fut recouverte

(1) MM. Laurent frères, sculpteurs à Nancy, ont été chargés de l'exécution de ce travail en suivant à peu près les indications de l'avant-projet que j'avais dressé en 1848.

aussitôt par un autre bloc angulaire. Le clergé donna sa bénédiction, puis le curé alla chanter la messe en plein air à un autel improvisé sous des ramées de feuillages. Un sermon de circonstance fut prêché par l'abbé Rolla, curé de Blotzheim. Enfant d'Altkirch, M. l'abbé Rolla, que je connaissais depuis longtemps, était un amateur assez éclairé de peinture. Il avait réuni un peu au hasard une collection de vieux tableaux parmi lesquels figuraient deux beaux portraits, l'un de Saint Charles Borromée, l'autre du pape Ganganelli (Clément XIV). Mais sa perle était une vieille peinture italienne représentant le néant de la vie sous la forme d'un crâne humain, au rictus macabre, à côté d'une chandelle éteinte et fumante ; dans le fond un papillon qui s'envole et symbolise l'âme. M. Rolla attribuait cette peinture à Caravaggio (Michel-Ange Amerighi). Il l'avait acquise du sculpteur Sporrer, de Thann.

**

Un de mes anciens condisciples Joseph Kauffmann, sorti de l'École polytechnique, se destinait à la carrière des ponts-et-chaussées. Ses études terminées il obtint d'être nommé élève-ingénieur de l'arrondissement d'Altkirch, sous les ordres de l'ingénieur en titre résidant à Mulhouse et qui était M. Bazaine, frère du maréchal de triste mémoire. Il vint donc en 1845 s'installer dans sa ville natale où tout semblait lui sourire et où il avait une foule d'amis heureux de voir leur concitoyen arrivé par son mérite à une position enviable. Il s'appliqua, dans son service, à donner prompte satisfaction à des intérêts restés en souffrance dans le domaine de la grande voirie et prit une part active, peut-être un peu trop accentuée, aux évènements politiques de 1848. Peu de temps après il reçut son avancement pour Bédarrieux, dans le pays minier du Midi, où il fut chargé de construire le chemin de fer de Graissessac à Béziers qui devait desservir les mines de houille de Bessèges. Toujours attentif à m'initier à la marche progressive de sa carrière d'ingénieur il m'envoya un exemplaire des plans qu'il avait conçus pour cette œuvre qui, paraît-il, présentait des difficultés sérieuses. En somme Kauffmann était un homme de grande valeur. Autant que je puis me rappeler, cette entreprise de chemin de fer lui suscita des embarras et des procès qui influèrent d'une manière fâcheuse sur sa santé. Il dut demander un congé illimité et revint dans sa famille où il dépérit peu à peu, triste vaincu de la vie et digne d'un meilleur sort. Sa belle intelligence s'obscurcit et il mourut en 1857, âgé de quarante-huit ans à peine.

.·.

Vers 1845 vint en Alsace un moine du Mont Carmel, en costume blanc à capuchon ayant beaucoup d'analogie avec le burnous arabe. Le frère Charles — c'était son nom — avait été envoyé en Europe pour faire une quête en faveur de la propagande chrétienne en Syrie. Il était bel homme, et ses manières séduisantes, sa parole facile ne contribuèrent pas peu à gagner à sa cause les sympathies de mes concitoyens : le principal du collège l'avait pris sous sa protection. Le moine portait avec lui un album rempli d'autographes recueillis dans toutes les stations de son long voyage, et il désirait emporter aussi le témoignage de sa bienvenue à Altkirch. Un jeune élève, fort en thème et en vers latins, fut désigné par le principal pour *improviser*, au nom du collège, une vingtaine de vers en l'honneur de l'œuvre du Mont Carmel et de les transcrire dans l'album du frère Charles, ce dont il s'acquitta non sans succès. Cet élève est aujourd'hui juge de paix à Bourges.

.·.

Un léger souffle littéraire passait alors sur notre petite ville. Cela ne tirait pas à conséquence, mais ce zéphyr poétique jetait une note gaie et même burlesque sur le calme plat bourgeois interrompu seulement par les exercices peu récréatifs de la garde nationale. Nous avions alors deux poètes ; l'un M. Mallet de Trumilly, directeur des contributions indirectes, célébrait en dithyrambes majestueux et solennels les inventions modernes et avait dédié une hymne sonore à M. André Kœchlin, de Mulhouse, le grand constructeur de locomotives (1) ; l'autre M. D..., avocat au Tribunal, maniait agréablement la facétie dans des chansonnettes souvent mordantes. Voici le refrain, resté dans un coin de ma mémoire, d'une de ces chansons du cru :

> « Qui l'eût cru
> « Mon cher Maudru,
> « L'eusses-tu cru ?
> « Lustucru ! !

Chaque vers de la chanson se terminait par la rime en *ru*, et accompagnée par la guitare de l'auteur, au clair de lune, elle produisait le plus drôlatique effet.

Un notaire à l'esprit frondeur représentait la prose dans ce tournoi littéraire, mais une prose salée et poivrée. Il avait pris en grippe certains gourmands qui organisaient de succulents pique-niques, où trônaient de belles dindes et d'appétissants saumons du Rhin. Pour tourner en ridicule cette société gastronomique, il écrivit et fit imprimer un vaudeville intitulé *Le dindon gras* dont les personnages s'appelaient Grips, Packs, Nims et Pfeffer. Les plaisanteries plus ou moins mordantes de cette œuvre provinciale n'eurent qu'un succès médiocre et l'auteur ne réussit qu'à se créer des inimitiés dans le camp de tous ceux que piquait sa guêpe littéraire.

Parmi les poètes du cru je ne saurais oublier un vrai enfant

(1) M. Mallet de Trumilly, d'un âge déjà respectable, descendit des hauteurs du Parnasse pour entrer dans le royaume du pot-au-feu, en contractant mariage à Altkirch avec une descendante authentique du conquérant espagnol Fernand Cortez, le tortionnaire de Montézuma et de Guatimozin, qui avait reçu de son souverain le titre de duc *del Valle*. Elle s'appelait Hernandez del Valle de la Marquitière et son père avait été à Paris une des nombreuses victimes de l'échafaud révolutionnaire.

du Parnasse, un de ces hommes secoués par le démon intérieur de leur idéal et qui ont le courage, en plein dix-neuvième siècle, d'écrire une *épopée*... Oui, une épopée de plusieurs milliers de vers. Cet homme que ma ville natale a eu le bonheur de posséder pendant trois ans (1843 à 1845) et à qui elle n'a pas élevé de statue, c'était M. Loyson, professeur au collège, ou plutôt le *père Loyson*, comme nous l'appelions familièrement. Il a écrit la *Franciade*, poème héroïque célébrant les faits et gestes les plus saillants de l'histoire de France à travers les siècles. Et n'allez pas croire que c'était là un de ces fatras indigestes d'un rimeur aux abois. Ces alexandrins bien construits où se sent l'émotion patriotique et vaillante, n'étaient pas l'œuvre du premier venu. Il y avait la pensée élevée, le rythme soutenu et la forme académique impeccable.

Ce livre fut imprimé et publié à Paris en 1844. Il ne faut pas demander s'il a eu du succès. Hélas ! non. La bourgeoisie de l'époque, âpre au gain, ne dépensait ni son temps ni son argent à se nourrir de poésie, fût-elle entraînante au premier chef. Excellent père Loyson, que ces lignes émues d'un vieil ami consolent ton ombre abreuvée des dédains de tes contemporains ! Tu as pris ta place, une place honorable dans ces Champs-Elysées du panthéisme grec où se promènent, majestueuses et tristes dans un demi-jour vaporeux, les ombres d'Homère, de Virgile, de Dante, de Camoëns.

XXIII

La Vénus de Mandeure. — Montbéliard et ses princes. — Une ville gallo-romaine. — Saint-Morand le vigneron. — Son tombeau et ses ex-voto. — Une promenade à Arlesheim. — Le monument de Delille.

Des ruines romaines de la vieille Gaule a surgi tout un monde de statues, de bas-reliefs, de bustes, de bijoux, de médailles, de vases qui font l'ornement des musées de Paris et de la province. La Vénus d'Arles, celle de Vienne en Dauphiné, figurent parmi les pièces capitales mises au jour par ces fouilles. Après une éclipse de quinze siècles, et bien que cruellement mutilées la plupart, elles revivent aujourd'hui en pleine lumière comme un exemple et un encouragement, comme une jouissance d'élite offerte à ceux qui, dans la tourmente des temps modernes, savent faire une part discrète à l'idéal. Ce type de la beauté souveraine les anciens ont su le figer dans le marbre, le couler dans le bronze, le pétrir dans la terre, le tailler dans l'onyx ou dans l'albâtre. Sous ces incarnations diverses il est entré comme une vision radieuse dans la vie moderne. Après la longue nuit du moyen âge il est devenu la renaissance bénie, l'enseignement classique de tous ceux qui se sentent la force de créer à leur tour. Il a donné aux chercheurs modernes cette incomparable récolte de statuettes de Tanagra, de Tarse et de Myrina qui, simples terres cuites, ont survécu pimpantes, sémillantes et vivantes, à toutes les ruines, à toutes les catastrophes de l'histoire.

Un jour de l'année 1845, chez M. Royer, juge au tribunal d'Altkirch, je fus frappé de trouver une belle statuette antique en marbre, d'environ soixante centimètres de hauteur. C'était une reproduction réduite de la fameuse Vénus Anadyomène, de Praxitèle, chef-d'œuvre dont l'original s'est perdu, mais dont il existe plusieurs répliques dans les musées d'Italie. Cette œuvre d'art avait un aspect fruste et quelques cassures habilement soudées indiquant qu'elle a dû séjourner longtemps sous terre.

« Je l'ai recueillie, me dit M. Royer, dans la succession de mon père, propriétaire à Belfort, qui l'avait acquise, en 1810, parmi d'autres objets provenant des fouilles de Mandeure. Depuis lors, elle est restée dans ma famille, vénérée comme un précieux joyau dont je ne me séparerais à aucun prix. » Vers 1857, M. Royer mourut à Belfort léguant ce beau marbre à son neveu M. Nizole, avocat, dont la veuve le possède encore et habite le château de Grandcourt près Delle. Mme Nizole à bien voulu, à la prière de mon ami Henner, faire photographier ce monument sous deux aspects différents que j'ai sous les yeux en écrivant ces lignes. La Vénus de Mandeure, a l'attitude d'une femme qui vient de se dévêtir, en posant sa tunique sur un fragment de colonne, au pied duquel est un vase à parfums aux fines sculptures. Elle appuie la main gauche sur le vêtement, fait un geste pudique du bras droit. Le mouvement du corps indique qu'elle s'apprête à descendre dans le bain.

Déjà en 1781 des fouilles avaient été pratiquées sur l'emplacement de Mandeure : elles furent reprises plusieurs fois depuis lors et l'historique des travaux et des découvertes a été publié en 1880, par M. Duvernoy, de Montbéliard, dans la *Revue d'Alsace*. Le village de Mandeure, l'ancien *Epamanduodurum* de l'époque gallo-romaine, est située à onze kilomètres S. E. de Montbéliard et faisait partie de la Gaule séquanaise. M. de Golbéry, auteur des *Antiquités d'Alsace*, d'accord avec Schœpflin, l'auteur de l'*Alsatia illustrata*, rapporte à l'an 98 de notre ère l'époque la plus florissante de cette cité romaine dont l'importance est attestée par les restes d'un immense théâtre.

Montbéliard était autrefois le chef-lieu d'une petite principauté indépendante. Au Xe siècle ses premiers comtes étaient de la maison d'Alsace : elle passa en 1397 dans celle de Wurtemberg, fut prise par le Dauphin (Louis XI), en 1444 et par Louis XIV en 1676 et fut définitivement réunie à la France en 1799 par les traités de Lunéville et de Paris. Mandeure a fait partie du département du Haut-Rhin jusqu'en 1816, époque à laquelle elle a été réunie au Doubs.

Le récit des fouilles faites de 1781 à 1793 par M. Léonard Parrot, conseiller du duc de Wurtemberg, est consigné dans un mémoire appartenant à la Bibliothèque de la ville de Besançon. « L'intérieur des murs, nous dit-il, était revêtu à hauteur d'appui d'un marbre blanc et bleu et bordé de corniches en marbre blanc. Le surplus de ces murs était peint à fresque de couleurs rouge, noire, blanche et bleue, dont le dessin s'évanouissait à mesure qu'on l'exposait à l'air.

« On entrait par une porte construite en pierre de taille et ayant, de chaque côté, une colonne cannelée de marbre coquiller. Quelques tronçons de colonnes et un fragment de chapiteau indiquaient un travail supérieur. Cette porte donnait accès dans un premier appartement où M. Parrot a trouvé deux vases entiers en terre blanchâtre, un autre en poterie rouge avec bas-reliefs représentant trois espèces de pêches qui ont été reproduites dans le *Supplément aux Antiquités d'Alsace*, de M. de Golbéry ; en outre trois médailles grand bronze dont l'une d'Antonin. Dans une seconde salle on découvrit un autel en pierre de taille revêtue de marbre ; près de cet autel un couteau de sacrifice, un pendant d'oreille en or orné de rubis et de deux perles, un vase de poterie d'une très belle moulure, enfin une agate-onyx taillée en creux. La deuxième pièce n'avait que six pieds en tous sens. Elle était couverte de platines de plomb et d'étain formant sans doute le double fond de la cuve d'une fontaine au-dessus de laquelle était probablement placée une statue de Neptune. Cela est d'autant plus vraisemblable, ajoute M. Parrot, qu'on y a trouvé un trident en fer, une tête d'Amphitrite et une médaille au revers de laquelle se trouve un cheval marin avec la légende NEPTVNO CONSECRAT. Dans une autre pièce, au fond d'une espèce de portique, on a trouvé une petite statue en bronze représentant quelque génie et une autre de Minerve.

. . .

On voit, par les récits de M. Parrot, combien furent abondants les produits de ses fouilles. Les pièces recueillies furent déposées au château d'Étupes, résidence d'été des princes de Montbéliard. Lors de la destruction de ce château, elles furent vendues et dispersées. Une charmante statuette de Minerve avait été antérieurement offerte, avec divers autres objets, au prince Henri de Prusse. L'académie de Besançon avait reçu aussi quelques pièces remarquables. Quant à la collection particulière de M. Parrot, elle a été vendue par sa veuve et les pièces en ont été éparpillées dans divers cabinets. C'est de là que viennent les statuettes que possède encore aujourd'hui M. Rossel et bon nombre de pièces actuellement à Besançon. *La Vénus que possède M. Nicole de Belfort a probablement la même origine* (1).

Depuis le moment des dernières fouilles faites par M. Morel-Macler, il n'y avait point eu à Mandeure de travail suivi et régulier ; néanmoins un grand nombre de *tumuli* ou *murgers*, comme on les appelle dans le pays, avaient déjà disparu. MM. de Golbéry et Morel avaient pu tracer, approximativement le plan de la ville antique dans la région nommée *Coudroie*, à cause des coudriers qui couvrent les *murgers*, ainsi qu'aux abords du pont, de chaque côté du Doubs.

M. Duvernoy, qui a repris les fouilles en 1867 sur un terrain assez vaste mis à sa disposition par M. le pasteur Goguel, de Montbéliard, au lieu dit *Muraillebourg*, nous apprend que de chaque côté des murs apparaissaient de nouvelles salles. Une salle peinte en vert a donné de nombreux fragments de vases, entre autres de beaux échantillons de poterie sigillée chargés de reliefs figurant tantôt des rinceaux de feuillages, tantôt des scènes de cirque, des tritons, des animaux divers.

Sur l'emplacement jadis fouillé par M. Parrot, on a trouvé en 1867 une vingtaine de médailles parmi lesquelles un Agrippa, deux Néron, un Titus, un Domitien, deux Faustine, dont l'une voilée. On peut en conclure que l'édifice appartenait aux premiers temps de l'empire et qu'il dut disparaître de bonne heure dans les invasions. Le Titus porte au revers un captif enchaîné, assis au pied d'un palmier, et de l'autre côté, un bouclier et des armes avec la légende ordinaire IVDAE ; le reste (DEVICTAE) est effacé.

(1) M. Émile George, juge au Tribunal de Belfort, possède une autre statuette de Vénus provenant également de Mandeure. Elle est en albâtre, le torse nu et le reste du corps vêtu d'une draperie à plis multiples. Elle offre un ensemble harmonieux rehaussé par une finesse d'exécution peu commune. Le *Bulletin de la Société Belfortaine d'Émulation*, en a publié en 1880 une excellente photographie avec cette mention au moins singulière, sinon peu généreuse : « *Toute reproduction est formellement interdite* ». De la part d'une société qui se pique d'émulation une pareille interdiction est bien sévère.

« Un fait m'a frappé, dit M. Duvernoy, en comparant les restes de sculptures que nous rencontrons à Mandeure avec ceux qui ont été découverts dans diverses localités de nos environs, c'est que le travail des artistes, sculpteurs et architectes, y est généralement plus soigné qu'ailleurs et nous devons en conclure que Mandeure ne devait nullement manquer d'élégance et pourrait même être une belle ville ».

Que ce fût une belle ville, tout le démontre dans les restes grandioses de son architecture. Le signe le plus éloquent d'une civilisation avancée, n'est-ce pas ce culte des belles choses qui se traduit par la possession de remarquables œuvres d'art, par la forme élégante des objets usuels, par la décoration gracieuse des monuments publics ?

En publiant les renseignements qui précèdent dans la *Revue archéologique* (année 1888) avec un dessin de la Vénus de Mandeure, je terminais mon article par les lignes suivantes :

« La charmante statuette que nous publions ici, bien qu'elle ne soit pas à l'abri de toute critique, confirme pleinement le jugement de M. Duvernoy. Précieuse aux yeux de l'artiste, elle n'est pas moins intéressante pour l'archéologue. C'est, en effet, la première et jusqu'à présent, la seule réplique de la *Vénus de Cnide* qui ait été trouvée sur le sol de l'ancienne Gaule. MM. Salomon Reinach, dans la *Gazette des beaux arts* et Michaelis, dans le *Journal of Hellenic Studies*, ont récemment étudié les imitations et copies de ce chef-d'œuvre de Praxitèle qui sont dispersées dans les galeries de l'Europe. La Vénus de Mandeure est une reproduction libre qui se distingue par quelques détails curieux, tels que l'inclination de la tête vers l'épaule gauche, l'arrangement élégant et sobre de la chevelure, l'attitude de la main gauche qui s'appuie sur la draperie au lieu de la tirer à elle, enfin et surtout le curieux bas-relief sculpté sur le vase qui soutient la draperie. Ces caractères, joints à une intégrité que ne présente aucune autre réplique connue en marbre, assurent à notre Vénus un rang honorable parmi les œuvres que doivent consulter les archéologues pour reconstituer par la pensée, puisque l'original a disparu pour toujours, une des merveilles les plus admirées de l'art antique. »

Après cette douche archaïque qui ne va pas à tous les tempéraments, retournons, ami lecteur, si vous le voulez bien, dans notre doux pays rauraque. Ces mémoires sont une macédoine de choses parfois indigestes, un mélange si déconcertant d'antique et de moderne, de sacré et de profane, que pour se soustraire à leur obsédante impression, il faut aller respirer l'air des champs.

Les origines d'Altkirch se confondaient avec celles d'une ancienne église située dans le vallon de Saint-Morand et près de laquelle, dès le XIII° siècle, s'éleva une abbaye de Bénédictins envoyés par Saint-Hugues, supérieur du monastère de Cluny, à la demande du comte Frédéric de Ferrette. Un de ces moines, originaire de Worms, et mort en odeur de sainteté, avait donné son nom à notre couvent. Les anciennes images le représentent tenant un raisin à la main au-dessus de la bonde d'un tonneau placé devant lui, ce qui semblerait indiquer que les habitants d'Altkirch lui devaient l'introduction de la vigne dans le Sundgau et le bonheur de boire la piquette de leur Rebberg. Cela est d'autant plus probable que Morand arrivait en droite ligne du Mâconnais célèbre par ses grands crus. Ses compagnons et lui, habitués aux bons vins de France, et sachant qu'ils allaient dans un pays dépourvu de vignes, se sont sans doute munis de jeunes plants qu'ils ont fait prospérer sur la côte exposée au midi, qui fait face au couvent de Saint-Morand. Aussi la mémoire de ce saint propagateur de la vigne est-elle restée en grande vénération dans le pays. Sa statue surmonte la fontaine, style Louis XIV, placée dans la grand'rue. Tous les ans, depuis un temps immémorial, on célèbre sa fête le 3 juin. Une procession où ses reliques renfermées dans un buste d'argent sont portées par deux hommes rouges, se rend au tombeau du saint à l'église de Saint-Morand. Cette tombe, très ancienne, a la forme d'un sarcophage monté sur quatre pieds reposant sur un soubassement dans lequel sont pratiqués deux trous ronds. Les gens de la campagne, affligés de quelque maladie ou infirmité, viennent plonger dévotement leur tête dans ces trous, croyant sérieusement y trouver un remède à leurs névralgies ou à leurs rhumatismes. Les parois de l'église sont couvertes d'ex-voto, de bras et de jambes en bois, témoignages parlants de la reconnaissance des croyants. Que voulez-vous ? partout et toujours, dans tous les pays et dans toutes les religions, le clergé a favorisé cette croyance aux guérisons miraculeuses et aux influences surnaturelles. Tant que le monde sera monde la foi dans les rebouteurs, sorciers, somnambules et cartomanciens subsistera comme une mauvaise herbe que la civilisation la plus raffinée ne parviendra jamais à extirper. Tous les ans, à la fête du 3 juin, un fonctionnaire du gouvernement faisait poser sur la tête du Saint-Morand de la fontaine une couronne de fleurs artificielles et dans sa main un bouquet blanc, ce qui donnait une physionomie très-drôle à cette statue noircie par les siècles. Certains esprits ont la passion du vieux-neuf. Quand le cimetière de St-Morand fut désaffecté, on songea à démolir la vieille chapelle très simple où le *De profundis* a été chanté pendant des siècles sur une longue suite de générations. On trouva que cette chapelle historique ne faisait plus bien dans le paysage et on la remplaça par un édifice gothique très joli d'aspect. Le mal n'est pas bien grand puisque cette église votive embellit le paysage et exerce une plus grande attraction sur les pèlerins.

. .

Une immense forêt, la *Harth*, occupe une grande partie de la plaine d'Alsace entre Huningue et Neuf-Brisach. Lors de l'accession de l'Alsace à la France elle devint forêt de l'Etat, dans les Domaines duquel elle est restée comprise depuis lors. La partie qui s'étend sur l'ancien arrondissement d'Altkirch était aménagée de manière à donner tous les ans des coupes d'un certain produit. On les adjugeait à Altkirch à de riches paysans du pays, connus sous le surnom de *Harth-Schnoogen* (Cousins ou taons de la Harth). Il semblait que les droits de propriété de l'Etat, résultant de la conquête et d'une possession bi-séculaire, fussent inattaquables. Cependant il se produisit, vers 1844, un procès étrange intenté à l'État par les héritiers d'une ancienne famille noble qui excipaient de vieilles chartes antérieures à la conquête pour revendiquer la propriété d'un important morceau de ce beau domaine. Il faut croire qu'ils avaient foi dans la justice de leur cause, pour faire les frais d'un procès de cette envergure. Un avocat de Paris, dont je ne citerai point le nom, était chargé de soutenir leurs prétentions devant le Tribunal civil d'Altkirch. Pour donner le change sur son honnêteté, il affectait une grande piété et allait chaque matin à la messe. Or, pendant que l'affaire était engagée on apprit que le roublard, qui avait su se ménager ses grandes entrées aux archives départementales, en profita pour emporter chez lui de vieux titres qu'il falsifiait à l'insu de ses clients, pour les rendre favorables à sa cause, et dont il se faisait délivrer ensuite des ampliations. Il avait créé ainsi, de toutes pièces, des titres de propriété. On voit, dès lors quel eût pu être le résultat du procès, si le parquet, prévenu des agissements de l'homme de loi, n'y avait mis ordre en faisant procéder à l'arrestation du faussaire qui fut traduit aux assises et condamné à une peine sévère. Cette affaire, dont je n'ai conservé qu'un assez vague souvenir, m'avait été racontée dans ses détails par l'un des avoués de la cause ; elle fut encore un des nombreux scandales qui signalèrent les dernières années du règne de Louis-Philippe.

*
* *

L'été de 1846 était remarquablement beau. Les amateurs de longues promenades et d'excursions pittoresques pouvaient s'en donner à cœur joie. Un ami me proposa une excursion à Arlesheim, bourgade située dans les environs de Bâle et célèbre par ses sites romantiques. C'est un pays accidenté que dominent le rocher massif et les ruines du château de Mœnchenstein et traverse le torrent de la Birse (1). La matinée

(1) C'est là qu'eut lieu en 1891 l'épouvantable catastrophe du chemin de fer de Delle à Bâle, par suite de la rupture du pont de la Birse.

était radieuse : les champs de blés, aux tons dorés, s'étendaient à perte de vue des deux côtés de la route ; de grands cerisiers pliaient sous le poids de leurs fruits rouges, jetant leur note de vermillon incandescent sur le fond jaune des blés. Il s'en dégageait une impression inoubliable de nature riche et plantureuse. C'est de là que, dans les premiers jours de juin, nous venaient ces beaux bouquets de cerises précoces qui faisaient la joie des enfants et ne coûtaient qu'un sou (1).

En arrivant dans le petit vallon d'Arlesheim, on est frappé de l'aspect des belles collines boisées qui l'environnent, de la physionomie riante du paysage paraissant se refléter sur le caractère des habitants, tellement ils semblaient heureux de vivre dans ce petit coin privilégié. Nous visitâmes le magnifique parc ou labyrinthe, créé par la main de l'homme, dans un site rocheux égayé par une maison de plaisance où les parterres de fleurs et les jets d'eau rivalisaient avec les sentiers sinueux et les bouquets de sapins pour offrir à l'œil des perspectives toujours variées. Tout cela s'appelle l'*Ermitage*. Il n'est, certes, pas douteux que l'homme le plus blasé s'accommoderait d'une pareille Thébaïde. A défaut d'ermite en chair et en os, on y trouve du moins un moine décoratif qui donne l'illusion de la réalité aux visiteurs non prévenus. Par un sentier en spirale on monte au sommet d'une petite colline où l'on trouve une cabane en bois ; en poussant la porte, on est en face d'un vénérable capucin à barbe blanche assis à une table et ayant devant lui un livre ouvert. Ce capucin de bois, mû par un mécanisme mis en mouvement par la porte qui s'ouvre, retourne sa tête vers le visiteur et le salue de la main. C'est enfantin, sans doute, mais cela ne manque pas de charme dans cette solitude romantique.

M⁻ᵉ Balbine d'Andlau, propriétaire du château de Birseck, a fondé l'Ermitage d'Arlesheim en 1785. Le poète Delille l'a visité en 1793. En souvenir de son poème *l'Homme des Champs*, qu'il a écrit à Luppach, M⁻ᵉ d'Andlau fit ériger dans ce parc romantique, un monument à ce chantre de la

(1) Arlesheim est l'ancienne résidence du chapitre de la cathédrale de Bâle. Le père de M. Pflieger, ancien député d'Altkirch, en a été longtemps le receveur.

belle nature. (1) Elle se félicitait de disposer, pour ce monument, d'un lieu tout semblable à celui que le poëte désignait lui-même dans les vers suivants extraits de son poëme de l'*Homme des Champs* :

> « Si de l'art des vers quelque ami généreux
> Me consacre jamais de modestes hommages,
> Ah ! qu'il ne place pas le chantre des bocages
> Dans le fracas des cours ou le bruit des cités ;
> Vallons que j'ai chéris, coteaux que j'ai chantés
> Souffrez que parmi vous mon monument repose,
> Qu'un peuplier le couvre et qu'un ruisseau l'arrose.

Ce brave Delille a eu le monument de ses vœux : *Hoc erat in votis* ; il est là, dans cette aimable solitude, sur la rive d'un petit lac et ombragé d'un groupe de peupliers, d'où l'on jouit, dans la perspective lointaine de ce pays jurassique, de la vue du château de Landscron.

L'air de la montagne avait aiguisé notre appétit. Nous allons dîner à l'Hôtel du *Bœuf rouge* où nous attendait un plantureux menu agrémenté d'une rareté gastronomique que Brillat-Savarin n'eût pas dédaignée. C'étaient des bouchées à la moelle, quelque chose d'exquis, de fondant, de savoureux dont la pâte feuilletée faisait valoir les délices, une de ces lécheries à faire damner un prélat romain. En ajoutant que pour accompagner dignement ce chef-d'œuvre le maître d'hôtel nous servit une bouteille de vrai margraviat, que nous avons dégustée avec componction, j'aurai donné une idée complète de notre béatitude. L'homme est ainsi fait : certains repas extra se gravent bien mieux dans son souvenir que le plus palpitant discours académique. Jamais la reconnaissance de l'estomac ne se laissera prendre en défaut.

(1) Description de la solitude romantique d'Arlesheim. — appartenant à M. le baron d'Audlaw Birseck. — Bâle, imprimerie d'Emmanuel Tourneisen (sans date).

XXIV

Louis Chauffour. — Champagne électoral. — Le bourreau de Colmar. — Jules Favre. — Révolution de Février. — Suffrage universel. — L'arbre de la liberté.

Vers la fin de juillet 1846, M. Adam Pflieger, maire et député d'Altkirch, mourut après une courte maladie ; il laissait une réputation d'homme intègre, serviable, accessible à tous, ayant rendu de grands services à sa ville natale. La plus jeune de ses filles, avait épousé M. Louis Chauffour, avocat distingué et l'un des membres de cette célèbre famille de jurisconsultes de Colmar qui remontait au temps du Conseil souverain d'Alsace créé par Louis XIV. La légitime considération dont il jouissait le mit bientôt en évidence. Quand arriva la révolution de 1848, M. Chauffour sut se mettre au niveau des idées nouvelles et devint un des coryphées du camp républicain. M. Yves, le célèbre avocat d'assises, venait d'être nommé procureur général près la cour d'appel de Colmar ; il fit nommer M. Chauffour son avocat général, mais l'horizon politique s'étant assombri peu de temps après, M. Chauffour reprit sa robe de simple avocat et revint plaider le mur mitoyen à Altkirch, puis à Mulhouse jusqu'à l'époque de l'invasion. Nommé successivement conseiller, puis président de chambre, puis premier président de la Cour de Besançon, il trouva le couronnement de sa brillante carrière dans un poste de conseiller à la Cour suprême. Il est peu d'exemples d'une ascension aussi rapide aux sommets du temple de Thémis. Il mourut en 1887 à Paris, âgé d'environ soixante-dix ans.

La fille aînée de M. Pflieger avait épousé M. Gast, notaire, à Guebwiller qui fut le grand-père de M. G. Durrwell, aujourd'hui procureur de la République à Saïgon et devenu récemment collaborateur de la *Revue d'Alsace*.

M. Dominique Rolla fut nommé maire en remplacement de

M. Pflieger. Les récoltes n'ayant pas réussi en 1846, la classe pauvre eut beaucoup à souffrir pendant l'hiver et la principale préoccupation du nouveau maire, dès son entrée en fonctions au mois de novembre, fut de créer des travaux publics pour assurer des ressources aux ouvriers valides et d'organiser des distributions d'aliments pour les vieillards, les femmes et les enfants.

.·.

Les élections qui eurent lieu pour le remplacement de M. Pflieger comme député de l'arrondissement se signalèrent par des excès bachiques qui eurent un grand retentissement à la Chambre lors de la vérification des pouvoirs. Deux concurrents étaient en présence ; mais l'élection de M. André Kœchlin, riche industriel de Mulhouse, un des premiers et des plus habiles constructeurs de locomotives, était assurée d'avance.

Une des plus grandes figures de l'industrie alsacienne, il était un des nombreux fils de Jacques Kœchlin qui faisait vivre six milles ouvriers dans ses fabriques de Mulhouse et avait été en 1820, député du Haut-Rhin, siégeant à l'extrême gauche avec Lafayette et Dupont de l'Eure. Les grandes sympathies dont il jouissait dans le pays, jointes à la précaution qu'il avait prise de s'assurer d'une façon originale la reconnaissance des électeurs, lui donnèrent la grande majorité des voix. Le suffrage universel n'existait pas encore : les électeurs censitaires, tous gros bonnets de villages, payant plus de deux cents francs de contributions, étaient fiers d'aller faire de bons dîners et de sabler le champagne dans les hôtels de la circonscription, pas à leurs frais, bien entendu.

D'après la protestation adressée à la Chambre des députés on aurait dépensé quarante-quatre mille francs à ces agapes pantagruéliques. M⁰ᵉ Veuve Clicquot a dû se frotter les mains lorsque sonna le quart d'heure de Rabelais. Le nouveau député eut une dure pilule à avaler lors de la vérification de ses pouvoirs à la Chambre. Les journaux menaient grand train autour de ces quarante-quatre mille francs de champagne qui avaient causé un scandale énorme dans toute la France. Grangousier, le biberon légendaire, était dépassé du coup. Pourtant la Commission de la Chambre ne se montra pas bien sévère : elle ne proposa pas l'invalidation. M. Kœchlin était un personnage considérable et partant il avait beaucoup d'amis. Bref, après une défense très habile à la tribune où il protesta avec indignation contre les attaques dont il était l'objet et prétendit n'être pour rien dans la question du champagne ; il fut validé haut la main (1).

La ville d'Altkirch reconnaissante des sacrifices qu'il avait faits pour ses écoles et salles d'asile, lui exprima le désir de posséder son portrait pour le placer dans la salle du Conseil municipal. Flatté de cette démonstration, il s'empressa d'envoyer son portrait peint par Dubufe, père, un des premiers portraitistes de Paris du temps de Louis-Philippe.

* *

Un de ces crimes sensationnels qui impressionnent toute une contrée fut commis vers la fin de 1845, dans le village de Zillisheim, entre Altkirch et Mulhouse. Un nommé Thiébaut Knecht, cultivateur aisé, vivait en mauvaise intelligence avec un de ses voisins plus fortuné que lui. Mû par un de ses sentiments de jalousie féroce qui ne pardonnent pas aux autres leur prospérité, ou peut-être par le désir de s'approprier ses économies, il pénétra une nuit avec effraction dans son domicile, l'assomma à coups de trique ainsi que sa femme, puis croyant effacer les traces de son crime, mit le feu à la maison. L'éveil fut ainsi donné à la population ; on se rendit maître du feu et les deux cadavres furent découverts intacts. Accablé sous le poids des preuves Knecht fut condamné à mort et exécuté à Altkirch, le 7 mars 1846. Le curé d'Altkirch qui avait été auparavant curé de Zillisheim l'accompagna

(1) *Moniteur universel* du 21 août 1845, page 220.

jusqu'au pied de l'échafaud dressé sur la place de la halle. La guillotine était alors montée sur une estrade assez élevée à laquelle le condamné accédait par un escalier. Sous la plateforme entourée de planches dans sa partie inférieure, étaient placés le panier rempli de son et le cercueil destinés à recevoir le corps du supplicié. Le bourreau de Colmar, accompagné d'un de ses amis qui le suivait par pur dilettantisme, s'était rendu immédiatement après l'exécution, au café où il fit une partie de billard et se vanta de ne pas trembler en faisant ses carambolages.

* *

Nous eûmes pendant la même année, le plaisir d'entendre la voix éloquente de Jules Favre qui était venu plaider devant notre Tribunal dans un procès assez compliqué entre deux grands industriels de Mulhouse. Il donna, à cette occasion, une définition de l'honneur et de la probité en matière commerciale qui tint l'auditoire suspendu à ses lèvres, tant il avait su donner à sa pensée et à sa parole le charme transcendant de la haute éloquence. Plus tard, vers 1860, nous avons eu de nouveau l'occasion d'entendre Jules Favre à Colmar, plaidant dans le procès sensationnel intenté à un député du Haut-Rhin pour port illégal de la Légion d'honneur, et auquel des incidents d'audience, très inattendus, ont donné une saveur toute particulière.

* *

L'horizon politique était chargé de nuages en 1847. Les signes avant-coureurs de la chute prochaine du gouvernement de juillet commençaient à se manifester de toutes parts. Une vraie campagne fut menée tant à Paris qu'en province pour la réforme de la législation électorale. On n'allait pas jusqu'à demander le suffrage universel, ce rêve de quelques esprits avancés, mais on exigeait l'abaissement du cens électoral dans une mesure très large, de manière à permettre l'adjonction des capacités au corps des électeurs censitaires. Sourd à ces exigences modérées, le Gouvernement ne fit pas la moindre concession au vœu populaire et s'obstina à conserver intact le privilège des électeurs payant plus de deux cents francs d'impôts.

Des banquets réformistes, que dans le midi on appelait *rastels*, s'organisent partout. Ce fut un *tolle* général. Rien n'y fit. Décidément ce brave Louis-Philippe avait de mauvais conseillers. Un scandale énorme venait de se produire au sein même du ministère. MM. Teste, ministre de la Justice et Despans-Cubières, ancien ministre de la Guerre, s'étaient gravement compromis dans l'affaire des salines de Gouhenans. Ils furent poursuivis et condamnés en cour d'assises, et cette malheureuse affaire fit un tort immense au gouvernement. D'un autre côté le procès de Choiseul-Praslin, de cet horrible assassinat commis par le duc de Choiseul sur sa femme, qui était la fille du général Sébastiani, acheva de jeter un reflet sinistre sur la fin d'un règne dont les débuts avaient tant promis. A ce propos et comme digression historique, il est bon de rappeler que le général Sébastiani, avant de partir pour son ambassade de Constantinople, avait épousé la fille du duc de Coigny dont le château historique existe encore — mais combien délabré ! — sur le territoire de Brécy, près Coincy (Aisne). Née à Constantinople, Mlle Sébastiani fut amenée toute jeune accompagnée de sa nourrice turque, dans ce château où elle passa plusieurs années chez ses grands parents. Le château, devenu la propriété d'un israélite, est aujourd'hui inhabité.

On attend toujours sans grand espoir, l'autorisation de Mgr de Soissons, de le convertir en pensionnat pour les jeunes filles. Il faut avouer que les intérêts spirituels de ce pays, sont bien négligés ; car, à plusieurs lieues à la ronde, les églises manquent de desservants.

Le 24 février 1848, Louis-Philippe et sa famille étaient sur le chemin de l'exil. Ses admirateurs l'avaient nommé le *Napoléon de la paix*. Généreux sans excès, mais compatissant, aimé pour lui-même, versé dans les lettres et dans les sciences, il était fort au courant des progrès de toute espèce de notre siècle. Sa signature, modèle de calligraphie, peint l'homme méthodique et ami du beau dans ses moindres détails.

**

J'étais alors retombé dans ma maladie du gothique, espèce d'affection morale dont j'ai fini par guérir à force de volonté. Voulant écrire un nouveau missel en lettres gothiques, comprenant les quatre évangiles, avec encadrements et miniatures, je consacrai toutes mes soirées de 1847 et partie de celles de 1848, à écrire le texte à l'encre de chine. C'était tout simplement une besogne abrutissante et, en m'imposant la tâche journalière d'en écrire une colonne ou deux pour la rémission de mes péchés, je compris parfaitement que les moines miniaturistes du moyen âge aient cru gagner le ciel en s'attelant à de pareilles œuvres de mortification.

Le 25 février, à dix heures du soir, je travaillais tranquillement à mon missel quand soudain j'entendis éclater tout près de notre maison un bruit formidable de vitres cassées entremêlé de cris de : « Vive la République ! » C'étaient quelques jeunes gens amis du tapage qui venaient d'apprendre par le courrier de la malle-poste, la fuite du roi, la constitution d'un gouvernement provisoire et la proclamation de la République.

Dans le premier mouvement d'effervescence ils avaient lancé des pierres dans les vitres de notre voisin, l'inoffensif marchand de nouveautés Samuel Blum. Une patrouille de gendarmes s'empara de l'un d'eux et se mettait en devoir de le conduire à la prison voisine. Ses amis s'interposèrent en criant : « Lâchez-le, c'est un avocat ! » C'était en effet un avocat stagiaire professant les idées radicales, rêvant la régénération de la société par l'abolition de la gendarmerie, de la magistrature et des autorités civiles. C'était mal débuter, il faut en convenir, dans son apostolat anarchiste que de faire du tapage nocturne à propos d'une nouvelle politique qui lui donnait une première satisfaction en commençant par supprimer la royauté. On relâcha ce singulier jurisconsulte qui, dès lors, prit une part active à tous les conciliabules du parti radical. Cela ne l'empêcha point, vingt-cinq ans après, d'être nommé juge de paix. Que de fois il a dû sourire sur son siège en se rappelant son esclandre de 1848 lorsqu'il condamnait à l'amende ou à la prison les individus coupables de tapage nocturne !

...

La situation était critique. Les fonctionnaires publics, pris au dépourvu et sans instructions, ne savaient quel parti prendre. Il fallut donc assurer l'ordre public et le fonctionnement des services en constituant un comité provisoire chargé de pourvoir aux mesures urgentes ; car la population des campagnes environnantes se remuait et se préparait, disait-on, à faire passer un mauvais quart-d'heure aux Israélites nombreux dans le pays. Le Conseil municipal se réunit d'urgence et Charles Cassal proposa un projet de proclamation qui fut adopté et suivi de la nomination d'une commission provisoire qui commença à fonctionner immédiatement. Le sous-préfet et le procureur du roi se réunirent à elle et prirent part à ses délibérations. On rédigea les procès-verbaux de cette commission en même temps qu'une adresse au gouvernement provisoire portant adhésion des habitants d'Altkirch à la république.

Le *Moniteur officiel* nous apportait jour par jour, les décisions du Gouvernement qui confirmaient et organisaient le nouvel ordre de choses. Ce qui fit sensation ce fut la circulaire de Lamartine aux gouvernements étrangers. Ce document où l'élévation des idées rivalisait avec l'impeccable beauté de la forme, entrait dans des considérations humanitaires qui écartaient toute possibilité de conflit. La France, disait-il, maîtresse de ses destinées et de l'orientation de sa politique, entendait demeurer en paix avec toutes les puissances et ne porter aucune atteinte aux principes monarchiques qui les dirigeaient.

Cependant une sourde fermentation s'était produite dans la basse classe de la population. Des meneurs parcouraient les campagnes. Pour être prête à tout événement, l'administration fit appel à la garde nationale armée. Il était temps, car vers la fin de février des troupes de paysans, armés de gourdins et munis de sacs, s'approchèrent de la ville avec l'intention manifeste de piller les maisons des riches israélites et probablement aussi celles des autres. A toutes les entrées de la ville la garde nationale se porta au-devant d'eux et les repoussa avec la plus grande énergie, en menaçant les mutins de faire usage de ses armes. C'était la seule fois depuis 1831, que la garde nationale, jusqu'alors purement décorative, put rendre un service signalé. Dans l'intérieur de la ville, elle fut loin d'être aussi heureuse. Les populations de la vallée de l'Ill venaient de donner l'exemple du pillage à Dürmenach, cette petite Jérusalem du Sundgau, en saccageant plusieurs maisons, celle du maire entre autres, ainsi que la synagogue où elle lacéra la fameuse *Thora* ou le livre de la loi. Il n'en fallut pas plus pour ameuter la lie de la population d'Altkirch et la porter à des excès pareils. En effet, elle envahit la synagogue, brisa le mobilier et monta jusque sur la toiture dont elle enleva les tuiles. Tout cela se fit avec une telle rapidité que l'autorité et la garde-nationale ne purent pas intervenir utilement pour arrêter les premiers dégâts. Des procès-verbaux furent dressés par la police et la gendarmerie. On arrêta les principaux acteurs de ces scènes sauvages qui passèrent aux assises et furent condamnés à l'emprisonnement. Nous verrons plus loin les conséquences de ces émeutes au point de vue de la responsabilité des communes.

. . .

Quelques semaines après la révolution de février le clergé vint bénir l'arbre de la liberté que l'administration municipale venait de faire planter sur la place de la halle. Cet arbre était un peuplier (*populus*) transplanté en pleine sève dans un terrain peu propice. Au bout de deux ans il périt et ne fut point remplacé.

Les élections générales, pour la nomination de l'assemblée constituante, première épreuve du suffrage universel, eurent lieu au mois de mars. Tous les hommes âgés de vingt-un ans et non frappés d'incapacité légale étaient aptes à voter. C'était un dimanche : nous vîmes arriver en ville, drapeau tricolore en tête, les électeurs des vingt-huit communes du Canton. Le bureau avait été installé dans la halle aux blés. Tous ces paysans, émancipés de la veille, votèrent comme un seul homme, dans le plus grand calme. L'élection avait lieu au scrutin de liste pour le département tout entier. Aussi le dépouillement de ces milliers de bulletins fut-il très long, bien qu'on eût créé pour le faciliter, une dizaine de bureaux supplémentaires. Charles Cassal, récemment nommé maire et Charles Pflieger, horticulteur, fils de l'ancien député furent nommés représentants du peuple pour la circonscription d'Altkirch.

La commission provisoire restait en permanence à la mairie pour parer à tous les événements qui pouvaient se produire dans ces moments troublés. C'est alors, au mois de mai, que nous eûmes ce spectacle assez original des *Freischaaren* ou Corps francs, venant du Duché de Bade et, je crois aussi du Tyrol, pour fraterniser avec la Révolution française. C'était le résidu assez hétéroclite de ces bandes fanatisées par les sociétés démocratiques allemandes qui avaient fomenté l'insurrection dans le duché de Bade et le Palatinat et qui comptaient parmi leurs chefs Bornstett, Schimmelpfennig et Corvinus. A quel mobile obéissaient ces volontaires assez dépenaillés, ces *Freischœrler*, comme on les appelait ? Question obscure que je n'ai pas cherché à approfondir et à laquelle M. L. Spach, archiviste du Bas-Rhin a consacré un récit fort intéressant dans la *Revue d'Alsace* de 1849. Toujours est-il que le sous-préfet, qui devait avoir des ordres, invita le Maire à leur donner des billets de logement chez l'habitant et, je crois aussi, des secours de route pour se diriger vers l'intérieur. J'ai vu défiler quelques-unes de ces colonnes qu'accompagnaient de très-accortes vivandières.

Notre époque positive et matérialiste se fait aujourd'hui une singulière idée de ces prétendus naïfs, de ces prétendus jobards qui ont fait la Révolution de 1848, cette explosion subite d'idées généreuses contenues depuis longtemps dans l'âme de ces hommes énergiques, les Odillon Barrot, les Garnier-Pagès, les Dupont de l'Eure, les Ledru-Rollin, les Lamartine, les Michel de Bourges, les François Arago. Pas si naïfs que cela ces grands libéraux, ces ouvriers de la première heure, dont l'œuvre humanitaire a bouleversé la vieille Europe et même l'Amérique, a fait trembler les trônes et attiré vers Paris, dans un élan d'espérance, les regards de tous les opprimés. Ces hommes-là, convenons-en, avaient quelque chose dans le cœur et dans le cerveau.

La fête de la plantation de l'arbre de la liberté eut lieu au mois de mai. C'était une occassion pour les habitants de manisfester leur attachement aux insiitutions nouvelles par des démonstrations enthousiastes. Le programme comprenait une retraite aux flambeaux, avec revue des sapeurs-pompiers, illuminations et bal. Au balcon de l'Hôtel-de-ville s'étalait un grand transparent symbolisant la devise républicaine sous la forme de trois femmes plus hautes que nature et drapées en bleu, blanc et rouge. La *Fraternité* occupait le milieu de la composition et reposait ses bras sur les épaules des deux autres ; La *Liberté* était coiffée du bonnet phrygien et l'égalité portait le niveau.

Comme si l'avènement de la république devait amener du coup la fusion complète des classes, le grand bal qui termina cette journée fut une singulière mosaïque où les toilettes de la société élégante faisaient contraste avec celles plus modestes de la classe ouvrière. Chose tout-à-fait typique, je vis la femme de notre nouveau sous-préfet danser avec un ouvrier en blouse.

M. Bret, préfet du Haut-Rhin, avait été remplacé par M. Antoine Struch, représentant du peuple, avec le titre de commissaire du gouvernement. M. Charles Gérard, avocat à Colmar, écrivain distingué et auteur de l'intéressant livre intitulé *L'ancienne Alsace à table*, avait été nommé sous-commissaire du gouvernement à Altkirch, où il ne resta pas longtemps : il fut remplacé par M. Weipert, venu de la Haute-Saône.

XXV

Agape démocratique. — Cavaignac et Bonaparte. — Les timbres-poste. — Émeutes. — Crémieux à Altkirch. — Réaction. — Le peintre Dauphin. — Fondation de la « Revue d'Alsace ». — Charles Cassal.

La constitution républicaine venait d'être votée, dans le courant de l'automne, par la Chambre, et sa proclamation solennelle, le 19 novembre 1848, devait être l'objet d'une nouvelle fête populaire. Cette fois on organisa un banquet monstre dans la salle de la halle et le prix en fut fixé à 1 fr. 50 seulement pour le rendre tout à fait démocratique. Bien que le gigot aux pommes de terre formât la partie capitale du menu, d'où le champagne, boisson trop aristocratique, était exclu et pour cause, l'hôtelier chargé du repas, ne dut pas faire grand bénéfice sur les trois cents convives de cette agape de prolétaires. L'entrain et la bonne humeur suppléaient à l'absence de plats distingués et il y eut une grande consommation de discours et de toasts patriotiques, en guise de dessert.

L'agitation recommença en 1849 lorsqu'il s'agit de nommer le président de la république. Le général Cavaignac, qui avait eu le pénible rôle de réprimer la terrible insurrection de juin, était le concurrent de Louis-Napoléon Bonaparte. A Altkirch même, presque tout le monde vota pour Cavaignac, mais on

(1) Voy. pp. 433-465 du trimestre Octobre-Novembre-Décembre 1893 et pp. 24-60 du trimestre Janvier-Février-Mars 1895.

prévoyait, dans les campagnes, une forte majorité en faveur du neveu de l'empereur qui avait pour lui le souvenir de la légende napoléonienne restée vivace dans notre pays frontière.

Tous les honneurs pleuvaient sur mon ami Charles Cassal. Député, maire et membre du conseil général, il ne tarda pas à gravir les flancs de la Montagne dans une Chambre de plus en plus houleuse. Le parti bonapartiste, aidé du clan réactionnaire de toutes nuances, s'appliquait comme le termite à miner sourdement l'édifice encore peu solide du gouvernement républicain. En prenant possession de la présidence, le prince Louis prêta solennellement serment à la Constitution. Les ouvrages, empreints de libéralisme et de théories sociales, qu'il avait écrits à la prison de Ham, l'avaient entouré d'un certain prestige.

.

En 1849 les timbres-poste firent leur première apparition en France. L'Angleterre et la Belgique nous avaient précédé dans l'application de cette nouveauté qui eut une influence prodigieuse sur la multiplication des correspondances. Jusque là l'administration des postes avait imposé des taxes énormes au transport des lettres. La France était divisée en zônes dont Paris était le centre. A mesure que les cercles de ces zônes s'éloignaient de Paris, la taxe augmentait. Ainsi une lettre partie d'un point quelconque de l'Alsace pour Paris, payait 70 centimes ; pour Nantes ou pour Rennes 1 franc, si je ne me trompe ; pour Brest, Landerneau ou Paimpol, 1 fr. 30. C'était abusif, et l'on comprend combien peu cet état de choses purement fiscal était fait pour stimuler le goût des correspondances. On n'avait pas encore compris jusqu'alors que le moyen d'augmenter, dans une forte proportion, le produit du monopole postal, c'était de diminuer la taxe des lettres et de la rendre uniforme sans égard aux distances. Du coup, la taxe d'une lettre pour toute la France fut réduite à 20 centimes et cette concession généreuse amena *ipso facto* une augmentation très sensible du revenu général des postes qui ne fit que progresser par la suite.

Donc, en 1849, nous fûmes gratifiés de deux timbres

l'effigie de la République, l'un de 20 centimes, noir sur fond blanc, pour l'intérieur, l'autre de 1 franc rouge, qui furent gravés par Barre et imprimés par Hulot à la Banque de France. On ne les vendait que dans les bureaux de poste. Il fallait les détacher l'un de l'autre au moyen de ciseaux ; mais, dès le début, ils furent gommés. On ne tarda pas à supprimer le timbre noir comme impratique en ce sens qu'il était difficile à oblitérer. On le remplaça par un timbre bleu qui est resté le type définitif du timbre le plus employé. En 1850 on créa trois nouveaux timbres, le bleu de 25 centimes, le bistre de 20 centimes et le vert de 15 centimes.

Après le coup d'État de 1851, mais avant le plébiscite, le prince président se fit représenter sur ces timbres (12 août 1852). La tête de Louis-Napoléon y était représentée surmontée des mots « République française ». L'empire nous donna son timbre peu différent du précédent : l'exergue seul changea. En 1861 M. Susse, le maroquinier de la place de la Bourse, inventa une machine à picoter le pourtour des timbres, ce qui permit de les détacher sans le secours des ciseaux. Le troisième changement eut lieu en 1863. Napoléon III y fut représenté la tête laurée.

Dès le 4 septembre 1870, on remit en usage le type de 1849 à l'effigie de la République. Enfin, en 1876, le type actuel le remplaça par décision du ministère Dufaure. La paix et le Commerce se donnant la main sur le globe terrestre forment une très jolie vignette symbolique ; mais on se fatigue bien vite des jolies choses, tant l'amour du changement est dans le tempérament national. Au mois de mai 1894, un concours a été ouvert pour la création d'un nouveau type, mais n'a donné aucun résultat.

Le plus artistique des timbres français, créé récemment pour la colonie d'Obock (Mer rouge) est triangulaire et représente, au premier plan, un chameau monté par un indigène auprès duquel est un autre indigène armé d'un bouclier : un troupeau de chameaux s'aperçoit à l'horizon. Ce timbre devant servir à affranchir des lettres destinées à des parages périlleux, coûte 10, 15 et 50 francs suivant les difficultés du transport dans l'intérieur du pays, situé sur la côte peu hospitalière des Somalis. Ce sont là de vrais billets de Banque minuscules.

.˙.

Vers la fin de 1849 on commençait à apercevoir quelques signes précurseurs de la réaction qui devait emporter la république. Peu de gens avaient foi dans sa durée, l'esprit monarchique étant trop profondément enraciné en France et l'élément bourgeois et terrien étant trop puissant pour se laisser supplanter, du jour au lendemain, par un régime égalitaire. Malgré les prédications des utopistes et la propagande des journaux avancés, la réaction employait la sape et la mine pour détruire l'édifice républicain si laborieusement construit. La population juive pensait que le moment était venu d'intenter à la ville d'Altkirch et à la commune de Dürmenach, un procès en réparation des dommages qu'elle avait subis par le fait des émeutes de février 1848. Ce procès était gagné d'avance. En effet, la loi de vendémiaire an IV édictant la responsabilité des communes, n'en affranchit celles-ci que quand elles peuvent prouver que tous leurs efforts pour empêcher les désordres et pillages, ont échoué devant la force majeure.

Les communautés israélites choisirent pour leur défenseur le fameux avocat Adolphe Crémieux, un personnage éminent, membre du gouvernement provisoire, qui vint plaider devant le tribunal d'Altkirch. Les deux communes avaient confié leur défense à Mᵉ Louis Chauffour, du barreau d'Altkirch, jeune jurisconsulte aussi habile qu'éloquent. Une foule nombreuse se pressait dans la salle d'audience pour entendre le célèbre avocat juif dont la réputation n'était plus à faire. Mᵉ Crémieux — ce n'était pas sa faute — était loin de briller par la beauté plastique. Il y avait même quelque chose de peu avenant dans sa face simiesque, au nez camard, à la bouche lippue et largement fendue. C'était, en un mot, un spécimen assez peu réussi de cette race dont quelques types sont beaux à défier l'art grec. Il avait le geste théâtral et cassant et pour donner à ses arguments, servis par une voix de stentor, cette pénétration et cette ampleur qui subjuguent l'auditoire, il frappait la barre à coups de poing avec une telle violence que toute la salle en tremblait. Nous n'étions pas habitués à une pareille fougue d'éloquence. Dans ce genre à part Mᵉ Crémieux était un virtuose. La veille de l'audience il avait pris des notes nombreuses dans le cabinet de l'avoué, Mᵉ Wendling : ces notes devaient lui servir de jalons pour son plaidoyer. Le lendemain matin, au moment d'aller plaider, il jeta toutes ces notes au feu, disant à l'avoué qu'elles lui étaient inutiles et que sa mémoire saurait y suppléer. En effet, il n'avait dans ses mains, aucun dossier.

Mᵉ Chauffour ne se laissa pas intimider par cette scène théâtrale au cours de laquelle Mᵉ Crémieux rappela qu'il avait plaidé récemment en Syrie, devant le pacha de Damas, pour un correligionnaire accusé d'un crime rituel et qu'il avait sauvé son client. La question juridique fut remarquablement traitée par Mᵉ Chauffour et quand son adversaire vint y mêler la question religieuse, qui n'était pas en jeu, il eut un mouvement pathétique. « Un chrétien, dit-il, sait mourir sur les marches de son temple », faisant ainsi allusion à la population de Dürmenach qui, le maire en tête, s'était sauvée en Suisse sans chercher à défendre ni ses foyers ni son temple. Mais ce mouvement oratoire, que je ne cite que pour montrer la vivacité de la discussion, ne pouvait atténuer en rien la violence des voies de fait et pillages reprochés aux émeutiers.

Les communes, cela va sans dire, furent condamnées à de fortes indemnités ; le jugement des premiers juges fut confirmé en appel et l'on dut voter des centimes additionnels pour faire face aux paiements.

*
* *

Au commencement de 1850, l'agitation réactionnaire devint de plus en plus apparente. La présidence de la République s'entourait d'hommes nouveaux prêts à toutes les compromissions. On changea petit à petit le personnel administratif en province. Les sous-commissaires nommés par le gouvernement provisoire furent remplacés par des sous-préfets sur le dévouement desquels on pouvait compter. A Altkirch M. Thinus remplaça M. Weipert. Les commissaires de police aussi, furent triés sur le volet. Cependant quelques clubs de radicaux continuaient à fonctionner dans l'arrondissement : ils furent traqués comme ennemis de l'ordre public.

Un beau matin, par ordre du parquet, on arrêta au saut du lit M. Louis Chauffour, l'éminent jurisconsulte dont je viens de parler et quelques autres honorables citoyens, qui tous furent transférés, le lendemain, au fort de la Justice à Belfort. Je me rappelle l'impression pénible que nous causèrent ces persécutions dont personne ne pénétra les vrais motifs et qui ne semblaient avoir été perpétrées que dans un but d'intimidation et pour faire sentir la poigne d'une autorité tutélaire. On s'indignait de voir traité comme un vulgaire criminel M. Chauffour, un homme distingué auquel on ne pouvait reprocher que ses opinions avancées mais non subversives. Le maire Ch. Cassal fut destitué sous un prétexte futile et remplacé par M. F. Laurent, avocat. Le préfet du Haut-Rhin, M. Fawtier, avait été remplacé par M. de Durckheim-Montmartin, et celui-ci par M. César West, un ami dévoué du sénateur baron de Heeckeren qui jouissait alors d'une grande influence auprès du prince-président.

* *

La situation, on le voit, était tendue et on en profita pour noircir la population d'Altkirch dans les hautes sphères gouvernementales. Pour la punir on y envoya en garnison deux bataillons d'infanterie commandés par le colonel Racine. Le général Magnan, qui joua un rôle actif dans le coup d'État, vint même à Altkirch inspecter cette garnison. En recevant la visite des autorités à l'hôtel de la *Tête d'Or*, il prit vis-à-vis d'elles une attitude hautaine et menaçante, devant laquelle le maire et ses adjoints se renfermèrent dans la dignité du silence.

Loin de protester contre ce cantonnement militaire, la population fut, au contraire, très aise d'en recueillir les bénéfices. Cela faisait, comme on dit, marcher le commerce. Deux fois par semaine on entendait une excellente musique et l'animation que procurait à la ville cette garnison inattendue, fit oublier bien vite le motif qui l'avait amenée.

*

Sous le gouvernement de la présidence, la ville d'Altkirch avait reçu, comme cadeau de l'Etat, le grand tableau du maître autel de l'église, peint par M. Dauphin, de Belfort, et représentant *l'Assomption de la Vierge*. Cette peinture, inspirée par la fameuse Assomption de Murillo, du salon carré, était conçue dans un style différent. Quoique M. Dauphin ne fût pas un artiste de grande envergure, son œuvre, largement brossée, n'en a pas moins beaucoup de mérite en ce sens qu'elle tient fort bien sa place et a un caractère très-décoratif. Le conseil de fabrique put aussi, au moyen de quelques dons pieux, commander à M. Oster, peintre à Strasbourg, deux tableaux consacrés à la légende de St Morand et de St Sébastien. Un peu plus tard il lui vint encore deux bonnes aubaines pour continuer la décoration picturale du chœur et du transcept. Mon ami et ancien élève Henner, pour se perfectionner dans le genre qui avait ses préférences, venait de copier au Louvre le *Christ en croix*, de Prud'hon, la dernière œuvre du grand maître, qui a laissé tant de chefs d'œuvre. Bien qu'il eût pu vendre ce tableau à l'Etat pour un musée de province, il préféra le donner à l'église d'Altkirch, pour y laisser un souvenir de ses premières études dans cette ville. La copie d'Henner reproduit l'original à la perfection et déjà, dans cette œuvre de sa jeunesse, apparaît sa tendance à exalter la lumière.

Presque à la même époque l'église avait reçu un autre tableau, le *Couronnement d'épines*, du Titien, dont la copie avait été faite par M. Louis Kévrin, peintre amateur à Paris, et allié par sa femme à la famille Cassal. M. Kévrin, attaché à l'intendance des biens du duc d'Aumale, consacrait ses rares loisirs à la peinture et y avait acquis un certain talent, ce dont témoigne sa copie du Titien.

*

Le clocher de notre église venait d'être pourvu d'une belle horloge sortant des ateliers de la maison Schwilgué, de

Strasbourg, dont le nom rappelle le célèbre mécanicien qui restaura et perfectionna l'horloge astronomique de la cathédrale de Strasbourg, une des merveilles du genre. Il ne restait donc plus qu'à effectuer la dédicace solennelle. Cette cérémonie eut lieu le 21 mai 1850 sous la présidence de l'évêque de Strasbourg.

La *Revue d'Alsace* venait d'être fondée à Colmar par mon ami et ancien condisciple Joseph Liblin, avec le concours de M. Zurlinden, le père du ministre de la guerre, qui y écrivit, en 1850, une remarquable étude économique sur l'institution des caisses d'épargne au point de vue du crédit agricole. M. Ravenez, rédacteur du journal *Le Progrès*, venait de publier une traduction française de l'*Alsatia illustrata* de Schœpflin, recueil de documents précieux pour l'histoire de notre pays, auquel il ajouta de nombreuses notes. On avait trouvé dans les vieilles chartes de nos archives des sources inédites. Une phalange de travailleurs se mit résolûment à l'œuvre.

M. Liblin encouragea beaucoup ces tentatives et leurs essais furent accueillis, sinon avec indifférence, du moins avec beaucoup de bienveillance. Je donnai à la *Revue* un petit travail sur le *Musée de Bâle*, consacré à l'étude des œuvres d'Holbein, puis les *Esquisses historiques du comté de Ferrette*, travail de longue haleine qui occupa mes rares loisirs jusqu'en 1853. J'alternais ce travail avec la composition d'un nouveau manuscrit illustré, *l'Imitation de Jésus-Christ*, qui devait être le dernier de mes essais assez singuliers et peu explicables de résurrection des vieux missels du moyen âge, un impardonnable anachronisme.

Pendant que je m'occupais de ces petits travaux artistiques et littéraires, une propagande effrénée se faisait dans nos campagnes en faveur d'une restauration impériale. On y distribuait à profusion une biographie avec portrait du prince président dont les sourdes menées gagnaient chaque jour du terrain. Enfin le coup d'état du 2 Décembre, si laborieusement préparé, vint, par son sinistre éclat, donner raison aux appréhensions des gens clairvoyants. Les massacres du boulevard Montmartre, les exécutions sommaires au Champ-de-Mars, les barricades du faubourg du Temple où les défenseurs de la République improvisèrent une résistance qui n'avait pas pour elle les sympathies des classes ouvrières, et où se fit tuer inutilement le représentant Baudin, les déportations et les exécutions en province, toutes ces pages sanglantes devinrent la préface du second empire. Dans *l'Histoire d'un crime*, Victor Hugo raconte toutes les péripéties de ce guet-apens, que le gouvernement eut l'audace de présenter comme une mesure de salut public aux populations consternées. Il s'était rendu avec Baudin, Charles Cassal, Michel de Bourges, Schœlcher, et plusieurs autres représentants au faubourg Saint-Antoine pour soulever la population ouvrière qui demeura sourde à leurs exhortations : il dut, avec ses collègues, prendre le chemin de l'exil.

En vertu d'ordres venus d'en haut, le sous-préfet Thinus envoya aux maires de l'arrondissement une circulaire invitant les municipalités à adhérer à la *grande mesure*, c'est-à-dire au coup d'état. Le paysan ne comprenait rien à ces criminelles roueries. Tout le monde s'inclina comme un seul homme devant celui qui, durant dix neuf ans, devait tenir la France sous le joug et la mener aux plus cruels désastres.

* *

Charles Cassal s'était réfugié à Londres, pensant que l'orage déchaîné sur la France ne durerait pas longtemps. Il dut, en attendant, s'occuper de se créer des moyens d'existence. Outre ses connaissances en droit et en jurisprudence, il possédait un fonds sérieux de notions historiques, littéraires et philologiques ; ce qui lui facilitait les moyens d'exercer le professorat et même d'ouvrir un cabinet d'avocat consultant. Mais il y avait une grande difficulté à vaincre, c'était la langue. Il se mit donc à l'étudier avec cet entraînement passionnel que les natures bien douées savent apporter dans toutes leurs entreprises. Sa connaissance du latin et de l'allemand lui facilita la tâche et bientôt, devenu maître de l'idiome et surtout de la prononciation, il put plaider devant les tribunaux anglais comme un naturel du pays, coiffé de la perruque en filasse qui donne aux avocats anglais un air moyen âge et tout à fait grotesque. Il donna en même temps des leçons de littérature française et fut bientôt nommé, au concours, professeur de langues et examinateur au collège de l'Université (*University College*) de Londres, peu après examinateur à l'Académie militaire de Woolwich et au collège royal naval. C'est lui qui présida l'examen où fut admis comme officier anglais, l'ex-prince impérial Louis-Napoléon-Eugène, qui alla se faire tuer au pays des Zoulous.

Durant cette longue période d'activité — de 1852 à 1885 — Charles Cassal devint une des personnalités les plus en vue du corps professoral de Londres où il avait pour collègues Valentin, l'ancien préfet de Strasbourg et J. Karcher, de Sedan. Il publia plusieurs ouvrages pédagogiques résolvant, avec clarté et méthode, toutes les difficultés grammaticales de la langue française, s'efforçant de faire apprécier de ses élèves le génie particulier de notre littérature si difficilement accessible à la race anglo-saxonne.

L'amour de la patrie lui était resté fortement rivé au cœur, et, une fois l'amnistie proclamée, il venait chaque année avec sa famille, faire un pèlerinage à Paris et dans notre chère Alsace. A Londres il était le centre attractif des sociétés françaises, réconfortant de sa parole sympathique tous ceux que travaillait la nostalgie du pays natal. En 1881, sur la proposition de l'amiral Pothuau, alors ambassadeur de France à Londres, il fut nommé chevalier de la Légion d'honneur. Il s'était marié en secondes noces avec sa cousine Victoire Cassal, de Ferrette, et laisse six enfants dont l'aîné, Charles, est professeur de chimie.

Cassal est mort debout, le 11 mars 1885, emporté par une de ces attaques subites qui frappent à l'improviste les natures surexcitées par un travail sans trêve. Il a été inhumé au cimetière de West-Hampstead en présence d'une affluence considérable de notabilités et d'amis.

La dernière publication de Cassal était une conférence faite le 2 janvier 1885 au Congrès des professeurs français sous ce titre : *Situation et avenir de l'étude du français en Angle-*

terre. Dans ce travail, où domine une note triste, il s'élève contre l'usage, qui tendait à s'introduire, de confier l'enseignement de notre langue à d'autres qu'à des Français.

« Nous avons ici, dit-il, des devoirs, surtout des devoirs patriotiques à remplir. A côté de nos devoirs de famille, se trouve notre devoir envers la France et l'Angleterre. C'est nous qui formons le chaînon reliant les deux nations parce que nous avons pénétré et que nous pénétrons chaque jour davantage dans le cœur même du peuple anglais, en pénétrant jusqu'à son foyer domestique.

« Nous ne faillirons pas à notre devoir. Sachons l'accepter tout entier, dans l'intérêt de l'Humanité, dans l'intérêt du peuple au sein duquel nous vivons, dans l'intérêt de la patrie notre vénérable, généreuse et bien aimée France. »

J'ai connu les trésors de tendresse de ce grand cœur. Mes regrets affectueux le suivent au-delà de la tombe.

* *

J'avais recueilli une grande quantité de documents pour mes *Essais historiques* sur le comté de Ferrette, dont la publication devait commencer bientôt dans la *Revue d'Alsace*. M. Quiquerez, de Delémont, et M. Trouillat, bibliothécaire de Porrentruy, possédaient des manuscrits précieux pour mon étude. Ils mirent la plus aimable complaisance à me les communiquer. D'un autre côté j'ai pu puiser largement dans le manuscrit encore inédit de le *Coutume de Ferrette* que possédait M. le notaire Desgrandchamps. Recueil particulièrement curieux, ce règlement de la vie publique et privée des anciens habitants du comté de Ferrette, nous montre la discipline de fer sous laquelle les faisait plier l'Autriche catholique, siège du Saint-Empire romain qui a produit ces êtres néfastes que l'histoire connaît sous les noms de Charles-Quint, de Philippe II et de.... Torquemada. Ce code draconien édictait des peines sévères contre ceux qui manquaient aux offices de la paroisse, qui fréquentaient le cabaret le dimanche ou qui, lors des repas de baptêmes ou de noces, excédaient le quantum de plats permis. Le bourreau lui-même était tenu de produire un certificat de bon catholique pratiquant, avant d'être investi de ses fonctions suprêmes.

**

Bien avant le mouvement démocratique inauguré en 1848, et sous cette monarchie orléaniste signalée par toutes les inventions nouvelles dont j'ai parlé, nous avons à mentionner aussi les premières tentatives qui ont amené peu à peu l'étude et le développement de la science microbienne. Ceux qui, comme moi, ont fait usage des cigarettes de camphre de Raspail, en 1845, ceux qui suivaient les recherches de ce savant dans son *Manuel annuaire de la santé*, se rappellent qu'il attribuait toutes les maladies à des micro-organismes qu'il désignait sous le nom d'*helminthes* ou *entozoaires*, espèces de vermicules microscopiques dont l'action pernicieuse sur le sang et sur l'organisme interne étaient, selon lui, la cause efficiente de toutes les affections morbides dont souffre l'humanité. Il préconisait l'usage du camphre comme antidote à cette intoxication continue. De là aux théories microbiennes qui dans, ces derniers temps, ont fait la réputation de Pasteur et de ses disciples, il n'y avait qu'un pas. Les recherches de Raspail dans le domaine mystérieux des infiniment petits ont étendu le champ des découvertes possibles dans ce monde de l'inconnu où des atomes invisibles sont les agents de la vie de la mort.

Il serait donc injuste de laisser tomber dans l'oubli le nom du premier initiateur de cette science, bien que certains médecins en contestent les résultats curatifs ; cette science de la culture des bacilles, et de la vaccine microbienne qui permet de guérir la rage et le croup, et dont les inventeurs ont bien mérité de l'humanité, nous réserve peut-être de plus grandes surprises encore.

XXVI

Sépultures gallo-romaines. — Champs lunaires. — Passage des Alpes. — Alcide Georgel et le blason. — En Crimée. — Mulhouse chef-lieu. — L'immaculée Conception. — Les deux Conseillers de Neyremand père et fils.

Au début de ces mémoires je rappelais qu'il restait dans le sol alsacien de nombreux vestiges de la période gallo-romaine à laquelle se rattachent les origines ethniques de la population alsacienne, origines dont l'empreinte profonde continue à subsister dans la masse du peuple. J'ai rencontré souvent des preuves matérielles de ce fait, montrant jusqu'à l'évidence, que notre vieille terre alsacienne était gauloise. En voici une nouvelle preuve. Dans le courant de l'été de 1851 ou 1852 j'appris qu'on venait de découvrir plusieurs sépultures très-anciennes dans le petit village de Bettlach (canton de Ferrette) qui forme une seule paroisse avec le village voisin de Linsdorf. On avait fait des fouilles pour une construction, près du cimetière moderne de Bettlach et l'on avait mis à découvert une série de tombes formées de dalles juxtaposées et renfermant des squelettes de grande taille bien conservés. A côté des squelettes on trouva des armes rouillées, glaives à poignées de bois recouvertes de métal, fers de lances de divers modèles, et plusieurs médailles ou monnaies de bronze et d'argent, remontant les unes à l'époque gallo-romaine, les autres à la période carlovingienne, en outre des boucles de ceinturons et des agrafes en bronze incrustées de dessins en argent. M. Auguste Klenck, alors professeur au collège d'Altkirch, se rendit sur les lieux et obtint du maire de Bettlach le don de ces vieux objets pour le musée départemental. Il les déposa provisoirement entre mes mains, et après un nettoyage sommaire qui me permit de déchiffrer les exergues, j'écrivis une petite notice documentée qui fut reproduite par l'*Industriel alsacien* de Mulhouse. Les médailles de bronze étaient à l'effigie de l'empereur romain Probus (276-282 de notre ère) qui s'opposa aux ravages des Germains en Gaule. La découverte de ces médailles ou monnaies dont l'exergue portait : VIRTVS PROBI IMPERATORIS, indique qu'il y eut au troisième siècle, sur l'emplacement de Bettlach et de Linsdorf qui s'appelait anciennement *Liliskirch* et *Lunaris-kirch* (1) une rencontre entre les Romains et les Germains. Après les Romains, on enterra dans cette nécropole, au IX° siècle, des soldats lorrains, comme le prouve la découverte de nombreuses monnaies d'argent à l'exergue de Lothaire Ier, petit fils de Charlemagne, roi de Bourgogne, d'Italie et de Lorraine.

Je m'empressai d'envoyer ces précieux documents historiques à M. L. Hugot, conservateur du musée de Colmar, qui les classa dans la galerie archéologique et numismatique déjà très riche en collections des époques gauloise et gallo-romaine.

* *

Ce qui avait fait un tort énorme à la république naissante, ce fut le malencontreux impôt de quarante cinq centimes voté par le gouvernement provisoire pour faire face à toutes les exigences d'une situation difficile. Augmentez les impôts du bourgeois et du paysan, vous vous en faites des ennemis irréconciliables. Cette impression fâcheuse devint la principale force du parti bonapartiste. Aussi le plébiscite donna-t-il une majorité formidable à l'empire. Les millions de suffrages qui se portèrent sur la tête de Louis Bonaparte ajoutèrent au prestige du choix populaire une autorité presque absolue que l'institution du corps législatif et du sénat vinrent pondérer plus tard.

(1) Cette appellation tirait évidemment son origine du mot latin *Lunarii* signifiant hommes de condition servile, ainsi appelés parce que, à chaque lune, ils étaient tenus de travailler pour leur seigneur et de cultiver les champs appelés *lunaires* (V. Glossaire de Du Cange.) Pendant les invasions de 1813 et de 1815, les officiers autrichiens portaient sur eux de petites cartes du pays sur lesquelles les noms des localités étaient orthographiés à la manière ancienne. Ainsi, sur une de ces cartes, que j'ai eue entre les mains, Linsdorf était désigné sous le nom de *Liliskirch*. Bizarre, n'est-ce pas ?

La proclamation de l'empire fut célébrée en grande pompe. Les patriotes et les libéraux, pour ne pas s'exposer à être envoyés en villégiature à Lambessa ou à Cayenne, voire même aux Iles Marquises, avaient mis prudemment leur drapeau en poche. M. Couchepin, père, qui avait assisté à la bataille de Leipzig comme garde d'honneur volontaire de Napoléon Ier, était alors maire d'Altkirch. Il avait conservé une belle médaille de bronze, frappée d'après le dessin du peintre David, en souvenir du passage des Alpes par l'armée française, en 1800, avant la bataille de Marengo. Napoléon, à cheval sur un rocher, lançait la foudre, d'un geste superbe, sur un ennemi invisible. Cette allusion menaçante pour l'Autriche, semblait répondre à la situation d'alors. Elle servit de thème à un transparent que peignit un de mes amis intimes à la demande de M. Couchepin, et qui, placé sur le balcon de l'hôtel-de-ville, produisit au feu des lampions un effet assez imposant.

...

Il y avait alors, dans notre modeste bourgade, toute une colonie de fonctionnaires et une société indigène formant un centre de relations agréables. A ces éléments de sociabilité il manquait un lieu de réunion où jeunes et vieux fussent certains de trouver bonne compagnie avec salon de conversation et de lecture. M. Alcide Georgel, contrôleur des contributions directes, jeune homme bien doué au point de vue de l'éducation et de l'instruction, réussit à grouper toutes les bonnes volontés et à créer un casino au faubourg de Mulhouse. Dans le jardin qui montait par gradins vers la place de l'église, on avait établi des corbeilles de fleurs, des massifs avec sièges rustiques. La société musicale venait y donner des concerts auxquels assistaient les familles des membres du Casino. On improvisait de petits bals sur la pelouse, et dans ces valses au clair de lune, il s'ébauchait parfois de petites idylles dont le dénouement, auréolé d'azur, avait lieu devant Monsieur le Maire.

Georgel, qui était originaire de Vagney près d'Epinal

s'était passionnément épris de l'histoire des anciennes familles de Lorraine : il avait un gros volume rempli d'écussons armoriés et c'est chez lui que j'appris à lire la langue bizarre du blason. Il publia, plus tard, un gros volume héraldique intitulé : *Les anciennes familles de Lorraine titrées par le premier empire.* Les généalogies de ces familles, appuyées de notes historiques sur leurs faits et gestes, et de gravures très-bien exécutées représentant leurs armoiries, font de cet ouvrage d'érudition un répertoire précieux pour l'histoire de la province. Sa fille y collabora en dessinant les modèles des gravures. En ajoutant que ce livre de grand luxe sort des presses de la maison Hérisey, d'Evreux, une des premières typographies de France, c'est dire que son exécution matérielle ne laisse rien à désirer.

Entre temps j'avais terminé, dans la *Revue d'Alsace*, mon long travail historique sur Ferrette. Il débutait par une description du vieux château féodal devenu la propriété de M. Jean Zuber, de Rixheim, le fabricant de papiers peints bien connu, qui avait su donner à cette ruine l'aspect riant d'un site romantique. M. Zuber y avait fait construire un chalet où il allait passer la belle saison avec sa famille. Sa veuve fit faire un tirage à part de ma notice sur Ferrette et j'en publiai, plus tard, une nouvelle édition revue et augmentée.

Si, dans un siècle d'ici, on venait à retrouver tous les missels plus ou moins gothiques, œuvres mortifiantes de ma jeunesse, les archéologues de l'avenir ne manqueront pas de dire qu'ils sont le produit d'un cerveau fêlé, d'un de ces visionnaires qui prennent la vie à rebours, dépensant en pure perte leur patience et leur pauvre talent à ressusciter des choses mortes n'intéressant plus personne. Et ils auront parfaitement raison. Dans notre siècle d'électricité, où la réalisation de l'impossible est devenue chose courante et banale, vouloir chevaucher l'hippogriphe des temps disparus, c'est folie pure. À part cela et, outre une initiation sérieuse à la patience, qui est une vertu, ces manuscrits chargés de miniatures m'ont donné la sensation agréable d'une grande difficulté vaincue, et, en plus, une des dernières médailles d'or de Louis-Philippe, reçue le 23 février 1848.

* *

La terrible question d'Orient était toujours suspendue comme une menace pour l'Europe. C'est par l'expédition de Crimée que débuta la série des hauts faits du second empire. A l'instigation de l'Angleterre, et sous prétexte d'empêcher la Russie de s'emparer de Constantinople, l'empereur s'allia contre elle avec l'Angleterre, la Turquie et l'Italie. Ce fut un formidable déploiement de forces de terre et de mer où nos meilleurs généraux d'Afrique et nos amiraux les plus distingués firent des prodiges de valeur. Le mémorable siège de Sébastopol, soutenu avec tant d'énergie par le général russe Todtleben, est devenu une grande page d'histoire où brillent les noms de Canrobert, de Mac-Mahon, de Pelissier et de Bruat. Mais si la valeur des troupes françaises a trouvé là une occasion de se signaler, par des traits héroïques et une rare endurance, il n'en est pas moins vrai que cette expédition fut fatale en ce sens que, pour atteindre un résultat illusoire, il fallut sacrifier plus de cent mille hommes. Les rigueurs du climat en hiver, les maladies, les catastrophes de tout genre firent plus de victimes que les balles russes. Je n'en veux pour preuve que l'épouvantable naufrage du vaisseau-transport la *Sémillante* qui avait à bord tout un régiment de ligne et se perdit corps et biens dans le détroit de Bonifacio entre la Corse et la Sardaigne. Que de vies humaines inutilement sacrifiées ! Que de millions engloutis pour cette question d'Orient qui intéressait surtout John Bull, l'ami invétéré de la France ! Cette guerre faite à son profit exclusif lui permit d'étendre sa suprématie sur la Méditerranée dont il occupait déjà tous les débouchés et d'allonger plus tard ses tentacules de pieuvre sur l'Égypte et sur le canal de Suez qu'il est en train de confisquer. Partout où il y a une proie à saisir dans le monde, l'aimable John la juge bonne à prendre, *quia nominor leo*.

Nous suivions anxieux toutes les péripéties de cette lutte homérique qui dura deux ans, appauvrit la France en hommes et en argent, et, en échange d'un peu de gloire, lui aliéna pour longtemps les sympathies du peuple russe. Les dépêches se succédant à de courts intervalles, les commentaires des journaux, les lettres particulières des soldats à leurs familles, tout cela jetait une grande animation dans notre vie monotone de province.

* *

Mais une question locale excessivement grave vint s'ajouter aux préoccupations de la guerre extérieure. Depuis bien des années déjà la ville de Mulhouse, notre grande et riche voisine, avait éprouvé le besoin impérieux d'être érigée en chef-lieu d'arrondissement, au détriment de notre petite ville qui possédait ce titre depuis la création des nouvelles divisions territoriales, à la fin du siècle dernier. Les villes comme les individus, quand ils se sont enrichis par leur industrie, rêvent galons et panaches. C'était là une question vitale pour notre population agricole, industrielle et commerciale. En effet, la présence d'une colonie de fonctionaires de tous ordres était pour elle, dans une certaine mesure, une source de prospérité, même une question de vie. La perspective de perdre cette population de fonctionnaires et de magistrats avec la sous-préfecture et le Tribunal qui attireraient à Altkirch de nombreux justiciables, nous émotionnait d'autant plus que, cette fois, la ville de Mulhouse ne se bornait plus à des démarches discrètes mais avait saisi le gouvernement d'une demande formelle. Il fallut donc lutter sans pouvoir se dissimuler que c'était la lutte du pot de terre contre le pot de fer. Certes, nous avions de précieux moyens à opposer à ce bouleversement d'un état de choses fondé sur une loi et sur une longue possession. On rédigea un mémoire défensif dans lequel s'accumulait tout un arsenal d'arguments qui semblaient devoir faire triompher notre cause. Hélas, nous ne parvînmes qu'à écarter pour trois années encore le danger, et en 1857 la sous-préfecture fut transférée à Mulhouse. On s'accommoda tant bien que mal de cette demi-mesure, dans la persuasion que le tribunal serait indéfiniment maintenu à Altkirch.

M. Couchepin qui, pendant de longues années, avait rempli les fonctions d'adjoint, remplaça en 1854 M. Laurent comme maire. Doué de grandes qualités d'administrateur et ayant les sympathies de la population, il était l'homme du moment puisque ses opinions politiques lui permettaient d'accepter sans réserve le régime impérial.

* * *

Peu après l'arrivée à Altkirch du nouveau curé, M. l'abbé Lemaire, homme du monde et aimable causeur, tout l'univers catholique s'apprêtait à célébrer la proclamation de l'immaculée conception de la Vierge, ce dogme au moins singulier préconisé par Pie IX à l'instigation des Jésuites qui, dans leurs visées politiques de domination, cherchaient à faire prédominer le culte de la Vierge et disposer par là de l'influence des femmes. Donc l'abbé Lemaire que je vois encore drapé, comme un monsignor, dans les plis de son manteau romain, dut organiser une grande fête pour frapper l'imagination des vrais croyants. Toute la façade de l'église fut illuminée : au-dessus de la porte d'entrée rayonnait dans la gloire des feux de Bengale allumés par le pharmacien R..., un grand transparent inspiré à un artiste du cru par le tableau de l'immaculée conception de Murillo. Les chandelles romaines et les pièces d'artifice promenaient dans la nuit leurs gerbes éblouissantes au grand ébahissement de la foule acclamant Pie IX avec une ardeur où manquait peut-être la conviction.

Ne soyons pas trop fiers de notre civilisation entée sur l'électricité, la vapeur, le téléphone, le télégraphe et le phonographe. L'esprit humain a ses éclipses. Jamais la croyance au surnaturel, en matière religieuse, n'a eu plus d'adeptes que dans notre siècle de lumière électrique.

M. Doé, l'un des derniers sous-préfets d'Altkirch, venait d'être remplacé par M. Montaubin qui devait, deux ans après, mettre la clef sous la porte de la sous-préfecture. Presque en même temps M. Constant Baümlin qui, pendant très longtemps avait rempli les fonctions de président du Tribunal, avait pris sa retraite et s'était retiré à Bergheim. Il fut remplacé par M. Ernest de Neyremand, père, l'éminent jurisconsulte et éditeur du *Recueil annoté des arrêts de la Cour de Colmar*. Bien qu'il ne fût point magistrat de carrière, sa nomination eut l'approbation de tous ceux qui appréciaient en lui la science juridique, les connaissances littéraires jointes aux qualités brillantes de l'homme de société.

M. de Neyremand est né à Colmar le 9 avril 1802. Son père, Charles de Neyremand, né à Joinville (Haute-Marne) était fils de Joseph et de Marie Jacquart de Monplaisir. La famille est originaire du Dauphiné. Ses armes portent : *d'argent à un cerf de gueules, au chef d'azur chargé de deux merlettes d'argent*. (Armorial de d'Hozier, au département des manuscrits de la Bibliothèque nationale).

Charles de Neyremand était lieutenant-colonel d'artillerie, sous-directeur de l'arsenal et de la fonderie de Strasbourg. Suspendu de ses fonctions sous la Terreur, il se réfugia dans un petit bourg du Haut-Rhin où, pour vivre, il donna des leçons de mathématiques. Remis en activité quelques années après, il prit sa retraite en 1809. Il demeurait à Huningue lorsqu'en 1813 la France fut envahie par les alliés, et se mit immédiatement à la disposition du commandant de place, le capitaine Chancel, qui lui confia un service actif dans la défense des remparts. La forteresse d'Huningue fut alors l'objet d'un bombardement tout aussi intense que celui de 1815.

« La défense fut héroïque. Le commandant Chancel, qui ne disposait que de quelques soldats et de paysans du Haut-Rhin et de la Haute-Saône, se signala par son indomptable énergie et ne capitula point. Cependant l'histoire ne dit mot de ce siège et de cette belle résistance.

« Ernest de Neyremand n'avait pas voulu se séparer de son

père et il l'accompagnait sur les remparts ; jamais il n'a oublié les incidents du siège, la vue des cadavres, le fracas de la canonnade et l'aspect étrange des casemates où la population s'était réfugiée. Cinquante sept années plus tard, en 1870, son fils, magistrat à Strasbourg, subissait à son tour les horreurs d'un bombardement implacable. »

Ces détails sont extraits de la biographie écrite par M. de Neyremand fils, conseiller à la Cour de Nîmes, et publiée en 1882.

Quand, lors de notre excursion à Bâle en 1828, dont j'ai parlé plus haut, nous visitâmes ensemble les ruines d'Huningue, ce ne fut pas sans émotion que M. de Neyremand, alors âgé de vingt six ans, nous rappela ces souvenirs de son enfance et la belle résistance de Chancel que l'armée de Schwarzenberg ne parvint pas à faire capituler.

Après avoir fait ses études de droit à Dijon, sous la direction des savants professeurs Proudhon et Poucet, il soutint sa thèse de licencié à l'âge de dix neuf ans. Il s'établit en 1822 comme avocat à Colmar où il eut de rudes moments à passer. En 1828 il épousa une jeune fille adorablement belle, Mlle Joséphine Armbruster, fille d'un négociant des plus estimés de Colmar. Les dossiers arrivèrent alors dans son cabinet, il se fit une place au barreau et conquit l'estime de ses confrères par la délicatesse de ses procédés.

Nommé en 1859 conseiller à la Cour de Colmar, il apportait, au service de ses nouvelles fonctions, une grande expérience acquise dans l'exercice du barreau et par la présidence d'un tribunal très occupé. Il fut décoré en 1866. Au mois de novembre 1870, en pleine occupation ennemie, il présida la dernière session française d'assises dans le Haut-Rhin. Voici la dépêche que le procureur général adressait, à cette occasion, au garde des sceaux : « Tenir une session d'assises en ce moment paraissait une entreprise chimérique. Nous n'avions pas de gendarmes pour faire les notifications aux jurés, pas de force armée pour le service de la Cour d'assises, pas d'argent. Les jurés ont renoncé à leur indemnité, les témoins à leur taxe ; parmi ces derniers, les plus nécessiteux ont été payés sur les fonds de la cour de Colmar,

L'impression produite par cette session, véritablement exceptionnelle, a été très patriotique, excellente sous tous les rapports. M. le conseiller de Neyremand a, comme toujours, présidé la session de la manière la plus distinguée. »

Pendant quarante quatre années, sans aucune interruption, M. de Neyremand a publié le *Journal des arrêts de la Cour de Colmar*, où se trouvent recueillis les éléments épars de l'ancien droit politique, municipal et privé de la province, d'Alsace et les traditions juridiques locales. En 1860 il publia l'*Histoire du Conseil souverain d'Alsace*, en collaboration avec M. Pillot, président de chambre à la Cour. Puis il fait paraître le *Séjour en Alsace de quelques hommes célèbres* : Érasme à Strasbourg, Voltaire à Colmar, Alfieri à Wettolsheim près Colmar, Delille à Luppach, Casanova à Soultzbach, Jean-Jacques Rousseau à Strasbourg. En 1866 il livre à la publicité les *Questions sur la chasse*, et en 1870 un très-intéressant opuscule sur la *Nécessité de réprimer l'ivresse* qui contribua pour beaucoup à accélérer le vote de la loi du 2 janvier 1873. (1)

Ce grand travailleur, cet érudit écrivain, ce magistrat hors ligne dont l'Alsace a le droit de s'honorer, est mort conseiller honoraire le 19 Décembre 1881, à Nîmes, où il avait suivi son fils, nommé conseiller à la Cour d'appel du ressort et qui a dignement marché sur ses traces.

* *

Esprit supérieur, savant jurisconsulte, écrivain doublé d'un bibliophile au courant de toutes les belles productions de l'esprit humain, M. Ernest de Neyremand, fils, plaida pendant quelque temps à la Cour de Colmar et se voua ensuite à la carrière de la magistrature. Tout en collaborant au Recueil des arrêts de la Cour, il a publié pendant quelques années un recueil périodique intitulé : *Petite gazette des Tribunaux d'Alsace*, où il donna place à tous les faits judiciaires du ressort, à toutes les causes intéressantes qui passionnaient l'opinion. Il savait relever la saveur de ses commentaires par

(1) Biographie d'Ernest de Neyremand, par son fils. Nîmes-Typ : Jouve, 1882.

le sel attique de son esprit d'à propos dosé d'une pointe d'humeur gauloise, finement sarcastique, mais toujours charmante de tournure et de bon ton. Cet athénien, que j'ai connu jeune dans l'intimité et qui ne s'est pas beaucoup prodigué au-dehors, vivait un peu solitaire dans sa bibliothèque devenue pour lui la suprême jouissance de la vie, le fonds inépuisable où il savait trouver les matériaux d'intéressantes brochures.

Quand il fut nommé, après la guerre, conseiller à la Cour d'appel de Nimes, les deux bibliothèques du père et du fils se réunirent et devinrent la consolation des deux exilés. M. de Neyremand fils, après avoir souffert, de longues années, d'une affection cruelle qui l'avait atteint dans ses forces locomotrices, est mort à Nimes le 30 septembre 1891, âgé de soixante quatre ans. Possesseur d'une très belle fortune, il en disposa généreusement en faveur de fondations humanitaires dont l'hospice de Colmar et les institutions alsaciennes de prévoyance recueillirent la plus grande part. Sa ville natale conservera le souvenir de cet homme éminent, dont le portrait à la plume, dessiné par l'ami de vieille date qui écrit ces lignes, a été donné récemment au musée de la ville.

L'homme qui a su couronner sa vie par une belle œuvre d'assistance est digne de revivre dans la mémoire de ses contemporains. Sa sympathique image figure aujourd'hui à côté de celles des autres hommes éminents qui ont fait honneur à Colmar.

XXVII

Magistrats alsaciens. — Les dangers de la mer. — Un préfet ingénieur. — Coup d'état municipal à Colmar. — Une série de projets. — Ossuaires et nécropoles.

C'est au tribunal d'Altkirch qu'ont fait leur premier stage plusieurs jeunes magistrats de talent qui sont arrivés plus tard à occuper de hautes fonctions. J'y ai connu MM. Alexis Gast, Adam, Poupardin, Kuenemann, devenus depuis conseillers à la Cour d'appel de Paris ; M. Loew, devenu procureur général puis président de chambre à la Cour de Cassation ; M. Louis Chauffour, devenu conseiller à la même Cour, enfin M. Martha, conseiller à la Cour de Lyon.

Vers 1830, le parquet d'Altkirch comptait aussi comme substitut M. Braun, de Colmar, nommé plus tard à Strasbourg, président du Directoire central de la confession d'Augsbourg en Alsace. Il m'a été bien agréable, il y a quelque dix ans, de le rencontrer à un dîner à Bougival où, dans sa verte vieillesse, il nous a récité de jolies poésies de son cru. Il est l'auteur d'une traduction en vers, très estimée, des poésies de Schiller.

Après plus de trente ans de séparation, j'ai retrouvé toutes ces anciennes connaissances à Paris, vieillies comme moi, mais se souvenant toujours avec plaisir de la petite ville où elles avaient fait leurs premières armes.

Henner continuait avec succès ses études de peinture à l'atelier Drolling et Picot, à Paris ; il m'envoyait des esquisses et de petites compositions de concours, que j'ai conservées. Il s'était lié d'amitié avec M. Philippe Güthlin, instituteur adjoint à l'école primaire d'Altkirch, jeune enthousiaste de vingt un ans, cultivant la poésie ultra-sentimentale. Or il arriva à cette époque que la Société littéraire de Dunkerque ouvrit un concours de poésie auquel il prit part en écrivant une ode intitulée : *Les dangers de la mer.* Güthlin composa sur ce canevas des strophes vibrantes animées d'un souffle tellement accentué que sa poésie fut classée la première et qu'il remporta la médaille d'or du concours. Comme œuvre d'un tout jeune homme, cette pièce de vers révèle une rare puissance d'imagination, une intuition peu commune des spectacles grandioses et dramatiques de l'Océan. A ce titre elle mérite d'être conservée et je me fais un plaisir de la reproduire ici, d'après le manuscrit que l'auteur m'a donné :

LES DANGERS DE LA MER

ODE

Gloire à l'Esprit de Dieu planant sur les abîmes !
Les flots chantent pour lui leurs solennels accords ;
Ils roulent dans leurs plis son nom sur tous les bords :
Et, pour le murmurer, ils inclinent leurs cimes.
Gloire au Seigneur porté sur les montagnes d'eau
Que son haleine émeut, que son regard apaise !
Gloire à lui qui leur met pour borne la falaise
    Et l'immensité pour niveau !

Comment l'homme ose-t-il rêver sans épouvante
Que le libre Océan s'incline sous sa loi ?
Mais le fils du limon est esclave et non roi
Tant que pour trône il n'a qu'une planche mouvante !
Sur les flots révoltés Dieu seul est souverain,
Quoiqu'il laisse au nocher la nef, l'ancre et la voile,
Le port et le fanal, la boussole et l'étoile
    Et l'éclair captif dans l'airain.

Le navire si fier de voler sur la lame,
Si fier de son grand nom... c'est un flottant cercueil
Que la vague et l'éclair disputent à l'écueil,
Qu'étreint et fait craquer la mort qui le réclame.
Ecoute, matelot, ces bruits intermittents
Qui grondent dans les flancs de la nef ballottée.
C'est chaque fois la mort par le flot apportée
    Qui te répète : Je t'attends !

Ecoute, l'aigle aussi pousse un long cri de joie,
Son aile frappe l'air au-dessus de tes mâts.
Son chant de mort salue et ta nef en éclats
Et les membres meurtris dont il fera sa proie.
Il prédit la tempête... Et comme un noir linceul
Qui voile dans ses plis les horreurs du naufrage,
Déjà sur l'Océan s'étend la nuit d'orage ;
    Et sur des planches l'homme est seul.

Le roc brise le flot qui, sans trêve l'assaille,
La vague éteint la foudre et hurle avec les vents :
L'eau, l'air, le feu, la terre, oui tous les éléments
Sous le regard de Dieu se livrent la bataille.
Ces géants, tour à tour, s'arrachent le vaisseau :
Ils le font tournoyer comme tourne une roue ;
L'un déchire les flancs, l'autre enfonce la proue
    Et rompt les mâts comme un roseau.

Puis le canon d'alarme éveille le pirate.
Il vient. Son noir dragon soumet l'onde en fureur ;
Il nage avec l'écume et bondit sans terreur
Quand l'abîme rugit et le tonnerre éclate.
Il creuse en triomphant son humide sillon :
L'orage ne veut pas que l'écumeur chavire,
Car il nourrit aussi la haine du navire.
    Et la mort est son pavillon.

Il vient. A l'ouragan se joindra le carnage,
Mais le hardi marin ne craint pas l'écumeur.
Il invoque la Vierge et pousse à l'agresseur,
Il jure par Jean Bart et saute à l'abordage.
Sa hache est plus rapide à frapper que l'éclair,
Farouche est sa valeur, le pirate recule ;
Mais le navire enfonce et le corsaire brûle !....
    Puis sur le tout s'étend la mer.

Gloire encore au Seigneur qui, dans les mers profondes,
Fait rouler, confondus, forbans et matelots ;
Et dit à l'Océan d'imiter leurs sanglots
Pour effrayer l'orgueil des mortels sur les ondes !
Gloire à lui qui, pourtant, leur donne au fond des mers
Le sommeil et la paix qu'on trouve au cimetière,
Les murmures de l'onde au lieu de la prière,
    Et les flots pour tertres verts.
(Altkirch, 26 mars 1854).

Ce succès valut à Güthlin la chance inespérée d'être nommé professeur de langue allemande au collège communal de Dunkerque. Appelé, en cette qualité, à donner des leçons dans un pensionnat de jeunes filles, son talent et sa mine avenante lui attirèrent les bonnes grâces de la directrice qui lui fit épouser sa nièce ornée d'une dot splendide et d'un talent de musicienne hors ligne. Güthlin fut nommé successivement professeur aux Lycées d'Évreux et de Rouen, puis au Lycée Charlemagne à Paris où nous nous rencontrions souvent dans la société de notre ami commun Henner. Güthlin était une excellente pâte d'homme, docile et malléable. Son extérieur rappelait celui d'un bon curé de campagne, portant avec grâce de belles moustaches, mais ayant parfois dans le regard un de ces éclairs ardents qui révèlent la haute intelligence couvant sous la cendre. Malheureusement pour lui, sous l'influence du bien être dont il était entouré, il laissa s'étioler peu à peu dans les délices d'une vie facile, la brillante initiative qui animait sa jeunesse et aurait pu le mener à des destinées supérieures. Il mourut, à peine âgé de soixante ans, d'une maladie du larynx que les virtuoses du scalpel ne parvinrent pas à guérir.

Güthlin était originaire de Folgensbourg, près Huningue. Son neveu, Monsignor Güthlin, diplomate attaché à l'ambassade de France près du Vatican, pour les questions canoniques, est un de nos alsaciens distingués.

* *

Au mois de juillet 1855, à la suite du renouvellement complet de l'ancienne administration de Colmar, le nouveau maire, M. de Peyerimhoff, m'offrit la modeste et assez peu enviable position de chef du secrétariat municipal. Après être allé voir l'exposition universelle à Paris, où figurait mon missel manuscrit de *l'Imitation de Jésus-Christ*, je dis adieu, non sans un serrement de cœur, à ma ville natale, à mon Sundgau aimé où je laissai des attaches bien difficiles à rompre. Transplanté brusquement sur un terrain inconnu, il fallut chercher mon point d'orientation. Colmar était une cité antique, où les siècles avaient laissé leur empreinte vivace, où le respect du passé était poussé très loin, mais où l'élément moderne commençait, toutefois, à se dégager avec beaucoup d'entrain. Dans ce siège vénérable de l'ancien conseil souverain d'Alsace, les écoles étaient logées dans de vieux bâtiments en ruines où les enfants s'entassaient dans des locaux insuffisants, où les conditions d'hygiène faisaient défaut ; l'hôtel de ville s'abritait dans un vieux magasin à sel (*Salz Kammer*), dépourvu de tout caractère extérieur et dont l'aménagement ne répondait pas aux besoins municipaux ; l'ancienne église des Dominicains où s'attachaient, comme une lèpre, de petites baraques d'artisans, servait de halle aux blés ; il n'existait pas de marché couvert pour la vente des produits maraîchers formant l'industrie d'une population essentiellement agricole ; enfin le pavé était déplorable et les trottoirs existaient à peine dans cet enchevêtrement très pittoresque de petites rues en labyrinthe.

.·.

M. de C... ancien ingénieur, avait été nommé préfet du Haut-Rhin. C'était un petit homme roux, au regard inquiet mais très intelligent, toujours accompagné d'un petit chien également roux, en somme un type pas précisément sympathique, du moins à première vue. Son nom historique et ses aptitudes policières l'avaient rendu agréable en haut lieu. Tout en étant animé des meilleures intentions, il semblait être un de ces préfets à poigne chargés de mater les récalcitrants. Il se souvenait de l'accueil plus que froid fait au Prince-président lors de son voyage en Alsace. Avant d'être promu à son haut grade il avait dirigé, comme ingénieur, un établissement industriel des environs de Bayonne où l'on fabriquait des produits chimiques avec des matières animales. Dans ce pays réputé par ses excellents jambons, il avait trouvé le moyen d'utiliser pour l'élevage, les résidus parfumés de l'usine, ce qui faisait honneur à la science humaine et aidait à l'amélioration des jambons.

Mais ce qui avait contribué grandement à la réputation du préfet ingénieur, c'était d'avoir inventé le moyen d'allumer les bougies en faisant tresser leurs mèches. Avant lui les bougies se montraient réfractaires à l'allumage et par ce moyen si simple il s'était acquis la reconnaissance des fabricants de stéarine. Aussi le premier arrêté qu'il publia dans le Recueil administratif du Haut-Rhin fut-il consacré à cette question lumineuse et ordonna-t-il de vendre le paquet de bougies au poids net, c'est-à-dire défalcation faite de l'enveloppe en papier. Une étiquette blanche collée sur ce papier bleu, mettait l'acheteur en garde et figure aujourd'hui encore sur les paquets que vendent les épiciers.

Avoir su éclairer ses contemporains n'est pas une médiocre satisfaction ni un mince honneur pour un ancien élève de l'école polytechnique.

*　*

Le nouveau préfet, toujours animé d'excellentes intentions, commença par démolir l'ancienne administration municipale, qu'il considérait comme réactionnaire et à la tête de laquelle se trouvait M. Chappuis, homme très intelligent et honorable commerçant. Il le remplaça par M. Hercule de Peyerimhoff conseiller de Préfecture, dont le père, colonel au service du premier empire, avait été tué au siège de Dantzig, et lui donna pour adjoints MM. Doyen, ancien professeur au collège de Colmar et Gustave Pabst, rentier. Dans le conseil municipal renouvelé il était entré des éléments agréables au nouveau régime, tels que MM. Pelissier, frère du vainqueur de Sébastopol, Ed. Rencker, André Kiener, J. Hertrich, Baron Rheinwald, Belin, Barth, L. Chauffour, Grollemund, les docteurs Molk et Muller, Fleischhauer, Stœcklin (1) et Boris, ingénieurs, Birckel, Fleurent, Brunck etc. A côté de cette élite siégeait M. Laurent-Atthalin, le fils adoptif du général baron Atthalin, ancien aide de camp de Louis-Philippe. (2)

(1) Aujourd'hui vice-président du Conseil général des Ponts-et-chaussées.

(2) M. Laurent-Atthalin, auditeur au Conseil d'État et artiste de talent, avait épousé une parente du général, femme d'une grande distinction. Son fils ainé, M. le juge d'instruction Laurent-Atthalin, aujourd'hui conseiller à la Cour d'appel de Paris, est devenu un personnage éminent de la magistrature parisienne et a attaché son nom à des procès retentissants.

Ce coup d'état du préfet ne laissa pas de créer, dans une partie de la population, des défiances et même quelques sourdes antipathies contre l'administration nouvelle. Pour se rendre populaire et justifier les espérances de la partie sympathique de ses administrés, elle devait dresser un programme de travaux et d'améliorations de tous genres, à commencer par la réfection générale du pavé. Elle demanda à M. Hartmann, jeune architecte sorti récemment de l'école des Beaux-arts, et qui venait de débuter dans sa ville natale, une série d'avant projets dont l'exécution successive devait contribuer à transformer la ville. Dans le courant d'octobre 1855, ces documents servirent à élaborer un rapport concluant à un premier emprunt de 375,000 fr. pour la reconstruction des écoles des divers cultes et autres travaux urgents. La population s'associa d'enthousiasme à ces projets et l'administration se trouva dès lors encouragée à poursuivre sans trêve la série d'améliorations dont elle avait conçu le projet. La ville possédait un grand domaine forestier dont l'aménagement habile lui permettait de compter, pour une longues série d'années, sur des coupes dont le produit servirait à l'amortissement des emprunts à émettre. Bref, tous les projets furent votés et leur exécution échelonnée par rang d'urgence. C'est alors que commença une période de grande activité qui ne se ralentit jamais et dura tout le temps de mon séjour à Colmar, à peu près dix sept ans. Près de quarante ans ont passé sur cette époque. De ceux qui l'ont vue la plupart ont disparu. Ceux qui restent *apparent rari nantes* et ont subi le choc des plus douloureux événements.

. . .

Nous avons vu que le respect du passé était poussé très-loin à Colmar, si loin même qu'on avait conservé, depuis des siècles, au beau milieu de la ville, un vieil ossuaire, provenant de l'ancien cimetière situé au nord de la cathédrale. Cet ossuaire, ou plutôt ces catacombes, remplissaient les cryptes du grand et beau bâtiment, l'ancienne chapelle St-Michel, occupé par les bureaux de la police municipale, le logement du commissaire, et du préposé aux logements militaires. Les familles de ces fonctionnaires avaient leurs tonneaux de vin et leurs provisions de choucroute, dans une étroite promiscuité, à côté des pyramides de crânes entassées dans les cryptes où elles attiraient des légions de rats et répandaient des odeurs méphitiques qu'on sentait dans la rue en passant à côté des soupiraux. Parfois même des gavroches irrespectueux se permettaient de jouer avec ces vénérables ossements.

Je demeurais sur la Place d'armes, presque à côté du bâtiment de la police, c'est-à-dire dans le voisinage immédiat de l'affreux charnier. Pas n'est besoin d'ajouter que ma première préoccupation fut de débarrasser la ville de ce foyer d'infection. Le maire comprit qu'en le conservant, l'administration engageait gravement sa responsabilité, d'autant plus que le choléra sévissait à l'état aigu dans les environs de Colmar, à Soulzmatt entre autres, et que plusieurs cas s'étaient déclarés à Colmar même. Tous les matins nous recevions les bulletins médicaux indiquant le nombre des cas et celui des décès. Les fortes chaleurs du mois d'août ne contribuaient pas peu à l'extension du fléau. Mais d'autres préoccupations vinrent entraver les démarches et il n'y fut donné satisfaction que l'année suivante.

Plus de cent tombereaux d'ossements furent transportés au cimetière où ils remplirent une immense fosse située tout près du célèbre Calvaire de 1507 qu'admirent les connaisseurs. « *Requiescant in pace* » Le *Courrier du Bas-Rhin* de l'époque avait entonné par la plume de l'ami Liblin, un *De profundis* bien senti en l'honneur de ces précieux restes du vieux Colmar.

M. Laurent-Atthalin a dessiné dans le Musée Rothmüller, cet édifice historique où la Renaissance a brodé ses capricieuses arabesques sur le balcon, espèce de loggia italienne, qui surmonte la porte d'entrée et que, depuis, on a coiffé de trois pinacles assez étranges.

Colmar, certainement, ne fut jamais une ville morte ; mais de tout temps les vivants, très alertes et très gais, y ont fait bon ménage avec les trépassés. Je n'en veux pour preuve que les nombreux cimetières qui *ornaient* l'intérieur de la ville. On en comptait, au moyen âge, une demi-douzaine au moins : d'abord les deux grands cimetières qui entouraient la cathédrale et occupaient la surface entière de la Place neuve, de la Place d'Armes et de la Place du Parvis et dont le bâtiment actuel de la police formait la chapelle et l'ossuaire. C'est de ces cimetières désaffectés, l'un en 1308 et l'autre en 1575, que provenaient les monceaux d'ossements entassés sous les voûtes de ce bâtiment et gardés là comme des épaves précieuses des civilisations disparues, qui avaient assisté aux luttes épiques de la vieille ville impériale. Ces crânes vides ont donné le nom de *Schaedelgass* à la rue voisine et dormaient là leur mystérieux sommeil depuis plusieurs siècles, entendant souffler l'ouragan des révolutions modernes.

Voici ce qu'en dit M. Félix Chauffour, ancien notaire, dans sa *Notice rétrospective sur Colmar* (1869) :

« Quant aux ossements, ils provenaient notamment de la suppression du cimetière de la Place neuve en 1308 et semblent, par leur longueur et leur épaisseur relatives, attester la dégénération actuelle de l'homme ; mais la tradition populaire trouve mieux de les attribuer aux Suédois tués en 1632 et d'expliquer ainsi la différence par la supériorité physique des hommes du Nord. »

Tout à côté il y avait un autre grand cimetière, celui des Dominicains, occupant tout l'espace compris entre l'ancien couvent (converti en gendarmerie), le canal des moulins et les maisons bordant la rue de la Halle. Un peu plus loin se trouvait le cimetière des Unterlinden occupant la Place Pfeffel et une partie de la rue Kléber, et celui de Ste Anne converti en marché aux pommes de terre. A la Porte de Brisach existait le cimetière israélite transféré plus tard au canton Rappentanz à côté du grand cimetière communal qui a remplacé celui de Ste Anne. Enfin, pour compléter cette mosaïque macabre, il y avait celui des chevaliers de St Jean, occupant la rue St Jean et une partie de la Grand'rue. L'îlot de maisons dont fait partie celle de la famille Rencker est bâti en partie sur cet ancien cimetière.

Le voisinage de toutes ces nécropoles, dont les principales occupaient le centre de la ville, devait être très peu récréatif pour les habitants des maisons qui les entouraient, et l'on comprend que les maladies épidémiques aient pu y trouver d'actifs foyers de propagande.

XXVIII

Sites et monuments. — Mosaïque de Bergheim. — Le nouveau maire. — Le général Pélissier et l'amiral Bruat. — Épées d'honneur. — Auguste Bartholdi. — Henri Lebert.

Mais laissons-là les ruines des temps passés. Ce qui fait le charme de Colmar, charme souverain, c'est d'abord sa situation au milieu de cette magnifique plaine d'Alsace bornée d'un côté par le Rhin, de l'autre par l'imposante chaîne des Vosges où s'étagent en majestueux décor les vieilles forteresses des hauts barons du moyen-âge ; c'est ensuite sa superbe promenade du Champ-de-mars, création de M. de Vanolles ancien Intendant d'Alsace, agrandie et embellie par M. Félix Desportes, ancien préfet du premier empire, dont la mémoire est restée en vénération à Colmar ; puis toute une série de monuments de la Renaissance fouillés de sculptures élégantes, d'anciens couvents transformés en établissements publics, tels que les Catherinettes, les Unterlinden, les Augustins, des maisons particulières artistement sculptées avec des tourelles en poivrière et des encorbellements pittoresques ; puis le théâtre construit par l'administration Chappuis d'après les plans et sous la direction de M. Boltz. A l'actif de cette administration il faut mettre aussi la construction des casernes de cavalerie occupant un immense terrain au nord de la ville.

Colmar possède une bibliothèque importante et une collection rarissime de tableaux de l'école de Martin Schongauer, relégués alors dans l'ancien collège des Jésuites où fut installé le Lycée. Grâce aux dons de M. Hartmann, grand industriel de Munster et aux actives démarches du bibliothécaire, M. Hugot, on put faire les aménagements nécessaires pour abriter ces remarquables collections dans les anciens bâtiments conventuels des religieuses dominicaines d'Unterlinden. C'est dans le chœur de leur église que fut transférée, en 1849 au milieu de bien des péripéties, la grande et belle mosaïque gallo-romaine découverte en 1848 dans les vignes de Bergheim et dont la *Revue d'Alsace* de l'époque a donné le dessin et la description. En 1855, les travaux de transformation du collège en lycée n'étaient pas commencés et l'emprunt autorisé pour y pourvoir n'était pas émis. La nouvelle administration eut donc à préparer les éléments pratiques de ces deux opérations.

Le préfet C....., esprit autoritaire, s'était mis en tête de diriger l'administration et de lui imposer sa manière de voir en toutes choses. De là des luttes sourdes et des froissements qui rendaient la situation peu gaie. Il fallut user d'une certaine dose de résistance et d'indépendance, employer des ruses de Peaux-rouges pour faire triompher quand même les idées de l'administration locale qui, après tout, était la première intéressée au succès de ses entreprises et en portait seule la responsabilité devant l'opinion.

**

Le maire avait délégué une partie de ses attributions à ses deux adjoints. M. Doyen, ancien professeur, ayant conservé ses vieilles allures légèrement autoritaires, un Ardennais doué de qualités de race qui le rendaient, au point de vue de la ténacité et de l'esprit de suite, très propre à la lutte, avait dans son service l'état civil, la direction de la police, l'instruction publique, les halles et marchés ; M. Pabst présidait au service de la voirie extérieure des propriétés rurales et forestières et des cours d'eau. C'était un travailleur modeste et silencieux, indépendant par sa fortune, pas poseur du tout. Son service n'était pas une sinécure, car la banlieue de Colmar a une étendue considérable, sillonnée par un réseau compliqué de chemins ruraux, de sentiers, de canaux d'irrigation, de forêts et carrières ; tout cela se développant sur une étendue d'au moins dix kilomètres.

Tous les services intérieurs de la ville, tels que l'entretien des rues, des bâtiments communaux, des canaux, des promenades, boulevards et autres propriétés quelconques du domaine municipal, étaient confiés aux soins de M. J. Boillot, inspecteur voyer, homme de valeur et de grande endurance, travailleur infatigable dont les services étaient loin d'être récompensés dans la mesure de leur importance. Pendant la mise en œuvre des premiers travaux entrepris par la nouvelle administration celle-ci fut à même d'apprécier le concours aussi dévoué qu'intelligent de M. Boillot. Jamais elle ne l'a vu broncher devant une tâche quelconque, quelque ardue qu'elle fût. Il avait une volonté de fer, des jarrets d'acier et, dans sa position si ingrate, et si insuffisamment rétribuée, je l'ai vu réaliser des prodiges d'économie, par sa surveillance incessante sur le personnel des ouvriers et fournisseurs. La seule jouissance de cet homme austère et profondément honnête, était de cultiver quelques fleurs dans le jardin attenant à son habitation communale et d'aller le dimanche, faire une excursion à pied à Kientzheim où sa fille aînée, qui avait pris le voile, était institutrice au pensionnat du Sacré-Cœur. Il est mort respecté et honoré de tous.

.*.

J'avais trouvé dans la famille du maire le plus cordial et le plus sympathique accueil. M. de Peyerimhoff, un galant homme, avait l'abord séduisant, la parole insinuante et facile de ceux que la providence cultive en serre-chaude pour leur réserver toutes les chances. Le chapeau légèrement incliné sur l'oreille, une chaîne d'or retombant sur un gilet de piqué blanc largement échancré, un jonc à pomme d'or à la main, l'œil vif, la bouche souriante, l'air conquérant d'un aimable mousquetaire, toujours suivi par son chien de chasse *Feldmann*, tel était ce charmeur il y a quarante ans, tel je le revois, portrait toujours vivant et gracieux, sur le fond grisâtre de ma mémoire. Il possédait une réserve de bonté et d'obligeance qui l'avaient rendu très populaire dans la bourgeoisie et les classes laborieuses de la population. Il causait familièrement dans la rue avec tous les humbles, les appelant par leurs petits noms, ce qui les flattait beaucoup. Aussi avait-il constamment à ses trousses une kyrielle de quémandeurs âpres à la curée. Les pétitions, les placets de tous genre, même du genre gai, affluaient à la mairie. L'avalanche des suppliques arrivait à mon cabinet où j'étais chargé de les apostiller et aussi de préparer, en guise de réponse, les pilules édulcorées que nous envoyions aux pétitionnaires pour leur faire digérer l'amertume de leur déception.

Tous les matins en arrivant à son cabinet, la première occupation du maire était d'avaler tout le contenu d'une carafe d'eau fraîche. C'était pour lui une fontaine de Jouvence qui l'a maintenu allègre et bien portant quoique très chauve, jusqu'à l'âge de quatre-vingts ans. Donc, malgré la chanson de Béranger, tous les buveurs d'eau ne sont pas des méchants.

Son beau frère, le commandant Gibert, un des héros du premier siège de Constantine, homme fort aimable et esprit littéraire très cultivé, charmait les loisirs de sa retraite en traduisant et en apprenant par cœur des poésies allemandes et italiennes. *Francesca da Rimini* et le drame de *Macbeth* l'intéressaient particulièrement : il parvint même, au prix de grandes difficultés, à réciter un certain nombre de strophes de la Cuisine des sorcières et une fable ou deux du poète colmarien Pfeffel. C'était une manière comme une autre de passer son temps. Il rimait à jet continu et je retrouve dans mes papiers une foule d'acrostiches, de sonnets et de bouts rimés que cet exellent ami a eu la gracieuseté de me dédier.

Les réceptions dans cette famille quasi-militaire étaient empreintes d'un grand charme et d'une cordialité qui mettaient tout le monde à l'aise. Mme de Peyerimhoff, femme supérieure, dont j'ai conservé le meilleur souvenir, était la fille de M. Bechelé, ancien chef de bataillon du premier empire, ayant de brillants états de services, et ancien adjoint au maire de Colmar du temps du baron de Muller.

. . .

Dans le courant de septembre 1855, le télégraphe nous annonça la prise de Sébastopol. L'enthousiasme débordait dans la population de Colmar. Elle était d'autant plus fière de ce succès épique que les deux principaux héros du siège, le général Pelissier et l'amiral Bruat appartenaient à des familles colmariennes. L'amiral, comme je l'ai dit plus haut, était le fils d'un juge au tribunal de Colmar devenu plus tard président du tribunal d'Altkirch. Le général Pélissier, né à Marommes (Seine-Inférieure), était fils d'un ancien directeur de la Poudrerie de Colmar, située au faubourg du Logelbach, et qui fit explosion en 1822. Sa sœur y perdit un bras.

Le préfet reçut, au nom du gouvernement, les félicitations de tous les fonctionnaires publics et de l'administration municipale : il y eut retraite aux flambeaux et soirée de gala à la Préfecture. Le lendemain, au nom du conseil municipal, des adresses de félicitations aux deux vainqueurs furent envoyées à Sébastopol. Mais là ne se bornèrent pas les démonstrations de la ville. L'administration ouvrit une souscription pour offrir des épées d'honneur au maréchal Pelissier et au vice-amiral Bruat. Elle produisit environ 4000 fr. M. Delacour, un des premiers fourbisseurs de Paris, fut chargé de l'exécution d'après le dessin composé par un de mes amis intimes dont je tairai le nom pour ne pas effaroucher sa modestie. *L'Illustration* reproduisit ce dessin avec un article explicatif. Le ciseleur avait su interpréter avec talent le modèle de la poignée où Minerve était personnifiée au-dessus de l'écusson armorié de la ville de Colmar, une tête de lion sur la garde et l'aigle impérial au sommet. On sait qu'à son retour en France, l'amiral Bruat est mort en mer d'une maladie aiguë contractée pendant le siège. Sa veuve fut nommée en 1856 gouvernante du prince impérial.

En se rendant à Paris pour remettre au maréchal Pelissier l'épée qui lui était destinée, le maire remit en même temps à Mᵐᵉ Bruat l'épée, voilée d'un crêpe, que la ville destinait à son glorieux compatriote. Peu de temps après, le maire dut faire un nouveau voyage à Paris pour assister au baptême du prince impérial. Sa présence à cette auguste cérémonie, jointe à ses services administratifs, lui valut d'être nommé chevalier de la Légion d'honneur.

Dans le courant de 1856 j'eus le plaisir de faire la connaissance de M. Auguste Bartholdi, jeune sculpteur de talent, dont la mère possédait de grandes propriétés à Colmar et notamment un beau jardin avec maison de campagne et atelier longeant le canal de dérivation de la Lauch. La famille Bartholdi, qui habitait Paris, venait tous les ans passer la belle saison à Colmar. Mᵐᵉ Bartholdi, femme instruite et distinguée, fière à juste titre de ses deux fils dont l'aîné, doué d'un beau talent d'écrivain, se préparait à la carrière diplomatique, réunissait autour d'elle un cercle d'hommes d'étude, où les questions artistiques et littéraires formaient le fonds habituel des conversations. Ces soirées d'hommes commençaient par un dîner en plein air et se terminaient par une promenade en bateau sur la Lauch. Nous traversions ainsi, au clair de lune, toute la partie maraîchère de la banlieue. M. Louis Hugot, le savant et aimable bibliothécaire de la ville, M. Léon Brièle, le non moins aimable archiviste de la Préfecture, faisaient partie de ces promenades nocturnes avivées souvent par des feux de Bengale.

M. Auguste Bartholdi avait à peine vingt un ans. Il s'était initié au dessin et à la peinture dans l'atelier d'Ary Scheffer; mais sa vocation l'avait poussé vers l'art austère de la sculpture. Il venait d'achever la statue du général Rapp destinée à être érigée à Colmar, ville natale de ce héros d'Austerlitz et de Dantzig. J'avais vu cette première œuvre du sculpteur colmarien à Paris où elle était exposée aux Champs-Elysées, devant le Palais de l'Industrie. Quand j'arrivai à Colmar le piédestal s'élevait déjà sur l'esplanade du Champ-de-mars. Autant que je puis me le rappeler, cette statue a été érigée par souscription, sur l'initiative du colonel Marnier, ancien aide de camp du général Rapp, et sous le patronage du général Schramm et d'autres sommités militaires.

Théophile Schuler, le peintre Strasbourgeois bien connu par ses illustrations si originales des œuvres d'Erckmann-Chatrian, était souvent l'hôte de la villa Bartholdi où j'ai fait sa connaissance. C'était une nature taciturne se plaisant aux sujets mystiques. A ce propos je rappellerai qu'il exposa en 1830, à Strasbourg, dans les salons de l'association rhénane des Beaux-arts, une immense peinture représentant le *Char de la mort* (1), où il avait symbolisé l'idée du néant par un attelage de chevaux squelettes fouettés par la camarde et traînant un char où étaient figurés toutes les conditions humaines, depuis le haut jusqu'au bas de l'échelle sociale. En somme c'était une danse macabre d'un nouveau genre, fort bien composée et faite pour saisir vivement l'imagination. J'en ai parlé longuement dans mes comptes rendus de l'exposition en 1830 et 1831.

Charles Bartholdi, qui s'intéressait beaucoup aux antiquités alsaciennes, avait commencé une publication périodique intitulée *Curiosités d'Alsace* à laquelle collaborait son ami Hugot. Cet ouvrage, qui eût pu devenir très intéressant, s'est arrêté, je crois, à la sixième livraison. Envahi peu à peu par des idées noires, Charles Bartholdi fut atteint d'une maladie nerveuse qui dura vingt ans et à laquelle il succomba. En assistant, en 1885, à ses funérailles, à l'église évangélique de la rue Chauchat, je pus serrer la main de sa vieille mère qui lui avait survécu et que je n'avais pas revue depuis bien longtemps. Elle était presque aveugle et mourut, quelques années après, à Paris, à l'âge de près de quatre vingt dix ans, entourée des soins affectueux et dévoués de M. et Mᵐᵉ Auguste Bartholdi.

* *

Parmi mes relations amicales, j'ai compté aussi M. Henri Lebert, peintre de fleurs et de paysages, ancien dessinateur de toiles peintes dans la maison Hartmann de Munster. M. Lebert avait un talent remarquable comme peintre de fleurs. Il rivalisait, dans ce genre gracieux, avec M. Hirn, dessinateur de la maison Haussmann du Logelbach. Outre cette spécialité qui avait fait sa fortune à l'époque lointaine où les toiles peintes étaient un des premiers articles d'exportation de l'Alsace, M. Lebert possédait un talent d'écrivain très apprécié.

(1) M. Th. Schuler a fait don de ce tableau au musée de Colmar.

il l'exerçait depuis de longues années en écrivant un journal de tous les événements contemporains et s'était ainsi créé un recueil historique où les chroniqueurs futurs pourront largement puiser. Son fils, M. Henri Lebert, que j'ai beaucoup connu, s'était voué à la carrière de la magistrature. Mais l'hérédité artistique du père s'était convertie chez lui en un talent de premier ordre comme violoniste. Il regretta toujours d'avoir troqué la vie d'artiste qui lui promettait la célébrité, contre la robe austère du magistrat de province. Pendant qu'il était substitut à Altkirch, il venait souvent dans notre maison où demeurait M. Brumpt, compositeur et professeur de musique, qui l'accompagnait dans ses brillants exercices de violon. Entendre son archet magistral jouer le carnaval de Venise, faire chanter les notes gaies ou tristes de Mozart ou de Chopin, évoquer le charme des opéras de Rossini et de Meyerbeer, c'était pour nous une de ces jouissances égoïstes d'autant plus goûtées que M. Lebert avait soin de faire fermer toutes les fenêtres de l'appartement pour que rien ne transpirât au dehors de ces flots d'harmonie. Mort aussi et mort jeune, peu de temps après la guerre, ce virtuose dont le jeu rappelait celui d'Alard et de Vieuxtemps.

XXIX

Rodolphe Kœppelin. — La magistrature. — Le Champ du Mensonge. — La statue Rapp. — A Vieux-Brisach. — Nageur intrépide. — Le retable de 1525. — Riquewihr et Ammerschwir. — Un âne sculpté.

Les travaux d'appropriation du nouveau lycée furent menés à bonne fin dans le courant de 1850. M. Robert Vion, mon ancien professeur de quatrième au collège d'Altkirch, venait d'être nommé proviseur de cet établissement, dont la mise en activité attira un nombre considérable d'élèves. Le corps du professorat se composait d'hommes de valeur. Plusieurs des professeurs de l'ancien collège venaient de prendre leur retraite, entre autres MM. Rodolphe Kœppelin, l'éminent professeur de physique, auteur de plusieurs ouvrages de science devenus classiques, et Ignace Thomas, latiniste distingué, chez qui j'avais eu le bonheur, à Altkirch, de faire connaissance avec les charmes déclinatoires de *rosa, rosae, poëma, poëmatis*. Cet excellent homme fut alors attaché au service de la Bibliothèque de Colmar avec la mission spéciale de préparer le catalogue que M. Hugot, excédé de travail, avait dû laisser à l'état de simple projet.

Il se consacra avec une ardeur juvénile à cette œuvre de bénédictin et mourut avec la satisfaction de l'avoir accomplie jusqu'au bout. Que de manipulations de livres, que de fiches classées et collationnées, que de volumes d'inventaires patiemment écrits dans cette bibliothèque de 35000 volumes ! sans parler des parfums rances et des relents nauséabonds que dégageaient tous ces témoins des âges disparus. Dors en paix, mon ami de vieille date ; si tu as eu à te plaindre un peu de dame nature et des jeunes polissons, tes élèves, au moins as-tu su te rendre utile et as-tu joui de la satisfaction de voir ton fils devenir un médecin-major distingué. Ta bonne et loyale figure a passé comme une ombre aimable dans la lanterne magique de mes souvenirs où se glissent, du pas léger des fantômes, tous ceux que j'ai connus et aimés.

Personnalité très en vue et très aimée à Colmar, Rodolphe Kæppelin a su rendre des services signalés à ses concitoyens. Grand, bel homme, solidement charpenté et doué d'une rare énergie, il fut pendant de longues années capitaine des sapeurs pompiers et sut, dans cette ville où les incendies sont très fréquents, faire preuve d'un grand courage.

Nommé directeur de l'usine à gaz, anciennement située près la gare du chemin de fer, il parvint à donner une grande extension à l'éclairage de la ville et contribua, pour une large part, à la fondation de la nouvelle usine près du bassin du canal où, pendant l'invasion, sous une pluie d'obus tombant sur ses gazomètres et près de son habitation, il fit vaillamment son devoir, plus que son devoir.

Ami d'enfance du maire de Peyerimhoff il était, comme lui, grand chasseur devant l'Éternel et mourut, comme lui, à l'âge de quatre vingts ans. Cet homme de forte race était titulaire de nombreuses médailles gagnées au service d'incendie. Après la guerre, pendant qu'il habitait Caen, il obtint, au déclin de sa vie, la satisfaction à laquelle il avait droit depuis longtemps, d'être nommé chevalier de la Légion d'honneur, son rêve de jeunesse.

.

Un mot sur la magistrature assise et debout de la Cour impériale et du tribunal de Colmar, ne serait peut-être pas déplacé ici ; mais le tiroir de mes souvenirs ne renferme que fort peu de documents sur cette arche sacro-sainte de Thémis, que je me bornais à admirer de loin avec un respect superstitieux, sachant qu'elle ne brillait point par un excès de sympathie pour l'administration dont j'avais l'honneur d'être un très humble rouage. M. Rieff, le premier président, avait la réputation d'un homme de grande valeur juridique, de relations très sûres et d'une rare distinction de manières. Les présidents de chambre, MM. Hamberger, Hennau et Pillot figuraient parmi les plus éminents juristes de la Cour où se faisaient remarquer aussi MM. Dillemann, Véron-Réville, Boyer, Huder, Schirmer, Schultz, Adam, Poupardin, Dincher, Huot (ce dernier auteur d'un ouvrage alsatique intitulé : *Des Vosges au Rhin*,) Trombert et de Neyremand, père, à qui j'ai consacré plus haut une notice spéciale. Au parquet de la Cour M. Blanc, procureur général, ayant comme avocats généraux MM. de Baillehache et Thieullen, représentaient très dignement la magistrature debout. Le tribunal civil était présidé par M. Dubois, descendant d'un ancien conseiller au Conseil souverain d'Alsace, (M. Duboys de Greiche), ayant comme vice-présidents MM. Duchaussoy et Langhans, l'aimable traducteur de *l'Histoire de la guerre de trente ans*, de Schiller. Au parquet de première instance j'ai connu M. Martha, procureur impérial, qui devint plus tard conseiller à la Cour de Lyon, homme d'une aménité charmante, que j'avais déjà connu à Altkirch où il était procureur du roi et qui, avec MM. Trombert et de Neyremand, m'a laissé les meilleurs et les plus profonds souvenirs.

On ne saurait évoquer le nom de M. Xavier Boyer, conseiller à la Cour de Colmar, que j'ai connu procureur du roi à Altkirch, vers 1832, sans évoquer en même temps la vision millénaire du *Champ du mensonge*. Bien que je me sois interdit de pousser mes digressions historiques dans un passé trop lointain, je ne veux pas manquer l'occasion de fixer ici l'état actuel de cette question qui a fait couler des flots d'encre depuis dix siècles. Elle était devenue une obsession pour tous les historiens qui l'ont traitée.

M. Boyer avait publié, en 1862, une *Histoire d'Alsace*, depuis les temps les plus reculés jusqu'à nos jours (1 vol. de 647 pages, imp. Hoffmann à Colmar). Ce livre, fruit de longues années de travail, et dans lequel il avait déjà traité la question du champ du mensonge, ne produisit pas grande sensation. Cependant l'auteur, qui était un érudit un peu solennel, avait prélude à ses travaux historiques en publiant, en 1847, un ouvrage intitulé *Rodolphe de Habsbourg*, épisode de l'histoire d'Alsace au XIII® siècle (in 8° de 309 pages). Il en fit hommage à l'empereur d'Autriche descendant des Habsbourg. En prince sensible à cet acte de courtoisie du magistrat colmarien, Sa Majesté Impériale et Royale lui témoigna sa reconnaisance en lui envoyant un camée en émeraude formant bague. L'heureux possesseur de ce joyau princier n'eut pas longtemps le bonheur de le porter à son doigt. Pendant un voyage à Paris un adroit filou le lui subtilisa. Cette aventure, dont parlèrent les journaux, défraya très agréablement la société colmarienne, et l'ami Renaud Yves ne fut pas le dernier à en rire. M. Boyer servait, d'ailleurs, souvent de plastron à sa verve caustique.

Parmi les grandes trahisons que l'histoire a flétries, une des plus odieuses fut le parjure des fils de l'empereur Louis-le-débonnaire. M. Boyer s'était passionné pour cette question qui intéressait Colmar, en ce sens que l'armée des fils révoltés rencontra celle du père aux environs de cette ville, où se déroula le drame tout entier. Contrairement à l'opinion émise par les chroniqueurs il chercha à faire prévaloir, dans une brochure intitulée *Le Champ du mensonge* (an 833) sa version personnelle tendant à placer le *Lügenfeld* aux portes mêmes de Colmar, sur l'emplacement où passe aujourd'hui le canal du *Logelbach*. La Revue d'Alsace a reproduit *in extenso* le volumineux mémoire présenté, à ce propos, par M. Boyer à l'Académie des Inscriptions et belles lettres, au concours des antiquités de la France, de 1861. La docte Académie n'a pas dû s'amuser beaucoup à la lecture de la longue et puérile dissertation de l'auteur sur l'étymologie des mots *Logelbach, Logelnheim, Læglenheim, Dürren-Logelnheim, Logelfeld* et *Rothfeld*.

* *

Un fait bien simple semble dominer toute cette discussion oiseuse; c'est le témoignage de Nithard, le fils d'Angilbert et de Berthe, fille de Charlemagne (né vers 790, mort en 858). Contemporain des événements dont nous parlons, faisant partie lui-même d'une des armées en présence, il était mieux à même que personne de désigner le lieu de la trahison. Or il dit (1) que la réunion des armées eut lieu *juxta montem Sigwaldi*, près de la montagne de Sigolsheim. Duchesne, l'annaliste de St-Bertin, surnommé le Père de l'histoire de France, ajoute : *juxta Columbram*, dans une plaine appelée *Rubeus campus*, ou *Rothfeld*, ce qui indique que la ligne de bataille s'était étendue jusqu'à la ville.

« Enfin Schilter, dans son glossaire, reconnaît que le Rothfeld est le lieu appelé *Rothlaeublé*, entre Colmar et Sigolsheim, sentiment partagé par Mabillon, le père Longueval, dom Calmet, dom Bouquet, Grandidier et autres et auquel n'ont fait défaut que Schœpflin et Laguille qui placent gratuitement le lieu de la réunion, l'un à l'Ochsenfeld, l'autre à Rouffach. » M. Félix Chauffour, qui a donné ces détails dans sa brochure : *Notes rétrospectives sur Colmar* (1869) ajoute que la présence à Colmar du pape Grégoire IV, qui accompagnait l'armée de Lothaire, de Pépin et de Louis, est justifiée par une décrétale adressée de cette ville à l'évêque du Mans,

(1) Dans son histoire : *De discordia filiorum Ludovici pii*, écrite par ordre de Charles-le-Chauve,

le huit des ides de juillet 833. Sa présence au Rothlaeublé même semble constatée par le nom de Rue du pape *(Pabstgasse)* que les contrats donnaient encore, il y a cent ans, à la plus ancienne rue du village de Houssen, qu'il avait sans doute traversée pour se rendre à la forêt du Rothlaeublé. Ce fut aussi pendant ce voyage en France que Grégoire IV y institua la fête de la Toussaint qui se célèbre depuis lors.

Terminons cette digression un peu longue par un calembourg assez risqué du notaire Chauffour qui pratiquait le jeu de mots à jet continu. On excusera son amour immodéré de ce jeu innocent en faveur de la solution lumineuse qu'il paraît avoir donnée de la question du champ du mensonge.

« Le conseil municipal de Colmar, pour conserver ce souvenir historique, avait fait réserver, lors du défrichement du Rothlaeublé, un petit massif d'arbres devant lequel devait être posée une pierre avec inscription commémorative ; mais *l'opération de la pierre* n'ayant pas été exécutée, ces arbres, au lieu de rappeler la feuillée sous laquelle avait été tenu conseil (idée qu'exprime même dans notre idiome alsacien le mot *Rothlaeublé*) restent là sans aucune signification. »

La version de M. Félix Chauffour, qui paraît très plausible, est, d'ailleurs, confirmée par l'historien alsatique Fr. Ignace Woog, dont le livre assez rare et peu connu porte le titre : *Elsaessiche Schaubühne* (1), *oder historische Beschreibung der Landgrafschaft Elsass* (Théâtre alsacien ou description historique du Landgraviat d'Alsace). « Les deux armées, dit-il, se rencontrèrent dans une grande plaine, entre Strasbourg et Bâle, appelée jadis *Rothfeld*. Dans sa lettre à Mabillon, Schiller dit que c'était au *Rothlaeublé* situé à une demi lieue de Colmar et à deux lieues de Brisach. Nithard, qui avait vécu auprès de Louis-le-débonnaire, en sa qualité de parent de l'empereur, dit qu'il avait pris position au pied du *Sigwaldiberg*. »

Au mois d'août 1856 eut lieu l'inauguration de la statue du

(1) Strasbourg, imp. de Jean-Henri Heitz, imprimeur de l'Université, 1784.

général Rapp. Tout fut mis en œuvre pour donner à cette fête un caractère grandiose, digne du personnage illustre dont s'enorgueillissait Colmar. Rapp était issu d'une famille protestante ayant de très lointains rapports de parenté avec la famille Bartholdi. On fit concorder la cérémonie avec la fête agricole des vignerons de Colmar, une très ancienne corporation, jalouse de ses prérogatives et ayant voix au chapitre dans toutes les manifestations de la vie municipale. La garnison de Colmar, cavalerie et infanterie, apporta son contingent d'éclat à la fête, qui devait surtout avoir un caractère militaire. En dressant son programme, la commission dirigeante réserva à l'un de mes intimes amis sa petite part dans le décor de la fête. Il avait déjà fourni le modèle de l'écusson sculpté sur le piédestal du monument (un aigle aux ailes déployées, tenant la foudre, au milieu d'un trophée d'armes).

Il peignit un grand transparent - Napoléon à cheval - qui fut placé dans la principale allée du Champ-de-mars, devant la butte qu'a remplacé, depuis lors, le kiosque, pendant l'illumination *a giorno* de cette promenade. A l'entrée de l'Esplanade se dressait un arc-de-triomphe construit par M. Geiger, architecte. Devant la statue fut établie une estrade richement décorée pour recevoir le cortège des autorités.

Afin de donner du retentissement à la fête, le maire avait prié le directeur de l'*Illustration* de vouloir bien envoyer sur place un de ses dessinateurs pour en reproduire les principales scènes. M. Worms fut chargé de cette mission et s'en acquitta fort bien. Cet artiste, alors très jeune, est devenu depuis lors un peintre de talent dont on remarque, au salon parisien, les scènes espagnoles et mauresques prises sur le vif. Le défilé des troupes au Champ-de-mars, devant la statue, a fait l'objet de la principale planche publiée par le journal illustré.

Une série de discours, les uns plus ronflants que les autres, furent prononcés par le préfet, le général de brigade, le maire etc. Le préfet avait très spirituellement comparé l'Alsace à un *immense mausolée* couvrant la cendre des glorieux soldats enfantés par son sol. Cette prosopopée assez drôle n'eut qu'un médiocre succès. M. Henry, professeur au lycée, donna lecture d'une ode ou plutôt d'un dithyrambe où Napoléon était comparé à un soleil lancé dans l'espace par la main du Créateur et entouré de satellites éblouissants parmi lesquels Rapp occupait un des premiers rangs. Mais la perle de ce tournoi oratoire fut la cantate composée par mon cher et ancien professeur Vion, le proviseur du lycée, et mise en musique par M. Vogt, organiste de la cathédrale :

« Salut Rapp, ami de la gloire !
« L'airain te rend à notre amour.

tel était le début de ce chant guerrier où les *r* battaient le rappel, où les syllabes retentissantes produisaient l'harmonie imitative d'une mêlée de bataille.

Cette cantate avait paru d'abord sous la forme d'un *Prologue* en prose, publié par le *Glaneur* du 24 février 1856 et qui, ne pouvant être mis en musique sous cette forme, a dû être traduit en vers par l'auteur. Voici ce prologue :

« Saluons Rapp, que le bronze ressuscite au milieu de nous, et dont l'histoire a rajeuni les traits, depuis que la mort a moissonné sa vie, *comme si le ciel eût envié cette gloire à la terre.*

« C'est bien là ton air martial et ton attitude héroïque, surtout ton regard qui glaçait d'épouvante les phalanges ennemies, avant même que ton bras les dispersât dans la poussière de bataille, glorieux compagnon de Desaix et de Bonaparte.

« Lorsque, captif au mépris de la foi des traités, il était traîné dans les steppes de l'Ukraine, la lance du cosaque impur se dirigeait souvent contre sa noble poitrine ; un coup d'œil du héros détournait alors de lui l'arme meurtrière et semblait dire au barbare : *Cimbre, oses-tu assassiner Caius Marius ?*

« A Dantzig et à Austerlitz, au pied des Pyramides et sur les rives du Borysthène, partout où la victoire promenait nos drapeaux, son cœur battait d'un égal amour pour la patrie et pour César, à qui Dieu avait confié les destinées de la France. Rien n'égalait en lui son brillant courage, sinon sa loyauté qu'il tenait de l'air que respirent et du sol qui nourrit les enfants de l'Alsace. »

Tout est bien qui finit bien. On pourrait cependant faire une toute petite réserve quant à certains titres honorifiques décernés par Louis XVIII, dans le service de sa garde-robe, à ce rude jouteur de l'Épopée impériale.

Le notaire, fabricant de calembourgs, prit texte de l'érection de la statue de Rapp pour dire qu'en fait de curiosités Colmar n'avait que *Rapp à citer*. (!!!)

En somme la fête, favorisée par un temps superbe, et abstraction faite de quelques petits incidents comiques, fut très réussie. Elle se termina par la belle illumination en verres vénitiens du Champ-de-mars, une retraite militaire aux flambeaux, un feu d'artifice et un grand bal dans la salle du théâtre.

J'allais presque oublier le grand carrousel qu'organisa le colonel du régiment de dragons en garnison à Colmar. Il eut lieu sur le terre-plein du Champ-de-mars et déploya derrière la statue du général les passes élégantes et les audaces hippiques de son programme, devant des milliers d'assistants qu'enthousiasmait ce spectacle militaire tout nouveau pour eux.

Le carrousel fut suivi du défilé des chars des corps de métiers de Colmar, très artistement décorés, dans lesquels les ouvriers, exhibant leurs chefs-d'œuvre, travaillaient pendant la marche du cortège, chacun dans sa spécialité. Tels les meuniers activant un moulin à farine sous la direction du facétieux chansonnier Lemmer; les boulangers retirant de leur four ambulant des brioches que les gamins dégustaient avec volupté; les brasseurs servant libéralement les chopes de Gambrinus au public assoiffé; les paveurs taillant à tour de bras leurs blocs de grès, ce qui n'était pas du luxe dans une ville si mal pavée alors; les charpentiers aux biceps proéminents, les bouchers aux bras nus et aux formes athlétiques, conduisant un bœuf et brandissant l'assommoir; les bottiers et cordonniers exhibant une botte monumentale qui aurait pu servir de coupe à Pierre-le-Grand, à Charles XII, et au maréchal de Saxe, ces vaillants buveurs ; enfin, pour clore la série, les potiers et faïenciers, ces ouvriers artistes qui, d'un moule modelé par Bartholdi, tiraient des exemplaires en terre glaise d'un médaillon du général Rapp, qu'ils faisaient cuire instantanément et distribuaient à la foule.

* *

L'été de 1856 était particulièrement beau et les excursions aux environs de Colmar très attrayantes. Le voisinage de la montagne et de la vallée de Munster offre des points ravissants : aussi la route de Rouffach, d'où l'on aperçoit à la fois les châteaux du Haut-Landsberg, de Hageneck, de Wettolsheim et d'Éguisheim, était-elle tous les soirs le rendez-vous préféré des promeneurs avides de respirer le frais en contemplant cette belle nature, vrai décor d'opéra. A deux kilomètres de la ville, il y avait sur cette route un grand orme qui, généralement, servait de point terminus à ces promenades. Après avoir attendu sous l'orme sonner le couvre-feu, les belles toilettes et les groupes élégants faisaient demi-tour pour rentrer en ville. Quelques intrépides poussaient plus loin vers les prairies de Wettolsheim. Un soir, par une grande chaleur et un beau clair de lune qui prêtait à la rêverie, je me laissai aller à poursuivre doucement mon chemin dans la direction d'un petit bois, ne songeant point qu'il était près de onze heures et qu'il n'y avait plus âme qui vive sur la route. En faisant mon demi-tour je me trouvai en face de deux ours noirs de grande taille marchant lentement devant une troupe de Tsiganes silencieux qui les tenaient en laisse. Cette surprise étrange, cette apparition imprévue, l'heure avancée et la solitude étaient faites pour impressionner de plus braves que moi ; mais dominant mon émotion, je passai sans broncher devant ces nomades qui me souhaitèrent poliment une bonne nuit.

* *

M. de Peyerimhoff, excellent chasseur, désirait acheter un chien d'arrêt dressé par un garde forestier de Vieux-Brisach et me pria de l'accompagner dans cette excursion sur le Rhin. Je ne connaissais pas encore le pays de Bade et je saisis avec empressement cette occasion de passer le pont volant établi sur le fleuve et de voir la situation pittoresque du Vieux-Brisach, ancienne ville française dont l'église est remplie de souvenirs rappelant l'époque des guerres de Louis XIV. Cette église renferme aussi un grand retable en bois sculpté qui est un vrai chef-d'œuvre et sur lequel s'appuie le maître-autel. Je me promis bien de revenir dessiner ce monument de l'art allemand du XVIe siècle, mais en raison de l'importance du travail, je dus en ajourner l'exécution. En attendant je pris un croquis d'ensemble de l'église dont l'extérieur n'offre rien de remarquable : un peu au dessous se trouve la tour carrée dans laquelle, dit-on, fut emprisonné, avant son exécution par le bourreau de Colmar, Pierre de Hagenbach, le célèbre et sanguinaire Landvogt de Charles-le-Téméraire.

Du haut de la colline où est située l'église, on jouit d'une vue merveilleuse de la plaine d'Alsace, des Vosges et d'une partie de la Forêt-noire. En revenant sur la rive gauche où nous attendait notre voiture, près du fort Mortier, nous aperçûmes un groupe d'officiers français, de la garnison de Neuf-Brisach, dont l'un se déshabillait sur la rive. Nous pensions qu'ils allaient prendre un bain froid, bien que le Rhin, très large en cet endroit, eût des allures de torrent, tant son cours était rapide. Informations prises nous apprîmes que l'un de ces officiers, le capitaine d'infanterie Kastus, celui précisément qui se déshabillait, allait traverser le fleuve à la nage, ce qui lui était arrivé déjà souvent. En effet, une fois revêtu de son costume de bain, il envoya son ordonnance porter son uniforme sur la rive opposée et l'attendre au point précis où il comptait prendre terre et qui était à environ cinq cents mètres en aval du lieu où il allait sauter à l'eau.

Assister comme spectateurs à cet acte d'audacieuse prouesse du capitaine français fut pour nous une de ces bonnes fortunes qui marquent dans le souvenir et rappellent l'audace de Lord Byron, traversant l'Hellespont à la nage, pour vérifier la légende antique de Léandre. Nous le vîmes lutter pendant vingt minutes au moins contre le courant qui le poussait à la dérive, mais ses biceps, moulés comme ceux de l'Hercule Farnèse, eurent raison de la résistance du flot, et bientôt il aborda à l'endroit même où l'attendait son ordonnance. C'était là un de ces rares exploits de nageur que peu d'hommes seraient capables d'accomplir. Cependant, s'il faut en croire les chroniqueurs, les soldats d'Arioviste, sous la grêle des traits de César, se jetèrent aussi à la nage dans les flots du Rhin où ils se noyèrent pour la plupart.

À l'hôtel de la Poste, où nous étions descendus, on nous avait servi, au dessert, une bouteille de soi-disant champagne fabriqué dans le pays même avec du vin blanc du Kaiserstuhl. Ce breuvage, sans égaler précisément le Montebello et le Clicquot, se laissait boire facilement. En Allemagne, où l'esprit d'imitation des produits français est poussé très-loin, on compte aujourd'hui des quantités de fabriques de Champagne.

Pour en revenir au retable sculpté dont je viens de parler, je dois mentionner un fait assez singulier qui se produisit à propos du dessin que j'en fis en 1858. J'avais envoyé ce dessin à l'*Illustration* qui s'empressa de le faire graver sur bois et de l'insérer avec ma notice descriptive. Pendant que j'étais absorbé par mon dessin à l'église, arrivèrent en visiteurs M. de Sèze, le fils du défenseur de Louis XVI, ancien avocat général à Colmar, et M. Boyer, conseiller à la Cour, auteur d'un livre fortement documenté sur l'Alsace où il avait traité *ex professo* la légende du Champ du mensonge de Louis-le-Débonnaire. Plusieurs mois après, me trouvant de nouveau à Vieux-Brisach, avec le maire de Peyerimhoff, qui y cherchait un nouveau chien de chasse, une seconde édition de *Feldmann*, l'hôtesse de la Poste nous apprit qu'une famille de la localité venait de recevoir d'un de ses membres établi à San-Francisco (Californie) une gravure du retable découpée dans l'*Illustration* française. Ainsi mon dessin était allé se promener sur les bords de l'Océan pacifique pour revenir ensuite à son point de départ. L'hôtesse parut tout estomaquée d'apprendre que l'auteur de ce dessin était assis devant elle, à sa table d'hôte, sablant le simili-champagne badois. Il y a parfois, dans la vie, de curieuses coïncidences.

Pendant notre excursion nous avons rencontré, sur la

route de Fribourg, la voiture de M. de C..., préfet du Haut-Rhin, qui allait au château d'Umkirch, rendre visite à une parente de l'empereur Napoléon III, la grande duchesse Stéphanie de Beauharnais, qui avait été mariée par Napoléon I*er* au grand duc de Bade et dont la fille aînée était la femme de Gustave Wasa, fils de l'ancien roi de Suède.

***

Henner était revenu passer une partie des années 1855 et 1856 en Alsace pour s'appliquer à la pratique de l'art du portrait. A Altkirch, à Thann, à Mulhouse, à Riquewihr, il se créa de nombreuses et fidèles amitiés qui l'aidèrent dans la réalisation de ce projet. Il est vrai que le prix plus que modeste de ces portraits était de nature à encourager les amateurs : il n'en est pas moins vrai que ces œuvres de la jeunesse de l'artiste ont acquis une valeur exceptionnelle quand celui-ci, après avoir remporté le prix de Rome, est devenu une célébrité. Il s'était tout particulièrement lié à Altkirch avec un jeune ami qu'il retrouva à Riquewihr, petite ville moyen âge située dans la montagne, à deux pas de Colmar, et célèbre par ses fameux crus de riesling et de muscat que Voltaire appréciait beaucoup. L'histoire nous apprend, en effet, qu'un jour le comte de Wurtemberg-Montbéliard, ayant besoin d'argent (ce qui arrive souvent aux princes), hypothéqua à Voltaire, qui se trouvait alors à Colmar (1753-1754) une partie des vignes qu'il possédait à Riquewihr. L'acte fut passé dans l'étude de l'un des prédécesseurs de M*e* Rencker, notaire à Colmar, qui m'en a fait voir la minute signée *Arouet de Voltaire*.

Parmi les portraits qu'Henner fit à Altkirch je citerai celui de M. Chatelain, propriétaire de la verrerie de Moutiers-Grandval, beau-père du docteur Pourcelot, et celui de M. Montaubin, le dernier sous-préfet d'Altkirch, dont le fils est mort récemment procureur général dans l'Ouest.

Appelé à Riquewihr par son ami, Henner y trouva non seulement l'occasion d'y faire des portraits mais encore d'y assister à de charmantes fêtes de famille. L'empreinte de cette radieuse époque de sa jeunesse est restée si vivace dans la mémoire de l'artiste qu'aujourd'hui encore, pendant que tombent les feuilles mortes de l'automne, il en parle avec enthousiasme. Elle reste séduisante comme une apparition lointaine, cette jolie blonde aux cheveux d'or, dont il fit le portrait et dont le profil bouclé rappelait les figures vaporeuses des Keepsakes anglais. Elle habitait une de ces maisons du XVIe siècle qui abondent dans le vieux bourg de Riquewihr, et ont une architecture si originale avec leurs colonnettes torses, leurs escaliers en spirale et leurs plafonds à poutres historiées.

Au cours de ses fréquents séjours à Riquewihr, il eut l'occa- de faire le portrait de M. l'abbé Hugard, curé d'Ammerschwir, oncle d'un de ses amis, M. Kuenemann, conseiller à la cour d'Alger. M. Hugard, une vieille connaissance de ma famille, avait fait ses études au collège d'Altkirch en 1812, et avait été en pension chez ma grand'mère. Fin gourmet, il possédait une cave garnie de bons crus qu'il faisait volontiers déguster à ses visiteurs. Il me raconta avec complaisance le menu d'un dîner qu'il offrit à Mgr Ræss, évêque de Strasbourg, autre fin gourmet qui possédait un riche vignoble et de belles caves à Sigolsheim.

Pour se rendre agréable à son supérieur mitré, il avait prié son neveu, le conseiller, de lui expédier une grande bourriche bondée de toutes les primeurs de l'Algérie. Ces appétissantes victuailles, lècheries princières et sacerdotales, d'autant plus précieuses qu'elles étaient hors de saison, avaient produit, paraît-il, un effet fascinateur sur les convives. Jamais pareil bouquet de raretés gastronomiques n'avait fleuri à Ammerschwir.

En me faisant voir son église, le curé Hugard me montra, dans un coin du clocher, un grand âne en bois sculpté, monté sur roulettes, et qui, au temps jadis, avait eu l'honneur de figurer dans les processions pour rappeler le souvenir de l'ânesse dont se servit le Christ pour entrer à Jérusalem, le dimanche des Rameaux. Un jour, pendant la cérémonie, l'âne perdit sa queue et le maire, qui marchait derrière, s'empressa de la ramasser et de la recoller dévotement avec sa salive. *Se non e vero...* Je tiens le fait du curé lui-même. Pour reconnaître son gracieux accueil je lui offris trois canons... d'autel composés toujours en style gothique, qui doivent encore se trouver dans l'église. Quant à l'âne, le musée de Colmar l'aurait recueilli, dit-on, dans ses galeries hospitalières, mais M. Waltz, bibliothécaire de la ville m'apprend qu'il n'en est rien. Il ajoute qu'il existait trois exemplaires du *Palm-Esel* (l'âne aux palmes), l'un appartenant à l'église d'Ammerschwir, le second à celle de Kaysersberg, qui ont figuré tous deux à l'exposition rétrospective de Strasbourg en 1895 ; enfin le troisième faisait l'ornement des processions de Colmar, mais il a disparu, frappé sans doute d'ostracisme par les dévots du bon vieux temps.

XXX

Voltaire à Colmar. — L'académie de Pfeffel. — Sa statue. — Friederich et sa tabatière. — Statue de Martin Schœn. — Le Kiosque. — Ecole de musique. — André Kiener et le canal.

En parlant plus haut du riche vignoble de Riquewihr le nom de Voltaire est tombé, comme par hasard, sous ma plume. Dans les derniers temps de son séjour auprès de Frédéric II à Berlin d'où il est revenu en 1753, après avoir subi les avanies que l'on sait, il avait prêté au duc Charles-Eugène de Wurtemberg-Montbéliard, seigneur de Riquewihr, une somme de 300,000 livres, moyennant une rente viagère de 7,500 rix-dalers. Comme nous l'avons vu, cette rente était hypothéquée sur les vignes de Riquewihr. En venant à Colmar, Voltaire y était attiré par le soin de ses intérêts à sauvegarder.

Il paraît que ses rentes furent très-mal payées. Dans une de ses lettres à ses hommes d'affaires, qui paraît faire allusion à quelque ajournement motivé par la recherche préalable d'une mine d'argent, le trésor du duc de Wurtemberg étant sans doute à sec, on lit ce passage, qui pourrait servir de réclame aux marchands de vin de Riquewihr : « Je fais compliment à M. Rosé sur ses mines, mais je crois que les meilleures sont les vignes de Riquewihr ». M. Rosé était receveur du duc Wurtemberg. (L. Levrault — Musée historique et pittoresque d'Alsace — 1863).

On voit par là que la découverte des mines jouait déjà un grand rôle chez les principicules de l'époque et que les princes de la finance d'aujourd'hui n'ont rien à leur envier.

Mais Voltaire voulait surtout demeurer dans le voisinage de la frontière, ayant tout à craindre de ses ennemis de la cour de Louis XV (1). Pendant son séjour à la cour grand-ducale de Gotha, la grande duchesse lui avait demandé un abrégé de l'histoire d'Allemagne. Il se mit immédiatement à l'œuvre et c'est dans la bibliothèque grand-ducale même qu'il commença les *Annales de l'Empire* qui devaient se terminer et voir le jour à Colmar. Il avait proposé au savant historien Schœpflin de réviser et de corriger son œuvre; mais celui-ci, absorbé par ses devoirs de professeur, lui conseilla de s'adresser à un autre savant, Jean-Michel Lorentz, qui accepta et eut ainsi l'honneur de rectifier Voltaire. Son livre fut imprimé par Joseph Schœpflin, le frère de l'historien, qui était imprimeur à Colmar où il avait édité le premier volume de l'*Alsatia illustrata*.

Accompagné de son secrétaire Collini, Voltaire, qui avait alors cinquante-neuf ans, loua un appartement dans une maison de la rue des Juifs, portant aujourd'hui le n° 10. Elle appartenait à Jean-Ulrich de Goll, descendant du stettmeister Jean Goll, qui, en 1565, fit déclarer le protestantisme religion de l'État à Colmar. La maison est aujourd'hui la propriété de M. Édouard Birckel, ancien président du tribunal

(1) Ainsi qu'il le dit dans ses mémoires, il vint à Colmar pour y sécher ses habits mouillés du naufrage et pour écrire, à l'aide des renseignements possédés par les légistes de cette ville, les *Annales de l'Empire*.

« Il y arriva le 4 octobre et débarqua à l'auberge du Sauvage tenue par les demoiselles Saltzmann (sur l'emplacement de la maison Pflug, grand'rue n° 10) où il logea pendant quelques jours.

« Il fut secondé fort utilement dans son travail par M. Dupont, avocat au conseil souverain, qu'il avait connu précédemment. En outre il alla, durant son séjour, passer quelques temps à Luttenbach val de Munster, à la papeterie de l'imprimeur Schœpflin.

« La publication de ses correspondances renferme un grand nombre de lettres écrites de Colmar. Le grand Frédéric, dans une lettre fort railleuse, le persifle au sujet d'un crucifix qu'il aurait pendu dans sa chambre ».

(Félix Chauffour — *Notes rétrospectives sur Colmar*).

de commerce. C'est dans ce logement, sis au rez-de-chaussée
et dans la chambre de derrière, éclairée vers la cour, qu'il
composa ses Annales.

En empruntant ces renseignements à la brochure de M. de
Neyremand, père, (*Séjour en Alsace de quelques hommes
célèbres*), qui lui-même les a empruntés aux Mémoires de
Collini, j'y découpe ces quelques lignes typiques sur le caractère de Voltaire :

« Au premier aspect la maison et la ville lui plurent médiocrement. » J'habite, écrivait-il, une vilaine maison dans
une vilaine ville. » Cette première impression, déjà si peu favorable, se changea en aversion lorsqu'il apprit ce qui s'était
passé dans cette vilaine ville, quelques années auparavant.
A l'instigation d'un père jésuite nommé Aubert, on y avait
brûlé en place publique plusieurs exemplaires du Dictionnaire
de Bayle, et un avocat général, M. Muller, « homme supérieur », avait donné le signal de cet auto-da-fé en jetant le
premier ses volumes dans les flammes. On conçoit l'indignation de l'écrivain philosophe ; elle éclate en une bordée
d'épigrammes. Colmar devint « la capitale des Hottentots,
gouvernée par des Jésuites », une ville moitié allemande,
moitié française et tout à fait iroquoise.... où l'on fait communément des sacrifices pareils, sans qu'on puisse reprocher
aux sauvages qui l'habitent d'immoler leurs semblables comme font d'autres anthropophages.

« Voltaire avait fini par oublier les disgrâces de Bayle et le
pays était rentré en faveur auprès de lui. Il voulut même s'y
fixer définitivement et écrivit à la comtesse de Lutzelbourg,
sœur de M. de Klinglin, premier président du Conseil souverain d'Alsace :

« Je m'habitue à Colmar, plus que la Grand'Chambre à
Soissons. »

« J'ai la meilleure partie de mon bien à la porte de Colmar;
j'ai envie de me faire alsacien. »

Il avait même déjà entamé des négociations pour acquérir
le château d'Oberhergheim dont le nom peu euphonique
l'effarouchait pourtant.

Après sa communion publique à l'église des Jésuites de
Colmar, qui fut considérée à la cour de France comme une

odieuse profanation, et que ses persécuteurs exploitèrent habilement contre lui, Voltaire reçut l'ordre de quitter l'Alsace. Il avait séjourné treize mois à Colmar, et en partit le 11 novembre 1754, pour se rendre en Suisse.

* *

La petite rue Pfeffel, très étroite et très solitaire, où je demeurais, devait son nom au poète colmarien Gottlieb-Conrad Pfeffel, connu surtout par un recueil de fables allemandes que traduisit en vers français M. Ernest Lehr, de Strasbourg et qu'il édita en 1840, avec un grand luxe typographique, à la librairie Silbermann, (encadrements en chromo, gravures sur bois et portrait en taille douce du poète). Pfeffel avait perdu la vue à l'âge de vingt-un ans. Cela ne l'empêcha pas de devenir un pédagogue célèbre et de fonder, au coin de cette rue et de celle des Blés, une Académie militaire, où affluèrent de nombreux élèves appartenant aux premières familles protestantes de l'Alsace, de l'Allemagne, de l'Angleterre et des provinces russes de la Baltique. Le statuaire Friederich, de Strasbourg, homme de talent mais singulier original, qui faisait cadeau de ses statues, s'était épris des œuvres de ce barde aveugle qui dictait ses poésies à sa fille.

Pour donner à son admiration une forme durable, il se mit à sculpter, en 1850, la statue du poète dans un bloc de grès rose du Cronenthal et en fit don à la ville de Colmar qui était loin de s'attendre à cet acte généreux : il avait déjà offert à la ville de Ribeauvillé, son lieu de naissance, une statue allégorique qui surmonte le bassin d'une fontaine. On décida de placer la statue du poète sur le marché attenant au musée des Unterlinden. L'architecte Boltz construisit le piédestal, dans le style Louis XV. A l'intérieur de ce piédestal, dans une boîte en fonte, garnie de verre, on inséra le procès-verbal d'usage, enjolivé d'ornements calligraphiques, destiné à conserver à la postérité la plus reculée les noms des édiles qui avaient présidé à l'érection de la statue, en y ajoutant une série de monnaies de l'époque.

La fête d'inauguration, qui eut lieu le 5 Juin 1859, fut brillante ; une cantate allemande, composée par M. Auguste

Stœber, le gracieux poëte et conteur alsatique, mise en musique par M. Joseph Heyberger, élève du Conservatoire de Paris et chantée par les divers orphéons du pays, fut la pièce de résistance de la cérémonie.

Cette cantate, d'une belle envolée poétique, fut très applaudie par les amis, très nombreux encore, du barde colmarien et de son panégyriste A. Stœber. Voici la traduction que j'en ai faite alors pour les personnes non initiées à la langue allemande :

« Dans le vallon, sur des prés fleuris, un enfant au regard doux et limpide, contemple le ciel d'azur et savoure le charme de mainte image printanière.

« Un jeune homme, dont l'œil profond et pénétrant lit dans la figure humaine, se recueille d'un air pensif et devine les destins de l'homme.

« Mais hélas ! un voile sombre s'étend sur lui. Son regard, pur comme un astre, s'éteint ; le monde et ses couleurs magiques s'évanouissent devant l'aveugle.

« O lumière des yeux, clarté merveilleuse, précieux don du ciel, laisseras-tu l'homme tout seul plongé dans cette nuit qui ressemble à la nuit du tombeau ?

« Tu es donc tarie, ô source d'une joie pure ? Non, des effluves d'une autre lumière jaillissent de son cœur.

« C'est l'amour avec ses gracieuses images ; c'est l'amitié avec ses paroles de foi ; c'est la poésie avec ses rêves d'or, éclos dans le ciel.

« La vérité retentit dans sa voix avec une joyeuse ardeur. Pour elle, éternelle beauté, vibrent les plus nobles accents de sa lyre.

« Vers les régions où rien ne périt,
Vers les régions où rayonne la lumière,
Chœur d'hommes, élève tes accents !

« Là où règne la paix ; là où toute plaie se cicatrise ; là où le regard brillant et clair contemple la source de l'éternelle vérité ; là où vibre le ton créateur de tous les tons, où resplendit l'image modèle de toute beauté, là aussi, Pfeffel, brille comme l'étoile la couronne de triomphe !

« Que notre chant de reconnaissance monte joyeux vers toi sur les ailes de l'éther !

« Chœur d'hommes, fais retentir bien haut les accents d'allégresse ; élève-les jusqu'à la couronne du poëte ! »

Un petit album très curieux, composé par les élèves de Pfeffel et contenant les portraits de la plupart d'entre eux, et non des moindres, a été retrouvé vers l'époque de l'inauguration du monument et déposé, si mes souvenirs sont exacts, à la bibliothèque de la ville.

Pour reconnaître le don gracieux de la statue, le Comité du monument offrit à Friederich une tabatière en vermeil ciselé, superbe objet d'art. Friederich n'était pas priseur, mais il n'en apprécia pas moins ce joli cadeau accompagné d'un diplôme sur parchemin, rendant hommage à son talent et à sa générosité.

La statue représente le poëte sous la forme d'un bon bourgeois, portant une perruque à ailes de pigeon, vêtu d'un long habit à basques, un bras replié sur la poitrine, dans l'attitude d'un profond penseur. Pfeffel avait accepté, au commencement de ce siècle, la modeste position de traducteur des actes administratifs de la Préfecture du Haut-Rhin. C'était comme on le pense bien, une traduction en allemand littéraire que les populations ne comprenaient pas, mais c'était néanmoins un hommage rendu par la France, à l'idiome ou au patois populaire de l'Alsace. Pfeffel jouissait d'une telle estime dans la population de Colmar, qu'en 1812, la Société d'émulation de cette ville, dont il avait été vice-président, (le préfet, M. Félix Desportes, était président), mit au concours l'éloge du poëte. Le programme de ce concours, que nous trouvons dans l'Annuaire du Haut-Rhin de 1812, est très curieux et mérite d'être reproduit :

« Amédée-Conrad Pfeffel, conseiller aulique du Landgrave de Hesse-Darmstadt, ancien directeur d'une école militaire à Colmar, président du Jury d'instruction et secrétaire interprète de la Préfecture du département du Haut-Rhin, membre du Consistoire général et du Directoire de la Confession d'Augsbourg pour les départements du Haut et du Bas-Rhin, etc., etc., membre des académies royales des sciences de Berlin et de Munich, de la société d'agriculture de Strasbourg, et Vice-Président de la Société d'émulation de Colmar, naquit dans cette ville le 28 Juin 1736 ; il y est mort le 1er mai

1809. Il a joui, pendant les dernières années de sa vie, d'une pension de douze cents francs, qu'il tenait, à titre d'homme de lettres, de la munificence de Sa Majesté l'Empereur et Roi (Napoléon Ier). »

« M. Pfeffel a honoré sa patrie par les services qu'il a rendus à l'instruction publique, par la pratique constante de toutes les vertus qui caractérisent l'homme de bien, par ses productions littéraires, tellement estimées en Allemagne qu'elles y sont devenues classiques. Il s'est particulièrement distingué dans trois genres différens, *la fable, l'épître en vers, les contes moraux*. »

« La Société d'émulation de Colmar propose un prix de *trois cents francs* pour le meilleur éloge de M. Pfeffel. Sa réputation littéraire reposant principalement sur le genre de l'apologue, la société désire que les auteurs des éloges établissent avec quel succès le fabuliste allemand s'est approché de La Fontaine, et en quoi il en diffère. »

« Les éloges pourront être écrits en langue française ou en langue allemande, au choix des concurrens. »

Ce programme a été rédigé par M. Gastres, l'un des membres résidents, auteur de la proposition.

S'il y avait à établir aujourd'hui un parallèle entre les deux fabulistes, on pourrait dire que l'incomparable La Fontaine, ce génie gaulois de haute envergure, ce moraliste puissant dont la satire nerveuse a traversé et traversera encore de longs siècles, sans rien perdre de sa saveur native, ne saurait être mis en comparaison avec un émule doué, sans doute, d'un beau talent d'écrivain, mais dont la pensée et le style ne rappellent que de très loin les élans superbes de l'auteur du *Paysan du Danube*.

L'ancien cloître du couvent des Unterlinden où est le musée, venait d'être restauré aux frais de M. Hartmann, de Munster. Le préau, qu'entourait le cloître, semblait réclamer une décoration en harmonie avec la nouvelle destination de l'édifice. M. Bartholdi le comprit, se mit à l'œuvre et, en 1858, composa un monument très bien agencé dont la figure principale est la statue de Martin Schongauer, cet artiste du XVe siècle né à Colmar, qui était à la fois peintre, graveur et ciseleur. Aux quatre coins du piédestal gothique surmontant une vasque, figurent quatre petites statues assises dont trois symbolisent les trois faces du talent de l'artiste et la quatrième la *Méditation*, reproduit les traits de M. Louis Hugot, le bibliothécaire et conservateur du musée. Bartholdi se représenta lui-même, en costume du moyen âge, ciselant un encensoir. Plus tard il fit une réduction en bronze de cette statuette-portrait, la plaça sur un encrier en ébène dont il m'offrit gracieusement un exemplaire. C'est là un de ces souvenirs de famille qui doivent passer d'une génération à l'autre, parcequ'il est une émanation du grand artiste auteur de la statue colossale *La Liberté éclairant le monde*.

En concevant cette œuvre si originale de la statue de Martin Schongauer, M. Bartholdi était dominé par l'idée de seconder son ami Hugot dans la réalisation du Musée de Colmar, dont il a été le créateur. Il partagea ainsi avec lui l'honneur d'attacher son nom à une fondation généreuse que d'autres ont continuée et perfectionnée. Non seulement il y a apporté son dévouement le plus absolu mais encore, à côté de ses sacrifices personnels, il a eu la satisfaction de voir arriver de précieux subsides, ceux notamment de son ancien et excellent maître Ary Scheffer.

Le nom du maître colmarien est attaché aux origines de la gravure au burin. Il fut un de ces vaillants lutteurs du XVe siècle, période de mouvement irrésistible où le génie humain créa ces magnifiques instruments de propagation de la pensée, l'imprimerie et la gravure. On a considéré longtemps Martin Schœn comme l'inventeur de cet art du burin où il excellait ; mais à la suite des recherches des savants modernes, la question semble définitivement tranchée en faveur de l'orfèvre florentin Maso Finiguerra. C'est lui, en effet, comme le dit fort bien M. le vicomte Henri Delaborde dans son volume *Le département des estampes à la bibliothèque nationale*, que Finiguerra est en réalité l'inventeur de la gravure, puisqu'il a su, le premier, en révéler les ressources et élever un simple procédé industriel à la hauteur d'un moyen d'expression pour le beau. C'est ce qui ressort, en effet, de l'examen de la célèbre estampe du *Couronnement de la Vierge* gravée et imprimée en 1452 par Finiguerra à Florence, et dont l'unique exemplaire parvenu jusqu'à nous, a été découvert en 1787 au Cabinet des Estampes de Paris, par l'abbé Zani, conservateur du cabinet des Estampes de Parme. Finiguerra était avant tout un *nielleur* gravant sur or et argent des sujets religieux dans le creux desquels il infusait un émail noir qui faisait ressortir le trait en lui donnant l'effet d'un dessin au crayon noir. C'est ainsi qu'il grava pour l'église de Saint Jean-Baptiste de Florence cette *Paix* ou plaque d'argent du *Couronnement de la Vierge*, dont l'estampe de la Bibliothèque nationale est une épreuve très-réussie. On sait que ces plaques sont en usage à la messe des grandes fêtes, pendant qu'on chante l'*Agnus Dei*. Leur nom vient de ce que, baisée d'abord par le célébrant, cette plaque est ensuite présentée à chacun des ecclésiastiques assistants, avec ces paroles : *Pax tecum*.

J'ai fait, à la plume, un fac-simile très exact de cet incunable de la gravure qui est encadré sous verre à la salle des Estampes dans un petit triptyque en bois sculpté avec quatre planches remontant aux origines de l'art de l'impression. Mon dessin a paru dans l'*Art à travers les mœurs* d'Henry Havard (Paris 1882).

* *

L'ouverture de la rue Bruat fut une des premières opérations de voirie auxquelles s'appliqua la nouvelle administration. Partant de la rue des Blés pour aller rejoindre la gare du chemin de fer, elle longe la promenade du Champ-de-mars. De belles habitations, notamment l'hôtel de la Recette générale construit par M. de Bussierre s'élevèrent bientôt le long de cette rue où fut construit quelque temps après le nouvel Hôtel de Préfecture à la place qu'occupait l'ancienne école normale.

On adorait l'art vocal et instrumental à Colmar. Tous les dimanches les musiques de la garnison de cavalerie et d'infanterie se faisaient entendre alternativement à la promenade. L'Orphéon, récemment créé, contribuait de son côté à entretenir le goût de l'harmonie. C'est Béranger qui l'a dit :

« Les cœurs sont bien près de s'entendre.
Quand les voix ont fraternisé. »

La ville fit construire un kiosque élégant au bout de la grande allée du Champ-de-Mars pour faciliter l'exécution de tous les concerts en plein air qui se donnaient lors des fêtes publiques.

Nous avions souvent la bonne fortune d'entendre de grands artistes de passage, tels que la chanteuse Alboni dont la puissante voix de contralto électrisait l'auditoire, le prestigieux violoniste Vieuxtemps, le harpiste Godefroi, le flûtiste Tulou et la perle incomparable Teresa Milanollo, dont le violon enchanté avait des accents de voix humaine et qui jouait sur une seule corde, les variations les plus magistrales. La fameuse tragédienne Ristori est venue aussi se faire entendre dans *Maria Stuarda*.

Pour répondre aux vœux des familles qui désiraient faire donner une éducation musicale sérieuse à leurs enfants, la ville créa, sous la direction de M. Moïse Stern, une école de musique à laquelle on donna le titre un peu trop pompeux de *Conservatoire*. Les professeurs étaient, pour la plupart, de jeunes allemands qui se contentaient d'un traitement très modeste et formaient le noyau de l'orchestre du théâtre. Tous les ans la ville subventionnait une troupe d'opéra et de comédie, tantôt sédentaire, tantôt alternant avec Strasbourg et Mulhouse. La plupart des opéras comiques en renom et même de grands opéras, tels que *Robert-le-diable*, *Faust*, *Guillaume Tell*, *Freyschütz*, purent être montés avec succès, grâce aux ressources orchestrales que possédait la ville.

* *

Au préfet J. de Cambacérès qui avait cessé de plaire au gouvernement, succéda M. Paul Odent, ancien sous-préfet de Saint-Quentin, homme d'un abord assez froid, mais très intelligent et très bon, qui sut se faire aimer. C'est sous son administration que fut résolue la question complexe de la construction d'un nouvel hôtel de préfecture au moyen de la proposition faite par le conseil municipal d'acquérir, au prix de 200.000 fr., l'ancien hôtel situé rue des Clefs, pour le convertir en hôtel-de-ville.

Colmar a un grand faubourg industriel connu sous le nom

de Logelbach, longeant un petit cours d'eau qui traverse la ville. Il y a là de grandes filatures et d'importants tissages, ceux de la maison Haussmann, Jordan, Hirn et Cie, de la maison Antoine Herzog et Cie et de la maison Barth. Au faubourg de Brisach il y avait les tissages de M. André Kiener et de M. Saltzmann. Plusieurs féculeries, malteries, distilleries et briqueteries complétaient cet ensemble de fabrications diverses qui consommaient une énorme quantité de houille. Tout ce combustible arrivait des mines de Saarbruck par les voies ferrées et se trouvait, par ce fait, grevé de frais de transport considérables, comparativement à l'industrie mulhousienne qui bénéficiait de l'excessif bon marché du transport par eau, au moyen du canal du Rhône au Rhin. Ce canal, creusé sous l'empire, par les prisonniers espagnols, traverse l'Alsace dans presque toute sa longueur ; mais, par une singularité qu'on s'explique difficilement, le tracé avait été écarté de la ligne des Vosges où sont groupés tous les établissements industriels pour suivre parallèlement la ligne du Rhin où il n'en existe point. Il faut croire qu'on s'était préoccupé avant tout d'obtenir le tracé le plus court pour transporter les produits du midi et du centre de la France en Allemagne.

C'est en 1801, sous les auspices de Napoléon Ier, que le creusement du canal fut commencé. L'annuaire du Haut-Rhin pour l'an XIII (1804-1805) s'exprime comme suit au sujet de cette œuvre considérable :

« Voici le précis du tracé de cette superbe communication continentale qui doit joindre l'Océan à la Méditerranée.

« Le canal, après avoir suivi le cours du Doubs jusqu'à Voujaucourt, doit remonter le vallon où coule l'Allaine et celui de Montreux ; il traverse la côte située à l'Ouest du village de Valdieu, et descendra ensuite les vallées formées par la Largue et par l'Ill. Le bief de partage, placé entre le village de Montreux et de Valdieu sera alimenté par les eaux de la Largue, des ruisseaux de Lutran et de Suarce qui descendent du mont Jura, et de ceux de Saint-Nicolas et de la Madelaine, qui viennent des montagnes des Vosges. Il jouira en tous temps d'un volume d'eau suffisant pour la navigation la plus active.

« Ce bief de partage se trouvera à peu près à cinquante deux mètres au-dessus du niveau de la rivière du Doubs, pris du confluent avec l'Allaine, et à deux cent trois mètres au-dessus du niveau de l'Ill, pris à l'entrée de Strasbourg. La pente vers le Doubs sera rachetée par quinze écluses, et celle vers l'Ill par soixante dix. Elles seront toutes de chutes à peu près égales et construites avec des sas en pierre de taille.

C'est par ce moyen que Marseille et Beaucaire pourront reverser sur Amsterdam les productions du Levant, qu'Avignon, Valence, Lyon, Chalon, Dôle, Besançon, Montbéliard, Mülhausen, Colmar, Strasbourg, Mayence, etc. seront comme autant d'échelles disposées pour tirer de la France, de l'Helvétie, de toutes les parties de l'Allemagne, les denrées et les marchandises, et procureront à ces contrées les objets qui leur manquent. Le canal du Languedoc, construit par le célèbre Paul Riquet, mort en 1680, a imprimé au règne de Louis XIV un caractère de grandeur que la France ne méconnaîtra jamais ; le canal de la jonction du Rhône au Rhin, conçu d'après un plan plus vaste et plus avantageux par ses résultats, deviendra un monument indestructible qui, mieux que tous les écrivains, transmettra à la postérité reconnaissante, le nom glorieux de NAPOLÉON, *Empereur des Français*.

« Les travaux du canal sont commencés, dans le Haut-Rhin, aux environs de Mülhausen, et doivent se poursuivre avec activité pendant la campagne de l'an XIII.

« Les habitans du département, qui apprécient depuis longtemps les avantages immenses qui doivent résulter de cette jonction des deux mers pour leur prospérité agricole et commerciale, ont désiré signaler et consacrer leur reconnaissance par un monument digne du Héros auquel ils doivent cet inappréciable bienfait. La voix du Peuple, ce témoignage libre et irréfragable de son amour, s'est élevée de toutes parts, et a déjà nommé ce grand ouvrage LE CANAL NAPOLÉON.

« Les habitants du Haut-Rhin, par l'organe de préfet (1), ont demandé en outre l'autorisation d'élever à notre Auguste Empereur un monument à leurs frais, et ont désigné pour son emplacement le point de jonction du grand canal avec celui de dérivation qui partira d'Huningue ».

(1) M. Félix Desportes.

Il s'agit là du monument de l'Ile Napoléon, près de Rixheim.

Ce que l'état de choses, dont j'ai parlé plus haut, avait de défavorable, même de désastreux, pour le développement industriel de Colmar et de quelques centres de fabrication du Bas-Rhin, avait sauté aux yeux des gens sensés, depuis de longues années. Deux hommes de grande énergie et de sens pratique remarquable associèrent leurs efforts pour corriger la faute économique de 1801. C'étaient M. André Kiener, fabricant de tissus à Colmar et M. Schattenmann, manufacturier à Bouxwiller (Bas-Rhin). Ils furent puissamment secondés par le baron de Geiger, fabricant céramiste à Sarreguemines et sénateur. La propagande du premier s'attacha à la création d'un canal d'embranchement de Colmar à Neuf-Brisach où passe le canal du Rhône au Rhin ; celle du second avait pour but la construction du canal des houillères de la Sarre qui devait relier l'exploitation des mines avec le canal du Rhône au Rhin. De la sorte le monopole du chemin de fer était annulé et les industriels pouvaient recevoir leur charbon en chargements considérables et sans transbordement, par la voie d'eau, avec une énorme réduction de tarifs. Il fallut trois ou quatre ans pour réaliser ce projet. Ce qu'il coûta d'efforts, de persévérance, de voyages, de sacrifices, j'étais personnellement en mesure de m'en rendre compte ; car la mairie de Colmar était devenue le centre de la propagande très active qu'exigeait la réalisation de cette œuvre d'utilité publique.

M. André Kiener, qui en était l'âme, voulut bien m'associer à son travail. Il s'agissait d'une dépense de 1,800,000 fr. dont la ville de Colmar devait faire l'avance à l'État pour la construction simultanée des deux canaux. Tout était à créer, les ressources comme les moyens d'action. MM. Kiener et Schattenmann firent plusieurs voyages à Paris pour activer le vote de la loi nécessaire. Ils furent bien secondés, d'ailleurs, par deux ingénieurs qui faisaient partie du conseil municipal, M. Boris, du service des ponts-et-chaussées et M. Alfred Stœcklin, ingénieur des travaux du Rhin, le même qui partit peu de temps après pour Suez où il fut appelé à construire un bassin de radoub.

M. Iundt, ingénieur du canal du Rhône au Rhin, résidant à Mulhouse, fut chargé de la construction de l'embranchement de Colmar qui, autant que je me le rappelle, fut livré à la navigation en 1864.

XXXI

Legs Hanhart. — Musée d'Unterlinden. — Adolphe Hirn. — Le général Atthalin. — Le président Poinsot. — En chemin de fer. — Travaux du Rhin.

La ville avait eu, vers 1857, la bonne fortune de recueillir un legs de 100,000 fr. pour contribuer à la reconstruction de ses écoles catholiques et protestantes. Deux vieux marchands de fer, aussi originaux que millionnaires, les frères Daniel et Martin Hanhart, célibataires endurcis, s'étaient intéressés au programme de travaux publics dont s'occupait l'administration. Habitués à un genre de vie spartiate, ils n'avaient jamais fait la moindre concession au superflu et aux joies de ce monde. Cependant Daniel, l'aîné, quelque peu teinté de littérature, avait essayé un moment d'escalader le Parnasse; mais ses essais poétiques n'étaient point sortis du cercle de ses intimes qui en goûtaient le charme discret sous le manteau de la cheminée. Grand fut donc l'étonnement de la bonne ville quand, après la mort de Daniel, elle apprit que son testament contenait un legs aussi important en faveur de sa ville natale. Cette pensée philosophique précédait la mention de ce legs :

« Un grand homme a dit que celui à qui Dieu a accordé la fortune ne devait pas quitter cette terre sans y laisser la trace d'un bienfait ».

Bravo ! la fortune ainsi employée fait honneur à ceux qui l'ont lentement amassée à force d'économie.

M. Hugot avait à peu près achevé l'installation des anciennes collections de la ville dans le musée d'Unterlinden. Le principal intérêt de ces collections, je l'ai dit déjà, résidait dans un fort contingent de vieux tableaux des anciennes écoles allemandes et notamment de Martin Schönga, connu aussi sous les appellations de Martin Schœn, Hübsch Martin, Beau Martin, Bel Martino, et Martino d'Anversa ; ensuite de quelques tableaux historiques, de peu de valeur, provenant des anciens châteaux des sires de Ribeaupierre. Il y avait un commencement de collections archéologiques de l'époque gallo-romaine et du moyen âge. Tout cela demandait à être classé, étiqueté et catalogué pour permettre aux visiteurs du musée de se rendre compte du mérite des collections. Il existait un ancien inventaire des tableaux et sculptures et des objets divers recueillis dans les châteaux et couvents par les commissaires nommés au District (24 vendémiaire an III) pour soustraire ces objets d'art à la destruction.

Élève de l'École des Chartes et ancien attaché à la bibliothèque du duc d'Orléans, (Louis-Philippe) M. Hugot était un profond savant, un érudit de premier ordre. Connaissant mes goûts, il se fit un plaisir de m'initier à tous les arcanes des collections confiées à ses soins et je pus ainsi, grâce à lui et à son successeur M. Thomas, recueillir les documents qui me servirent plus tard pour écrire mon étude : *Le Musée de Colmar.*

M. Hugot avait un traitement dérisoire pour administrer à la fois une bibliothèque de 36,000 volumes, les archives de la ville et le musée. Et pourtant l'administration et le public se montraient très exigeants vis-à-vis de lui. On ne lui pardonnait point de n'avoir pas encore établi le catalogue de la bibliothèque, ni celui du musée. En ce qui concerne ce dernier je savais qu'il tenait en portefeuille tous les éléments nécessaires à la composition et à la publication d'un inventaire complet ; qu'il suffisait de quelques retouches pour le faire imprimer. Je priai donc le maire de saisir l'occasion d'un concours régional qui devait amener beaucoup d'étrangers à Colmar, pour inviter M. Hugot à terminer son catalogue et à le livrer à l'impression, ce qu'il fit avec le plus louable empressement.

Ce brave Hugot, dont le caractère s'était aigri à la suite de difficultés de toute espèce, était souvent le point de mire de certains lazzis que lui décochaient de mauvais plaisants infatués de leur importance sociale et critiquant tout sans le moindre discernement ; mais il avait la riposte facile et remettait vertement à leur place les peu charitables critiques.

.˙.

Parmi les questions d'attribution soulevées à propos des anciennes peintures du Musée de Colmar, celle qui a le plus passionné les écrivains concernait le triptyque de neuf tableaux ou panneaux en bois provenant du couvent des Antonites d'Issenheim. Que d'encre gaspillée, que de lances rompues pour arriver, en définitive, à laisser la question irrésolue, telle qu'elle se trouvait il y a près d'un siècle, alors que les érudits allemands proposaient chacun une solution différente ! Les uns attribuaient ces tableaux à Mathias Grünewald, les autres à Baldung Grien, d'autres enfin à Albert Dürer. Pas une de ces attributions fantaisistes n'était soutenable devant la facture étrangement personnelle de ces peintures dont le brillant coloris porte le cachet italien. Et cependant l'ancienne légende qui les attribue à Mathias Grünewald, peintre alsacien, paraît indéracinable, puisqu'ils continuent à figurer sous ce nom dans le catalogue, bien qu'on ne puisse s'appuyer sur aucun document probant pour soutenir cette attribution.

Dans son beau livre *Les propos de table de la vieille Alsace*, paru en 1886 à Paris, M. Émile Reiber, architecte alsacien et éminent décorateur, qui a fondé et dirigé pendant de longues années l'*Art pour tous*, revient, lui aussi, sur cette question et considère Grünewald comme l'auteur avéré du triptyque d'Issenheim. Voici ce qu'il en dit : « Mathias Grünewald, dont on admire les peintures au musée des Unterlinden à Colmar, a toujours été considéré en Allemagne comme faisant partie, avec Albert Dürer et Lucas Cranach de la trinité illustre des chefs primitifs de l'École allemande. Pourtant, le charme puissant répandu dans toute son œuvre, la grâce majestueuse de ses attitudes et de ses airs de têtes, la souplesse de ses draperies ont fait, dans ces derniers temps, de l'aveu même des connaisseurs d'Allemagne, reconnaître dans sa manière l'influence très remarquée de la renaissance française Voir Nagler *Monogrammisten*. — Munich, 1881). On ne connaît rien de sa vie, mais il est on ne peut plus probable que ce peintre est né en Alsace ; qu'après avoir étudié sous Martin Schongauer, il fit le voyage de Bourgogne et travailla en Alsace et dans les Pays-Bas. »

« On l'avait appelé jusqu'ici Mathias d'Aschaffenbourg parce qu'on voyait là, accumulées en nombre, des œuvres de sa main. Il fut appelé en 1517 de Colmar à Mayence comme peintre de la cour de l'Electeur. Son monogramme ne se rencontre sur aucun de ses tableaux qui, ainsi, ne fournissent *ni date certaine ni signature*. Il serait né vers 1465 ».

Tout cela est très vague, tellement vague qu'on ne saurait en tirer aucune conclusion pour attribuer à Grunewald la paternité des œuvres d'Issenheim. Dans l'histoire de l'art allemand cet artiste flotte comme un mythe sans consistance et aucun des maîtres de la critique, Waagen, Passavant, Bartsch, von Quandt, Engelhart, Woltmann, His-Heusler n'est parvenu à draper cette statue de neige qui fond sous leurs mains. Ce fantôme dont on ne connaît pas la vie, qui n'a signé aucune œuvre, a passé comme un rayonnement dans le ciel artistique de la renaissance. Laissons lui son rôle de météore et poussons nos investigations dans le champ des documents certains.

Ainsi que je l'ai dit plus haut, les tableaux venant d'Issenheim où ils décoraient le maître-autel et le chœur, sont au nombre de neuf, savoir : 1. *Tentation de St Antoine*, 2. *St Antoine et St Paul dans la solitude*, 3. *Nativité*, 4. *Christ en croix*, 5. *Mise au tombeau*, 6. *Annonciation*, 7. *Ascension*, 8. *Saint Antoine*, 9. *St Sébastien*.

Dans mon ouvrage sur le musée de Colmar (1875), je disais que l'auteur de ces peintures était un fantaisiste de premier ordre ; qu'il avait jeté la défroque du moyen âge pour marcher libre et dégagé dans une voie toute autre que celle suivie par le Beau Martin ; qu'à côté d'un vrai talent comme dessinateur il avait, comme coloriste, le sentiment vrai de la nature ; qu'il préludait à Hans Holbein par le fini merveilleux de son coup de pinceau ; que sa *Tentation de St-Antoine* était aussi étrangement accentuée que celle de Callot ; que ses Vierges et ses gloires célestes rayonnent dans une atmosphère lumineuse et riante ; qu'enfin il avait, à un haut degré, la science des contrastes.

Tous ces caractères sont en flagrante opposition avec le genre de peinture de l'époque, et correspondent plutôt à l'art italien des premiers temps de la Renaissance. Or, voici ce qui justifie cette appréciation et nous donne la clef de l'énigme historique dont la solution est depuis si longtemps recherchée.

Dans les archives de la Commanderie d'Issenheim déposées à la préfecture du département, j'ai pris copie en 1866, d'une note écrite en latin sur une feuille volante et donnant de courtes notices sur quelques uns des Prieurs du couvent des Antonites. La voici avec son intitulé :

« *Praeceptoria Isenheimensis ante annos quadraginlos fundata Praeceptores habuit, saltem quorum nomina inventa sunt :*

« GUIDO GUERSI *ecclesiam domum mirifice illustravit 1493 edificiis ornamentis ;* AUCTOR EST ICONIS AD ALTARE MAJUS, *sedilium in choro, sacristiae omnium fere vestium sacerdotalium, Ecclesiam ampliavit navi et collateralibus inchoatis et fere perfectis ut ex ejus insignibus undique micantibus patet. Jacet in Isenheim mortuus 1516-19 febr. Cui et praedecessori monimentum insigne crexcit Dm. Beerus, administrator in Isenheim revoluto seculo.* »

Cette note se traduit ainsi :

« La préceptorerie d'Issenheim, fondée avant les années quarante (c'est-à-dire avant 1440) eut pour commandeurs, ceux du moins dont on a pu découvrir les noms :

« *Guido Guersi* décora magnifiquement l'église, en 1493, en ornements d'architecture. IL EST L'AUTEUR DES PEINTURES DU MAITRE-AUTEL, des stalles du chœur, de presque tous les vêtements sacerdotaux de la sacristie ; il agrandit la nef de l'église, commença et acheva presque les collatéraux, ainsi que le prouvent ses armoiries qui brillent partout. Il mourut le 19 février 1516 et est enterré à Issenheim. Au siècle dernier, M. Bœr, administrateur à Issenheim, érigea un superbe monument à sa mémoire et à celle de son prédécesseur. »

Voici donc un nom et deux dates authentiques, avec une

affirmation catégorique et irréfragable : *Auctor est Iconis ad altare majus.* Ce mot *auctor*, pris dans son acception la plus simple d'auteur, de créateur, prouve donc que *Guido Guersi*, ce moine italien à la fois peintre, sculpteur et architecte, comme l'ont été d'ailleurs plusieurs artistes contemporains, est l'auteur du magnifique retable d'Issenheim.

La thèse que je soutiens ici repose sur l'évidence même. Combien d'artistes de valeur, élèves de grands maîtres de la Renaissance, ont passé inaperçus ou méconnus dans l'histoire ! Aucune école du Nord, pas même celle des Flandres qui, à la fin du XVe siècle, étaient dans toute leur splendeur, n'a pu produire ces pages ruisselantes de colorations méridionales, ces paysages aux tons chauds et vibrants que n'eût point désavoués le Titien.

Et pour que rien ne manque à la clarté de ma démonstration nous trouvons les armoiries de Guido, ces armoiries qui brillaient partout, reproduites comme une signature sur l'un de nos tableaux *(Saint Antoine et Saint Paul)*. Elles figurent également sur le panneau attribué à Schongauer *La Vierge adorant l'enfant.* Ces armoiries nous ramènent dans le monde franco-italien : *d'azur à quatre fleurs de lis d'or, au sautoir de gueules, chargé de cinq vannets ou coquilles d'or.* La présence des fleurs de lis et du sautoir de gueules dans le blason de Guido n'est-elle pas une preuve que ses ancêtres ont été anoblis par les rois de Sicile de la maison d'Anjou qui portaient dans leur écu armorié les lis et le sautoir de gueules ?

Maintenant que je crois avoir consciencieusement rendu à César ce qui appartient à César, en me gendarmant contre une légende enracinée depuis des siècles dans le sol historique et par cela même indestructible, j'ai la navrante conviction d'avoir perdu mon latin. N'importe ! la vérité est dans le texte cité. Cela me suffit. Je sais que rien au monde ne prévaut contre une légende absurde et que le fantôme de Grunewald, entouré comme le Corrège d'une auréole de gloire, restera malgré tout, pour la postérité, l'auteur des tableaux de Guido Guersi.

Le côté romanesque des choses exerce toujours une invincible séduction sur les masses.

Parmi les hommes éminents que j'ai connus à Colmar figurait en première ligne M. Gustave-Adolphe Hirn, le savant mathématicien et astronome. Il habitait le faubourg du Logelbach dans une maison faisant partie du grand établissement industriel Haussmann, Jordan, Hirn et Cie. Son front puissant comme celui d'Archimède, agrandi encore par une calvitie précoce que dissimulait une perruque luisante, donnait à sa physionomie un caractère étrange qu'accentuait une singulière difficulté d'élocution. Sa conversation était saccadée, pénible. On se sentait mal à l'aise devant cet homme de génie, si bon et si modeste, qui semblait souffrir de l'imperfection de ses cordes vocales. Mais, la plume à la main, il prenait sa revanche et écrivait de main de maître, des ouvrages scientifiques qui ont fait le tour du monde, élucidant des problèmes de mécanique céleste qui n'avaient jamais été abordés. C'est dans sa maison du Logelbach, garnie de haut en bas d'instruments d'étude et de tableaux de son père qui avait été peintre remarquable de fleurs et de fruits, qu'il écrivit sa *Théorie mécanique de la chaleur*, grand ouvrage qui fut à la fois une révélation et une révolution dans le domaine de la science ; qu'il écrivit encore cette notice sur l'origine et la composition chimique des *Anneaux de Saturne*, qui a fait sensation par l'imprévu et l'originalité de son système. Il produisit aussi un travail fort apprécié sur la transmission de la force à distance et bien d'autres ouvrages et notices dont les académies des sciences des deux mondes ont fait leur profit. En relations suivies avec le célèbre astronome Leverrier qui, par la force du calcul, avait déterminé la place exacte de la planète Neptune, Hirn était membre des sociétés savantes du monde entier. Cet homme, qui avait abordé les plus hautes spéculations de la science, qui avait découvert des formules algébriques jetant une vive lumière sur certains arcanes de la création que d'autres s'étaient efforcés en vain de pénétrer, a laissé une œuvre considérable dans laquelle puiseront longtemps les savants de toutes les nations. Turpin, l'inventeur de la mélinite, qui, dans sa prison d'Étampes, a écrit un ouvrage fort curieux intitulé : *La Formation des mondes*, rend hommage au savant alsacien dont il utilise largement les théories. Hirn est mort, il y a trois ou quatre ans au Logelbach, entouré des soins les plus dévoués de la compagne de sa vie.

Outre son héritage scientifique, il laisse la vaste et intéressante galerie de peintures de son père. Cette collection, qui témoigne du talent et de l'étonnante activité de l'artiste qui l'a créée, sera, il faut l'espérer, conservée dans les musées.

La population de Colmar, jalouse de perpétuer le souvenir de cet homme illustre, vient de lui ériger un monument digne de lui, dans le square récemment créé près du Lycée. Œuvre de M. Bartholdi, la statue d'Adolphe Hirn a été exposée au Salon de Paris, en 1894; le savant est représenté assis, dans une attitude méditative, avec le type caractéristique de sa figure à laquelle une perruque à longues boucles donne sa physionomie vraie.

Le Comité du monument en a fait la remise à la ville le 29 octobre 1894.

En 1856 mourut à Colmar une autre personnalité d'élite, qui avait joué un rôle important dans la maison du roi Louis-Philippe. C'était le général baron Athalin, fils d'un ancien président de chambre à la Cour de Colmar, aide de camp du roi. Il possédait à Colmar, dans le quartier peu aristocratique et mal bâti des vignerons, un bel hôtel, situé rue Wickramm, où il séjournait une partie de l'année avec sa famille. Soldat de grande valeur, caractère loyal, artiste éminent, il avait cette richesse des grandes âmes qui font participer les autres aux dons qu'une nature prodigue leur a départis.

En 1802, pendant que le premier consul marchait de victoire en victoire, Athalin, à peine âgé de dix-huit ans, entra à l'école du génie à Metz, débuta dans la carrière des armes sous le maréchal Ney et donna les premières preuves de sa valeur au siège de Graudenlz, en 1807.

Nommé aide de camp du général commandant le Génie de la Garde impériale, il fit la campagne de 1808 en Espagne. Comme officier d'ordonnance de la maison militaire de l'empereur, il fut chargé par lui de plusieurs missions importantes pendant la terrible campagne de Russie. Napoléon, en l'envoyant en reconnaissance pendant la bataille de Malo-Iaroslawetz, lui dit : « Surtout n'allez pas vous faire tuer ; je tiens à vous. » Cette parole donne une idée de la valeur de l'homme. Après la bataille de Dresde, l'empereur l'attacha plus intimement à sa personne en le nommant sous-directeur de son cabinet topographique. Pendant la campagne de France, en 1814, il fut constamment aux côtés de Napoléon, défendant pied à pied le sol de la patrie envahie. Nous pouvons aujourd'hui juger de loin et froidement tous les désastres accumulés sur la France par l'ambition d'un seul homme, quelque grand qu'il fût ; mais ce que nous ne pouvons oublier ce sont les efforts surhumains que firent ses généraux et ses soldats pour les atténuer et sauver l'honneur du drapeau. Quand l'aigle replia ses ailes sous l'effort du destin, Althalin fut du petit nombre de ceux qui, fidèles au malheur, assistèrent aux adieux de Fontainebleau. En lui donnant un témoignage écrit de sa satisfaction, l'empereur l'engagea à continuer de servir sa patrie et à être fidèle au nouveau souverain de la France.

Plus tard, sous la monarchie de Juillet, attaché à la personne de Louis-Philippe, ses conseils furent précieux au roi dans la préparation et l'exécution de toutes les entreprises monumentales ou décoratives qui ont donné du relief à son règne. Son nom y reste attaché avec ceux des architectes Fontaine et Percier, dont le rôle a été si considérable auprès du souverain. Après avoir été chargé d'une ambassade en Russie, il fut nommé député du Haut-Rhin et peu de temps après pair de France. Le général Althalin avait un très beau talent de dessinateur et d'aquarelliste qu'il a employé à reproduire une partie des sites et monuments remarquables de l'Alsace, notamment dans le grand ouvrage de MM. de Golbéry et Schweighæusser.

On conserve à Colmar un jeu de whist où l'imagination du général a créé sur chaque carte une composition originale. Ce jeu a été lithographié par lui-même ; il serait à désirer qu'il fût conservé au musée. J'en ai vu, dans le temps, un bel exemplaire.

Dans les premiers temps du second empire, un de ces crimes étranges qui déconcertent la justice, vint jeter le trouble et l'inquiétude dans les esprits. Jusque là on voyageait en pleine sécurité dans tous les wagons de chemins de fer ; du moins, à part les accidents inhérents à ce mode de locomotion, n'avait-on pas encore entendu parler des crimes à sensation qui, plus tard, ont défrayé la chronique judiciaire et semé l'épouvante parmi les voyageurs. Au printemps de 1857 M. Poinsot, président de chambre à la Cour impériale de Paris, se rendait, par la ligne de l'Est, à Bar-sur-Aube. Il occupait seul un compartiment de première classe. Quand le train fit halte à une station intermédiaire, on trouva le cadavre ensanglanté de M. Poinsot, le front troué d'une balle. Informations faites on apprit qu'un jeune homme d'assez bonne tournure, dont on parvint à reconstituer le signalement, était monté dans le compartiment et, le crime accompli, avait disparu en sautant sur la voie. Après de longues et patientes recherches on finit par reconstituer l'identité de l'inconnu qui, croyait-on, était un nommé Jud, originaire de Ferrette; du moins y avait-il contre lui de très fortes présomptions. C'était un repris de justice ayant de déplorables antécédents. Peu de temps avant le crime, Ch. Jud s'était présenté à la mairie d'Altkirch sous le nom d'un autre voyageur dont il s'était approprié le passeport et dont le signalement concordait avec le sien. Il demandait le renouvellement de ce passe-port, qui était périmé, et sur la foi de ce signalement, il fut fait droit à sa demande. Jud portait des lunettes bleues, sans doute pour dépister les recherches dont il était l'objet. Quelques jours après l'assassinat, il était revenu dans sa ville natale et fut reconnu par les gendarmes de Ferrette dans une auberge du village de Kœstlach : il fut arrêté et conduit enchaîné dans la maison d'arrêt de Ferrette. Grâce au défaut de surveillance du gardien il parvint à s'évader. Quelques semaines après l'assassinat du président Poinsot, une tentative de meurtre, accomplie dans des conditions identiques, eut lieu sur la personne du docteur Heppy, médecin russe, venant de Paris par la ligne de Mulhouse et se dirigeant sur Bâle. Cette fois le meurtrier eut affaire à forte partie ; le docteur, quoique blessé, lutta vigoureusement contre son adversaire qu'il parvint à rejeter hors du wagon. Ce dernier eut la chance de ne pas se blesser et profita du voisinage de la frontière pour se sauver à l'étranger.

En se rapportant au signalement fourni par la victime, la justice acquit la presque certitude que Jud était l'auteur de ce second crime. Mais l'instruction poursuivie à la fois par les parquets d'Altkirch, de Bar-sur-Aube et de Paris, dut forcément s'arrêter devant l'impossibilité de mettre la main sur le coupable. Celui-ci avait probablement quitté l'Europe en changeant de nom. On n'a jamais pu savoir ce qu'il était devenu. Jud avait été engagé volontaire, puis, en raison de son inconduite, incorporé dans un régiment de discipline en Afrique. A son retour du régiment il avait voyagé en France, commis divers méfaits et était venu s'installer pendant quelque temps, sous un nom d'emprunt, à l'hôtel de l'*Ours noir*, à Altkirch. Comme il était recherché par la maréchaussée pour divers actes coupables commis avant les affaires Poinsot et Heppy, la rumeur générale eut bientôt fait de l'accuser de ces deux crimes et sa disparition sembla donner raison à ces présomptions.

Quoiqu'il en soit, ces deux crimes accomplis, coup sur coup, sur la même ligne de chemin de fer, ont vivement surexcité les esprits et c'est à partir de ce moment que toutes les compagnies de chemins de fer ont mis à l'étude et en pratique les divers systèmes d'avertisseurs qu'on voit fonctionner... ou ne pas fonctionner, aujourd'hui, dans les wagons. A mon humble avis ces systèmes, dont la manœuvre est difficile en cas d'attaque subite et imprévue, n'offrent pas une solution satisfaisante du problème. Ne serait-il pas beaucoup plus pratique de modifier peu à peu la disposition intérieure des wagons en adoptant la forme des wagons suisses où les voyageurs ne sont jamais isolés et qui sont traversés par un couloir communiquant au moyen d'une plate-forme extérieure d'un wagon à l'autre et où circulent les employés ?

La compagnie de l'Est a pris, il y a peu de temps, l'initiative de l'application de ce système (1894) sur la petite ligne de la Ferté-Milon à Romilly, par Coincy et Château-Thierry. C'est absolument le système suisse qui permet aux voyageurs et aux employés du train de circuler d'un wagon à l'autre et leur donne toutes facilités pour contempler le paysage que traverse la ligne.

En 1837, l'administration confia la direction du service de la voirie et des bâtiments communaux, à M. Gauckler, ingénieur des travaux du Rhin, qui venait de remplacer M. Stœcklin parti pour l'isthme de Suez. Ce nouveau chef de service se signala par plusieurs réformes utiles, notamment dans le service hydraulique de la ville et de la banlieue. M. Gauckler était revenu, depuis peu, de l'Espagne où il avait dirigé la construction d'une importante section des chemins de fer du nord de ce pays. La franchise de son caractère rendait son amitié précieuse et surtout durable. Après de longues années de séparation je l'ai retrouvé à Paris directeur des chemins de fer de l'État, puis inspecteur général des Ponts-et-Chaussées. En sa qualité d'ingénieur des travaux du Rhin, il avait l'entretien des digues de la rive française, d'Huningue à Vieux-Brisach. Tous les mois il allait inspecter les travaux de défense du fleuve qui, dans cette section, a un cours très rapide. Un joli bateau, fort bien aménagé, pourvu d'un pilote et d'une équipe de rameurs l'attendait à Huningue. En l'accompagnant parfois dans ces intéressantes tournées où les deux rives, française et badoise, présentaient d'admirables points de vue, je pus voir de près le pittoresque rocher d'Istein percé par le tunnel du chemin de fer de Fribourg à Bâle. La tournée se terminait par une conférence avec l'ingénieur badois pour les questions relatives au thalweg du fleuve qui se déplaçait sans cesse. Cette conférence avait lieu soit à Vieux-Brisach, soit au château de Sponeck situé un peu plus bas sur la rive allemande, dans une situation très pittoresque.

XXXII

Vieux abus. — Le monument Bruat. — La « Liberté éclairant le monde ». — En Égypte. — Monuments de Marseille. — Festival de chanteurs. — Fraternité internationale.

D'importantes réformes étaient à faire dans les vieux errements de l'administration colmarienne. Les abus, comme les légendes, ont la vie dure. Ainsi, de temps immémorial, et sans que personne protestât, l'exploitation des droits de place aux halles et marchés était devenue une espèce de fief que se partageaient deux ou trois familles de vignerons qui s'entendaient, lors des adjudications du fermage, pour empêcher toute concurrence. En examinant la situation de près on reconnut que la ville était ainsi privée d'un bénéfice annuel d'au moins quinze mille francs qui, depuis de longues années, formait la prébende de quelques madrés. Résolue de saper par la base cette exploitation, la municipalité commença par la halle aux blés qui, alors, recevait chaque jour de marché des arrivages considérables de céréales, quelque chose comme deux mille cinq cents hectolitres, amenés par les cultivateurs de la plaine. Pour l'année 1863, le total des entrées comprenait cent vingt-cinq mille six cent dix-neuf hectolitres. Il ne s'élève plus actuellement qu'à trois mille cinq cents hectolitres environ.

La halle était installée dans la vaste nef de l'ancienne église des Dominicains. Un de nos employés, portant le titre d'inspecteur de la halle, relevait les prix de vente servant à établir la mercuriale, base de la taxe du pain. En examinant l'état des arrivages afférent à une certaine période d'années et en le mettant en regard de la redevance payée à la ville, nous acquîmes la preuve que le fermier réalisait un assez notable bénéfice. La ferme fut remplacée par la perception directe en régie et donna des résultats bien supérieurs à nos prévisions.

Plus tard, quand le marché couvert fut construit dans le quartier de la Poissonnerie, où demeuraient les principaux maraîchers, la même mesure fut appliquée à la perception des droits sur tous les marchés et ce fut, au profit de la ville, un nouveau crescendo de revenus.

Aujourd'hui le commerce des céréales s'est radicalement transformé et la vente des blés s'opère directement dans les lieux de production, par l'intermédiaire de courtiers ; de sorte que les halles n'ont presque plus de raison d'être.

L'ancienne église des Dominicains étant sur le point d'être convertie en paroisse, la halle aux blés a été transférée dans la cour de l'Ackerhoff, ancienne dépendance du couvent des Unterlinden. On y a établi un bâtiment modeste construit en zinc et démontable.

Un autre abus fut attaqué en même temps, celui-là préjudiciable à la population entière, mais surtout aux familles pauvres. Les bases de la taxation du pain n'avaient pas été révisées depuis de longues années. En vérifiant de près l'ancien et peu vénérable système des taxes, on acquit la conviction que les boulangers réalisaient, sur le pain de ménage, un bénéfice hors de proportion avec les frais de fabrication qui s'étaient complètement modifiés depuis un demi-siècle. Le maire prit un arrêté changeant les bases de la taxation au bénéfice du consommateur. Tout le monde applaudit sauf, bien entendu, les boulangers.

.*.

Le sculpteur Bartholdi roulait dans sa tête des projets de monuments grandioses. Cette imagination d'artiste, sans cesse en travail, se forgeait des tâches dont la réalisation semblait problématique. Connaissant la puissance de sa volonté, je prenais plaisir à le voir ouvrir de nouveaux horizons à son talent. C'est ainsi que je le vis composer la maquette d'une fontaine monumentale pour un concours ouvert par la ville de Bordeaux. L'Océan sous la figure de Neptune armé du trident, ayant à ses pieds les statues couchées de la Gironde et de la Dordogne, et conduisant quatre chevaux marins crachant l'eau dans un bassin, tel était le sujet qu'il avait choisi. Son projet fut classé le premier par le jury du concours et lui valut le prix de 6000 fr. décerné au lauréat ; mais par suite de circonstances imprévues ou d'influences locales, ce monument, qui devait être érigé sur la place des Quinconces, ne fut jamais exécuté.

.·.

Dès l'année 1857 il avait conçu le projet d'une autre fontaine statuaire destinée au rond point du Champ-de-mars de Colmar, pour immortaliser la mémoire de l'amiral Bruat. La statue de l'amiral dominait la composition ; la vasque de la fontaine est divisée en quatre compartiments alimentés par des nappes d'eau sortant de quatre proues de trirèmes antiques ; aux angles du piédestal s'adossent quatre statues couchées représentant l'Asie, l'Afrique, l'Amérique et l'Océanie.

Cette fois, il s'agissait d'une importante dépense. D'abord il fallait songer à créer, à grand frais, une conduite d'eau pour alimenter la fontaine, la ville étant alors dépourvue de tout système de conduites et ne possédant que des puits à pompes, puis obtenir du gouvernement l'autorisation d'ériger la statue, ce qui est toujours long, ensuite pourvoir aux voies et moyens d'exécution par une souscription publique comprenant non seulement la France et tous ses ports de guerre et de commerce, mais encore toutes ses colonies et ses stations maritimes les plus lointaines. L'entreprise se présentait donc dans des conditions particulièrement difficiles. Il fallut une grande énergie et bien des années pour la mener à solution. Elle fut entravée aussi par les événements politiques. Je reparlerai, quant le moment sera venu, de son exécution et de la besogne ardue qu'elle a donnée.

.·.

M. Bartholdi avait fait un voyage en Égypte, à l'âge de vingt et un ans, en 1855-1856, avec ses amis Gérôme, Belly et Berchère, ces peintres orientalistes de grande marque. Il s'occupait alors principalement de peinture et son esprit investigateur trouvait à s'exercer dans l'étude des monuments grandioses de la vieille terre des Pharaons. Devant ces figures aux proportions énormes, aux lignes sévères et hiératiques, devant ces manifestations d'un art étrange, il crut comprendre les principes des statues colossales et conçut le projet de réaliser un jour quelque œuvre dans cette voie.

Il mit son voyage à profit pour étudier l'Égypte, la mer Rouge et l'Arabie dont il longea toute la côte ouest jusqu'à Moka et Aden. Arrivé au port de Djeddah il poussa, je crois, une pointe vers La Mecque, prit partout des notes, des croquis de paysages, de monuments, de scènes populaires, modela en terre glaise des types de Fellahs et d'Arabes, visita les Pyramides, remonta le Nil jusqu'aux Cataractes et revint en France chargé d'un butin de souvenirs intéressants. Il reproduisit lui-même par la lithographie une partie de ses croquis et voulut bien m'en offrir des exemplaires.

En 1867, vers la fin de la construction du canal de Suez, Bartholdi retourna en Égypte. Le percement de l'isthme de Suez, cette entreprise française, passionnait alors tous les esprits. Ismaïl pacha, le vice-roi d'Égypte, qui s'y intéressait vivement de son côté, avait attiré auprès de lui des ingénieurs, des architectes et des artistes français pour l'exécution des grands projets d'embellissement qu'il méditait pour transformer les vieilles villes du Caire et d'Alexandrie et en créer de nouvelles telles qu'Ismaïlia et Port-Saïd, au débouché du canal. Il fit construire des théâtres, des casinos, des jardins merveilleux ; il engagea, à grands frais, des troupes d'acteurs français, voulant transplanter ainsi le luxe européen sur la vieille terre des Pharaons et donner tort au poëte qui, en de superbes strophes, avait osé dire :

« L'Égypte, en ce monde où tout change,
Trône sur l'immobilité »

Notre jeune sculpteur colmarien avait du flair : il se dit que le percement de l'isthme devait nécessairement être consacré par l'érection d'un monument grandiose. Cette œuvre, en effet, c'était l'Occident donnant la main à l'Orient, lui offrant le flambeau de la civilisation. Jeune et enthousiaste, il ne s'était pas suffisamment rendu compte des difficultés de l'exécution et de l'énormité de la dépense. Il ne voyait peut-être pas qu'Ismaïl pacha, en continuant ses folles dépenses, ne faisait qu'accumuler ses dettes et serait incapable de réaliser l'œuvre colossale qu'il rêvait. Malgré tout il se mit à l'œuvre et quand son projet fut ébauché il me le fit voir. C'était une belle femme drapée à l'antique, coiffée à la mode des sphinx égyptiens, et pour qu'il ne manquât rien à la couleur locale, se dressant fièrement sur un de ces pylônes sacrés qui rappellent l'architecture des Pharaons. Le bras droit supportait la lanterne d'un phare, le bras gauche retombait le long du corps. Dans la pensée du jeune artiste cette statue devait donc servir de phare à Suez, au point précis où le canal entre dans la mer Rouge.

Un beau matin il emballa sa maquette et partit pour l'Égypte. M. Ferdinand de Lesseps, alors dans toute sa gloire, le reçut avec beaucoup de bienveillance et le présenta au Khédive Ismaïl. L'accueil fut charmant, aspergé de beaucoup d'eau bénite de cour, mais peu encourageant au point de vue des possibilités d'exécution. M. Bartholdi ne se tint pas pour battu.

On a prétendu, bien à tort, que la statue colossale de la *Liberté éclairant le monde*, que M. Bartholdi exécuta plus tard pour la rade de New-York, est la reproduction exacte du projet de phare qu'il avait conçu pour l'isthme de Suez. Ainsi que je l'ai indiqué plus haut, ce monument dont j'ai vu, en 1857, la maquette dans son atelier, avait, dans son ensemble comme dans ses détails un caractère tout à fait égyptien. Entre ce projet et le colosse américain il n'y avait rien de commun, si ce n'est l'attitude de la figure et encore diffère-t-elle beaucoup en ce sens que la Liberté porte du bras gauche le livre des droits de l'homme et du bras droit un flambeau. Ce n'est que bien plus tard que M. Bartholdi créa le modèle de la statue de la Liberté que j'ai eu la chance de voir exécuter, morceau par morceau, dans les ateliers des fondeurs Gaget et Gauthier situés rue de Chazelles 25, près du Parc Monceau, à peu de distance du quartier que j'habite. J'aurai à revenir plus loin sur les voies et moyens d'exécution de ce monument ; mais je tenais à noter ici ce que mes anciennes et amicales relations avec l'auteur m'ont appris d'intéressant sur les origines de cette œuvre qui l'a rendu célèbre dans le monde entier.

Peu de temps après son retour d'Égypte une autre occasion lui fut offerte de déployer son talent dans la composition des grandes masses sculpturales. Il composa pour la ville de Marseille un projet de musée monumental, avec jardins, jets d'eau, statues, bassins, bref tout un ensemble décoratif qui devait transformer la terrasse et la colline de Longchamps. Ce projet, auquel je l'ai vu travailler longtemps, avait réellement une grande allure décorative et je ne fus pas étonné d'apprendre que la ville de Marseille l'avait agréé comme base d'exécution, sauf à y introduire quelques modifications dictées par des convenances locales. Bartholdi, comme de juste, s'attendait à être chargé d'en diriger l'exécution. Dans l'intervalle, il s'opéra un revirement dans les dispositions de la ville. Un an ou deux se passèrent sans amener de solution. Finalement on apprit qu'un autre projet, dressé par un architecte de la localité, allait être mis à exécution. Autant que je puis me rappeler ce projet fut publié par les journaux illustrés et était la reproduction presque exacte du projet Bartholdi.

La ville de Marseille s'était imposé de grandes dépenses pour l'adduction des eaux de la Durance sur le plateau de Longchamps. On voulait construire un château d'eau à l'extrémité de l'avenue, à la base même de la colline sur laquelle s'élevait le plateau. On se proposait aussi d'y bâtir un muséum d'histoire naturelle dont les fondations existaient depuis 1839. D'un autre côté l'administration avait l'intention d'élever au centre de la ville un musée de peinture dont l'emplacement était à peu près arrêté.

En dehors de toute inspiration locale, M. Bartholdi conçut le premier l'idée de réunir ces trois édifices en demi-cercle, à mi-côte de la colline et d'en faire ainsi un ensemble monumental, une œuvre décorative au premier chef. Il avait émis cette idée au mois d'avril 1859. Un architecte de la localité, M. Espérandieu, se l'appropria en en modifiant certaines dispositions dans l'ensemble et dans les détails. De là naquit un procès qui dura longtemps et aboutit à un arrêt du Conseil d'État du 7 mars 1873 déclarant « que si un architecte a été chargé de préparer un nouveau projet et d'en diriger l'exécution, il résulte de l'instruction que les projets présentés antérieurement par M. Bartholdi ont été *utilisés* par la ville de Marseille pour la construction du monument qu'elle a fait élever au plateau de Longchamps ». On le voit, c'est l'éternel *sic vos non vobis*.

Dans la séance du conseil municipal du 2 janvier 1860, M. Honnorat, alors maire de Marseille, avait dit sans que personne ait protesté :

« Dès le mois d'avril 1859, vous avez demandé à un artiste distingué, M. Bartholdi, des études pour la construction d'un château d'eau et d'un muséum d'histoire naturelle sur le plateau de Longchamps. Vous avez reçu de lui un projet très-satisfaisant que vous avez adopté en principe et qui n'exigera que des modifications de détail faciles à obtenir ».

Le déni de justice dont M. Bartholdi avait eu à souffrir à cette occasion, a vivement passionné l'opinion et nous en trouvons l'écho dans un long article publié en 1883 dans l'*Art* par M. Eugène Véron qui s'est bravement appliqué à rendre à César ce qui appartient à César.

Bref le procès fut gagné par l'artiste ; la ville a dû lui payer, indépendamment des 8770 fr. déjà soldés pour frais d'études, la somme de 5,000 fr. pour honoraires. Mais la ville oublia de faire graver son nom sur le monument. M. Bartholdi a beaucoup souffert dans son amour propre d'artiste de cette pénible aventure.

. . .

L'année 1858 débuta mal pour l'empire, je devrais dire pour la France ; car les bombes d'Orsini préparées par la Camorra italienne, impatiente du joug autrichien, étaient le prélude de la guerre d'Italie de 1859 qui eut ce malheureux résultat d'unifier contre la France Piémontais, Vénitiens, Lombards, Toscans, Sardes, Romains et Siciliens, tous frères ennemis se déchirant entre eux, peuple vaniteux et pétri d'ambition. Talonné par la peur des poignards italiens et aussi par le désir de rehausser son prestige par de nouvelles victoires, Napoléon III déclara la guerre à l'Autriche et grâce à la vaillance des troupes françaises, les plaines de la Lombardie revirent des batailles épiques comparables à celles de la République et du Consulat. Comme conséquence de cette guerre la France rentra en possession, du consentement unanime des habitants, de la Savoie et du comté de Nice, aujourd'hui département des Alpes maritimes. Pour satisfaire le parti clérical alors très-puissant en France, qui demandait des garanties pour la puissance temporelle du pape, l'empereur établit une garnison de troupes françaises à Rome. Cette occupation, qui dura plusieurs années, contribua à lui aliéner peu à peu les sympathies des Italiens qui voulaient avoir Rome comme capitale du nouveau royaume et profitèrent des désastres de la France en 1870 pour s'en emparer.

**

La sous-préfecture d'Altkirch, je l'ai dit plus haut, avait été transférée à Mulhouse en 1857 et, d'après les assurances données par le gouvernement, la ville d'Altkirch se croyait certaine de conserver le tribunal et de rester ainsi le chef-lieu judiciaire de l'arrondissement. Mais elle comptait sans les intrigues mulhousiennes qui, profitant du séjour de l'empereur en Italie, obtinrent de l'impératrice régente, en 1859, le décret de translation du tribunal. D'un trait de plume et d'un cœur léger, la souveraine consacra la déchéance et la ruine d'une cité qui avait pour elle une longue possession et des droits acquis incontestables, et qui, tout en n'ayant qu'une population très restreinte, contrebalançait Mulhouse par l'importance et la densité de la région cantonale rayonnant autour d'elle et représentant, pour son seul canton, vingt-huit communes. Un sous-préfet à Mulhouse se perdait comme un petit employé dans ce monde industriel grandi par des fortunes rapides et dont les équipages princiers laissaient dans la pénombre le modeste galonné. De son côté la magistrature devait également perdre de son prestige à côté du luxe des nababs du coton.

**

En 1858 eut lieu à Colmar le concours international de

chanteurs dont le grand organisateur fut M. Delaporte, directeur des sociétés orphéoniques de Paris. Si je n'ai point conservé le souvenir précis de la date, ma mémoire a, du moins, gardé l'empreinte vivante de cette belle fête musicale. Stern, l'enthousiaste directeur du Conservatoire de Colmar et ses confrères de l'Orphéon ont eu leur part dans le succès de ce tournoi pacifique. Ces grands concours de musique étaient alors une nouveauté très appréciée. Il en était de même des concours de gymnastique dont l'Alsace seule, située à l'extrême frontière de l'Est, avait compris la portée et donné l'exemple au reste de la France.

L'initiative de M. Delaporte avait réuni à ce concours de chanteurs plusieurs sociétés de Paris et d'autres villes de France, tous les orphéons d'Alsace et de Lorraine, une société de Cologne dirigée par M. Genée (dont le nom français rappelle l'Édit de Nantes) et de sociétés suisses de Bâle, Zurich et Lucerne. C'est devant l'ancien et mesquin hôtel-de-ville de la rue Turenne que le Maire offrit le vin d'honneur à tous ces adeptes de l'harmonie internationale. Il leur adressa un discours vibrant et les salua au nom du chantre national Béranger que la France venait de perdre. Un tonnerre d'applaudissements répondit à cette évocation du barde populaire.

Un concert vocal et instrumental eut lieu ensuite au manège du quartier de Cavalerie. L'orchestre était composé des artistes les plus habiles de Strasbourg et de Colmar. Il débuta par l'ouverture de *Guillaume Tell*, sous la direction du père Gall (1), ancien professeur de violon à Colmar, élève de Kalliwoda. Un petit incident assez comique se produisit alors. Le morceau était commencé depuis quelques instants, quand le vieux chef d'orchestre s'aperçut qu'il avait oublié de mettre ses lunettes. Sans se déconcerter, il déposa son bâton de com-

---

(1) Le père Gall n'était pas seulement un bon musicien, mais encore un bon horticulteur. Qui ne se souvient de l'énorme magnolia qu'on allait, chaque printemps, admirer dans son plein épanouissement floral au jardin du Bain Gall (sans jeu de mots), situé Boulevard du Nord ? Cette plante arborescente, produisant des milliers de fleurs violacées, ressemblait au paulownia du Japon qui avait été importé en Russie au siècle dernier et dédié à la princesse Paulowna, fille de Paul I et de Marie de Montbéliard-Wurtemberg, l'amie vénérée de la baronne d'Oberkirch.

mandement, chercha longtemps dans ses poches et finit par trouver les précieuses lunettes qu'il posa avec le plus grand flegme sur son nez..., puis il se moucha gravement. Pendant tout ce manège l'orchestre continua de jouer magistralement, sans avoir l'air de se préoccuper de cet incident qui amusa beaucoup l'assistance.

Mlle Weber, de Strasbourg, chanteuse de premier ordre, belle comme une déesse, fit son apparition sur l'estrade, *incessu patuit Dea*, au bras chevaleresque du maire M. de Peyerimhoff. Sa voix de prima dona, au timbre puissant, galvanisa la foule et fit tort aux morceaux d'ensemble que vinrent chanter ensuite, à la file, les diverses sociétés chorales. Quelle chose séduisante que le talent uni à la beauté ! Une mention particulière est due à la virtuosité de la société de Cologne entonnant son morceau de bravoure *Grosses humoristisches Quodlibet*, (Grand quolibet humoristique) qui exaltait la musique allemande au détriment de la musique italienne.

« *Schlegel, Nieren und Brust-Brat'n*
« *Aber nur kein Pferdfleisch !*
« *Dudel, Didel, Dudel, Didel...* »

(Mangeons du gigot, du rognon et du rôti de poitrine ; surtout pas de viande de cheval !)

Ce n'est, certes, pas le cas de dire ici : Trop de fleurs ! On pourrait dire plutôt : Trop de viande ! Ce qui n'est pas très musical. La viande de cheval, la viande creuse, c'était la musique italienne... C'est, du moins, l'interprétation que l'on nous donnait, en petit comité, de ce morceau de haut comique. Attrappe Rossini !

Le soir, illumination générale du Champ-de-mars et concert vocal sous le Kiosque. Cette illumination de la promenade en verres de couleur, produisit un effet féerique en ce sens que le rayonnement des lignes de feu dans toutes les directions semblait doubler la longueur des allées et la dimension des boulingrins. Le temps était superbe : une foule énorme se pressait autour du Kiosque. Il y avait là des journalistes parisiens venus pour rendre compte de la fête. L'un d'eux, M. Firmin Girard, me demanda le croquis que je venais de faire du concert du Kiosque ainsi qu'un dessin de la coupe en argent offerte par les chanteurs de Zurich à l'Orphéon de Colmar. Ces dessins furent publiés, avec son compte-rendu, par le *Monde illustré*. Ces solennités populaires qui, à cette époque, étaient une nouveauté fort goûtée, sont devenues aujourd'hui une espèce de banalité sans grande attraction.

XXXIII

Société d'histoire naturelle. — Moineau blanc. — Création du musée de Colmar. — Louis Hugot. — Ignace Chauffour. — Edmond About à Saverne. — Nouvel hôtel de Préfecture. — Mme Lafarge à Montpellier.

En parlant plus haut de la création du musée de Colmar, j'aurais dû signaler l'apparition d'une feuille très modeste et très fugitive, le *Petit messager des Unterlinden*, que créa en 1856 M. Hugot dans la pensée d'en faire l'organe des collections artistiques et historiques de la ville dont il était le conservateur autorisé. Hélas ! comme une chose mort-née, cette feuille s'arrêta à son premier numéro.

Cependant elle était pleine de promesses, je dirai même de séductions. A côté de l'attrait du texte très compétemment écrit par M. Alfred Schweighæuser, archiviste du département et par M. Hugot lui-même, elle s'était assuré le concours d'artistes tels que M. Théophile Schuler qui, d'un crayon magistral, avait orné le premier N° d'une reproduction lithographique de la statue du général Rapp.

Pourquoi cette tentative généreuse resta-t-elle sans lendemain ? Par la raison bien simple, croyons-nous, que dans une ville de province il est difficile de créer un noyau de sympathies agissantes et d'intéresser les bonnes volontés au succès d'une œuvre d'esthétique ou seulement de curiosité artistique qui n'intéresse que quelques rares individualités. En général, à part quelques brillantes exceptions, les questions d'art ont très peu d'adeptes dans ces milieux plus accessibles aux questions économiques et utilitaires.

Pourquoi ne pas ajouter aussi que les fondateurs de ce petit organe éphémère, qui a vécu ce que vivent les roses, avaient le découragement facile et n'auraient pas été de taille à mesurer leur volonté à celle de certain lutteur qui dirige depuis quarante sept ans une *Revue* que je connais? Mais cette tentative avortée a eu ce résultat d'enrichir d'un numéro rarissime les cartons hospitaliers des collectionneurs d'alsatiques, ces sauveurs d'œuvres naufragées.

.*.

Une société d'histoire naturelle venait de se former à Colmar grâce à l'initiative du Dr Faudel, homme très intelligent, doué d'une forte dose de bonne volonté et sachant mettre en branle toutes les aptitudes et toutes les ressources locales pour réaliser son but. Il eut bientôt groupé autour de lui de nombreux sociétaires actifs et honoraires, mais tous payants. Les galeries supérieures de l'ancien couvent converti en musée furent bientôt garnies de vastes vitrines où vinrent prendre place les plus beaux spécimens de la faune alsacienne.

Tous les chasseurs du pays furent mis en réquisition et l'on vit arriver sur la table de l'empailleur Roth attaché à l'établissement, tous les oiseaux plus ou moins rares de la montagne et de la plaine. Le maire, en sa qualité de chasseur émérite, avait depuis longtemps formé une petite galerie d'oiseaux du pays où se trouvaient quelques raretés qui doivent être entrées aujourd'hui dans les collections publiques de la ville. A ce propos je me rappelle lui avoir procuré une de ces raretés tout à fait singulières. J'avais, en 1858, emmené ses deux jeunes fils en excursion dans le pays de Ferrette. L'aîné était collectionneur de papillons et faisait la chasse aux lépidoptères et aux rhopalocères; le cadet, armé du marteau du minéralogiste, collectionnait des échantillons de pierres curieuses et de cailloux préhistoriques. Au milieu des tas de pierres accumulées pour le chargement des routes, dans la région montagneuse de Ferrette, il découvrit des ammonites très curieuses auxquelles personne ne faisait attention dans le pays. Ces ammonites, pétrifications de coquillages maritimes, sont contemporaines de périodes géologiques remontant à des milliers d'années et rappellent que l'Alsace était jadis couverte par une mer intérieure.

Nous cheminions vers Hirsingue quand, à l'entrée du village un vol de moineaux vint s'abattre sur un tas de pierres. Au milieu de cette troupe bruyante nous vîmes un moineau blanc comme la neige, *rara avis in terris*. A notre approche la compagnie se dirigea à tire d'aile vers le verger de l'aubergiste confiseur Britschu, renommé par ses carpes et ses pralines, dont se délectent les promeneurs venant d'Altkirch. Il connaissait le phénomène et me promit de lui mettre du plomb dans l'aile et de me l'envoyer. En effet, huit jours après je reçus l'Albinos et en fit cadeau au maire. Et voilà comment j'ai sur la conscience le meurtre d'un pauvre petit oiseau que la nature avait revêtu de blanc pour figurer l'innocence dans la compagnie insolente et piaillarde de ses congénères.

Le D⁰ Faudel avait pris très au sérieux ses fonctions de secrétaire général de la société d'histoire naturelle. Tous les ans il publiait une brochure contenant des notices intéressantes sur les travaux de la société, sur les recherches et les découvertes géologiques de ses membres. Quelques communications d'Adolphe Hirn et d'autres savants du pays donnaient une saveur particulière à ces publications.

* *

M. Hugot, le bibliothécaire archiviste, avait, de son côté, fondé depuis plusieurs années la société Schongauer qui étendait ses ramifications sur toute l'Alsace et dont les modestes cotisations annuelles servirent à l'installation du musée de peinture, de sculpture et du cabinet des médailles qui renfermait 10,000 pièces. C'était plaisir à voir l'entrain avec lequel se groupaient tous les dévoûments autour de ce foyer intellectuel greffé sur la vieille bâtisse du moyen-âge, ancien asile du mysticisme.

En 1866 l'œuvre fut reprise sous la direction de M. Ignace Chauffour, l'éminent jurisconsulte, qui, dans le domaine littéraire et artististique, occupait à Colmar un rang des plus distingués. Les études historiques d'Alsace avaient en lui un fervent disciple. Dans sa prodigieuse mémoire il y avait place pour tous les genres d'érudition. Sa tête de médaille antique, au pur et remarquable profil, aux sourcils accentués, à l'œil pénétrant d'où jaillissait l'étincelle de haute intelligence, laissaient une impression inoubliable à tous ceux qui l'approchaient. Diogène n'aurait pas eu besoin de sa lanterne pour trouver en lui, malgré la petitesse de sa taille, un homme..... un homme vraiment supérieur. Le feu de son regard décelait son génie ; la finesse de son sourire, parfois malicieux mais toujours bienveillant, donnait à ce masque aimable, rehaussé par une chevelure luxuriante, le cachet des natures d'élite, des privilégiés de la vie. Ces natures, on se souvient avec plaisir de les avoir connues de près, de les avoir aimées jusque dans leurs petites imperfections, jusque dans certaines aspérités de leur caractère. On pouvait ne point partager les idées et les opinions de Chauffour sur le terrain brûlant de la politique, mais on s'inclinait devant ses convictions et devant la grande notoriété de l'homme qui avait de qui tenir de ses aïeux mêlés activement à l'histoire du vieux Colmar.

J'ai gravé, il y vingt cinq ans, son portrait à l'eau-forte. Ce portrait me reste comme une émanation matérielle de cette figure aimée, émergeant au dessus des fatales tristesses de l'époque. Cet éminent enfant de l'Alsace est mort à l'âge de soixante douze ans, le 7 décembre 1879.

M. Chauffour possédait des manuscrits et des alsatiques rares qu'il a légués avec sa vaste bibliothèque à la ville de Colmar (1). En souvenir des services que, de tous temps, il avait rendus à sa ville natale, son nom a été donné à l'ancienne rue des Blés où est la maison de sa famille, vénérée comme un patrimoine historique. Sous son intelligente direction servie par ses collaborateurs du comité, les collections du musée se sont sensiblement accrues, des salles nouvelles ont été créées, des améliorations introduites dans le classement, un nouveau catalogue établi par le secrétaire du comité, a été publié, suivi, peu après, de la publication dans la *Revue d'Alsace*, d'un travail historique et critique des anciens tableaux. D'après les conseils et sous l'amicale impulsion de M. Chauffour, j'ai repris ce travail en sous-œuvre et l'ai publié en une brochure parue en 1874 sous le titre : *Le Musée de Colmar*,

---

(1) Voir le très intéressant catalogue dressé par M. André Waltz bibliothécaire de la ville.

avec un portrait à l'eau-forte de Martin Schœn et de nombreuses gravures dans le texte.

Pendant toute la durée de sa présidence du comité M. Chauffour a publié, chaque année, un bulletin des travaux et des acquisitions de la société. Les statuts ont été refondus et les ouvriers de la dernière heure n'ont eu qu'à compléter l'œuvre si habilement dirigée. Ils n'y ont pas manqué et les heureuses transformations qu'on leur doit ont fait du musée colmarien un des foyers artistiques les plus appréciés.

M. Edmond Fleischhauer, le successeur de M. Chauffour, dans la présidence de la société depuis 1880, a été l'âme agissante de ces transformations et y a consacré, jusque dans ces derniers temps, malgré ses quatre vingt trois ans, toute sa verte vieillesse, avec la collaboration dévouée et intelligente de MM. André Waltz, bibliothécaire et V. Huen, architecte de la ville. M. Fleischhauer, qui a rempli pendant longtemps les fonctions de président du tribunal de commerce et de la chambre de commerce de Colmar, avait la passion des belles choses et consacrait une partie de sa fortune à créer une collection très artistique d'objets précieux et rares, surtout d'armes anciennes comprenant des pièces de grande valeur, une espèce de musée de Cluny en miniature. Il me faisait part de ses trouvailles, notamment du sabre de Mourad-Bey, le chef des Mameluks qui barcela Kléber, me laissant pressentir qu'un jour toutes ces curiosités iraient grossir le trésor artistique du musée de Colmar. L'origine certaine de cette arme orientalale, m'a-t-il écrit, a été déterminée par M. Fancou, conservateur-adjoint du musée de Cluny et directeur de l'*Intermédiaire des chercheurs*. Les précieuses collections de M. Fleischhauer seront installées dans le vieil et pittoresque édifice du *Kaufhaus* dont la silhouette originale se détache en vigueur sur la grande place du Palais de Justice.

La mort récente (11 mars 1896) de ce vieil ami des arts vient de rétrécir encore le cercle des survivants d'une époque assez lointaine. Il n'a précédé que de quelques jours dans la tombe son ami et ancien condisciple au Gymnase de Strasbourg, M. Emile Bœswillwald, architecte à Paris, inspecteur général des monuments historiques et diocésains, un octogénaire dont la vaillante activité ne s'est jamais démentie. Ces deux hommes de forte race, comme l'Alsace en a tant produits, sont partis en même temps, leur tâche accomplie.

D'après les renseignements que veut bien me transmettre M. A. Waltz, l'érudit bibliothécaire de Colmar, M. Fleischhauer a effectivement légué à la ville son importante et riche collection d'armes et de grès anciens, pour être placée dans la grande salle du Kaufhaus. Elle se compose de six cent cinquante-et-un objets. Le donateur laisse en outre à la société Schongauer, une somme de 5000 mark (6250 francs) destinée à l'acquisition d'un tableau pour le musée, plus 10,000 mark aux pauvres. Le reste de la collection comprenant les tableaux, livres et la collection de son fils, prématurément enlevé à son affection, reviennent à la famille et quelques belles faïences alsaciennes iront au musée de la ville de Strasbourg, lieu natal du donateur.

**

Il se produisit, en 1861, dans le ressort de la cour de Colmar, un événement judiciaire qui eut un grand retentissement parce qu'il mettait en relief certaines mœurs politiques de l'empire peu compatibles avec le respect de la justice. Edmond About, le spirituel et caustique écrivain, venait tous les ans passer la belle saison dans sa campagne de *Schlittenbach*, à Saverne. Quelques difficultés ayant surgi entre lui et le maire M. de L..., ancien officier très estimé dans le pays, il publia dans l'*Opinion nationale* un roman-feuilleton dans lequel le maire était pris à partie et ridiculisé sous le nom de M. *Sauerkraut* (M. Choucroûte). C'était une pluie de lazzis frisant l'injure qui, je me le rappelle, firent mauvaise impression dans toute l'Alsace.

About était alors dans toute la fougue de la jeunesse et dans l'enivrement de ses succès. Le prince Napoléon, qu'il exaltait dans ses écrits, comme un futur César assis sur les marches du trône, l'avait pris en amitié. M. de L... finit par perdre patience et, se trouvant diffamé pour faits relatifs à ses fonctions, déposa une plainte au parquet. Le juge d'instruction renvoya en police correctionnelle M. Guéroult, gérant du journal et M. About, auteur de l'article, sous la prévention de diffamation.

« Les prévenus et les témoins avaient été cités pour l'audience du 24 mai lorsque, la veille, le procureur général de Colmar se présenta au parquet de Saverne et, invoquant le désistement du maire, exigea l'abandon des poursuites. Le procureur impérial, M. Wagner, objecta que le tribunal était saisi par l'ordonnance du juge d'instruction régulièrement rendue et ne pouvait être dessaisi par le désistement du plaignant. Devant la résistance de son subordonné, le procureur général se fit communiquer les pièces de la procédure, et les emporta à Colmar, mettant ainsi les magistrats de Saverne dans l'impossibilité de juger la cause.

« Cet incident fut immédiatement porté à la connaissance du premier président M. Rieff, lequel en écrivit au procureur général, pour se plaindre d'un procédé qui était de nature à porter atteinte à l'indépendance ou à la dignité de la magistrature. De son côté un député du Haut-Rhin, M. Keller, signala à la Chambre l'incident du 23 mai.

« Malgré ces protestations, le dossier About-Guéroult persistait à rester au parquet de la cour. C'est alors que le premier président se décida à réunir toutes les Chambres, assemblée à laquelle le procureur général refusa d'assister. Le 17 juin, par une décision très fortement motivée, la Cour s'ajourna à un mois pour statuer, s'il y avait lieu, sur l'affaire qui faisait l'objet de la réunion. Déférée à la Cour de cassation, cette délibération fut annulée par un arrêt du 12 juillet 1861. Mais les pièces de la procédure sortirent du parquet de la Cour, et retournèrent à leur lieu d'origine. Elles furent soumises au tribunal de Saverne qui, le 8 août, acquitta les prévenus.

« La légalité était sauve grâce à la fermeté de la Cour. Est-il besoin de dire que cette attitude si honorable ne mit pas la compagnie en grande faveur, et lorsque son premier président alla présenter ses hommages au Garde des Sceaux, celui-ci l'accueillit par ces mots : « Eh bien ! vous avez voulu jouer au Parlement ! ».

Il aurait pu répondre au ministre que les parlements n'avaient pas toujours été mal inspirés dans leurs remontrances (1) ».

---

(1) Extrait de la *Notice biographique de M. Ernest de Neyremand*, par son fils, conseiller à la Cour de Nimes. (1882).

Cette affaire eut pour épilogue la démission du procureur impérial, M. Wagner.

* *

L'administration colmarienne continuait à réaliser avec la plus active persévérance, le programme qu'elle s'était tracé : elle perçait des rues, créait des boulevards extérieurs, construisait des écoles et aidait l'administration départementale à construire un nouvel hôtel de Préfecture.

Pour réaliser ce projet, conçu peut-être dans des proportions trop grandioses, il fallut démolir l'école normale primaire et la rebâtir, pierre par pierre, sur un emplacement voisin, au quartier St Pierre. Autant que je puis me rappeler, un architecte de Paris avait dressé l'avant projet du nouvel édifice qui comportait un grand corps de bâtiment à deux ailes. Par suite de circonstances qui échappent à mon souvenir, ce projet fut remanié par M. Laubser, architecte du Département, qui refondit les plans sans renoncer au style. On réalisa une notable économie en donnant une large place à la brique rouge, la pierre de taille étant réservée pour les parties principales, les lignes d'angles et les sculptures. Bien des années s'écoulèrent avant l'achèvement de cet édifice qui a réellement bonne apparence et fait honneur au talent des architectes. Les vestibules, le grand escalier, les appartements de réception sont décorés avec un grand luxe et un goût tout à fait parisien. L'édifice, avec ses dépendances et son grand jardin, fut terminé en 1866. Deux préfets français seulement habitèrent ce palais : M. le baron Ponsard, ancien officier de cavalerie, que le livre de Ténot signalait comme ayant joué un rôle actif dans le midi à l'occasion du coup d'Etat de décembre; ensuite M. Isidore Salles, homme de valeur et de grand cœur, le dernier préfet de l'Empire, qui se retira lors de l'avènement du gouvernement républicain du 4 septembre 1870. M. Grosjean, le nouveau préfet républicain, n'y demeura que quelques jours.

Vers la fin de 1859, Mme Hommaire de Hell, la veuve du célèbre voyageur, séjourna quelque temps à Carpentras dans la famille de M. Jules Laurens, le peintre qui avait accompagné son mari en Perse et reproduit en de belles planches lithographiques les paysages, monuments et types ethnographiques du pays. Henner, que j'avais mis en relations avec lui par Mme de Hell, fut alors initié par M. Laurens à l'art lithographique et l'aida quelque peu dans le travail de ses planches à l'imprimerie Lemercier. Jules Laurens avait un frère aîné, professeur de dessin à Montpellier, dont il était l'élève et que, dans ces derniers temps, on appelait *Père de la nature*, parce que devenu presque centenaire, il avait conservé une étonnante vigueur et une ardeur juvénile pour le dessin d'après nature. Mon frère Léon était alors contrôleur des postes à Nîmes. Il se rencontra à Montpellier avec Mme Hommaire de Hell qui lui lut deux morceaux de poésie qu'elle venait de composer : *Souffrance* et *Le voyageur*, deux petits chefs-d'œuvre de grâce et d'émotion que n'aurait pas désavoués Lamartine. Mon frère m'en parla avec enthousiasme, ce qui me décida à les communiquer à la *Revue d'Alsace* qui les inséra :

« L'oiseau gémit, la brise pleure,
Lorsque Diane, en ma demeure,
Verse un rayon mystérieux,
Je vois au milieu des décombres
Aussitôt s'agiter les ombres
Des jours perdus, des jours heureux ! »

Pendant son court séjour à Montpellier, Mme de Hell alla visiter dans sa prison Mme Lafarge, l'empoisonneuse du Glandier, l'héroïne de ce procès fameux qui tint toute la France en haleine en 1841. Comme toutes les natures sensitives et enthousiastes, Mme Hommaire de Hell croyait à l'innocence de cette femme bizarre, de cette mystérieuse Marie Capelle qui avait, dans sa jeunesse, séjourné en Alsace auprès de la famille de Coëhorn ; qui avait débuté par voler les diamants de Mme de Léotaud, son amie, pour finir par administrer des pincées d'arsenic à son mari, le malheureux maître de forges du Glandier, qui l'avait épousée par l'entremise d'une agence matrimoniale.

J'entends encore tinter dans mes souvenirs lointains, la romance composée en l'honneur de cette fieffée coquine par un poète déséquilibré en quête de célébrité. Les demoiselles vaporeuses la chantaient avec l'accompagnement langoureux de la guitare :

« Ton souvenir emplit ma veille
Et je te vois quand je sommeille ! »

D'après ce bel échantillon, jugez du reste !

Quoiqu'il en soit, cette visite au pénitencier de Montpellier fournit à M⁻ᵉ de Hell l'occasion d'écrire un petit roman très exalté. *Madeline de Nopal*, qui parut dans une revue de l'époque et dont elle m'envoya un exemplaire. Comme je goûtais fort peu son idée d'innocenter cette criminelle célèbre, je ne me hâtai pas de la féliciter et je considérai cette idée comme un de ces feux follets éclos dans l'imagination d'une femme poète, touchée de pitié pour les faiblesses humaines.

XXXIV

Hommaire de Hell. — Voyage en Turquie et en Perse. — Paysages de la Martinique. — Tombouctou. — La fille de René Caillié en Alsace.

Je commençais à préparer, vers cette époque, les matériaux qui devaient me servir à écrire la biographie d'Hommaire de Helle, qui parut en plusieurs articles (1859-1860) dans la *Revue d'Alsace*.

Cette chronique contemporaine serait incomplète si je ne donnais ici un petit résumé de mon travail biographique :

L'explorateur qui en fait l'objet fut un des pionniers de la science moderne. Ses recherches dans le domaine géographique, géologique et historique ont eu pour champs d'activité la Turquie d'Europe et d'Asie, la Russie méridionale, le Caucase, la mer Noire, la mer Caspienne et la Perse.

Né à Altkirch le 4 septembre 1812, Ignace-Xavier-Morand Hommaire, révéla de bonne heure son aptitude pour les sciences et les arts graphiques. A l'âge de vingt un ans il sortit de l'École des mineurs de Saint-Étienne avec le titre d'ingénieur civil des mines. Il épousa dans cette ville M⁽ˡˡᵉ⁾ Adèle Hériot, jeune personne d'un grand esprit possédant un vrai talent d'écrivain. Très courageuse, elle l'accompagna dans ses voyages et en écrivit la relation pittoresque. Après avoir pris part aux études du chemin de fer de Lyon à la Méditerranée, sous les ordres de M. de Kermaingant, ingénieur en chef, il se sentit pris de cette passion de l'inconnu qui hante les fortes natures.

Explorer l'Orient était son rêve. Ce rêve n'était, peut-être, pas très logique, étant donné que dans la marche mystérieuse du progrès humain, la civilisation s'était déplacée au profit de l'Occident. Là où avaient vécu et rayonné Babylone, Ninive, Ecbatane, Persépolis, Alexandrie, Tyr et Sidon, une atmosphère de mort avait tout envahi. C'était le désert, c'était le vide, c'étaient les descendants abâtardis des vieilles races conquérantes, incapables de faire un effort suprême pour secouer leur torpeur invétérée. Vouloir galvaniser un pareil cadavre, en lui apportant les inventions de la science occidentale, c'était une idée généreuse sans doute, mais vouée d'avance à l'insuccès. Les explorations d'Hommaire n'en ont pas moins eu des résultats très notables faits pour tirer son nom de l'oubli.

Pourquoi, en parlant de Tyr et de Sidon, ne rappellerais-je point ici les belles strophes écrites par un jeune poète, mort à la fleur de l'âge, le comte Marcel de Brayer, neveu du général de ce nom, tué à la bataille de Gravelotte, qui, lui aussi, avait fait un voyage en Orient, un vrai voyage d'artiste et de dilettante, en compagnie du peintre Victor Cesson, de Coincy, l'aimable propriétaire du domaine de la *Sablonnière* où les rochers sauvages et les sables amoncelés produisent l'effet d'un glacier ?

Voici ce qu'il vit à la place où fut Tyr la superbe ; il y a là comme un souffle et une coloration bibliques :

« Alors s'élancent de l'aurore,
 Du couchant, du nord, du midi,
 Des aigles noirs, au cri sonore,
 Des aigles, des aigles encore,

Tout l'azur en est obscurci,
Puis, comme la trombe qui crève,
Les voici tous qui, sur la grève
Fondent en tournant mille fois
Jusqu'à ce que leur griffe enserre
La dune où dorment sans suaire
Tyr, ses dieux, son peuple et ses rois ! »

**

Le gouvernement turc avait accepté ses services comme ingénieur attaché aux travaux publics. Jeté par un naufrage sur les côtes de Céphalonie, ce n'est qu'à la suite d'une triste odyssée qu'il arriva à Constantinople. Sa jeune femme et son enfant n'allèrent le rejoindre que plus tard. De grands travaux étaient projetés par le ministre Mohammed-Namik pacha. L'exécution lui en était promise. Mais une de ces révolutions si fréquentes à Stamboul fit crouler cet échafaudage d'espérances. Hommaire ne perdit point courage. Il partit avec sa jeune famille pour Odessa où le comte Woronzow, gouverneur de la Nouvelle Russie, lui facilita les moyens d'accomplir sa mission. Elle consistait à reconnaître la constitution géognostique de la Crimée, celle des steppes de la Russie méridionale et d'arriver à la solution du grand problème de la rupture du Bosphore.

En 1839, il découvrit une mine de fer sur les bords du Dniéper, et cette découverte lui valut, de la part de l'empereur de Russie, la décoration de St-Vladimir, qui, paraît-il, confère la noblesse. C'est à ce moment qu'il ajouta à son nom celui de Hell, qui était le nom de sa mère, descendante des anciens baillis de Landser. L'amiral de Hell, qui a donné le nom de Hellville à une petite île près de Madagascar, et qui s'était retiré à Obernai (Bas-Rhin), descendait de la même famille.

La relation du premier voyage de notre compatriote, que je ne puis qu'effleurer ici, a été publiée en 1843, en trois volumes avec un atlas de planches dessinées par Ferogio, d'après les croquis du voyageur et d'une carte dressée d'après les observations astronomiques les plus récentes. Elle a pour titre : *Les steppes de la mer Caspienne, le Caucase, la Crimée et la Russie méridionale.*

Lors de la guerre de Crimée cet ouvrage a rendu de grands services, en fournissant des indications précises sur le littoral de la mer Noire, de la mer d'Azof et surtout sur les ressources stratégiques de la place de Sébastopol. Astrakhan, la mer Caspienne, le pays des Cosaques du Don, les colonies de Mennonites, les Tatars Nogaïs, les Kalmouks et le Dalaï-Zama défilent dans des chapitres écrits avec la science de l'observateur allant au fond des choses, creusant avec le scalpel pour arriver au vif. Il visite en passant le prince Tumène, ce chef fastueux de Kalmouks que la visite plus récente d'Alexandre Dumas a rendu célèbre.

Après de longues et périlleuses étapes dans les déserts de sable de la mer Caspienne, que sa femme affronta avec la plus grande énergie, les voyageurs visitent le Caucase, ces Pyrénées de la Russie où Schamyl, l'insurgé légendaire, tenait encore la campagne. Ce premier voyage lui valut le grand prix de la Société de géographie de France. Il se résume par un parcours de treize mille lieues de poste dans des conditions de locomotion toujours pénibles, souvent dangereuses.

Rentré à Paris en 1843, il y mit en ordre les matériaux rapportés de ses voyages. Le corps se repose, la pensée travaille. Une voix intérieure lui disait que son œuvre n'était pas achevée. Décoré de la Légion d'honneur en 1845, Hommaire de Hell était entré dans le grand jour de la notoriété. La France, stimulée par l'exemple de l'Angleterre, sentait le besoin d'asseoir son influence dans les pays lointains. En Orient surtout il lui fallait des éclaireurs capables de lui fournir des données certaines sur les débouchés pouvant s'ouvrir à son industrie et à son commerce. Les ministres de l'Instruction publique, du Commerce et des Affaires étrangères lui confièrent alors la mission de compléter ses recherches scientifiques et historiques de la mer Noire et de la mer Caspienne et de pousser ses investigations dans l'intérieur du pays avoisinant ces deux mers, notamment la Perse.

Au mois de février 1846 il se met en route avec sa femme et un jeune peintre de talent, M. Jules Laurens, que le gouvernement avait attaché à sa mission. Il fait des recherches de cartographie à Gênes, Modène, Lucques, Pise, Florence, Venise et Rome et étudie la situation politique des petits états italiens qui se regardaient entre eux comme chiens de faïence férocement jaloux l'un de l'autre. Nous passons sans transition à Constantinople. M⁻ᵉ Hommaire s'installe à Thérapia. Son mari ne lui permit point, cette fois, d'affronter les péripéties trop aventureuses du nouveau voyage. Poussé par l'attrait de l'inconnu, il longe en barque presque toute la côte ouest de la mer Noire. Il revoit la Moldavie, rentre à Thérapia où il passe l'hiver à se préparer au voyage d'Asie mineure et de Perse. Il souffrait alors des premières atteintes d'un mal qui ne devait plus le quitter. M⁻ᵉ Hommaire rentre en France et jamais séparation ne fut plus douloureuse. Les voyageurs explorent toute la côte sud de la Mer Noire jusqu'à la Trébizonde où sévit le choléra. De là ils suivent la vallée de l'Euphrate et visitent les sources du Tigre. Paysages bibliques et navigation accidentée sur les rapides du fleuve, au moyen d'un radeau monté sur des outres en peau de mouton et pavoisé du drapeau tricolore (1). Ils traversent le sauvage Kurdistan,

(1) En me promenant au salon des Champs Élysées de 1895, je ne fus pas peu surpris d'y trouver un tableau de M. Jules Laurens représentant cette navigation sur l'Euphrate avec le radeau aux outres, où il figure lui même avec Hommaire. Quel singulier rapprochement ! Ce radeau est absolument pareil à celui dont se servaient, il y a trois mille ans, les anciens Chaldéens et dont la représentation figure sur un bas-relief de Babylone conservé au Musée britannique. M. Jules Laurens, qui a eu la chance d'échapper aux fièvres malignes de la Perse, a, depuis son retour, envoyé presque chaque année au Salon de peinture un paysage oriental peint d'après ses nombreux croquis. Il vous montre, sous leurs colorations étranges, ces mosquées en faïence dont les tons restent immuables sous le soleil brûlant comme sous les frimas de l'hiver, ces jardins merveilleux d'Astérabad aux végétations étranges, les palais en ruines envahis par la brousse, et les lacs enchanteurs de l'Asie mineure.

arrivent à Diarbékir, à Vann, à Tauris et la première halte sur le sol persan est Zefry.

Tous les Persans qu'ils rencontrent sont gais et bruyants, causent et rient comme de bons paysans normands. A Tauris, Hommaire de Hell étudie à fond les questions de commerce et d'industrie : il visite les fabriques de châles de Kerman et celles des feutres à dessins.

Il recueille des notes sur l'organisation des consulats anglais en Anatolie et en Arménie, sur le commerce d'importation et d'exportation de la Perse. Le 11 janvier 1848, il se dirige sur Téhéran, la capitale actuelle. Des doses multiples de quinine calment sa fièvre et lui permettent de travailler. La caravane arrive à Mianèh, ville célèbre par ses terribles punaises, où mourut à trente cinq ans Thévenot le voyageur français, né à Montbéliard. En évoquant ce navrant souvenir Hommaire est loin de pressentir sa propre destinée, et cependant, à sept mois de là, il mourait, lui aussi, à trente cinq ans dans le faubourg de Djoulfa à Ispahan.

Le 9 février il descend au palais de l'Ambassade française à Téhéran, occupé alors par M. de Sartiges. Il n'y trouve aucune lettre de sa femme. Grande prostration morale. Quelques jours après il reçoit six lettres à la fois. Il est présenté au Schah Mohamed, *le cousin de la lune*. M. Laurens dessine son portrait ainsi que celui de son jeune fils Nashr-Eddin, le Schah que nous avons vu parader à Paris, lors des expositions universelles de 1878 et de 1889 et qui vient d'être assassiné par un fanatique (1ᵉʳ mai 1896). Il se rend ensuite à Chahroud, au Mazandéran et au Laristan, provinces avoisinant la mer Caspienne. Dans ces singuliers pays, admirables de végétation, la terre a une prodigieuse fertilité. A Astérabad, sur la frontière du Turkestan, il fait de nombreuses observations scientifiques. Dans l'Irak-Adjémi il franchit le célèbre défilé des Portes Caspiennes *(Serdar-Rha)* par où passa Alexandre-le-Grand poursuivant Darius. Enfin, départ pour Ispahan.

La faiblesse du voyageur est telle qu'il peut à peine se tenir à cheval. Il arrive cependant dans l'ancienne capitale de la Perse et descend au quartier arménien dans la maison du père Giovanni, missionnaire de la Propagande. Le 21 août, la fièvre activée par un climat meurtrier, prend un degré d'intensité qui ne laisse plus aucun espoir. Le journal écrit par lui-même, signale tristement jour par jour, les progrès du mal. Il meurt le 30 août dans la maison hospitalière de la mission et est inhumé dans le cimetière arménien de Djoulfa. Sa veuve, cette femme si vaillante, a fait placer sur sa tombe un modeste monument avec cette inscription : « Hommaire de Hell, voyageur français, mort à Ispahan le 30 août 1848 »

Le journal de son *Voyage en Turquie et en Perse* a été publié par ordre du Gouvernement. Il se compose de quatre volumes avec atlas de cent vingt planches auquel le talent de M. Jules Laurens a donné le cachet d'un véritable monument lithographique, format grand in-fol. C'est le chef-d'œuvre d'un dessinateur hors ligne dont le talent, aidé d'une remarquable intensité de vision, a su donner l'aspect aussi original qu'étrange des hommes et des choses inconnus à l'Europe. Cette œuvre dont Mme Hommaire de Hell a bien voulu m'offrir un exemplaire, est une des raretés de ma bibliothèque. La ville d'Altkirch s'est empressée de souscrire à cette publication qui forme aujourd'hui une des curiosités du musée local.

***

Mme Hommaire mit à ma disposition la volumineuse correspondance de son mari pour faciliter mon travail biographique paru dans la *Revue d'Alsace*. Elle me remit en même temps un portrait dessiné par Laurens à Thérapia pour servir de modèle au sculpteur qui serait chargé de l'exécution du buste que sur ma proposition, l'administration municipale avait voté ; mais comme il s'agissait d'une assez forte dépense, l'exécution fut ajournée. Cependant M. Aug. Bartholdi eut la gracieuseté de me faire une petite maquette du buste dont il tira deux moulages en plâtre, l'un pour le musée d'Altkirch, l'autre que je conserve. A mon grand regret, l'affaire s'arrêta à ces préliminaires et ne fut jamais reprise.

Ai-je besoin d'ajouter combien sa veuve se montra reconnaissante de tout ce qui avait été fait pour fixer le souvenir de son mari dans son pays natal ? Son fils aîné, Edouard, colon à la Martinique, où il avait un établissement, était collaborateur de la *Revue d'Orient* ; il avait appelé auprès de lui son frère Léon ; quant à Gustave, le plus jeune, engagé volontaire dans un régiment de Zouaves, il y trouva une mort héroïque en combattant les Kabyles. Que de lettres intéressantes, plus souvent poignantes qu'enjouées, j'ai reçues de cette femme dont la vie a été si agitée, qui a connu toutes les douleurs ! Elle souffrait de l'éloignement de ses enfants et, en 1863, elle fit le voyage de la Martinique pour revivre quelque temps avec eux.

Voici un extrait de la longue lettre qu'elle m'écrivit à son retour :

« Oui j'arrive du Nouveau Monde, de l'une de ces Antilles semées dans l'Océan ; gracieux archipel portant tous les pavillons, visité par tous les navigateurs. La Martinique joue un si grand rôle dans la marine française qu'au charme de sa nature se joint celui des glorieux souvenirs. Aussi l'ai-je saluée avec ravissement lorsque j'ai aperçu ses côtes, après une traversée de vingt huit jours sur le *Tourville*, vaisseau de guerre portant un millier de combattants au Mexique.

« Que vous dire de cette nature tropicale si merveilleusement féconde ! De nombreuses excursions à cheval dans l'intérieur de l'île m'ont permis de l'admirer sous tous ses aspects. Il y avait un vrai charme à gravir les rampes des montagnes, les sentiers des pitons et d'embrasser d'un coup d'œil les scènes les plus charmantes de la nature. Rien, dans notre Europe, n'en saurait donner une idée. C'est une exubérance de sève, un luxe de formes, une variété de lignes et d'horizons à causer un véritable éblouissement. Palmiers, cocotiers, manguiers, muscadiers, frangipaniers, arbres à pain, bambous, tamariniers, etc., couvrent l'île entière d'un luxe d'ombrages, de fruits et de fleurs, qui en fait un vrai paradis.

« Les fougères arborescentes ressemblent à des pins parasols ; quant aux bambous, ils s'élèvent du sein des forêts à une hauteur prodigieuse, se recourbant en portique de façon à encadrer tel point de vue qui ferait la joie et le désespoir de tout véritable artiste. Il faut voir les lianes s'élançant d'un arbre à l'autre, formant mille arabesques, mille entrelacements, mille fouillis d'où s'échappent des nuages de feuilles et de fleurs se balaçant dans le vide. Partout le torrent gronde au fond de la gorge, la source chante au fond du bois. » (St-Etienne, 9 juillet 1863.)

La dernière lettre que m'écrivit Mᵐᵉ Hommaire de Hell est datée de Versailles, 9 septembre 1870, dix jours avant l'investissement de Paris par les armées allemandes. Son fils Léon était parti pour Schlestadt où se trouvait un jeune Moldave, Antonin Romanenko, qu'il devait ramener à Paris pour y faire son éducation. Mᵐᵉ Hommaire m'annonçait la visite de son fils; mais l'Alsace était envahie, Colmar occupé et Schlestadt assiégé, il dut rebrousser chemin sans me voir.

Voici les derniers mots de la lettre en question : « Dans le cauchemar où nous vivons, tout devient sujet d'alarmes. L'esprit est tellement frappé qu'il ne sait plus à quoi s'arrêter. »

Cette femme supérieure, qui avait déjà tant souffert, rentra dans Paris, y subit toutes les tortures et toutes les privations du siège. Elle ne résista point à cette suprême épreuve, et quand les portes de Paris se rouvrirent, il lui restait à peine assez de force pour aller à St-Etienne, mourir dans les bras de sa vieille sœur. S'éteindre dans sa ville natale où avait commencé le roman de sa vie, où l'avaient bercée les radieuses illusions de l'avenir, n'était-ce pas une consolation suprême pour cette âme d'élite?

**

J'avais toujours professé un sincère enthousiasme pour les voyageurs célèbres. Bougainville, Cook, La Pérouse, Mungo-Park, Dumont-d'Urville, avaient grandi dans mon imagination comme des héros légendaires. Mais celui d'entre eux qui me semblait dépasser tous les autres par sa froide audace et sa volonté surhumaine, ce fut René Caillié qui, le premier des Européens, entra, en 1828, dans Tombouctou, la mystérieuse et impénétrable métropole de l'Afrique centrale dont les caravanes arabes disaient merveille. Caillié, originaire du département des Deux-Sèvres, avait puisé dans la lecture de Robinson Crusoé le goût des aventures lointaines.

Parti à seize ans pour le Sénégal, il y étudia la langue arabe et se familiarisa avec les mœurs des habitants du Soudan dont il s'assimila le costume et les allures avec une si incroyable facilité qu'il se fit passer sans peine pour l'un d'eux. Choisissant sa route au nord du fleuve du Sénégal, il partit, en 1826, seul, sans guide et sans argent, suivant les caravanes, muni d'un exemplaire du Coran, comme un sectaire fanatique de l'Islam, ne comptant que sur son indomptable volonté, et après trois ans d'efforts, de souffrances et de privations de tout genre, il entra dans Tombouctou et y séjourna quelque temps, réalisant ainsi, à l'âge de vingt-huit ans, le rêve de sa jeunesse. Non seulement il eut le bonheur de pénétrer dans la ville mystérieuse, mais il eut celui plus grand d'en revenir sain et sauf, respecté par les féroces Touaregs, ces écumeurs du désert.

La Société de géographie de France lui décerna un prix de 10,000 fr., et le gouvernement, après l'avoir décoré, lui servit une pension. Ce hardi pionnier s'était marié après son retour en France, mais il mourut jeune, ayant la constitution minée par les fatigues de son voyage et les fièvres d'Afrique. Il est mort en 1838, laissant une fille que j'ai connue, voici comment : sa veuve avait été nommée inspectrice des écoles et salles d'asile de l'Académie de Strasbourg. Ses fonctions l'appelaient souvent à Colmar et c'est à la mairie de cette ville que je l'ai vue en 1856 avec sa fille, alors très jeune. Ce qu'il y a de particulièrement curieux, c'est que cette fille de René Caillié épousa un Alsacien, originaire du village de Bernwiller, lieu de naissance du peintre Henner. C'était le fils du docteur Deyber, demeurant à Strasbourg. Après un séjour au séminaire, il entra dans l'enseignement, puis épousa Mlle René Caillié qui avait su lui plaire. Nommé professeur d'allemand dans un lycée du Midi, il continue d'y habiter avec sa femme.

N'est-ce pas là une aventure romanesque qui termine bien la notice biographique du célèbre voyageur dont la vie fut elle-même un roman ?

Ces lignes étaient écrites (janvier 1894) quand arriva la dépêche annonçant que le drapeau français venait d'être planté à Tombouctou par une colonne que commandait le lieutenant-colonel Bonnier. A quelques jours d'intervalle cette dépêche fut suivie d'une autre annonçant le massacre de ce brave officier et de plusieurs de ses frères d'armes, dans une reconnaissance aux environs de la ville. On comprend l'émotion produite par cette triste nouvelle qui jette un voile funèbre sur l'occupation de Tombouctou. On n'en est plus à compter toutes les victimes de la guerre du Soudan. Le lieutenant-colonel avait été précédé par le lieutenant de vaisseau Henri-Gaston Boiteux, né à Mont-lès-Pange (Lorraine), commandant de la flottille du Niger composée des deux canonnières le *Niger* et le *Mage*. Avec un détachement de vingt matelots sénégalais, il entra le 12 décembre 1893 à Tombouctou et, grâce à deux canons-révolvers, il s'y maintint durant un mois, jusqu'à l'arrivée des colonnes françaises.

Située à la boucle du Niger, la vieille et grande cité renfermait 100,000 âmes à l'époque où Caillié l'a visitée ; elle n'en a plus qu'une dizaine de mille aujourd'hui, mais elle n'en restera pas moins une possession très-importante au point de vue stratégique et commercial, communiquant avec le Sénégal et l'Algérie par les routes de pénétration du continent noir.

XXXV

Magasin des tabacs. — Monument Bruat. — Souscriptions. — Concours régional agricole. — Grand prix. — « Moniteur du concours ». — Un joli menu. — A Fribourg. — Chinois colmarien. — Restauration de la cathédrale.

Une mention est due, dans ces souvenirs, à un jeune professeur du collège d'Altkirch, M. Arsène Kayser, homme de lettres plein de mérite et travailleur infatigable. Il avait entrepris, avec quelques amis habitant Paris, une nouvelle traduction des classiques latins en s'aidant des dernières recherches de la philologie sur l'interprétation de certains textes obscurs. C'était là une rude et aride besogne à laquelle il s'attela avec l'enthousiasme de la jeunesse, sans se préoccuper assez des exigences de sa santé délicate et sans songer, peut-être, que la fameuse traduction des classiques latins et grecs de Panckoucke, vrai monument du genre, faisait alors loi dans l'enseignement et pourrait difficilement être surpassée. Quoi qu'il en soit, il se mit à l'œuvre en 1854 et trois ou quatre ans après, il avait terminé et fait imprimer les deux premiers volumes de la collection future, *Horace* et *Salluste*, textes latins et français, avec notes et gloses explicatives. Ces premières œuvres, dont l'exécution typographique était fort belle, eurent-elles le succès de librairie que s'en promettait l'auteur? Il me serait difficile de le dire, ayant perdu de vue ce pauvre Kayser, qui dut solliciter comme une faveur d'être envoyé en Algérie pour y soigner sa santé compromise et où il mourut en 1861, vaincu de la vie, avec la désillusion navrante de son rêve de jeunesse.

. .

L'année 1860 fut, dans ma vie bureaucratique, une des plus chargées de travaux. La population de Colmar, en général peu enthousiaste, se laissait aller insensiblement à reconnaître qu'il y avait peut-être du bon dans les travaux de transformation entrepris par l'administration municipale. Un revirement, discret d'abord, se produisit et peu à peu les encouragements ne lui furent pas ménagés. Du moment qu'elle voulait bien emboîter le pas, il n'y avait qu'à marcher. On faillit d'autant moins à ce devoir que les projets abondaient.

Quelques grands agriculteurs avaient introduit depuis peu la culture du tabac dans l'arrondissement de Colmar, encouragés par le gouvernement, qui tenait à propager cette culture en France. La ville offrit immédiatement de contribuer à la construction d'un grand magasin pour la manutention du tabac en feuilles. Elle acquit de M. Harmand, ancien conservateur des hypothèques, au prix de 20,000 fr., un pré situé sur la route de Strasbourg et l'offrit à l'État, qui y construisit de vastes bâtiments, d'après les plans dressés par M. Geiger, architecte, et y installa un nombreux personnel.

Les travaux du canal de jonction entre Colmar et Neuf-Brisach se poursuivaient activement et permettaient d'espérer que la période d'exécution complète ne durerait pas au-delà de quatre ou cinq ans.

...

C'est au mois de janvier 1860 que l'on commença à organiser la souscription nationale destinée à fournir les voies et moyens d'exécution de la fontaine monumentale de l'amiral Bruat.

M. Auguste Bartholdi s'occupait de modeler en grand les statues. L'architecte Boltz fut chargé d'établir un devis de la dépense de construction afin de donner à l'administration une idée approximative des frais généraux. Le capitaine Blanchot fut désigné comme caissier pour centraliser les fonds. Des circulaires, avec une courte biographie de l'amiral, furent lancées dans toutes les directions, tant en France qu'aux colonies. Le ministre de la marine et l'amiral Jurien de la Gravière, ancien chef d'état-major de Bruat, aidèrent puissamment au succès de la souscription, qui fut néanmoins une œuvre de longue haleine puisqu'elle s'étendait aux stations navales les plus lointaines, jusque dans les mers de Chine, des Antilles et de la Guyane. Voici, d'ailleurs, le résultat qu'elle a produit :

1. Souscription de la famille impériale . . fr. 2,500 —
2. Id. du ministre de la Maison de l'Empereur . . . . » 3,000 —
3. Id du Conseil général du Haut-Rhin, au nom du département . . . . . . » 2,000 —
4. Id. de la ville et des habitants de Colmar » 8,387 50
5. Id. de la marine française, des ports de guerre, des colonies de la Cochinchine, de la Côte-d'Or et du Gabon . . . » 7,326 74

6. Id. des colonies de la Martinique, du Sénégal, de la Réunion et de la Guyane française . . . . » 7,912 61
7. Souscriptions recueillies à Paris . . . » 1,497 —
8. Id. des communes du Haut-Rhin et du Bas-Rhin . . . . » 4,655 97
9. Intérêts des sommes déposées en attendant emploi . . . . » 2,477 75

Total. . . . fr. 39,757 57

On voit, par l'importance de ces chiffres, combien étaient grandes et profondes les sympathies que l'amiral avait su se concilier dans toutes les parties du monde. C'est dans les Antilles principalement, que son nom était devenu populaire et c'était justice, car il avait été un des premiers promoteurs de l'affranchissement des esclaves. A l'île de la Martinique, dont il avait été gouverneur, des centaines de nègres affranchis ont voulu lui témoigner leur reconnaissance en apportant leur modeste obole à la souscription. Toutes ces listes, contenant les plus grands noms de l'armée et de la marine, à côté de ceux des pauvres nègres de nos colonies, sont déposées aux archives de la ville de Colmar.

Le vaillant marin qui, en 1827, était officier de manœuvres sur le *Breslaw* et a pris part au célèbre combat naval de Navarin, qui, plus tard, fut gouverneur des établissements français de l'Océanie où il eut à vaincre une insurrection générale des Canaques, était par excellence un homme de guerre.

C'est l'amiral Jurien de la Gravière, son chef d'état-major, qui l'a dit sur sa tombe : « Tout en lui était instinct et vertu militaires. Mourir sur le champ de bataille était, à ses yeux, la fin la plus enviable. Il est mort debout, il est mort à son poste, donnant à son pays le dernier souffle de sa vie ».

Cette noble figure de l'amiral m'intéressait d'autant plus qu'il avait passé une partie de son enfance et de sa jeunesse à Altkirch où son père était président du Tribunal. M. Bartholdi, avec qui j'entretenais une correspondance affectueuse, me tenait au courant de l'état d'avancement de son travail qui, malgré toute son activité, ne put être terminé que dans les premiers mois de l'année 1861. Il fallut s'occuper, en même temps, d'établir la conduite d'eau nécessaire pour alimenter la fontaine. C'était encore une dépense accessoire d'une trentaine de mille francs, car il fallut capter l'eau dans la montagne, à une certaine distance de la ville ; mais les services de l'édilité colmarienne en profitèrent en ce sens que cette conduite d'eau permit d'établir plusieurs bornes-fontaines dans les rues et de concéder des abonnements à des particuliers.

*
**

Le concours régional agricole qui eut lieu à Colmar, en 1860, fut particulièrement remarquable par ce fait qu'il mit en relief les riches produits de l'Alsace et des départements circonvoisins sur la belle place du Champ-de-Mars si favorable aux solennités de ce genre. On sait qu'à cette époque il existait encore des relations de bon voisinage avec le Grand-duché de Bade. Parmi les villes d'eau de l'Europe centrale, celle de Baden était alors une des plus fréquentées par le *high life* de tous les pays, parce que, à l'attrait d'une nature enchanteresse, se joignait celui non moins apprécié du salon de jeu. Bénazet et Dupressoir, les rois du Casino au Kursaal badois, y menaient grand train en faisant ruisseler l'or sur l'infâme roulette, cause de tant de ruines, dans ce Monaco d'alors. C'était le rendez-vous estival de tout ce qui, en France et à l'étranger, portait un nom dans l'aristocratie, dans les arts, dans les lettres, dans les finances et dans la bourgeoisie parvenue. Barthélemy, Méry, Alfred de Musset, Alexandre Dumas allaient prodiguer les trésors de leur étincelant esprit sur cette promenade fameuse de Lichtenthal où se coudoyaient toutes les célébrités du monde.

Donc les agriculteurs et industriels de la Forêt-Noire répondirent à l'invitation qui leur fut faite d'envoyer leurs produits au concours de Colmar, comme précédemment ils avaient envoyé leurs chanteurs au festival. On invita également la Suisse à y exposer des spécimens de ses belles races bovines, si appréciées dans la haute Alsace. Nous eûmes alors ce spectacle très intéressant de voir arriver à Colmar un troupeau de magnifiques vaches suisses, conduites par des bouviers en costume du pays et jouant le *Ranz des vaches*, avec ces trompes allongées qui produisent un effet si étrange dans les vallées alpestres.

Tous les grands éleveurs des départements du Haut et du Bas-Rhin, de la Meurthe, de la Moselle, des Vosges, du Doubs et de la Haute-Saône se firent un devoir d'envoyer le choix de leurs animaux. Il y avait là toute une ménagerie provinciale, poils et plumes : il y avait même des pachydermes vêtus de soie, au groin sonore, aux robes roses et luisantes, aux rotondités puissantes. Dieu ! quels effluves odorants ! et quel concert de beuglements, de meuglements, de hennissements, de braillements, de bêlements, de grognements, de mugissements, de gloussements, de piaulements, de roucoulements... toutes les gammes de la cacophonie qui, aux temps préhistoriques, a dû assourdir le tympan du père Noé dans son arche.

Et tout cela offert en holocauste à ce carnivore distingué qui s'appelle l'homme, toute une longue perspective de filets, de biftecks, de gîtes à la noix, de jambons, de boudins, de saucisses, de gigots et de côtelettes, de haricots de mouton, d'ailes de faisans, de dindes truffées, d'oies aux marrons, de pigeons à la crapaudine, de canards aux navets ou au salmis, de pintades au fumet merveilleux. Et pour couronner cette pyramide de victuailles nombreuses, le malin dieu Bacchus avait installé sur des rayons sa blonde et poétique bibliothèque, reliée aux armes des meilleurs crûs de Riquewihr, de Zellenberg, de Ribeauvillé, du Kitterlé, du Rangen, du Zahnacker, du Wolxheim, du Turckeim rouge et du fameux vin de la Harth de Colmar. Ombre de Grandgousier, quel régal apoplectique, quelles plantureuses et orgiaques ripailles, quels festins de Balthazar et de Trimalcion, quelles agapes gargantuesques, tout ce rare ensemble eût offert à ton insatiable tube digestif !...

M. Paul Odent, préfet du Haut-Rhin, voulant consacrer la mémoire de ce grand tournoi de gastronomie internationale, m'avait prié de dessiner le modèle de la médaille destinée à être offerte aux lauréats du concours. Le sujet était tout indiqué. Sur la face le profil de l'empereur, au revers les armoiries de la ville de Colmar *(parti de gueules et de sinople, la masse d'armes d'or brochant sur le tout)*, l'écusson accosté du Rhin et de l'Ill, — sous la forme d'un vieillard à la barbe limoneuse et d'une jeune femme, l'Alsa, appuyés les deux sur leurs urnes penchantes, absolument comme dans le *Passage du Rhin*, de Boileau. Cette médaille fut gravée à Paris, par Longueil, et le Préfet eut la gracieuseté de m'en offrir deux exemplaires.

Le grand prix du concours, une coupe en argent ciselé, d'une valeur de 3,000 fr. offerte par le gouvernement, fut décerné à M. Alfred Stœcklin, agronome distingué à Colmar, ancien élève de l'école de Grignon, pour les perfectionnements apportés dans l'exploitation et dans la comptabilité de son grand domaine rural à Colmar. Cette coupe sortait des ateliers bien connus de la maison Christophle, de Paris.

M. Liblin, Directeur de la *Revue d'Alsace*, aidé du précieux concours de MM. Ed. Bavelaër et Georges Kern, avait eu l'idée de publier le *Moniteur du concours*, sous la forme d'un compte-rendu illustré auquel le Préfet abonna toutes les communes du Haut-Rhin, grevant ainsi leur budget du lourd impôt de 1 fr. 50. L'illustration de ces feuilles volantes était faite de main de maître par M. Auguste Macker qui, tout en dessinant de la main gauche, savait enlever magistralement un croquis de coqs cochinchinois, de poules crève-cœur, de faisans de Chine, de moutons bergamasques et mérinos, de taureaux Durham, de boucs de Barbarie, etc.

Le banquet, fourni par Nitschelm, le maître-restaurateur de Colmar, a eu lieu dans la salle du théâtre, sous les auspices de cet alléchant menu, résumé épulaire du concours :

Potage au coulis d'écrevisses
Turbots et aigles de mer, sauce câpres

Filets d'aloyau à l'anglaise, aux pommes
Canetons de Rouen aux petits pois
Jambon au madère
Dindons piqués rôtis
Volailles du Mans rôties
Champignons à la Provençale
Saumons au bleu, sauce mayonnaise
Buissons d'écrevisses
Galantine en gelée
Pudding au rhum
Gelée aux fraises
Pièces montées
Salade pommée
Radis, beurre frais, thon, sardines, olives et cornichons
Dessert, fruits et bonbons
Vins d'Asace, de Bourgogne, de Bordeaux, de Champagne
Moët et Rœderer
Liqueurs à discrétion

On ne voit pas figurer dans tout cela le fameux fromage de Munster, au parfum exquis si cher aux Colmariens; et cependant, « Un dessert sans fromage est une belle à qui il manque un œil » comme dit le grand gastronome Brillat-Savarin.

Eh bien ! devant ce formidable menu à six francs par tête, consommé par trois cents convives, avais-je tort de dire plus haut qu'il y avait là de quoi servir à Gargantua un festin de Balthazar ? Tant il est vrai que tout le travail, tout le génie de l'homme aboutit, en définitive, à faire le bonheur d'une poche stomacale, ceci soit dit sans préjudice aux droits supérieurs de la science et de l'idéal.

Et les toasts ! ils ont coulé à plein bord comme le Champagne. Le sénateur Baron de Heeckeren, le même qui avait tué en duel le poëte russe Pouschkine, le même qui, dans une soirée costumée les Tuileries, avait joué le rôle d'une nourrice au baptême d'un bébé, avait porté le toast à l'empereur, quand le maire porta celui des exposants : « En provoquant, dit-il, au libre-échange de la matière, ces assises du travail, provoquent aussi au libre-échange de la pensée généreuse qui tend à effacer de vieux préjugés comme la vapeur efface la distance ».

La ville a dépensé pour les frais du concours environ 25,000 fr. L'excellent architecte-voyer, M. Boillot, s'était distingué dans l'organisation matérielle du concours qui a été pour lui et le personnel de l'Hôtel-de-Ville, l'occasion d'un grand surcroît de travail. Aussi ai-je profité d'un petit congé pour aller revisiter Fribourg et Bâle. La capitale du Brisgau, où le moine légendaire Berthold Schwartz est censé avoir inventé la poudre (ce qui n'est pas donné à tout le monde) est surtout remarquable par sa cathédrale dont la flèche dentelée et transparente, sans être comparable à celle de Strasbourg, n'en est pas moins un chef-d'œuvre. En me plaçant à une lucarne de l'hôtel de Zœhringen, j'ai pris un dessin de ce monument par-dessus les toits, ce qui lui donne une certaine originalité. Sur le maître-autel de la cathédrale, on admire un triptyque du XVe siècle, représentant le couronnement de la Vierge, et peint par Hans-Baldung Grien, artiste de valeur, né à Weyersheim (Basse-Alsace). J'avais de longue date, pris l'habitude, en voyage, de crayonner dans mes albums les principaux paysages et monuments que j'ai eu occasion de visiter. Cette collection formera un gros volume de plus de trois cents dessins mis au net d'après mes croquis et servira d'accompagnement à ces mémoires de ma vie.

* *

En 1860, pendant la seconde guerre de Chine, où le général Cousin-Montauban, duc de Palikao, s'est signalé, on s'est beaucoup amusé à Colmar de ce charmant petit à-propos philologique relevé dans la conversation de deux soldats colmariens faisant partie de l'expédition et se réveillant sous la tente :

Sah Chang schint denn d'Sonn scho ?
Io, Sepp, d'Sonn schint scho lang io.
(Dis-moi, Jean, le soleil luit-il déjà ?
— Oui, Joseph, le soleil luit depuis longtemps.)

Treize monosyllabes à la file, imitant le chinois à la perfection, n'est-ce pas là une rareté très curieuse dans les annales de la linguistique alsacienne ?

. . .

La ville de Colmar était restée pendant quelques années sans curé titulaire, après la mort de l'abbé Maimbourg. La paroisse était provisoirement administrée par le premier vicaire, M. l'abbé Meyblum, type du bon prêtre qui sut se faire aimer de toute la population. En 1857, il fut pourvu à la vacance de la cure par la nomination de M. l'abbé Meyer, un ami des arts et surtout de la musique. Il fit exécuter plusieurs messes et chants de sa composition ; mais il s'appliqua principalement à réaliser la restauration, rêvée depuis longtemps, de la vieille basilique de St-Martin, cathédrale de Colmar. L'intérieur de cet édifice du XIIIe siècle, avait été recouvert d'un badigeon jaunâtre produisant un effet déplorable, et enlevant son caractère à la belle architecture gothique des faisceaux de colonnes, des voussures et des rosaces de la nef et du transcept. Tout cet intérieur, négligé pendant de nombreuses années avait un aspect vulgaire accentué encore par l'état misérable des autels, du mobilier et des chapelles latérales. En annonçant son intention de rétablir le vieil édifice dans son état primitif, le curé fut approuvé par tous les gens de goût. La population ne lui marchanda pas le concours pécuniaire qu'il lui demandait pour accomplir cette œuvre indispensable. On sentait fort bien qu'il y avait là pour le chef-lieu du département et de la Cour d'appel, une question de dignité. Une souscription fut donc ouverte, qui produisit une somme importante ; un comité fut organisé pour donner son avis sur les travaux à entreprendre, mais l'âme de toute cette restauration ce fut le curé lui-même.

L'opération la plus délicate et la plus longue fut le grattage du vieux badigeon qui recouvrait tout l'intérieur de l'église. Le bel appareil de la pierre de taille primitive fut mis successivement à jour, et bientôt on put se rendre compte de l'effet artistique, des proportions heureuses de ce monument construit par maître Humbert ou Humbret, dont la statuette et la signature figurent dans l'ogive de la grande porte du transcept. L'opération du grattage une fois terminée, M. le curé Meyer s'occupa de la restauration de l'ancienne chapelle de la Vierge, à gauche du chœur, et de celle de St-Jean située dans les bas-côtés. Il fit placer dans cette dernière un beau retable en menuiserie, dont les panneaux s'ouvrant et se fermant à la manière des triptyques du moyen âge sont couverts de peintures religieuses empruntées aux compositions naïves de Martin Schongauer conservées au Musée de Colmar.

On sait que c'est dans la sacristie de la cathédrale que se trouve le célèbre tableau attribué sans preuve à ce peintre, la *Vierge au rosier*, qui a fait l'objet de tant de notices descriptives et de controverses de la part des historiens de l'art et qui ressemble aux œuvres flamandes.

Le curé Meyer, homme doux et timide, mourut jeune et bien regretté de la population de Colmar, qui lui sut gré d'avoir montré assez d'énergie pour accomplir jusqu'au bout la belle et intelligente restauration de son église.

Il avait rêvé de remplacer encore le maître-autel par un monument de sculpture gothique dont les plans lui furent soumis par le sculpteur colmarien Klem, qui s'était distingué déjà par des travaux du même genre exécutés pour l'église de St-Epvre, à Nancy. Mais il légua à son successeur, l'abbé Meyblum, le soin de réaliser cette œuvre qui fut le digne complément de l'ensemble des restaurations.

XXXVI

Antoinette Lix. — Chemin de fer de Munster au Rhin. — Le Perruquier de Zellenberg. — Écoles et marchés. — Monument Bruat. — Cantate et festin. — Fêtes d'inauguration.

L'Alsace a toujours été une terre de vaillance et d'héroïsme. La république et l'Empire ont connu ces soldats légendaires, ces hommes de bronze, qui ont illustré leurs noms sur tous les champs de bataille, les Kellermann, les Kléber, les Lefévre, les Rapp et tant d'autres dont l'histoire a buriné les hauts faits sur ses tables d'airain. Il lui était réservé de connaître, dans les jours sombres, une femme dont l'invraisemblable bravoure deviendra légendaire aussi. C'était Mlle Antoinette Lix, née à Colmar le 31 mars 1839, fille d'un ancien grenadier de l'armée française. N'ayant point de patrimoine, elle avait dû, toute jeune, se créer des moyens d'existence en se faisant institutrice. En 1860, elle revenait de Pologne où elle avait fait une éducation dans une famille noble et riche à qui pesait le joug de la Russie. Dans ce malheureux pays, les ferments de révolte grondaient toujours à l'état latent. Le peuple polonais, excité par la noblesse, se préparait en silence à des levées en masse. C'est dans ce milieu, qui sentait la poudre, qu'Antoinette Lix, imagination exaltée et cœur brave, élevée comme un garçon par son père, apprit à manier les armes et à monter à cheval. L'insurrection ayant éclaté, elle revêtit un costume d'homme et y prit une part active comme officier de partisans. En 1860 je la vis à la Mairie de Colmar où elle était venue me prier de lui faire obtenir un passe-port pour retourner en Pologne. Elle comptait traverser l'Allemagne sous un déguisement masculin et se faire passer pour un voyageur de commerce.

M. Julien Sée (1), qui a fourni à la Chronique d'Alsace un fort contingent d'intéressantes notices et traductions, a publié en 1881, dans la *Revue Alsacienne*, une biographie très bien écrite d'Antoinette Lix, en utilisant les renseignements que notre vaillante compatriote lui avait communiqués. Il me permettra, j'en suis persuadé, de recourir à son travail pour compléter mes souvenirs personnels.

« En 1863, elle était en Pologne chez Madame la comtesse Lubienska qui lui avait confié l'éducation de sa fille, lorsqu'éclata l'insurrection que la Russie eut tant de peine à dompter. Elle se mit à la tête d'une troupe de partisans, sous le nom de lieutenant Tony (diminutif masculin de son nom d'Antoinette). Ses compagnons d'armes ignorèrent toujours son sexe. Frappée un jour d'un coup de lance à la poitrine, elle fut reconnue par une religieuse, Mlle Wolowska, qui la soigna dans sa cellule pendant les six semaines qu'exigea sa guérison.

« Revenue en France en 1866, elle va soigner les cholériques dans le Nord et sa belle conduite lui valut d'être nommée receveuse des postes à Lamarche (Vosges) où elle assista, comme chef d'ambulance, au combat qui eut lieu le 11 décembre 1870. Un des Vosgiens, grièvement blessé, était resté entre les mains de l'ennemi. Elle se met en devoir de le délivrer.

« Pour arriver au malheureux que nous cherchions, nous dûmes longer dit-elle, toute la colonne prussienne et nous frayer un passage à travers la neige qui, à certains endroits, atteignait 80 centimètres de hauteur. Enfin, nous trouvons celui que nous cherchions, étendu sous un arbre et entouré de médecins militaires. « Qui êtes-vous, me dirent-ils ? — « Aide-major, répondis-je ». Ils me regardèrent d'un air incrédule, m'interrogeant sur l'opportunité de l'application immédiate de perchlorure de fer pour arrêter l'hémorragie. Je conseillai de préférence une application de neige, en attendant que le blessé fut transporté à l'ambulance. A partir de ce moment, ils ne m'appelèrent plus que « Herr Doctor ».

La paix signée, elle quitta l'uniforme et revint à son bureau de poste.

« Le gouvernement lui a décerné la médaille d'or de 1re classe en récompense de sa belle conduite pendant la guerre et de son dévouement dans les ambulances. Des dames alsaciennes lui ont offert une épée d'honneur d'un travail remarquable. Elle vit aujourd'hui retirée au couvent des dames de Notre-Dame-de-Sion, dont la supérieure générale est la sœur d'Edmond Valentin, l'ancien préfet du Bas-Rhin qui se signala par son héroïsme au siège de Strasbourg.

« La Société d'Encouragement au Bien a couronné le livre qu'elle a écrit en 1872, sous le titre : *Tout pour la patrie*, et dédié aux Alsaciens exilés.

.·.

Comme un progrès en appelle un autre, la ville de Colmar, en 1861, s'est trouvée lancée dans une série de projets importants qui ont sollicité toute mon attention. La plume grinçait sans trêve pour élaborer les projets qui se succédaient sur le tapis vert du conseil. Après le canal de Colmar au Rhin est venu le chemin de fer de la vallée de Munster à Colmar, puis le projet de prolongement de cette ligne jusqu'au Rhin et au-delà. La ville contribua pour 21,000 francs aux frais des études de cette ligne qui furent confiées à M. Degrand, ingénieur en chef du département. C'était le germe d'une grande idée qui devait entraîner d'importants sacrifices de la part des communes intéressées et qui avait engagé les villes de Fribourg et de Neuf-Brisach à voter 600,000 francs pour leur part contributive à l'exécution de la ligne badoise correspondante. Mais ce projet subit des vicissitudes diverses : il resta en suspens pendant des années et ne fut parachevé qu'après l'annexion.

.·.

Les hasards de la vie me firent faire connaissance, en 1861, avec Lapoutroie et Zellenberg. J'y acquis presque droit de bourgeoisie par mon mariage et eus ainsi l'occasion de visiter souvent cette partie de la montagne qui, de Kaysersberg à Sainte-Marie-aux-Mines, offre les sites les plus merveilleux et les plus accidentés. La famille de mon beau-père, alors percepteur à Lapoutroie, était originaire de Zellenberg, petit bourg situé sur un contre-fort des Vosges, à deux lieues de Colmar et dont le vignoble partage la renommée de celui de Riquewihr situé tout près. Il y possédait l'ancienne maison *russe* d'où l'on découvre un des panoramas les plus splendides de l'Alsace. Par un temps clair, on y voit

Vieux-Brisach, la Forêt Noire, la ligne blanche du Rhin et dans l'horizon lointain, estompé comme une brume violette, la cathédrale de Strasbourg. Dans le voisinage immédiat, les trois châteaux de Ribeauvillé, ces nids d'aigles suspendus sur des précipices, complètent le décor de ce paysage unique. Ainsi que l'indique une inscription gravée sur la façade, la maison fut construite dans la seconde moitié du siècle dernier par un sieur Joseph Müller, natif du village, qui était allé exercer sa profession de perruquier de l'ancien régime en Russie où il avait fait fortune en poudrant à frimas les jeunes beautés moscovites, fières comme toujours d'imiter les modes françaises. Cet aimable Figaro séduisit, par l'élégance de ses manières, une jeune russe d'origine aristocratique, sinon morganatique, qu'il épousa à Moscou et amena en France. Elle s'appelait Eudoxia Dischkéva et a continué, longtemps après la mort de son mari, à habiter la maison, après avoir convolé en secondes noces. L'ancien coiffeur, qui possédait de nombreux arpents de vignes, avait eu soin de construire sous sa maison une grande cave voûtée pour y loger les énormes foudres contenant ses récoltes. Il paraît que la très consolable Eudoxia n'a pas fait le bonheur de son second époux, M. Drolla. Comme certaine princesse de Wurtemberg-Montbéliard, elle avait la passion des chiens, ce qui agaçait les nerfs de l'irascible mari. Pour se les attacher (les chiens) elle les nourrissait de saucisses, donnant ainsi une entorse au proverbe d'après lequel on ne doit pas attacher ses chiens avec des andouilles. Le mari se scandalisait de cette prodigalité un peu trop moscovite. N'importe ; Eudoxia devra à cette luxueuse fantaisie, qui m'a été certifiée par un témoin oculaire, de figurer sous un aspect séduisant et original dans ma petite galerie de portraits alsatiques.

Lapoutroie, chef-lieu de canton important, est situé au fond de la vallée de Kaisersberg au milieu d'un paysage montueux et très pittoresque que dominent le Seelbourg, le Foley et le Brézouard. Cette région vosgienne, où l'on parle exclusivement le français depuis la période gauloise, prend un cachet particulier de grandeur sauvage dans la partie qui avoisine le lac Blanc et le lac Noir, situés au sommet de la montagne.

Elle gagne énormément à être connue et, chaque été, les touristes y affluent pour admirer ce beau décor de la nature et respirer l'odeur balsamique des sapins. Sur la route du Bonhomme, à deux pas de Lapoutroie, on voit une de ces bizarreries de la nature qui semble avoir été créée par la main de l'homme ; c'est un rocher énorme dont le sommet représente à s'y méprendre la tête de Louis-Philippe avec son légendaire toupet.

**

Après une courte échappée dans le pays des bons souvenirs, il fallut reprendre le harnais des occupations municipales. Tous les projets dont j'ai parlé plus haut étaient arrivés à maturité et l'exécution de plusieurs d'entre eux commencée. Il restait à mettre au point celui de la transformation du quartier de la Poissonnerie. Toute l'année 1862 fut consacrée aux préliminaires de ce travail. Il y avait à acquérir tout un enclos de vieilles bâtisses et de jardins ayant appartenu jadis à la Commanderie de Saint-Jean, puis à construire deux grandes écoles, un marché couvert, un pont sur la Lauch et enfin à percer deux rues. Il fallut pour cela contracter un emprunt de 350,000 fr.

On continuait aussi à s'occuper beaucoup du musée. Je préparais la refonte du catalogue de M. Hugot, pour le mettre au niveau des nouvelles acquisitions. On aimait à passer en revue la collection des gravures anciennes dont le fonds, déjà très important, venait d'être enrichi par l'acquisition de quelques collections particulières. Parmi les dons de l'État se trouvait la belle œuvre de J.-B. Piranesi, le célèbre graveur italien du XVIIIe siècle. Cette œuvre qui, à juste titre, peut être appelée colossale, se compose de seize volumes grand in-fol. représentant, gravé à l'eau-forte, tout ce que Rome ancienne et moderne offre de monuments remarquables, ce que l'antiquité a laissé de plus précieux en bas-reliefs, vases, autels, tombeaux, etc. On est confondu d'admiration devant un pareil talent servi par une pareille persévérance.

L'œuvre des Piranesi, père et fils, comprend 1733 planches d'un très grand format, parmi lesquelles les sculptures de la colonne Trajane et de la colonne Antonine sont particulièrement remarquables.

...

Les constructions des écoles et du marché couvert se poursuivaient, en même temps que M. Bartholdi mettait la dernière main au monument de l'amiral Bruat. La ville venait de payer 150,000 fr., pour l'acquisition de l'ancien hôtel de Préfecture dont elle ne pouvait prendre possession que deux ans plus tard, après l'achèvement du nouvel hôtel. Elle versa, en outre, une somme de 26,000 fr., prix d'estimation du mobilier, plus ou moins luxueux, qui garnissait les appartements de l'ancien bâtiment.

L'inauguration du monument Bruat fut fixée au 21 août 1864. Tous les détails de cette solennité, qui devait amener à Colmar quelques illustrations de l'armée et de la marine françaises, étaient réglés à l'avance. J'ai déjà groupé dans une autre partie de ces mémoires les chiffres réalisés par la souscription : ils donnent la mesure du sympathique accueil qu'a rencontré la pensée créatrice de ce monument national, sur tous les points du globe, partout où flottait le pavillon français. Il ne sera pas hors de propos de donner ici un aperçu sommaire de la dépense, afin de conserver le souvenir du sérieux effort que l'artiste, d'une part, et la municipalité de l'autre, ont dû faire pour consacrer à la fois la mémoire d'un grand homme et d'un grand événement. Voici les chiffres :

1. Exécution des modèles des statues	Fr. 2,652 »
2. Moulage des esquisses, modèle du monument, grandeur d'exécution.	5,529 »
3. Sculpture en pierre des quatre figures allégoriques	16,000 »
4. Fourniture du bronze et fonte de la statue de l'amiral.	10,000 »
5. Moulage et exposition d'un modèle en plâtre du monument au Palais des Beaux-arts (dépense facultative à la charge de M.	
A reporter. . .	34,181 »

Report	34,181 »
Bartholdi)	5,488 »
6. Achat des blocs de pierre rose de Lutzel-bourg (Bas-Rhin)	7,700 »
7. Taille des pierres et construction du monument	6,500 »
8. Transport de la pierre de taille et des statues	2,874 »
9. Dépenses diverses	1,810 »
Total général non compris les frais d'inauguration	Fr. 58,553 »

L'inauguration fut brillante et favorisée par un temps splendide. Les contre-amiraux Jurien de la Gravière et Bonard, anciens frères d'armes de Bruat, y assistèrent avec d'autres officiers de marine et prononcèrent des discours qui furent très applaudis. Les sociétés orphéoniques d'Alsace, accompagnées par la musique du 1er régiment de cuirassiers, chantèrent une cantate dont les paroles, composées par M. Edouard Fournier, écrivain très apprécié au Théâtre-Français, ont été mises en musique par le compositeur alsacien J.-B. Weckerlin, alors professeur au Conservatoire de Paris. M. Weckerlin et un autre compositeur alsacien, M. J. Heyberger, avaient déjà prêté le concours de leur talent à l'Orphéon de Colmar pour l'interprétation musicale des œuvres du pâtissier-poète Mangold. Œuvres désopilantes, écrites en idiome colmarien, ces petites opérettes, *Hans und Grédele, S'Lob vom ledige Stand, Dreifache Hochzeit im Baesethal*, etc., ont eu un succès de fou rire et entretenu longtemps la gaîté dans la société colmarienne, alors que l'*Académie du Dimanche* offrait à une vaillante jeunesse l'émulation de ses jeux athlétiques; alors que l'avocat Yves, rivalisant avec le pâtissier taciturne, écrivait pour elle en beaux alexandrins, des vaudevilles qui affrontaient gaîment le feu de la rampe; alors que l'aimable et spirituel notaire Richart jouait le *Carnaval de Venise* en frottant l'une contre l'autre ses paumes harmonieuses, dont il parvenait à tirer des variations musicales.

Une compagnie de marins commandée par un lieutenant était venue de Cherbourg par les voies rapides, pour suivre le cortège qui s'était formé devant l'ancienne Mairie rue Turenne. Le défilé de ce cortège aux brillants uniformes, encadré par l'infanterie et la cavalerie de la garnison de Colmar, offrait un fort beau spectacle. Suivant le vœu exprimé par l'administration municipale, Mme l'amirale Bruat, gouvernante des enfants de France, avait demandé à l'empereur la décoration de la Légion d'honneur pour M. Bartholdi, qui y avait des titres incontestables. C'est le jour même de l'inauguration de son œuvre, le jour de sa trentième année, que notre jeune artiste reçut cette distinction : les acclamations de la foule qui le salua lui allèrent droit au cœur.

.

Cette petite chronique d'une solennité inoubliable doit se compléter par la reproduction de la cantate de M. E. Fournier. La voici :

L'Amiral Bruat

Ce fut un bien noble courage :
Pour guide il accepta l'orage,
Pour ennemis il prit les flots
Et les Océans pour champ clos.

Partout la science et l'épée
Ont écrit sa fière épopée
En traits d'or sur le triple airain
Qui sert d'armure au cœur marin.

Sur ses naissantes ondes
Le Rhin avait bercé
Ce lutteur que deux mondes
Ont sur leurs eaux profondes
Meurtri mais non lassé.

Un long cri de détresse
Tout à coup s'entendit
Du côté de la Grèce ;
Son cœur y répondit.

Au noble bruit qui le mieux vibre
A travers les échos,
Quand la Grèce devenait libre
Il commença d'être un héros.

Par d'insultants ravages,
Jusque sur nos rivages
Les pirates d'Alger,
Vautours aux longues serres,
De leur nid de corsaires
Venaient nous outrager.

Il court aux forbans, il les guette,
Il les poursuit, les inquiète ;
Mais, par son courage emporté,
Il paie avec sa liberté
Le fier honneur d'avoir été
Le précurseur de la conquête.

Ce n'est que pour les briser mieux
Qu'il avait connu les entraves.
Nous avions encor des esclaves,
Que le ciel d'Amérique embrasait de ses feux ;
Il leur porta la délivrance,
Et leur apprit ainsi qu'il faut bénir la France.

Bientôt un nouveau signal
Lui fait tourner sa carène ;
C'est la guerre qui l'entraîne
Vers le ciel oriental :
Il l'avait vu capitaine,
Il le revoit amiral.

Le bruit de ses canonnières,
Comme un suprême tocsin,
Epouvante les plus fières
Des villes du Pont-Euxin.

Puis la mort ferma l'Histoire.
Mais il ne revint pas seul :
Devant lui marchait sa gloire
Qui lui donnait pour linceul
Un pavillon de victoire.

Est-il étonnant que cette fête consacrée à la mémoire de Bruat, évoquant des gloires militaires récentes avec les fastes de la marine auxquels l'amiral avait une si grande part, ait éveillé aussi la fibre poétique locale ? La musique, représentée par l'Orphéon, et s'appuyant sur la poésie, voulut offrir son bouquet au jeune artiste. Elle trouva un interprète enthousiaste dans M. L. Standaërt, le rédacteur des *Échos du Rhin*, petit périodique paraissant alors à Colmar, moniteur officiel des sociétés chorales alsaciennes. Sous ce titre : *Hommage à M. A. Bartholdi*, voici le morceau composé par M. Standaërt, mis en musique par J. Heyberger et chanté par l'Orphéon :

Chœur

O toi dont le ciseau magique
Lègue un panthéon héroïque
Aux illustres aïeux ! Reçois ici,
Des enfants de Colmar, des enfants de la France,
Les chants d'amour et de reconnaissance ;
Au nom de l'Alsace : Honneur et merci !

Solo

Regarde au ciel natal briller la jeune gloire
Ombrageant de son aile un chef-d'œuvre applaudi ;
En traits de bronze et d'or, aux marbres de l'histoire
Un jour elle inscrira ton nom, ô Bartholdi !

Chœur

Oui ta gloire rayonne
Au front de la cité,
Te tressant la couronne
De l'immortalité.

Cette feuille volante des *Échos du Rhin*, aux allures quelque peu fantaisistes et dont il ne reste plus que de très rares épaves, ne parlait pas toujours la langue des dieux, mais elle nous a conservé le texte de cette cantate en même temps qu'elle consacrait une notice à un autre jeune Colmarien, M. Victor Sieg, qui venait de remporter le prix de Rome au concours de composition musicale, en concurrence avec St-Saëns, et qui donnait alors de brillantes espérances. Ces fleurs précoces ont-elles donné des fruits ? Je consulte en vain les Échos d'alentour. *Musica et gloria in aëre*. C'est la devise d'un violon de faïence.

Le même numéro des Échos (août 1864) renferme aussi une revue critique des œuvres de M. Bartholdi parues jusqu'alors : elle est due à la plume élégante d'Édouard Bavelaer qui possédait, à un éminent degré, le sens artistique nécessaire pour les apprécier (1).

On a toujours aimé, à Colmar, les cortèges professionnels. C'est une réminiscence des anciennes corporations de métiers qui, au moyen âge et jusqu'à la Révolution, étaient divisées en tribus, jouissaient d'importants privilèges et avaient voix au chapitre dans la vie municipale. Leurs lieux de réunion ou *poêles* avaient un caractère architectural très pittoresque dont quelques débris ont été recueillis au musée. Une quinzaine de chars enguirlandés et ornés d'attributs des diverses corporations avaient donc pris place dans le cortège de la fête Bruat. C'étaient à peu près les mêmes qui avaient figuré dans celui de la fête Rapp et que j'ai décrits en quelques mots.

« Dis-moi ce que tu manges, je te dirai ce que tu es », a écrit Brillat-Savarin dans son Code de la Gastronomie élégante. En voyant le menu du banquet servi par Landwerlin, à l'hôtel des Deux-Clefs, la postérité ne se montrera pas indifférente pour les fins gourmets qui ont dégusté cette symphonie culinaire. Il serait injuste de la priver de cet alsatique précieux dont elle se pourléchera les babines :

Potage riz Crécy
Hors-d'œuvre d'office
Filets au madère à la flamande
Saumons sauce aux queues d'écrevisses

[1] M. Julien Sée, de Colmar, qui possède de nombreux alsatiques, a bien voulu me communiquer le numéro des Échos où se trouvent ces renseignements. Je lui en exprime toute ma reconnaissance.

Suprêmes de volailles à la Villeroi
Pâtés chauds de perdreaux aux truffes (conserves Appert)
Langoustes en mayonnaise historiées, bordures de gelée
Quartiers de chevreuil (conserves Appert)
Dindonneaux truffés
Galantines de faisan sur socles garnis de hâtelets
Haricots verts à l'anglaise
Fromages glacés, panachés
Gâteaux d'Alsace aux avelines
Pièces moulées
Ananas
Desserts et fruits variés
Vins d'Alsace, bordeaux, bourgogne, champagne
grandes marques
Café, liqueurs

A cette époque déjà bien lointaine, la découverte alors toute récente des mines d'or n'avait pas encore perverti l'humanité ni bouleversé tout le système économique, ni détruit l'idéal et les vieilles croyances. Aujourd'hui, à notre époque de luttes ardentes pour la vie, les soins matériels priment tout. Ne demandez plus à un homme s'il a un idéal social ou religieux, s'il croit à la sainteté du travail, de la bonté, de la charité, s'il a le respect des autres et de lui-même, si dans un coin de sa mémoire il a conservé le radieux souvenir des légendes qui ont bercé son enfance; mais demandez lui seulement s'il a de l'argent et quelle est la cote de la Bourse. L'argent est le roi du monde, le souverain dispensateur de toutes les faveurs, de tous les honneurs, en un mot de tout ce qui peut s'acheter, sans que le mérite personnel y soit pour rien. On ne s'enquiert pas de son certificat d'origine, fût-il le produit de toutes les infamies, de toutes les compromissions, de toutes les bassesses, de toutes les trahisons. Chapeau bas! c'est un dieu qui passe. C'est Mammon offrant le bras à un rastaquouère cosmopolite. Vive l'argent!... et l'estomac! au rancart l'idéal!

« Avez-vous de l'argent? Oui. C'est bien : l'on vous aime;
Vous êtes grand, honnête et beau, presque heureux même.
Pauvres, malheur à vous! Malheur à vous, petits!
Refrénez votre soif, domptez vos appétits;

Osez-vous réclamer au banquet de la vie
Une place? Sachez que ceux qu'on y convie
Sont riches, bien vêtus. N'êtes-vous pas honteux
De vous y présenter, infâmes loqueteux? »

Ces vers, taillés à l'emporte-pièce, sont de M. Marcel Fiorentino, jeune auteur dramatique plein d'avenir, fils de Pierre-Angelo Fiorentino qui, sous l'empire, écrivait de main de maître dans le *Moniteur universel* la critique musicale et dramatique. (*Premières poésies*, Paris, Paul Dupont, 1895.)

XXXVII

Au lac Blanc. — Guerre du Mexique. — Financiers et gogos. — Le saucisson de foie gras. — Les travaux publics de Colmar. — Simple addition. — Les Trois-Épis. — X. Mossmann. — Bartholdi à San-Francisco.

Après avoir passé cinq ans à Rome, l'ami Henner rentra en France au mois de septembre 1864. Il était dans la force de l'âge et du talent. Sa réputation l'avait précédé à Paris où ses envois de Rome avaient été très remarqués. En venant nous voir à Colmar où il fit la connaissance de ma femme et de notre petite Maria, il resta quelques jours avec nous. Nous allâmes ensemble revoir Zellenberg et Riquewihr qui lui rappelèrent de beaux souvenirs de jeunesse, entre autres le profil aux boucles d'or, rappelé plus haut, puis Lapoutroie, le Bonhomme et le Lac Blanc. Dans cette région sauvage des lacs, un des frères Petitdemange, les restaurateurs attitrés de la montagne, venait de construire un chalet-hôtel assez confortable pour restaurer les nombreux excursionnistes qui viennent la visiter pendant la belle saison, c'est-à-dire de juin à septembre, quand les neiges ont disparu. Le temps était médiocrement encourageant : de gros nuages s'amassaient sur la montagne et donnaient au paysage déjà sévère un aspect plus triste encore. Nous pûmes cependant nous asseoir au bord du lac encaissé dans un vrai entonnoir bordé et dominé par des roches granitiques aux formes bizarres : on dirait un ancien cratère de volcan. Tout autour quelques rares pâturages où des vaches clairsemées ont peine à brouter une maigre nourriture. La neige séjourne là-haut jusqu'à la Saint-Jean et donne au paysage, vu de la plaine, un aspect tout-à-fait alpestre. Pendant que d'une fenêtre de l'hôtel, je travaillais à prendre une vue de ce paysage étrange, et que la pluie tombait, nous eûmes l'agréable surprise de voir arriver des dames de Colmar, intrépides marcheuses, qui venaient par le chemin d'Orbey. En dépit de la pluie persistante et cinglante qui estompait les vitres de sa froide buée, le dîner fut très gai, grâce à l'animation que lui donnait cette société aussi aimable qu'inattendue.

*
* *

Après avoir parlé des événements de famille, des travaux administratifs, des fêtes et inaugurations de monuments qui ont absorbé mon attention pendant la période relativement calme qui s'est écoulée entre 1861 et 1864, je dois rappeler aussi certains événements extérieurs qui ont assez vivement passionné l'opinion publique. Je veux parler de cette guerre lointaine du Mexique qui a exercé une influence néfaste sur la situation politique et financière de la France. Les griefs que l'Empire avait à faire valoir contre le président Juarez, à propos de ses démêlés avec le banquier Iecker, ne justifiaient certainement pas tous les sacrifices en hommes et en argent que nous imposa la politique impériale pour créer en faveur de Maximilien d'Autriche un empire mexicain dont le besoin ne se faisait nullement sentir. Cette création, que le ministre Rouher appelait *la plus belle pensée du règne*, a abouti à la sombre tragédie de Queretaro, à la folie incurable de l'impératrice Charlotte et à l'exaltation d'un soldat de fortune, le fameux maréchal Bazaine qui, en voulant jouer un rôle dynastique à Metz, a fait cruellement expier à la France sa confiance en lui ; enfin à engloutir aux dépens de milliers de souscripteurs, les centaines de millions de l'emprunt si follement émis au commencement de la guerre. Je vois encore la longue filière de souscripteurs se pressant aux guichets de la Recette générale à Colmar pour y porter leur argent dont ils n'ont jamais reçu une obole. Avec le flair particulier à leur race, Messieurs les agioteurs s'étaient ingéniés à accaparer le plus grand nombre de souscriptions individuelles au moyen d'un truc, alors tout nouveau, et qui aujourd'hui est entré tout à fait dans les habitudes financières des grands exploiteurs de la fortune publique. Dans sa bonté touchante pour les classes laborieuses, auxquelles il voulait inculquer le souvenir ineffaçable de la plus belle pensée du règne, le gouvernement impérial avait décidé que les souscriptions ne comportant qu'un seul titre seraient irréductibles. Cela s'appelait favoriser la petite épargne par l'extraction savante du contenu des bas de laine. Certains gros souscripteurs raccolèrent alors une masse de malheureux sans sou ni maille qu'ils chargèrent, par l'appât d'un pourboire, d'aller souscrire des titres qu'ils empochèrent pour la plus grande gloire de la ploutocratie. Une fois que ces titres, chauffés par la coulisse internationale, avaient fait prime, ils eurent la précaution d'écouler tout leur stock entre les mains des gogos avides, de sorte que ceux-ci seuls ont été échaudés quand est venue la débâcle et que la différence tangible s'est engouffrée dans les coffres-forts des aigrefins. Je conserve encore, comme un souvenir *très cher* et très suggestif, le titre unique que j'avais souscrit, moyennant le versement de 350 fr. ; mais cette image, souvenir des beaux temps de l'Empire, m'est restée précieuse, comme un enseignement moral.

Et quand ceux qu'on appelle, en langue académique, les princes de la finance se furent lavé les mains et gargarisés dans ce Pactole malfaisant, que restait-il du grand effort imposé à la nation française et à la vaillante armée qui s'est signalée par nombre d'actes d'héroïsme et d'abnégation dans ces parages lointains ? Rien que des ruines, des pyramides d'os blanchis de nos marins, de nos soldats, l'épargne française amoindrie et, par delà l'Adriatique, dans le château princier de Miramar, domaine des Habsbourg, une ombre lamentable trouée de balles, parcourant de son pas de fantôme les galeries désertes et rêvant à son bonheur, à celui de sa compagne, détruits par l'ambition d'un seul, aidé de celle de ses courtisans.

C'est Brillat-Savarin qui l'a dit : « La découverte d'un mets nouveau fait plus pour le bonheur du genre humain que la découverte d'une nouvelle étoile ».

Colmar s'était acquis, de longue date, une réputation incontestée dans la fabrication des pâtés de foie gras, dont l'inventeur était Henry, le savant cuisinier du maréchal de Contades, Intendant d'Alsace à Strasbourg, en 1763, le même qui présida, en 1777, à l'inauguration du mausolée du maréchal de Saxe, et créa la magnifique promenade du Contades. Connaissez-vous supplice plus cruel que celui de ces pauvres palmipèdes, qui pourtant sauvèrent le capitole romain, et que de barbares mitrons enferment dans des cages de bois en y clouant leurs pieds pour les empêcher de se mouvoir ; qu'ils gavent ensuite d'une pâtée de maïs jusqu'à les faire crever de pléthore, tout cela pour accroître le volume et affiner la délicatesse de leur foie destiné à la table de Lucullus ?

Donc la réputation des pâtés de foie truffés de Colmar était grande et le pâtissier Scheer, véritable artiste dans son genre, en expédiait chaque année des quantités énormes aux quatre coins de l'horizon. Sa réputation lui avait même valu la clientèle d'Ismaïl Pacha, ce prodigue vice-roi d'Egypte, chez qui les préoccupations du gourmet marchaient de front avec les soucis du gouvernement, et qui, triste épave de la royauté amoindrie, vient de mourir en exil et de rentrer, les pieds en avant, dans sa patrie.

Or il arriva que les lauriers de ce pâtissier hors ligne empêchèrent M. Bareis, le charcutier, de dormir. Dans toutes les professions sociales, même les plus humbles, il y a des hommes de génie. M. Bareis était du nombre de ces prédestinés. A force de rêver aux moyens de détrôner ce fameux pâté à la croûte dorée, mets des dieux, que les riches seuls pouvaient se payer, une idée géniale surgit de son cerveau et il eût pu, s'il avait connu le grec, s'écrier comme Archimède : *Eurêka*, j'ai trouvé ! Il s'était promis de démocratiser le foie d'oie truffé et pistaché et il y réussit du premier coup en créant le fameux, l'incomparable, le savoureux, le divin *saucisson de Colmar*.

Cette rareté alsatique est en train de faire le tour du monde, tout aussi bien que le roman le plus pimenté de Zola, sous son appétissante enveloppe jaune safran, agrémentée de saveurs roses, qui tire l'œil des amateurs et donne un regain de gaîté à la montre alléchante des charcutiers. Arrière donc les saucissons vulgaires de la vieille charcuterie de nos pères ! A côté de lui le saucisson de Francfort jaunit de jalousie, le cervelas de Strasbourg, le knackwurst et le boudin aussi vieux que le monde, pâlissent de rage, et l'illustre saucisson de Lyon, sous son pardessus gris et sa feuille argentée, rougit de honte de se voir supplanté par cet intrus en robe jaune marchant fièrement à la conquête des estomacs prolétaires.

En donnant, d'abord, à son produit le titre de *Saucisson impérial*, M. Bareis se montra profond politique. Voulant conquérir l'enviable clientèle de l'empereur, il fit hommage au souverain d'une caisse de sa charcuterie de haute liesse. Oncques n'ai pu savoir ce qu'en pensa celui-ci. Il est plus que probable que le personnel de service au palais des Tuileries s'en délecta dans l'intimité de l'antichambre. L'inventeur qui espérait, à bon droit, de plantureuses commandes, et qui sait ? peut-être le titre honorifique de fournisseur de l'empereur, dut, pour cette fois, rengainer sa légitime ambition. Mais il n'était pas homme à se laisser désarçonner pour si peu et sa revanche fut bientôt prise.

Il existait à Paris une *Académie* dite *nationale*, délivrant, contre finance, des brevets d'académiciens aux inventeurs bien avisés, aux poètes incompris, aux pharmaciens créateurs d'une panacée nouvelle, voire même aux fabricants de moutarde et de poudre insecticide. Vous voyez d'ici cet aréopage classique, assis autour de son tapis vert, dégustant une tranche du saucisson impérial, accompagné d'un apéritif et prononçant gravement le *dignus es intrare*. Et voilà comment l'heureux inventeur pouvait faire imprimer sur ses factures ces mots magiques : *Membre de l'Académie nationale*. Loin d'être un panache vulgaire, c'était une dignité dont il avait le droit d'être fier. Voici, en effet, un extrait du rapport de l'Académie nationale copié dans le prospectus de sa succursale de Paris, établie en 1882 :

« M. Bareis, de Colmar, dont nous avons déjà parlé en

1864, à propos de pâtés en conserve, qui avaient subi l'épreuve d'un voyage de plusieurs années, vient de nous soumettre un nouveau produit que nous ne connaissions pas encore.

« M. Bareis a imaginé de faire des saucissons avec des truffes, des pistaches, du foie gras et de la volaille. Le résultat acquis est des plus heureux. *C'est un véritable succès gastronomique.*

« Que les gourmets se réjouissent donc; car, bien qu'il n'y ait rien de nouveau sous le soleil, les saucissons de foie gras truffé de M. Bareis sont faits pour exciter la jubilation des fins mangeurs et rendre l'appétit à ceux qui l'ont perdu.

« Quelques tranches de ce saucisson auquel M. Bareis a donné l'épithète *d'Alsacien*, arrosées d'un verre de vin du Rhin et même de plusieurs, constituent désormais ce que Brillat-Savarin eût appelé une friandise. »

« Ah! qu'en termes galants ces choses-là sont dites! »

En tous cas il n'existe pas à Paris une seule charcuterie qui n'exhibe, comme savoureux hors d'œuvre, ce roi des saucissons, qui, depuis la chute de l'empire, a pris le nom de *saucisson de Colmar*, conférant ainsi à sa ville natale un renom digne d'envie.

Qu'est devenu l'inventeur? Il s'est retiré, dans ses vieux jours, à la maison de campagne qu'il possède depuis longtemps à Colmar, sur la route de Bâle, l'ancien domaine de Rodolphe Kaeppelin. Dans le jardin attenant il avait créé une pièce d'eau avec un îlot en forme de monticule, surmonté d'une chapelle en miniature comme un joujou de Nuremberg. Mais ce cher souvenir a disparu, entamé par la pioche municipale qui y a fait passer le boulevard du Haut-Landsberg. Dans cet ermitage M. Bareis peut réfléchir aujourd'hui aux vicissitudes de la vie d'inventeur et se rendre ce témoignage flatteur que son saucisson, imité par tous les charcutiers, a franchi l'Atlantique et continue à faire les délices des deux mondes, en stimulant les papilles gustatives des gourmets.

Un de mes amis, revenu récemment des bords du Mississipi, l'a vu parader sur l'étal des bouchers-charcutiers de Saint-Louis et de Chicago.

Dans les premiers mois de l'année 1865 nous nous occupions de réunir les éléments d'un rapport d'ensemble destiné à faire ressortir l'œuvre accomplie par la municipalité pendant la première période décennale de son administration. Je croirais manquer à mon devoir de chroniqueur, si je ne reproduisais pas ici quelques chiffres qui, malgré leur aridité, peuvent donner la mesure de tout ce qui a été remué d'idées et de matériaux pour régénérer la vieille cité colmarienne, de tout ce qu'il a fallu de patient labeur, de veilles prolongées, d'humeur accommodante, de grincements de plumes, de dialogues vifs et animés, de protocoles et d'interlocutoires, de démarches diplomatiques... et de tintements d'or et d'argent, pour effacer les vieilles rides et draper des choses surannées sous une peau neuve. Pour certains, que je connais intimemement, cette peau a été une peau de chagrin.

Voici donc la récapitulation :

I. Construction et réparat. de bâtiments	Fr. 1,606,273 71
II. Réfection des pavés et trottoirs . .	159,989 03
III. Percements et élargissements de rues	111,501 17
IV. Travaux de voirie intérieure . . .	47,046 23
V. Service rural et forestier	190,582 03
VI. Monuments publics	17,565 85
VII. Fêtes publiques et concours . . .	60,458 48
VIII. Embranchement du canal du Rhône au Rhin sur Colmar.	1,678,000 »
IX. Frais d'études du chemin de fer des Vosges au Rhin	21,030 »
X. Dépenses et travaux divers. . . .	26,982 14
XI. Intérêts des emprunts contractés pour l'exécution des travaux.	336,572 83
Total général des dépenses. .	Fr. 4,286,021 46

Ceci c'est de l'histoire condensée en onze lignes. Elle a eu un très aimable corollaire dans le rapport du 27 mai 1865 de la Commission des finances chargée d'examiner le compte-rendu décennal.

Voici comment s'exprimait M. Édouard Rencker, le rapporteur de cette commission et l'un des membres les plus autorisés du conseil municipal :

« Il nous reste à remplir un devoir bien doux, celui d'offrir à l'administration municipale, à la veille du renouvellement de nos mandats, l'expression de nos félicitations et de nos vœux.

« Dans un rapport remarquable où se trouve exposée l'œuvre des dix dernières années, à laquelle la population reconnaissante attachera le nom de nos édiles, M. le Maire a énuméré les travaux entrepris et achevés par son administration. Après lui nous rappellerons avec orgueil que cette courte période de temps a vu se réaliser le programme des améliorations que la cité formulait depuis longtemps ? . .

. . . .

Je puis ajouter un tout petit détail qui ne manque pas d'éloquence ; c'est qu'à la fin de cette période de dix ans, les revenus de la ville étaient plus que doublés, grâce aux améliorations introduites dans la gestion de toutes les branches de recette et à la création de quelques nouvelles sources de produits, et cela sans grever les contribuables de charges exceptionnelles.

* *

L'arrondissement de Colmar était alors représenté au Corps législatif par M. Eugène Lefébure, le gendre de M. Antoine Herzog père, qui avait créé l'une des plus grandes industries du Logelbach. M. Lefébure fut pendant dix-huit ans député du Haut-Rhin et seconda de tout son pouvoir les démarches que l'administration municipale dut faire à Paris pour réaliser les projets d'utilité publique qu'elle avait conçus : il a été le rapporteur zélé de tous les projets de loi intéressant l'Alsace et particulièrement la ville de Colmar. Création du canal d'embranchement, chemins de fer locaux, création de la chambre de commerce ont trouvé en lui un appui précieux. Son obligeance et sa bonne grâce ont été appréciées par tous ceux qui l'ont vu à l'œuvre ou ont eu recours à ses services.

Dans la sphère politique il a fait preuve d'indépendance

en se rangeant parmi les quarante-cinq signataires de l'amendement présenté au Corps législatif en faveur des réformes libérales, attitude qui n'était pas sans mérite sous le gouvernement ombrageux de l'empire. Lors de la guerre de sécession américaine qui provoqua une crise profonde dans l'industrie cotonnière, il s'occupa activement avec ses beaux-frères, MM. Antoine et Eugène Herzog, de développer la culture du coton dans les colonies françaises et notamment en Algérie. Il a servi aussi les intérêts de l'agriculture en même temps que ceux de l'industrie en s'occupant de la transformation des lacs d'Orbey en grands réservoirs d'eau au moyen de barrages. Charles Grad, alors très jeune, a pris aussi une part active à cette œuvre de grande utilité.

M. Léon Lefébure succéda à son père en 1869, dans la députation du Haut-Rhin. Il s'était préparé, par de fortes études et un stage au conseil d'État, aux questions économiques et sociales qui sont devenues l'objet de ses persévérants travaux. Après un voyage en Algérie avec son oncle Antoine Herzog qui cherchait à y acclimater la culture du coton, il fut nommé membre du conseil général d'Oran, ce qui lui permit d'étudier sur place les questions algériennes qu'il traita plus tard à la Chambre dans un discours qui eut un grand succès.

Pendant l'exposition universelle de 1867, il était secrétaire du jury spécial chargé du rapport sur la condition morale et matérielle des ouvriers, et fut, à cette occasion, décoré de la Légion d'honneur. Lors de l'enquête agricole en 1866, il avait publié, en collaboration avec M. Tisserand, une étude remarquable sur l'*Economie rurale en Alsace*. Nous ne suivrons pas M. Léon Lefébure dans sa carrière politique; la chose est trop délicate : mais nous rappellerons que le 2 juillet 1871, il fut élu, par 108,000 voix, député de Paris à l'Assemblée nationale, élection qui fit sensation, preuve de patriotique sympathie donnée à l'Alsace-Lorraine dans un de ses enfants, qui avait servi comme officier dans le corps franc créé par M. Keller, député du Haut-Rhin, et qui devint le 13ᵉ bataillon de la garde mobile. Ce que nous voulons retenir ici de la carrière si active de M. Léon Lefébure, c'est son dévouement à l'éducation populaire manifesté par une fondation, qui, malheureusement, n'eut pas le temps de faire ses preuves, noyée qu'elle fut dans la catastrophe de 1870. Je veux parler de la création originale de ces bibliothèques circulantes qui, dans sa pensée, devaient jeter la semence féconde dans toute une région par le rayonnement de ses livres portés sur plusieurs points à la fois par d'actifs propagateurs. C'est en 1864 que cette institution fut fondée sous le titre de *Société alsacienne des publications populaires* par M. Lefébure, aidé de la collaboration de MM. Rabier, greffier du tribunal de Colmar; Henri Chauffour, greffier du tribunal de commerce; Robin, ingénieur de la manufacture Herzog et Fleurent jeune, avocat à Colmar. M. l'abbé Villemain, aumônier du Lycée, était un des membres les plus zélés du comité. La première assemblée annuelle a eu lieu sous la présidence du maire de Colmar, M. de Peyerimoff, le 18 avril 1865. A cette époque, et à en juger par les indications très intéressantes du rapport fait à la Société par M. L. Lefébure, son secrétaire, celle-ci était déjà parvenue à grouper un solide noyau d'adhérents, de souscripteurs et de donateurs sur les principaux points du département. Elle disposait, comme premier fonds d'action, d'un budget de 7,000 francs environ et ses livres de circulation, comme ses subventions pour bibliothèques fixes, représentaient une première dépense de 6,575 francs Le noyau de cette bibliothèque se composait d'environ 3,000 volumes installés au rez-de-chaussée du vieux couvent des Unterlinden. Je suis redevable de ces renseignements qui rectifient et complètent mes souvenirs personnels, à l'obligeance de M. Fleurent, conseiller municipal, qui vient d'être nommé président du Comité du musée de Colmar.

* *

Autant que je puis me rappeler, l'année 1865 a été une des plus chaudes du siècle. La vigne, pendant la période de floraison, promettait des produits exceptionnels en quantité et en qualité. Aussi la vendange, sur les coteaux alsaciens, a-t-elle été brillante et comparable aux fameux crus de 1811, 1822 et 1834. Bien des années, bien des événements, bien des catastrophes publiques et privées, ont passé sur le pays des chers souvenirs. J'avais fait alors quelques portraits de têtes chéries. Ils conservent dans notre intérieur la mémoire vivante et pour ainsi dire cristallisée des choses contemporaines, des premières années qui ont suivi notre entrée en ménage ; tant il est vrai que certaines choses créées par l'homme et figées dans la matière inerte ont une rare puissance d'évocation.

M. Schoull, agent-voyer en chef du département, avait conçu l'idée d'établir un chemin carrossable de Colmar aux Trois-Epis, par Turckheim, donnant ainsi satisfaction au vœu des Colmariens habitués à faire l'ascension à pied dans la montagne, pour aller respirer dans la belle saison l'air balsamique des sapins, admirer le panorama toujours nouveau et séduisant des Vosges, se promener au petit Hohnack, au pittoresque village de La Baroche qui ressemble à un joujou de Nuremberg, et surtout goûter l'excellente cuisine de l'hôtelier Petitdemange, passé maître dans l'art d'accommoder certains plats doux.

Ce chemin tant rêvé venait d'être achevé aux frais du département, dans le courant de l'été 1865. Il formait de nombreux lacets, suivait des pentes abruptes et il fallait beaucoup d'habileté aux cochers pour ne point verser leurs voyageurs dans les précipices ; car un service d'omnibus venait de s'organiser et transportait tous les matins les excursionnistes avides de passer une belle journée dans la montagne. Par une matinée de septembre aux teintes empourprées et chaudes annonçant la chute prochaine des feuilles, nous nous acheminâmes par ce véhicule vers les Trois-Epis : un marchand de volailles portant à Petitdemange des victimes à sacrifier sur sa table d'hôte, avait pris place en face de nous avec ses canards, ses poulets et ses dindons aux harmonieux gloussements. Nous arrivâmes sans encombre au sommet, non sans avoir été légèrement émotionnés par la perspective d'accidents possibles sur cette route étroite, dépourvue de garde-fous, de parapets et de bourrelets quelconques.

Les Trois-Epis étaient un pèlerinage célèbre par la légende qui lui a donné naissance. A l'époque dont je parle, ce pèlerinage était desservi par les *Frères du Précieux Sang*, qui avaient leur maison-mère à Rome. En faisant visite au père Ferraris, supérieur italien du couvent, que je connaissais, je me trouvai face à face avec l'un de ses moines qui vint me serrer la main et se fit reconnaître comme étant un de mes anciens élèves dessinateurs du Collège d'Altkirch. C'était l'abbé Bitsch, de Burnhaupt, que j'avais connu enfant vingt-cinq ans auparavant. Ces singulières rencontres se renouvelèrent assez souvent et je retrouvai ainsi un autre de mes élèves dans la personne de l'abbé Rouèche, curé de La Baroche. Sous le froc comme sous la soutane, ils m'avaient conservé bon souvenir. Décidément, il se trouvait beaucoup de robes noires dans la phalange des jeunes éphèbes à qui j'avais entr'ouvert discrètement le temple de l'art.

M. Hugot, notre bibliothécaire-archiviste, dont le nom restera attaché au musée de Colmar et dont la santé finit par subir le contre-coup d'une vie pleine d'amertumes, était mort à Strasbourg chez son frère, directeur des contributions directes du Bas-Rhin. On reconnut alors qu'un seul homme ne pouvait suffire à la tâche multiple de ses fonctions diverses et le service fut scindé en deux. M. Thomas devint bibliothécaire en titre et M. X. Mossmann, archiviste de la ville.

Ce dernier, qui venait de passer quelques années à Thann, dans l'établissement de produits chimiques de MM. Kestner et Cie, fut repris d'une belle passion pour les archives qui avaient fait le bonheur de sa jeunesse. Bien qu'il ne fût point élève de l'École des Chartes, il était né paléographe dans la vraie acception du mot. Comme dit la chanson, l'on revient toujours à ses premières amours. Les vieux textes énigmatiques, les palimpsestes les plus broussailleux et les plus rébarbatifs, offraient une mine inépuisable à ses recherches historiques tournées surtout du côté des annales alsaciennes.

Rien d'étonnant, dès-lors, à ce qu'il ait dit adieu au monde industriel pour revenir dans sa ville natale prendre la succession de son ancien maître Hugot, à laquelle il avait des droits acquis, d'abord par l'étendue de ses connaissances historiques, ensuite par son ancienne collaboration au service de la bibliothèque et des archives de Colmar, alors qu'il était encore installé au collège.

Les importants documents presque inexplorés, de l'ancienne ville libre impériale lui offraient un vaste champ d'études personnelles, qu'il se mit à défricher avec un bel entrain pour publier des notices, des monographies, des brochures, des articles de journaux et autres travaux dont la *Revue d'Alsace* eut la primeur. Il y inséra une longue suite de matériaux pour l'histoire de la Guerre de Trente ans, cette histoire épique et cruellement sanglante qui ne fait plus guère battre les cœurs modernes. Les temps héroïques sont clos ; mais ces études, très intéressantes au fond, n'en témoignent pas moins d'une profonde érudition. Il écrivit aussi — et c'est là une de ses productions les plus populaires — des notices très documentées et très appréciées pour le *Musée pittoresque et historique d'Alsace*, publié par J. Rothmüller.

En lui confiant les fonctions d'archiviste, l'administration municipale s'était flattée de voir enfin se réaliser l'inventaire sommaire que le Gouvernement avait prescrit, au commencement de 1840, pour tous les dépôts de France, et que la Préfecture réclamait chaque année avec la plus vive insistance. L'administration ne savait que répondre ; elle se heurtait désespérément à la force d'inertie des deux conservateurs des archives. Hugot, je l'ai dit plus haut, se montrait rebelle à tout inventaire ; Mossmann se cabrait dans sa manière de voir exclusive sur la forme même des notices sommaires et s'était ingénié à inventer un système perfectionné de chemises de dossiers. En attendant, les parchemins poudreux, sigillés et armoriés, dormaient leur sommeil de plomb. Le petit nombre de fiches créées à force de réclamations, n'étaient que des fiches de consolation, en attendant mieux.

Cependant il faut être juste avant tout. Si l'inventaire de Colmar restait stationnaire, notre archiviste avait accepté avec le plus vif empressement l'offre que lui fit la ville de Mulhouse de dresser le cartulaire des siennes. Ce travail, aussi intéressant que pénible, commencé depuis bien longtemps, devint l'œuvre capitale de sa vie ; elle le classa parmi les principaux pionniers de l'histoire d'Alsace. On ne peut qu'en faire honneur à sa mémoire. Il n'en est pas moins vrai que son champ d'activité officiellement limité à la rédaction de l'inventaire des archives de Colmar, avait pris, par la tangente, un développement latéral dont cet inventaire n'a peut-être pas beaucoup bénéficié.

A propos du Cartulaire de Mulhouse et de ses autres projets de travaux, voici ce que Mossmann m'écrivait le 3 janvier 1874 :

« Il est vrai que je muse encore un peu aux archives; je poursuis l'achèvement du Cartulaire de Mulhouse et je fais, en outre, un brin de journalisme quand l'occasion l'exige. Mais que tout cela est bien loin des travaux sérieux que je devrais faire ! Et avec cela l'âge vient qui relâche petit à petit le ressort. Un projet surtout me pèse en ce moment, c'est l'Histoire critique de Mulhouse du XIIIe au XVe siècle. Pour cette période je me suis assuré que Petri et ceux qui l'on suivi n'ont fait que rêver, et si je ne fais pas ce travail, je ne sais quand il sera fait ; j'ai bien donné le fil conducteur qui permet de cheminer dans ce fatras de 5000 rôles dont se compose aujourd'hui le Cartulaire. Mais pour s'y reconnaître il faut encore un certain acquis et surtout le feu sacré qui, je le crains, deviendra plus rare de jour en jour.

« J'aimerais aussi donner une nouvelle édition de mes *Recherches sur la commune de Colmar*. Mais je ne pourrai rien entreprendre de tout cela avant le printemps, à la condition que je puisse me lever avec le jour ».

Le feu sacré, il le possédait à un éminent degré : rien ne le prouve mieux que son inébranlable constance à dépouiller les 5000 parchemins plus ou moins arides de l'ancienne république de Mulhouse.

Mossmann fut très apprécié par la Société industrielle de Mulhouse dont il devint un des assidus collaborateurs et par M. Engel-Dollfus, un des éminents manufacturiers de cette ville, qui l'encouragea beaucoup. Il écrivit en excellents termes la biographie de ce grand industriel sous ce titre : *Un industriel alsacien. Vie de M. F. Engel-Dollfus*, Mulhouse 1886, Imp. Brüstlein. Cet ouvrage lui valut un des prix Monthyon décernés en 1887 par l'Académie française.

Somme toute Mossmann, sans être comparable aux ouvriers de la première heure qui ont écrit et complété l'histoire d'Alsace avec la maestria que l'on connaît, n'en a pas moins rendu des services signalés à ceux qui glaneront après lui dans ces champs moissonnés depuis longtemps par des hommes de grande valeur. En creusant son sillon, il a su en extraire la quintessence utile. C'est là le mérite de ce travailleur consciencieux, doué toutefois d'un caractère assez original. Nature indépendante à tous les points de vue, un peu trop indépendante peut-être, il n'a pas toujours su garder, dans la vivacité de ses critiques, la mesure et le bon ton de l'impartialité. Certaines licences de sa plume lui ont valu des représailles ; mais la sagesse antique commande l'oubli à ceux qu'il a essayé d'atteindre. Ne voyons dans l'homme que ses beaux côtés. *De mortuis nil nisi bene.*

. . .

M. Auguste Bartholdi n'avait pas perdu de vue son projet d'offrir à la République des États-Unis sa statue de la *Liberté éclairant le monde*. Il entreprit en 1871, après la guerre, un premier voyage en Amérique pour se rendre compte des conditions dans lesquelles pourrait se réaliser ce projet grandiose. Autant que je me le rappelle c'est, je crois, à son retour en 1872 qu'il fut chargé par M. Thiers de faire la statue de Lafayette offerte par la France aux États-Unis comme témoignage de reconnaissance pour les secours envoyés par New-York à la France.

De cette statue de Lafayette j'ai vu plus tard le modèle dans son atelier de la rue Vavin. Voyageur intrépide et infatigable, M. Bartholdi se rendit de New-York à San-Francisco par la ligne transcontinentale qui venait d'être terminée. Comme tous les travaux de chemins de fer en Amérique, cette voie qui traverse les régions sauvages et inhabitées du Far-West et des Montagnes rocheuses, est un audacieux défi à toutes les difficultés de la nature, une œuvre de science autant que de hardiesse. Des arbres millénaires et d'une hauteur énorme, abattus dans les forêts vierges, ont servi à établir les ponts et viaducs traversant les torrents. Le voyageur européen croit rêver en franchissant dans ces parages montueux, les viaducs tremblants établis dans des conditions assez peu rassurantes et que le Yankee sait braver avec son flegme bien connu.

La photographie instantanée n'existait pas encore. Pendant la marche des trains, M. Bartholdi, muni de sa boîte à couleurs, se mit à peindre des centaines de petites aquarelles représentant avec la rapidité de la pensée, les effets fuyants des paysages passant sous ses yeux comme les changements à vue du kaléidoscope. Œuvre attachante au possible par l'étrangeté de la facture, où l'imprévu coudoie le grandiose, cette collection de vues du Far-West que j'ai feuilletée chez l'artiste avec la plus enivrante curiosité, était un vrai tour de force.

XXXVIII

Un fonctionnaire hors ligne. — Château d'eau. — Usine à gaz. — Conférences publiques. — Jean Macé et le Petit-Château. — Fiefs alsaciens des princes de Montbéliard. — Les chiens d'une princesse. — Exposition universelle. — Le Windsbühl.

Presque tous les fonctionnaires des contributions directes et indirectes, de l'enregistrement et des douanes, que j'ai connus à Colmar, venaient des départements circonvoisins, notamment des Vosges, de la Meurthe et de la Moselle. Parmi eux il y avait des hommes de valeur dont le mérite s'était affirmé dans les grades inférieurs et qui ont gravi rapidement les échelons qui mènent aux sommets de la hiérarchie. De ce nombre était un jeune et aimable contrôleur des contributions directes, M. Émile Boutin, d'Épinal qui, avant la guerre, avait débuté dans les grades inférieurs à Colmar et à Belfort.

Sa brillante intelligence et son aptitude à résoudre les questions souvent ardues que font naître les lois fiscales appliquées à ce colossal damier que constitue la matière imposable, attirèrent l'attention de ses supérieurs. Il fut appelé à occuper un poste à la direction du personnel de l'administration centrale. Avec une rapidité qui n'étonna personne, il franchit successivement les étapes de chef de bureau, de chef du matériel et du personnel, de chef de cabinet du ministre, et arriva au grade suprême de directeur général, agrémenté du titre de conseiller d'État et de la décoration de grand officier de la Légion d'honneur.

Pendant les discussions souvent passionnées du budget, M. Boutin, commissaire du gouvernement, sait captiver la Chambre par l'exposé lumineux de ses aperçus financiers. Avec cela bon enfant, ami serviable, homme de bonne société, il a su, chose rare, dans une position qui touche au cœur humain par la corde sensible de la bourse, il a su, dis-je, se faire aimer et respecter de tous par la rondeur et l'aménité de son caractère.

**

Le monument de l'amiral Brual, inauguré en 1864, avait été conçu dans la pensée qu'il deviendrait un château d'eau formant, au milieu des ombrages du Champ-de-mars, une de ces oasis de fraîcheur rêvées par les poètes et dont les excellents bourgeois, sans être poètes, se promettaient, eux aussi, de jouir en allant entendre la musique militaire pendant les chaudes soirées d'été. Aussi, M. Bartholdi avait-il placé entre les quatre statues allégoriques quatre proues de trirèmes antiques d'où l'eau devait couler en larges nappes dans les deux bassins inférieurs. Pendant deux ans la population dut se contenter d'admirer, d'un air gouailleur, le château d'eau à sec et de rêver au murmure de cascades imaginaires, mirage lointain, en attendant avec impatience l'achèvement de la conduite d'eau que l'ingénieur Gauckler était en train d'établir.

Sur sa proposition, la ville traita avec MM. Dumolard et Viallet, fabricants de ciment à Grenoble, et la conduite, terminée en 1866 au prix d'une dépense de 37,000 fr. a fourni largement de quoi alimenter d'une façon durable la belle œuvre de Bartholdi. Ainsi que je l'ai dit plus haut, cette dépense a été atténuée par les concessions de prises d'eau faites aux propriétaires riverains du quartier de Rouffach.

A la même époque la ville fit construire une nouvelle usine

à gaz sur les terrains de l'ancienne Orangerie, près la route de Horbourg, à proximité du bassin du canal, ce qui permit de réaliser une notable économie sur le prix du combustible qui put être amené sans transbordement, jusqu'à l'usine même. Pour l'exécution de cette construction, la ville traita directement avec MM. Lhomme et Fischer de Mulhouse, qui avaient la spécialité des entreprises de ce genre. La dépense totale, réalisée en 1867, s'éleva à 274,000 fr. dont à déduire le prix de vente de l'ancienne usine estimée 50,000 fr. En s'imposant le sacrifice de cette nouvelle construction, la ville s'assurait pour l'avenir un bénéfice d'au moins 20,000 fr, par l'exploitation directe de l'usine, non compris la fourniture gratuite du gaz pour l'éclairage public représenté par 22,000 francs.

Un certain réveil de l'esprit public s'est manifesté à Colmar dans le courant de 1866. On semblait se passionner davantage pour les choses d'art et d'intelligence. Sans insister de nouveau sur le développement du musée et des collections scientifiques, toujours en voie de progrès, je veux donner ici une mention sommaire aux conférences publiques qu'organisèrent au foyer du théâtre quelques professeurs du Lycée avec le concours de certaines personnalités du corps des ingénieurs attachés aux travaux du département.

MM. Bertrand et Morellet traitèrent des sujets historiques et littéraires. Ce dernier nous a vivement intéressés par le récit mouvementé et plein d'aperçus neufs de l'épisode d'Eustache de Saint-Pierre au siège de Calais. M. Gauckler, ingénieur des travaux du Rhin, avait pris pour sujet de ses conférences *La Mer*, sujet vaste comme le monde, plein d'enseignements suggestifs pour ceux qui n'avaient qu'une connaissance superficielle de la géographie et de la géologie.

Le conférencier nous montrait sur une grande mappemonde les surfaces comparatives des continents et des océans, l'influence des mers intérieures sur les régions environnantes, les surfaces glacées des deux pôles d'où partent, en été, les banquises énormes qui viennent se fondre dans les régions tempérées et contribuent, par un exceptionnel dégagement de vapeurs, à troubler les conditions météorologiques de l'Europe ; puis les volcans sous-marins, les marées, les raz-de-marées, la mousson, la faune et la flore préhistoriques ; puis ce torrent d'eau chaude, le *Gulfstream*, sortant du Golfe du Mexique et allant à travers l'océan, porter la chaleur et la vie sur les côtes de Bretagne où il fait mûrir le figuier et éclore les fleurs des Tropiques, allant caresser en passant les récifs de l'Irlande et de l'Angleterre, pour se perdre le long des fiords de la Norwège et de l'Islande, frisant le cap Nord pour s'évanouir dans la mer Blanche près d'Arkangel ; enfin cette merveilleuse et incompréhensible mer des *Sargasses*, située entre les Açores, les Canaries, et les Iles du Cap-Vert et occupant un espace six fois aussi grand que la France, tout couvert d'une végétation de varechs au milieu de laquelle les vaisseaux ont peine à se frayer un passage et qui, depuis de longs siècles, défient les tempêtes de l'Océan.

Quelle leçon de choses dans l'exposition animée du conférencier qui sait les faire passer sous les yeux du spectateur comme les figures peintes sur les verres d'une lanterne magique ! Aussi cette conférence, vraie révélation pour la plupart des auditeurs, fut-elle un succès.

.*.

Moins intéressante fut la conférence de M. Jean Macé sur l'*Œil*, autrement dit sur la vision humaine ; non pas que le sujet en lui-même ne prêtât point à des développements d'une grande portée, mais parce que le conférencier ne possédait point, à un degré suffisant, le don de la parole en public et la clarté de démonstration scientifique. Combien belle était pourtant la thèse à soutenir et quels aperçus éblouissants offraient l'étude physiologique de cet admirable organe de la vision et tous les phénomènes d'optique mis par la providence à la disposition de l'homme dans sa boîte crânienne, ce chef d'œuvre de mécanique où trône en souverain le monde divin de la pensée !

Et pourtant Jean Macé était un éminent professeur, un vaillant éducateur, un savant naturaliste doublé d'un philosophe peut-être trop positiviste. Ancien professeur de philosophie au collège d'Évreux, il était venu en Alsace pour enseigner la littérature et l'histoire au pensionnat de jeunes filles du *Petit Château* fondé à Beblenheim, près Colmar, par Mlle Verenet, de Montbéliard. La réputation du professeur eut bientôt fait de donner un grand relief à cet établissement créé pour la satisfaction des nombreuses familles protestantes de la région qui avaient rêvé de posséder une maison d'éducation, mieux organisée au point de vue de l'instruction à tous les degrés, que le Sacré-Cœur de Kientzheim, situé à quelques pas de là et où l'aristocratie et la bourgeoisie catholiques faisaient élever leurs enfants.

C'est dans ce pensionnat champêtre, dans la région si pittoresque des vignes de Riquewihr et de Zellenberg, que Jean Macé écrivit plusieurs ouvrages d'éducation qui eurent un grand succès et devinrent rapidement populaires : *l'Histoire d'une bouchée de pain, les Serviteurs de l'estomac, l'Arithmétique du grand papa, les Contes du Petit Château et le Théâtre du Petit Château*. Certains critiques grincheux et peut-être jaloux des succès de l'auteur prétendent qu'il y a dans ces livres un peu trop d'estomac et pas assez d'idéal, c'est-à-dire qu'ils font une concession trop large au positivisme dans la vie.

N'étant pas autorisé à les contredire je me borne à ajouter que Jean Macé, homme d'initiative, remueur d'idées et vulgarisateur au premier chef, fut le créateur de la Ligue de l'enseignement et des bibliothèques populaires et que c'est là son grand titre à la reconnaissance de ses contemporains. J'ai assisté à l'éclosion de ces entreprises vraiment humanitaires qui, depuis, ont fait vaillamment leur tour de France et ont valu à Jean Macé un siège de sénateur, juste récompense d'une vie de travail et de dévouement, entièrement consacrée à l'instruction et à la moralisation du peuple.

Les tristes événements de 1870 ont eu ce malheureux contre coup de disperser la plupart des établissements d'instruction qui existaient en Alsace-Lorraine. Mlle Verenet, malgré son grand âge, ne voulut point laisser périr sa belle fondation du Petit-Château et, toujours aidée par son éminent collaborateur Jean Macé, elle acquit le vieux château de Monthiers, près de Château-Thierry, et y transféra son établissement auquel elle conserva son nom originaire de Petit-Château. On y recevait des élèves de tous les cultes. Mlle Verenet vient d'y mourir âgée de près de quatre vingt dix ans et Jean Macé, mort récemment aussi, âgé de quatre vingt deux ans, a voulu être enterré à côté d'elle et de sa femme (1).

.·.

A propos du Petit-Château de Beblenheim et des localités protestantes qui environnent Colmar, on peut faire remarquer que la Réforme y a été introduite par les princes de Wurtemberg-Montbéliard qui, par héritages de famille, traités ou alliances, avaient possédé fort longtemps des droits de suzeraineté sur Riquewihr, Beblenheim, Hunawihr, Ostheim, Wihr-en-plaine, Horbourg, Andolsheim etc. Hunawihr, avec son église fortifiée par un mur à bastions et à créneaux, est un témoignage vivant des luttes religieuses de la Réforme. Cette église sert, aujourd'hui encore, à l'exercice des deux cultes, la nef où officie le pasteur étant séparée par un grand rideau du chœur où le curé dit sa messe. Dans cette commune adoration d'un même dieu, les deux ministres et leurs ouailles vivent en très bonne intelligence.

N'était-ce pas un fait curieux et étrange que cette principauté de Montbéliard constituant une enclave allemande et luthérienne dans le département français du Doubs et appar-

---

(1) Je viens d'apprendre que l'établissement, continué par deux élèves de M¹¹ᵉ Verenet, a été transféré récemment au Vésinet près Paris, et qu'il conserve son nom de *Pensionnat du Petit-Château*.

tenant à des comtes de Wurtemberg (1) ? Prise en 1444 par le dauphin Louis XI, et en 1696 par Louis XIV, elle fut rendue à ses possesseurs par le traité de Ryswick. Les Français s'en emparèrent encore en 1796 et le traité de Lunéville, en 1799, en assura la réunion définitive à la France (2).

Ce qu'il y a de particulièrement curieux et doit faire réfléchir le philosophe, c'est que dans tous les villages que j'ai cités plus haut le monde protestant a pour lui la grande possession territoriale, conséquemment a prédominance de la richesse, tandis que le monde catholique moins bien partagé, constitue le prolétariat travailleur mais pauvre. C'est un fait patent : tous les ouvriers sont catholiques et piochent les vignes de leurs seigneurs et maîtres. Si j'étais socialiste je dirais qu'il y a là une inégalité flagrante dans la répartition des biens de ce monde.

Mais l'impartialité nous oblige à reconnaître que, de tout temps, l'élément protestant, quoique ou parce que en minorité, a su se distinguer par sa haute intelligence des affaires, son esprit spéculatif, ses aptitudes remarquables pour l'indus-

(1) Henriette de *Montbéliard*, femme d'Eberhard IV de Wurtemberg, avait apporté *comme dot*, le comté de ce nom à la maison de Wurtemberg en 1397. La seigneurie de Riquewihr et les domaines des Comtes de Horbourg avaient été *rendus* en 1324 à Ulrich de Wurtemberg. C'est ainsi que toutes les communes dépendant de ces domaines devinrent fiefs des comtes de Montbéliard et embrassèrent plus tard la religion luthérienne qui était la religion d'État de leurs maîtres attachés à la doctrine d'Œcolampade (Hauslicht), l'ami d'Érasme et le lieutenant de Zwingli.

(2) Le savant naturaliste Cuvier, qui devint une des gloires de la science française, était né à Montbéliard le 23 août 1769, pendant que le Comté appartenait encore aux Wurtemberg. Il était le fils d'un religionnaire du Jura réfugié à Montbéliard après avoir servi dans l'un des régiments suisses à la solde de la France, et avait obtenu une bourse dans l'Académie Caroline de Stuttgart où ont été formés Schiller et plusieurs autres hommes de mérite. C'est là qu'il apprit la langue allemande et les humanités; car, fait digne de remarque, malgré la longue domination des princes allemands, la langue française était restée la langue d'État à Montbéliard où des hommes de grand talent, comme Parrot, Duvernoy et Morel-Macler lui ont fait honneur par leurs publications scientifiques et littéraires.

trie. De grandes fortunes, honorablement conquises, sont sorties de ce coin de l'Alsace en même temps que des hommes de valeur qui ont fait honneur aux lettres, à la science et à l'armée, animés de ce souffle créateur qui, comme André Kiener, né à Hunawihr, nous l'a montré, ont su fonder des œuvres grandes et durables.

Autre phénomène ; comment se fait-il que Zellenberg, entouré et serré de près par tous les éléments dissidents de la principauté de Montbéliard-Wurtemberg, soit resté catholique comme, du reste, Bennwihr, sa voisine ? C'est que, de ces deux localités, la première était puissamment défendue par son château-fort, dont il ne reste plus que quelques vestiges, et faisait partie avec sa voisine du domaine direct de l'évêché de Strasbourg. Berthold de Bucheck, le vaillant prélat, sut les conserver à son église. A cette époque les évêques de Strasbourg étaient de fiers batailleurs, sachant manier l'épée et la cuirasse. Ils donnèrent plus tard du fil à retordre à la Confession d'Augsbourg.

* *

En parlant d'Ostheim, ce beau et plantureux village situé dans la plaine de Colmar, en face de Zellenberg, pourrais-je résister à la tentation d'esquisser ici un petit portrait de femme de l'époque de Louis XIV, d'une princesse authentique, hautement poudrée à frimas, qui a rempli l'histoire contemporaine de sa personnalité plus que turbulente, d'une de ces excentriques imbues de leur droit divin, infatuées de leurs privilèges, traitant les manants avec leur outrecuidance de race, et ayant donné au Conseil souverain d'Alsace plus de préoccupations que les causes les plus embrouillées des plaideurs vulgaires ? Jamais il n'y eut de gouvernement plus tourmenté et plus agité que celui de la princesse Anne de Wurtemberg-Montbéliard à qui son frère Léopold-Eberhardt duc régnant de Montbéliard, le prodigue ami des demoiselles de l'Espérance, avait donné en toute propriété son fief d'Ostheim. Elle avait emmené avec elle sa nièce Hedwige, tempérament excentrique comme elle et qui s'était rendue célèbre par certaines frasques sentimentales qui obligèrent son frère

à la rappeler auprès de lui, bien que personnellement, il ne
fût guère autorisé à lui donner l'exemple des vertus fami-
liales.

M. de la Houssaye, alors Intendant d'Alsace, disait de la
princesse Anne que « sa teste est si mal timbrée, sauf le respect deu à sa naissance, qu'il luy faut pardonner ce qu'on
ne pardonnerait pas à d'autres ». Il avait l'indulgence facile.

Cette gentille dame aimait passionnément les chiens et en
avait sans cesse vingt-cinq ou trente dans sa chambre, toute
une ménagerie puante et aboyante. Dans leurs excursions au
dehors ces chiens faisaient le désespoir du village, mordant
à belles dents les mollets des manants et étranglant leurs
volailles. On voit que ce n'étaient pas des chiens de faïence.

M. Véron-Réville, à qui j'emprunte ces détails (1), ajoute
qu'elle disposait en maître des propriétés communales, des
pâturages, des forêts; qu'enfin froissés, malmenés, humiliés,
les habitants finirent par se raidir contre l'opression et que
le Conseil souverain d'Alsace eut à intervenir dans tous les
litiges suscités par cette tyrannique suzeraine.

A la naissance de chaque nouvelle portée canine, il y avait
fêtes et réjouissances au château. A la mort de ses chiens,
on leur faisait des funérailles en règle. La princesse, qui était
protestante, prétendit même contraindre *(proh pudor!)* le
curé catholique à les enterrer dans son église et il ne fallut rien
moins qu'un arrêt du Conseil souverain pour empêcher cette
profanation. Elle prit alors le parti de faire construire pour ses
aimables pensionnaires, une chapelle funéraire avec un mausolée surmonté de l'écusson ducal de Wurtemberg !!! (O profanation!) et orné de cette inscription : « *Par la grâce de
Dieu, nous sommes ce que nous sommes* ». Cette épitaphe
canine ne mérite-t-elle pas d'aller à la postérité?

Sur les quatre faces du monument étaient gravés les passa-
ges de la Bible se rapportant aux chiens de Job et de Tobie.
En 1712, un des chiens favoris de cette déséquilibrée vint à
mourir. Durant trois semaines entières elle garda, dit-on, le
précieux cadavre dans sa chambre, même dans son lit. L'his-

(1) *Revue d'Alsace*, 1858. — Les chiens de la princesse de
Wurtemberg.

toire ne dit pas si elle fit embaumer le petit toutou passé à l'état de charogne. Les obsèques solennelles eurent lieu le jour de la Sainte-Anne, fête de la duchesse, et le corps recouvert d'un voile noir, fut portée à la chapelle armoriée de Wurtemberg par une de ses femmes qui pleurait.... du rôle humiliant qu'on lui faisait remplir.

Cette fois, M. de la Houssaye, l'intendant de Louis XIV, se fâcha tout rouge et, sans autre forme de procès, ordonna que la chapelle du château d'Ostheim fût rasée du sol pour avoir été souillée par la sépulture d'un chien.

Des poursuites au criminel allaient être exercées contre cette inquiétante souveraine; mais Louis XIV, par égard pour son frère, le prince de Montbéliard, ce toqué dont les Mémoires de Madame d'Oberkirch ont enregistré discrètement les scandales conjugaux, étendit sur elle sa main indulgente et majestueuse, et se borna à lui ordonner de sortir, sans délai, de son royaume. Ce qui fut fait pour le plus grand bonheur de la population d'Ostheim qui put chanter, ce jour-là, l'hymne de la délivrance.

. .

L'Alsace se préparait en 1866, à figurer avec honneur à l'exposition universelle qui allait s'ouvrir à Paris en 1867. L'enseignement public, dans ses manifestations diverses, devait y être représenté. Un concours fut ouvert entre les principales écoles du département du Haut-Rhin. A côté des institutions fondées et soutenues par la ville de Colmar il en avait surgi un certain nombre d'autres créées par l'initiative individuelle, dirigées par ce sens généreux qu'anime un souffle de charité et qui, toutes, ont pour objet l'amélioration physique et morale de la population.

Appelé à fournir, à cet égard un travail à la Commission départementale de l'exposition, la municipalité a pu lui signaler quarante institutions de ce genre toutes nées à Colmar, toutes frappées au même coin, celui du développement de l'instruction, celui de la bienfaisance et de l'émancipation morale. Chacun des trois cultes y était largement représenté. Écoles et salles d'asile libres, écoles du dimanche, asiles-ouvroirs, bibliothèques populaires, fondées par Jean Macé, bibliothèques circulantes fondées par M. Léon Lefébure, sociétés de patronage et d'apprentissage des orphelins, écoles de chant et de dessin, sociétés de gymnastique, asiles de vieillards, cités ouvrières, sociétés de secours mutuels, œuvres de charité sous toutes les formes, rien ne manquait à cet ensemble d'institutions humanitaires.

•••

Le 3 juin 1866, jour de la Fête-Dieu, au cours d'une promenade dans la montagne, entre Riquewihr et Hunawihr, je me trouvai en face d'un vrai tableau flamand rappelant les fêtes champêtres de David Téniers et de Van Ostade. C'était à la ferme du Windsbühl (Colline des vents). Placée au sommet d'une éminence isolée comme Zellenberg, elle recevait de première main les rudes caresses du vent d'ouest et de l'Aquilon. Cela n'empêchait pas la jeunesse des environs d'en faire, pendant la belle saison, un lieu de réjouissances comparables, en petit, aux Kermesses flamandes. J'y trouvai nombreuse compagnie de jeunes gens et de jeunes filles, venus d'Hunawihr, de Ribeauvillé, de Riquewihr, accompagnés de leurs parents et de deux ménétriers qui s'apprêtaient à les faire danser en plein air en s'installant sur des tonneaux, absolument comme les joyeux joueurs de cornemuse à la porte des cabarets du pays flamingant.

Le costume même accentue la ressemblance, car j'ai vu plus tard sur les marchés de Bruges et d'Anvers des types de campagnards tout-à-fait pareils à ceux des environs de Colmar.

En rentrant le soir, après cette journée rayonnante et calme, j'étais loin de penser qu'elle aurait pour moi une fin navrante. Je trouvai une dépêche m'appelant auprès de ma mère mourante, subitement frappée d'apoplexie dans la journée. Elle vivait encore à mon arrivée à Altkirch, mais l'agonie avait commencé. Ayant partagé avec elle, pendant de longues années, des épreuves parfois pénibles et aussi des moments de bonheur, je sentis quelque chose se briser en moi et je la pleurai longtemps. Comme l'austère image du devoir et du dévouement, sa figure survit dans la mémoire de ses trois fils reconnaissants. S'ils sont devenus des hommes, c'est à elle qu'ils le doivent. Je surmontai un instant ma douleur pour faire un croquis rapide de sa figure empreinte de la sérénité de la mort. Le cimetière de Saint-Morand ayant été désaffecté depuis lors et transféré ailleurs, nous espérons que l'ancien cimetière sera conservé avec ses vieux monuments comme un jardin du souvenir des générations éteintes.

XXXIX

Au lac des Quatre-Cantons. — Lever du soleil au Righi. — Les hôtels suisses. — Le Pont du Diable. — Légende. — Le trou d'Uri à Andermatt. — Le Pilate.

Les mois de juillet et d'août de cette année 1866 furent excessivement pluvieux. Saint-Médard, préposé à la manœuvre de l'arrosage céleste, lançait ses coups de piston sans trêve.

Les accès de mauvaise humeur de ce saint aquatique me causaient d'autant plus de chagrin que, depuis longtemps, je caressait l'idée d'un petit voyage en Suisse. On pouvait alors satisfaire cette fantaisie à peu de frais, grâce aux voyages circulaires que venaient d'inaugurer les compagnies de chemins de fer français et suisses. Les billets, valables pour cinq jours, comportaient un parcours très agréable, de Bâle à Lucerne, sur tout le lac des Quatre-Cantons jusqu'au pied du Saint-Gothard, avec retour par Zurich et Aarau.

Contempler de près ces merveilleux glaciers que j'avais entrevus parfois comme dans un rêve lorsque, par les belles soirées d'été, je me promenais sur les hauteurs qui environnent Altkirch, faire l'ascension du Righi et du Pilate, visiter cet admirable lac des Quatre-Cantons où s'est déroulée la légende héroïque du libérateur de la Suisse, il n'en fallait pas plus pour surexciter toutes les convoitises de l'imagination.

C'était le 27 août 1860. Le soleil avait nettoyé son ciel olympien où dominait maintenant l'azur.

Nous partons, confortablement installés dans ces beaux wagons suisses à double rangée de sièges séparés par une allée centrale qui permet au voyageur de circuler d'un wagon à l'autre par les plates-formes ménagées à l'extérieur.

Nous voyons se succéder les charmants sites de Bâle-campagne, de l'Argovie, le lac de Sempach célèbre par la bataille de 1386 qui a vu s'effondrer la puissance de l'Autriche et de ses hauts barons du Sundgau sous la lance héroïque de Winckelried, le célèbre tunnel du Hauenstein que les trains mettent huit minutes à traverser, la jolie ville d'Olten, point de partage des différents réseaux suisses, et, en approchant de Lucerne, les fantastiques découpures de la chaîne alpestre.

Mais, comme les plus belles médailles, toutes les belles choses de ce monde ont leurs revers. Nous nous en aperçûmes en débarquant sur les quais de Lucerne. John Bull, ce maître du monde, nous a gâté les voyages. Partout on le rencontre installé en souverain aux meilleures places, dans les plus belles chambres des plus beaux hôtels, choisissant les meilleurs morceaux aux tables d'hôte sans s'inquiéter s'il en reste pour les autres, accaparant pour lui seul les moyens de locomotion les plus commodes et servant d'épouvantail aux honnêtes touristes quand sa casquette à voile vert, son veston quadrillé et son alpenstock apparaissent à l'improviste devant la chapelle de Guillaume Tell ou au Pont du Diable. Partout où l'on a la malchance de rencontrer Old England, avec ses misses à longues dents, types de race, la nature perd son sourire, la gaîté son entrain et le menu des hôtels sa saveur.

Naïvement, bonnement, en gens peu pratiques, nous nous fîmes conduire à l'hôtel du *Schweizerhof*, croyant descendre dans une de ces maisons patriarcales des anciens temps, créées pour les gens modestes, amis toutefois d'un certain confortable. On nous déposa devant un vrai palais dont le perron était occupé par une douzaine de garçons en habit noir et cravate blanche, vrai cénacle de préfets ou d'attachés d'ambassade. Le majordome, homme grave infatué de la dignité de ses fonctions, prit majestueusement nos valises et nous introduisit dans le grand hall ou salle à manger, temple grec aux colonnes de marbre.

Nous demandâmes à dîner à la carte : l'addition fut salée. Comme hors-d'œuvre, tous ces garçons désœuvrés et en habit noir, nous servirent un plat de leur façon, une représentation de gymnastes : ils se poursuivaient comme de vrais gamins à coups de serviettes, se lançant des crocs en jambe dans leurs queues de morue, faisant des chassés croisés, nous offrant ainsi un spectacle extra non compris dans l'addition. Cela suffit pour nous fixer sur les agréments des hôtels suisses, et nous allâmes nous asseoir sur le quai du lac en attendant le départ du paquebot le *Winckelried* pour Weggis, au pied du Righi.

Le soleil était à son déclin et illuminait de ses tons orangés les dents rocheuses du Pilate et les glaciers du canton d'Uri formant à l'horizon du lac un vrai décor d'opéra. Au milieu de la foule des Anglais contemplant ce spectacle féerique, nous aperçûmes M. de Bigorie de Laschamps, premier président de la cour de Colmar, se promenant avec M. Birckel, président du Tribunal de commerce. On éprouve toujours du plaisir en voyage à rencontrer des figures connues.

* *

Il faisait grand jour encore quand nous arrivâmes à Weggis. Notre intention était de faire l'ascension du Righi à pied et nous traitâmes avec un guide qui transporta nos valises jusqu'à l'hôtel du Righi-Staffel où nous comptions passer la nuit. La montée était rude et nous fûmes heureux de faire une longue halte à l'hôtel des Bains froids du Righi situé à mi-côte. A mesure que nous montions, le crépuscule descendait, enveloppant d'un voile transparent encore la surface du lac d'où émergeaient les mille lumières de Lucerne et les dents aiguës du Pilate teintées de rose. L'ascension devenait de plus en plus raide.

Comme l'attelage du coche de la fable nous suions, nous soufflions, nous étions rendus, quand nous rencontrâmes un guide conduisant deux chevaux sellés et revenant du sommet. Il consentit à nous conduire à l'hôtel du Righi-Staffel. Nous voilà cavaliers improvisés, longeant les précipices à la lueur des étoiles, nous fiant à l'instinct de nos montures habituées à ces chemins aériens. Il était neuf heures quand nous arrivâmes à l'hôtel. A trois heures du matin nous sommes sur pied et faisons l'ascension du dernier étage du Righi, formé d'assises presque régulières simulant un escalier de géants. Sur ces hauteurs arides un pâtre conduisant ses moutons, nous offrit un bouquet d'alperoses, de ces jolies petites fleurs qui croissent dans les anfractuosités des rochers et qu'il est dangereux d'aller cueillir.

Enfin nous voilà devant l'hôtel du Righi-Kulm où les caravanes anglaises attendaient le lever du soleil. Pour voir ce spectacle presque unique au monde, on ne regrette pas d'avoir escaladé le chemin du paradis. Les dernières étoiles brillaient encore sur un ciel sans nuage, et l'aube blanchissait à l'horizon, ce qui était bon signe, car souvent, pendant toute une saison, Phébus fait la nique à ses admirateurs et l'aurore aux doigts de rose se masque de brumes épaisses. Cette fois le spectacle était complet.

Une frange d'or bordait l'horizon pendant qu'une vieille lady vêtue d'une robe noire flottante et une bible ouverte à la main, se promenait gravement au bord du précipice, comme l'ombre de lady Macbeth, découpant sa raide silhouette sur l'apparition radieuse. A mesure que le soleil montait, le décor prenait une intensité de vie surnaturelle.

Comme les fervents devant l'oracle de Delphes on était tenté de s'écrier : *Ecce Deus*! Un silence solennel accueillait la venue de l'astre, foyer de vie autour duquel gravitent les mondes de l'espace. A nos pieds, autour de nous, quinze lacs saisis d'un frisson matinal, avivaient leurs teintes d'émeraude. Et les glaciers aux mille facettes scintillaient comme l'or en fusion, étalant leurs rougeâtres fulgurations figées dans un immense écrin de velours bleu. Quelle gamme puissante, quel orchestre fantastique de couleurs, quelle irisation de tons empruntés au prisme, exaltés par la palette magique du grand artificier, passant des effets violents du rubis et du jaune topaze aux nuances violettes les plus sourdes et les plus neutres des grandes vallées. Devant cette clarté souveraine, devant cette sérénité inviolée de la grande nature on éprouvait la sensation vertigineuse de l'espace infini.

Voir se détacher sur ce panorama solaire, reflet de mondes inconnus, paradis inaccessible, pays du rêve enchanteur, les neiges immaculées de la Jungfrau, du Wetterhorn, du Rothstock, de la Wengern-Alp, du Montrose, n'est-ce pas un éblouissement, une orgie où l'imagination se complaît un instant, mais dont elle ne saurait soutenir longtemps l'obsédante hallucination?

Pour apaiser nos regards fascinés par tant de splendeur, par l'incandescente et troublante majesté du prisme solaire, nous les plongions dans le charmant petit lac bleu de Zoug, situé au pied même du Righi et sur cet autre petit lac de Lowertz dont le nom rappelle une épouvantable catastrophe, arrivée en 1806, l'engloutissement instantané de tout le village de Goldau, par le glissement d'une partie de la montagne du Rossberg. Il me semble que là où la nature dispense à l'homme ses plus doux sourires, un mauvais génie le guette pour le plonger dans l'abîme.

Après l'extase dans les régions éthérées du rêve, nous sommes repris par la réalité tangible. Au dessous de nous, saluant le lever du soleil et s'élevant comme une harmonieuse prière dans le silence de la nature, le ranz des vaches se fait entendre. C'est la voix humaine qui monte au créateur.

Nous descendons rapidement les étages si péniblement gravis la veille. Depuis lors l'industrialisme moderne a pris à tâche de déflorer la poésie de ces paysages grandioses en jetant par-dessus les précipices un chemin de fer à crémaillère. C'est plus commode pour John Bull et son cousin Jonathan le Yankee. ces prosaïques amis du confortable. Ils gravissent aujourd'hui les pentes abruptes du Righi et du Pilate en wagon de première classe et peuvent s'étendre à loisir, avec leurs bottes ferrées, sur les coussins capitonnés.

Le bateau va démarrer et nous allons pouvoir, en peu de temps, faire le tour presque entier du lac. Je pris un croquis au pastel du Pilate et de la chaîne de montagnes qui l'entoure. En passant devant la Tells-Platte, nous remarquons de sombres nuages couronnant la cime du Pilate. C'est signe d'orage. Les eaux deviennent houleuses et le tonnerre qui gronde nous rappelle que, d'après la légende, c'est à cet endroit même que Guillaume Tell, sautant sur le rocher, refoula d'un coup de pied la barque du tyran Gessler. C'est très émouvant le grondement de l'orage sur le lac encaissé, avec son crescendo de répercussions et d'échos lointains.

Un rayon de soleil, et la scène change. Nous admirons au passage les petites villes d'Arth et de Gersau dont les clochers et les villas blanches se réfléchissent dans l'eau. Sur le pont du bateau, une voix connue m'appelle, c'est M. Poupardin, conseiller à la cour de Colmar, qui faisait faire un tour de Suisse à ses enfants dont l'un occupe aujourd'hui à Paris une haute situation dans la magistrature.

Voici les hôteliers de Schwytz, de Brunnen, de Fluelen et d'Altorf qui montent dans le bateau pour faire leurs offres de services aux voyageurs. C'est un spectacle écœurant que cette âpreté du gain poussant ces exploiteurs à venir assaillir les touristes jusque sur le bateau de plaisance pendant qu'ils sont absorbés par le spectacle des grandes scènes de la nature.

* *

Pendant l'arrêt du bateau à Brunnen, nous avons à notre gauche, dans le lointain, les montagnes en forme de pain de sucre des Schweizer-Mythen, à leur base la jolie et très vieille ville de Schwyz, chef-lieu de canton dans lequel s'incarnent les origines historiques de l'Helvétie ; à notre droite, au coude que forme le lac, le fameux Grütli célèbre par le serment des trois libérateurs de la Suisse, Melchthal, Walther-Fürst et Stauffacher ; en face de nous la route de l'Axenberg dont les galeries creusées dans le rocher, suivent le flanc de la montagne et surplombent le lac jusqu'à Altorf.

Arrivés au fond du lac à Fluelen, nous trouvons prête à partir la diligence d'Italie qui, par la vallée de la Reuss et le Saint-Gothard, conduit les voyageurs jusqu'à Milan. Un jeune couple anglais nous dispute le coupé, mais nous n'eûmes pas à le regretter car l'intérieur de la voiture nous protégeait mieux contre le froid de la nuit, très vif sur ces hauteurs. Nous dépassons rapidement Altorf et Amsteeg situé sur le torrent de la Reuss qui se jette dans le lac à Fluelen ; puis, avant d'arriver à Wasen, nous traversons les galeries couvertes construites pour garantir la route contre la chute des avalanches. La nuit était venue épaisse et noire au milieu de ces gorges profondes où le son des grelots de l'attelage se mêlait au grondement du torrent.

Une douce somnolence s'était emparée de nous, quand le conducteur nous réveilla par cette exclamation : « Messieurs, nous voici sur le pont du Diable! » Ici c'est une explosion formidable, comme un roulement de coups de canon produit par la chute du torrent dans un entonnoir de rochers à pic s'élevant à une grande hauteur, quelque chose comme l'enfer de Dante. Du reste le souvenir de l'esprit malin se rattache à la construction du pont primitif dont l'arche en ruine subsiste encore auprès du pont moderne construit en 1832 par un ingénieur français. Quand l'homme entame une lutte titanique avec la nature, il a besoin d'invoquer les forces mystérieuses qui lui semblent nécessaires pour accomplir toute grande œuvre.

.˙.

Le torrent de la Reuss, profondément encaissé, sépare les cantons d'Uri et des Grisons. Au quatorzième siècle, le chemin de communication franchissait le cours d'eau au moyen d'un pont en bois peu solide, qui s'écroulait à chaque instant et constituait ainsi un passage fort dangereux. Le village de Gœschenen, situé tout près, s'était ingénié, mais en vain, à remédier à cet état de choses.

Un soir, assis au coin de l'âtre, le bailli se frappa le front en poussant cette exclamation désespérée : « Si le diable ne s'en mêle pas, nous sommes perdus! » A l'instant même, la porte s'ouvre et un personnage au costume étrange, rouge et noir, coiffé d'une toque à plumes rouges vint s'installer près du feu, posant ses pieds sur les charbons ardents : « Je vous vois bien embarrassé, dit-il au bailli; décidément vous avez besoin de moi pour la reconstruction de votre pont ». « Oui, répondit ce dernier, je vous donnerais bien cinquante florins de plus que je n'en ai donné pour la dernière construction, mais à la condition que le pont soit fait en une nuit ». « Volontiers, mais je ne me soucie point d'or ». A l'instant le diable prit une braise ardente et la mit dans la main du bailli où elle se métamorphosa en un lingot d'or aussi froid que s'il sortait de terre. « Voyons, répartit le bailli, que me demandez-vous pour faire un pont solide qui puisse durer cinq cents ans? » — « Donnez-moi l'âme de la première personne qui passera sur le pont » — « C'est convenu, répond l'autre ».

Le lendemain le bailli se trouve sur la rive, voit un pont splendide et, de l'autre côté, maître Satan attendant son paiement. Le bailli s'avance vers la tête du pont avec un grand sac, le défait et puis brrr... il en sort un chien ayant une poêle attachée à la queue. « Hé! messire Satan, attrapez donc votre âme ». Le diable, furieux, poussa un juron infernal et disparut dans une fumée de soufre.

Le bailli, un vrai roublard (qu'on me passe ce mot fin de de siècle), avait eu soin de faire asperger le pont d'eau bénite par le curé du village, ce qui empêcha Méphisto de le détruire.

*

En quittant le pont du Diable, puis Gœschenen où est aujourd'hui l'entrée du grand tunnel du chemin de fer, la diligence traverse le Trou d'Uri, galerie percée dans une immense paroi de rochers et arrive à Andermatt, charmant village situé à l'issue de la vallée de la Reuss, vers Hospenthal et le Saint-Gothard, à deux pas de la frontière d'Italie.

Bon souper et bon gîte. Le lendemain, de bonne heure, nous sommes réveillés par une musique militaire ; c'est un bataillon de fantassins suisses se rendant dans le canton du Tessin où comme l'on sait, l'élément italien domine, entretenant des antipathies de races qui se traduisent souvent par des drames sanglants.

Notre excursion circulaire étant limitée à cinq jours, il nous fallut rebrousser chemin. Nous résolûmes de revenir à pied à Altorf pour voir de près et en plein jour tous les accidents pittoresques et tous les points de vue importants de cette contrée alpestre. La diligence devait nous rapporter nos valises. Je pus ainsi dessiner une vue du pont du Diable que j'ai transportée depuis sur toile et admirer des noms de voyageurs alsaciens, peints au cambouis sur la paroi des rochers à une très grande hauteur. *Sic itur ad astra*.

Un soleil radieux favorisait notre retour. Repos d'une heure à Wasen où nous cassons une croûte accompagnée d'une tranche de mortadelle et d'une fiasque de vin d'Italie. Ce vin a un goût de terroir très accentué qui ne plaît pas au premier abord. Nous avions, pour arriver à Altorf, à dérouler un ruban de 35 kilomètres sur un chemin poudreux « et de tous les côtés au soleil exposé ». Vers la fin de la journée nous n'étions pas fiers de notre allure et nous arrivâmes haletants, exténués et harassés au terme de notre course. L'hôtel où nous descendons est plein d'Italiens se rendant en France.

Nous avons hâte de dîner et d'aller nous coucher, comptant sur un sommeil réparateur. Hélas ! nos épaisses couvertures de laine étaient habitées par une légion de puces qui nous firent une guerre acharnée pendant toute la nuit. Ce sont là menus agréments de voyage qui vous laissent des souvenirs cuisants.

La statue de Guillaume Tell a été érigée à la place même où, suivant la légende, était placée la perche surmontée du chapeau de Gessler. Un monument, en forme de tour, marque l'emplacement où le héros de l'indépendance abattit la pomme posée sur la tête de son fils. Le bateau à vapeur nous reconduisit de Fluelen à Lucerne. Au moment où nous montions dans le train pour Bâle, le prince Napoléon Bonaparte, alors en villégiature en Suisse, se promenait sur le quai de la gare avec le colonel Ferri-Pisani attaché à sa personne. Nous pûmes admirer de près le profil de médaille de ce César déclassé.

Somme toute, ce petit voyage se balançait par une dépense très modeste en regard d'une recette très abondante d'émotions et de jouissances intellectuelles que j'inscrivis au compte des petits bonheurs de la vie. Pendant notre court séjour à Lucerne nous allâmes au jardin public où se trouve sculpté dans un rocher le fameux lion blessé de Thorwaldsen, monument commémoratif des soldats de la garde suisse de Louis XVI massacrés aux Tuileries le 3 septembre 1792. Près de ce monument se trouvent les marchands de bibelots, et d'objets usuels très joliment sculptés en noyer que les voyageurs emportent comme souvenirs, avec les belles pierres du Rhin, couleur grenat ou lapis, montées en bracelets ou en broches.

* *

La police ombrageuse de l'empire avait pris des mesures sévères pour empêcher l'introduction en France des livres, brochures et publications quelconques, imprimés à l'étranger et critiquant les faits et gestes du gouvernement. A chaque gare frontière elle avait installé un commissaire spécial chargé, avec ses acolytes, de visiter à fond les bagages des voyageurs venant de l'étranger. Mais le fruit défendu pénétrait quand même.

La Suisse était un des plus importants déversoirs par où s'infiltrait cette contrebande de l'esprit, cette moisson de pamphlets amers, écrits par certains exilés qui avaient échappé aux persécutions de l'empire en se réfugiant en Angleterre, en Belgique et ailleurs.

Bon nombre de ces honorables citoyens habitaient la Suisse, entre autres le colonel Charras, auteur d'ouvrages remarquablement écrits sur les guerres du premier empire, *l'Histoire de la Guerre de 1813*, et *Waterloo* ; Victo

Chauffour-Kestner, ancien professeur de droit à Strasbourg, qui écrivit un livre fortement documenté et des plus intéressants, *Études sur la Réformation* (Paris 1853) où Zwingli, le réformateur suisse, occupe une grande place; Marc Dufraisse et Challemel Lacour, qui devinrent professeurs au *Polytechnicum* de Zurich.

Rochefort était à Bruxelles, Victor Hugo à Jersey, Ch. Cassal, Valentin, Caussidière, Boichot et tant d'autres à Londres, sacrifiant tous, leurs positions acquises en France, attendant pendant de longues années la chute du régime impérial ou au moins une amnistie.

Pendant notre courte excursion en Suisse, je pus voir à tous les étalages des libraires les ouvrages à l'index, surtout les *Châtiments* de Victor Hugo et la *Lanterne* de Rochefort.

XI.

Un peu de législation municipale. — Le duc de Chambord. — Le procédé Comte. — La Schlucht. — À Vaucouleurs et à Domremy. — Maison et monument de Jeanne d'Arc. — Son costume militaire. — Une vieille peinture. — Château de Gombervaux.

J'eus l'occasion, en 1867, d'entrer en relations avec M. de Bigorie de Leschamps, premier président de la Cour impériale de Colmar, par la voie tangentielle d'une consultation administrative. Ce magistrat, très apprécié à la cour des Tuileries, se trouvait, par la nature même de ses hautes fonctions, placé dans une sphère assez peu accessible aux sympathies bourgeoises. Quand il allait à Paris, l'empereur le retenait, paraît-il, souvent à dîner. Un jour sa conversation avec le souverain roula sur la réforme de la législation municipale, dont la modification à divers points de vue paraissait désirable. Il prit alors l'engagement de soumettre à l'empereur un mémoire sur cette question qui devait surtout envisager la possibilité d'étendre les attributions des maires et des conseils municipaux.

En effet, la centralisation excessive créée par la Constitution de l'an VIII, œuvre politique du premier Consul, qui l'avait forgée comme un instrument de règne, et qui, actuellement encore, est la pierre angulaire d'un régime administratif très compliqué et très coûteux, une routine aussi abusive que solennelle, créait dans le pays un malaise et des mécontentements extrêmes.

M. de Bigorie voulut bien me faire l'honneur de me consulter sur les diverses questions à traiter. Après une entrevue où je pus me convaincre que l'historique de cette législation complexe ne lui était pas familier, il me pria de lui rédiger un mémoire sur la question, contenant des aperçus sur les réformes à réaliser. C'était un travail long et peu récréatif, étant donné surtout qu'il me privait du repos de mes soirées. Je m'attelai néanmoins à cette œuvre anonyme avec le sincère désir de rendre service dans la mesure de mes faibles moyens.

On avait laissé le moins de pouvoir possible entre les mains des autorités municipales, pourtant les plus intéressées à la bonne gestion de leurs affaires et les plus aptes à comprendre les besoins et les aspirations de leurs administrés. Les questions les plus minuscules, je devrais dire les plus ridicules, passaient par la filière des sous-préfets et des préfets, ceux-ci venant des coins les plus éloignés du pays et réputés avoir la science infuse. Sans initiation aucune aux mœurs et aux traditions locales, sans même avoir eu le temps de les étudier, ces excellents tuteurs venus de la Gironde ou de Quimper-Corentin, tranchaient dans le vif et compromettaient souvent les affaires par des lenteurs calculées et des chinoiseries de forme.

Ce côté spécial de la question formait, avec d'autres considérations assez timides sur les réformes possibles, la partie essentielle du mémoire que je remis au premier président. Il m'en sut gré, mais onques ne pus apprendre quelle suite a été donnée à cette élucubration qui avait la prétention outrecuidante de porter la sape et la mine dans un édifice vermoulu. Mais les abus ont la vie dure.

N'oublions pourtant pas d'ajouter que le temple sacro-saint de la centralisation est aujourd'hui battu en brèche de tous les côtés et que son écroulement définitif et forcé n'est plus qu'une question de temps. Déjà il est question de la suppression des receveurs particuliers ; les sous-préfets et autres rouages inutiles emboîteront le pas.

L'initiative et la responsabilité sont le grand levier de l'activité humaine. Les peuples, comme les individus, n'ont pas beaucoup à gagner à être mis en tutelle, surtout quand les prétendus tuteurs sont étrangers aux besoins réels, aux instincts sociaux et ethniques, en un mot à l'idiosyncrasie de ceux qu'ils ont mission de conduire. Ce n'est qu'à force d'indépendance et en acceptant sa complète responsabilité que l'homme parvient à réaliser de grandes choses et à prendre sa véritable place dans le monde.

.·.

Le duc de Chambord, autrement dit Henri V, avait déjà souvent inquiété le gouvernement impérial, en organisant des pèlerinages légitimistes dans les pays voisins de la France.

Le parti du droit divin, encore très compact à cette époque, conspirait ouvertement pour placer le prétendant sur le trône de France. Cela gênait beaucoup Napoléon III qui, du reste, se connaissait en conspirations. Déjà le pèlerinage de Belgrave Square à Londres avait fait un bruit énorme dans le Landerneau bonapartiste. En 1875 une nouvelle alerte vint mettre la police impériale sur les dents. Cette fois le grand conciliabule légitimiste eut lieu à Einsiedeln, en Suisse, lieu de pèlerinage célèbre où le duc de Chambord, très pieux comme l'on sait, était venu offrir à la Vierge miraculeuse un lustre en forme de couronne dorée que le clergé fit suspendre à la voûte de l'église, déjà ornée à profusion de quincailleries de ce genre. Bien des alsaciens, dévoués par atavisme au roi *in partibus*, s'empressèrent d'aller faire leur cour au prétendant, et les noms de tous les visiteurs étaient inscrits sur un livre d'or.

Le préfet de police Pietri avait eu soin d'envoyer à Einsiedein toute une équipe de ses fins limiers, avec mission de prendre les noms et adresses des pèlerins. C'était la contre-partie du livre d'or. Peu de jours après, le préfet du Haut-Rhin, M. Odent, était mis au courant des démarches faites par certains habitants, appartenant à la haute société de Colmar. L'affaire semblait devoir prendre une tournure assez sérieuse car il y avait là dedans des fonctionnaires compromis et très en vue ; mais ils surent se tirer d'affaire en mettant habilement leur escapade sur le compte d'une simple et naïve curiosité de touristes amis des beaux sites de l'Helvétie.

**

En 1867 je commençai dans la *Revue d'Alsace* la publication de ma notice sur le musée de Colmar, dont j'avais réuni depuis un an tous les matériaux à grand renfort de recherches dans les cartons de la Bibliothèque, gracieusement mis à ma disposition par le conservateur M. Thomas. La publication terminée je fis faire un tirage à part dans lequel figurent le portrait de Martin Schœn gravé à l'eau-forte d'après la peinture sur bois de son élève Hans Burgkmair, la *Vierge adorant l'enfant, Saint-Antoine, Saint-Sébastien* et *le Retable d'Issenheim*.

Pour la reproduction de ces quatre dernières planches j'utilisai alors pour la première fois le procédé Comte (1) qu'on employait depuis quelques années à Paris pour la gravure des planches de la publication artistique *l'Art pour tous*, éditée sous la direction de M. Sauvageot par la librairie Morel. Le dessin se faisait sur une plaque de zinc recouverte d'un enduit résineux fabriqué par les frères Comte. La morsure de l'acide donnait un résultat inverse de celui obtenu par l'eau-forte ordinaire en ce sens que les traits, au lieu d'être en creux, étaient en relief et formaient ainsi une planche typographique s'imprimant avec le texte, comme une gravure sur bois et pouvant donner des épreuves à l'infini.

(1) Inventé par M. Comte, de Guebwiller, imprimeur à Bar-le-Duc, et exploité à Paris par ses deux frères.

Le chemin de fer de Munster à Colmar, premier tronçon de la ligne des Vosges au Rhin, fut achevé et mis en circulation dans le courant de la même année. On pouvait, dès lors, se payer à peu de frais de charmantes excursions dans la vallée de Munster si remarquable par ses sites pittoresques et faire l'ascension, soit à pied soit en voiture, du col accidenté de la Schlucht, au point culminant de cette partie des Vosges. MM. Hartmann, manufacturiers à Munster, y avaient fait construire un chalet pour y recevoir l'empereur pendant son séjour aux eaux de Plombières en 1864.

Il a été, depuis lors, converti en hôtel pour les nombreux touristes qui, pendant la belle saison, font l'ascension de la montagne soit par Munster, soit par Gérardmer. La température, sur ces hauteurs, est soumise à des variations très brusques et il n'est pas rare, pendant les chaudes journées du mois d'août, d'y rencontrer des bourrasques très froides accompagnées de giboulées.

La vertu curative des eaux de Vittel et de Contrexéville s'étendait au loin ; tout un monde souffrant y affluait chaque année, bien que les administrations de ces deux petits villages ne se fussent guère mises en frais pour donner de l'attraction à ces séjours rustiques, s'en rapportant aux seules naïades de leurs sources du soin de faire honneur aux buveurs d'eau. En passant une saison à Vittel en 1867, ma femme y fit la connaissance de Madame Blondel, de Vaucouleurs, nature supérieure et d'une culture d'esprit réellement remarquable.

Son mari exploitait un établissement industriel dont elle tenait la comptabilité ; mais cette occupation prosaïque ne l'empêchait point de cultiver la Muse et elle écrivait des morceaux de poésie d'une fraîcheur et d'une harmonie comparables à certaines productions de nos célèbres parnassiens. Sur cette rencontre fortuite se greffa une amitié réciproque qui dura jusqu'à la mort de Madame Blondel, enlevée en 1892 à l'affection des siens.

Sa correspondance est un chef-d'œuvre de style et un monument de sympathie cordiale qui sera conservé dans notre famille comme un de ces trésors du foyer sur lequel on pourrait inscrire ces deux mots : *Sursum corda.*

Pourquoi a-t-il fallu que des chagrins cruels vinssent abreuver d'amertume les dernières années de cette âme d'élite ? La mort prématurée de son mari qui était un vaillant lutteur et un aimable compagnon, d'autres crises douloureuses ont jeté, coup sur coup, leur poignante tristesse sur cette nature sensitive et impressionnable. Le rêve de sa vie eût été de voir le monument de Jeanne d'Arc qu'elle a chantée dans ses vers et que Mgr Pagis, évêque de Verdun, va faire ériger dans l'enclos du sire de Baudricourt qui touche à la propriété Blondel. Elle a emporté ce rêve dans les régions sereines de l'au-delà, mais il en reste des traces brillantes dans sa correspondance.

...

Pendant que M. et Madame Blondel vivaient encore j'étais allé rendre visite à Domremy et à Vaucouleurs, situés dans cette vallée historique et légendaire, berceau fleuri de Jeanne d'Arc.

La nature s'y est montrée prodigue de sites enchanteurs. *Vallis colorum*, vallée des couleurs, telle est l'origine idyllique du nom de Vaucouleurs. Le manoir de Bourlémont, appartenant aux princes d'Hénin d'Alsace, domine la vallée de sa silhouette altière comme l'œil du maître plongeant son regard dans ses vastes domaines. Un cadre d'attrayantes collines entoure ces nids de verdure où la Meuse se promène au milieu de grands saules hautement panachés. Devant cette éblouissante nature, si calme et si baignée de rayons, je songeais à Corot et à Troyon, ces maîtres du paysage. Je songeais aussi à Paul Potter, en voyant miroiter dans les prairies les taches blanches et nacrées des ruminants qui les animent.

J'étais descendu à ce foyer hospitalier de la famille amie

où le culte du beau était en honneur. Le deuil est entré, depuis lors, dans cette vaste maison lorraine, type des habitations confortables de la vieille France. Le souvenir que j'en ai emporté est aujourd'hui voilé d'un regret d'autant plus amer que la vie, dans cet intérieur dont les honneurs étaient faits par une femme supérieure et deux jeunes filles gracieuses, était plus gaie et plus accueillante. Cette maison se relie par un jardin étagé à un enclos presque sauvage où dorment leur sommeil séculaire les ruines du manoir de Baudricourt, témoins muets d'une héroïque épopée. Tout à côté, une autre ruine historique, les restes de l'ancienne église Ste Marie de Vaucouleurs où, d'après la légende, la bergère de Domremy venait prier devant la statue de la Vierge, qui a été mutilée en 1793 et se trouve aujourd'hui dans la nouvelle église paroissiale.

L'ancienne crypte souterraine a été recouverte, il y a bien longtemps, par une maison vulgaire qui s'est incrustée comme un champignon entre les piliers et les chapiteaux encore debout. C'est là que, d'après le projet actuel, doit-être érigée une chapelle votive, d'architecture gothique, qui sera comme le portique d'accès à la statue équestre.

.. .

En une demi-heure le chemin de fer nous mène à Maxey-sur-Meuse (Vosges), d'où nous suivons une belle chaussée passant la rivière sur un de ces vieux ponts de pierre de l'époque de Louis XIV, dont la solidité défie les siècles. Nous traversons le beau village de Greux et arrivons au modeste hameau de Domremy qui a l'air d'en être une annexe.

Ce qui frappe dès l'abord, c'est la pauvre église rebadigeonnée où se sont conservés quelques restes de l'église primitive, contemporaine de Jeanne d'Arc. A la gauche de la façade s'élève un lourd piédestal que domine une statue en bronze de Jeanne agenouillée, œuvre médiocre érigée à l'époque de la Restauration.

A quelques pas, derrière le chœur, se trouve la maison où est née, où a vécu l'héroïque jeune fille. Nous y arrivons en traversant un petit jardin orné de massifs d'arbustes et de fleurs. Ce jardin, fermé par une grille du côté de la rue, la sépare de deux constructions modernes dont l'une sert d'école pour les enfants de Domremy et de Greux; l'autre, où habitent les religieuses institutrices, préposées à la garde de la maison historique, renferme quelques œuvres plus ou moins artistiques qui racontent l'histoire de Jeanne.

« Une précieuse décoration due, sans doute, à la munificence de Louis XI, dit M. J. Quicherat, relevait autrefois la devanture de cette maison. On y avait peint les exploits de la Pucelle. Michel de Montaigne en vit encore quelque chose en 1580. Le devant de la maisonnette où elle naquit, dit-il, est tout peint de ses gestes, mais l'âge en a fort corrompu la peinture (1) ».

La porte d'entrée, de forme gothique, surmontée de trois écussons armoriés, est dominée par une petite niche renfermant une statuette agenouillée de Jeanne d'Arc revêtue de son armure. Le petit socle qui lui sert de base porte les inscriptions suivantes, sur le côté gauche : VIVE LABEVR, 1481; sur le côté droit : PAIX A TOVS, 1678. Cette statuette, dont la facture rappelle l'art maniéré du XVIIe siècle, remonte donc, comme l'indique cette dernière date, au règne de Louis XIV. Elle a remplacé sur le socle ancien la statuette primitive donnée par Louis XI. L'écusson armorié de Jeanne se trouve sur la face de devant de ce socle.

Le grand mur de la façade, en forme de pignon allongé, est percé de trois fenêtres géminées éclairant d'un jour discret les pièces de l'intérieur. C'est une maison très massive, telle qu'on en trouve encore dans cette partie de la Lorraine et qui semble avoir été construite pour résister aux assauts du dehors, à ces époques troublées du moyen âge où les paysans avaient tant à souffrir des déprédations des bandes de routiers. Grâce à cette solidité exceptionnelle elle a pu résister, depuis des siècles, aux injures du temps et des hommes. Elle s'est conservée intacte, monument toujours vivant d'une gloire historique.

En pénétrant dans la première pièce au niveau du sol extérieur, on voit que rien n'a été modifié dans l'aspect primitif de cette salle à la fois cuisine et chambre de travail de la fa-

(1) Michel de Montaigne. *Journal de voyage en Italie.*

mille d'Arc. La grande cheminée et les grosses poutres du plafond donnent l'impression des logis de paysans de cette région de la France. Au fond et communiquant avec cette grande pièce, se trouve la sombre chambrette qu'occupait l'héroïne. Elle est éclairée par une petite fenêtre grillée comme un jour de souffrance s'ouvrant du côté de l'église.

A gauche et presque dans l'embrasure se voit une niche renfermant ce qui reste du pauvre bahut où Jeanne serrait ses hardes. On l'a protégé par un châssis maillé contre les atteintes des visiteurs qui l'avaient jadis déchiqueté sous le pieux prétexte d'emporter une relique de ce vénérable sanctuaire.

．．

Dans ce modeste réduit a germé, a grandi un des plus sublimes dévouements qu'ait enregistrés l'histoire. Elle est inoubliable l'impression qu'on éprouve en évoquant, comme une radieuse vision d'autrefois, ce palpitant souvenir. On revoit, par la pensée, revivre la bergère de Domremy dans son cadre intime, dans ce jardin traversé par un ruisseau, où, dans ses rêveries extatiques, elle entendait les voix d'en haut, appel suprême de la patrie foulée par l'Anglais.

En visitant ce monument agreste de la fière épopée, d'où se dégage une poésie intense, personne n'échappe au saint frisson des souvenirs fortifiants. On voit flotter dans l'air ambiant le contraste de cet humble berceau avec le couronnement triomphal de Charles VII à Reims...., puis, s'élevant sur un ciel sinistre, le bûcher de Rouen allumé par l'évêque Cauchon, l'ami des Anglais. Depuis le début de la vocation jusqu'au sombre dénouement tout le drame de cette passion, avec ses péripéties glorieuses et navrantes, se déroule devant l'œil fasciné du visiteur.

Le milieu dans lequel vivait Jeanne d'Arc était, d'ailleurs, propre à exalter en elle l'idée de la mission patriotique dont son âme était hantée. Tous les habitants de Domremy (1), sauf un seul, comme elle a dit à ses juges, étaient Armagnacs, c'est-à-dire du parti national, tandis que de l'autre côté de la Meuse, à Maxey, on était du parti Bourguignon. De là des antipathies féroces qui dégénérèrent souvent en rixes sanglantes. Jeanne put, dès son enfance, assister aux batailles que se livraient les jeunes gens des deux villages et dont ils revenaient meurtris. Elle les connut plus tard à Compiègne, ces Bourguignons qui la livrèrent aux Anglais.

* *

Parmi les souvenirs qui se rattachent à l'enfance de Jeanne d'Arc, il en est un que les habitants de Domremy ont pieusement conservé, parce qu'il a revêtu les gracieuses couleurs de la légende. C'est l'*Arbre des fées*.

Toujours avide de merveilleux l'imagination populaire a transformé en fées les châtelaines des manoirs voisins qui, pendant la belle saison, venaient danser sous un vieux hêtre d'une remarquable envergure, dont les branches touffues rasaient le sol. Cet arbre, dit-on, existe encore et se trouve à mi-côte, près de la forêt de chênes qui couronne les hauteurs où s'adosse Domremy. Jeanne y venait avec ses compagnes chanter, danser, cueillir des fleurs champêtres qu'elles suspendaient en guirlandes aux rameaux du bel arbre. Puis, après avoir mangé les galettes préparées pour la petite fête, elles allaient boire à une source ou fontaine voisine. C'est près de ce hêtre du souvenir, près de cette source sacrée, que l'évêque de Saint-Dié, aidé par une souscription qui a fait concurrence à celle de l'évêque de Verdun, fait ériger en ce moment une église votive dont la construction est dirigée par M. Sédille, un de nos plus savants architectes parisiens.

(1) Ce village était partagé entre le Barrois mouvant (c. à. d. relevant de la couronne de France) et le domaine direct de la couronne. Un petit ruisseau marquait cette division : la rive droite où l'on comptait vingt à trente feux, était au Barrois mouvant, la rive gauche, au domaine rattachée avec Greux et toute cette portion de la vallée avec Vaucouleurs, à la prévôté d'Andelot et au bailliage de Chaumont-en-Bassigny (Champagne). Or la maison de Jeanne, qui subsiste encore est sur la rive gauche. (Wallon, *Jeanne d'Arc*).

Vaucouleurs est si intimement associé à l'histoire de Jeanne d'Arc que le récit de mes impressions serait incomplet si je ne rappelais, pour l'honneur de cette petite ville, que ses habitants, après les longues hésitations du sire de Baudricourt, se sont cotisés pour fournir à Jeanne ce qui composait à cette époque le costume militaire.

L'armure, telle qu'on la voit représentée d'une façon fantaisiste dans les tableaux, statues et autres œuvres d'art consacrés à la gloire de la Pucelle, n'existait pas encore à cette époque reculée. On n'en trouve aucun type au musée d'artillerie, si complet pourtant à tous les points de vue.

C'est que l'armure, dans la vraie acception du mot, n'est arrivée à sa dernière évolution que vers la fin de la mission de Jeanne d'Arc. Je tiens ce renseignement d'un homme très compétent en la matière, M. le colonel Leclerc, ancien conservateur du musée d'artillerie.

Voici, d'après les recherches de M. Wallon, de quoi se composait l'équipement donné par les habitants de Vaucouleurs : le gippon ou justaucorps, espèce de gilet allongé ; les chausses longues liées au justaucorps par des aiguillettes ; la tunique ou robe courte tombant jusqu'aux genoux ; les guêtres hautes et les éperons, avec le chaperon, le haubert ou cotte de mailles et la lance. Un des habitants aida même Durand Laxart, l'oncle de Jeanne, à lui acheter un cheval. D'armure ou de cuirasse, il n'en est pas question et pourtant, tel est l'empire de la tradition acceptée par tous, que nous nous figurons difficilement Jeanne d'Arc autrement qu'armée de la cuirasse, des brassards, des gantelets, des jambières de fer et du casque.

Il y a près de vingt ans, M. Auvray, marchand d'antiquités au Palais royal, découvrit dans un grenier à Orléans, une vieille peinture sur bois, au blanc d'œuf, exécutée du temps même de la Pucelle. Cette peinture naïve dont j'ai fait alors un dessin qui a paru dans l'*Illustration*, représente la Vierge avec l'enfant Jésus, à sa droite Saint-Michel portant une balance dans laquelle il pèse les âmes, à sa gauche Jeanne d'Arc tenant de la main droite sa bannière fleurdelysée, de la main gauche son écusson armorié (l'épée en pal surmontée d'une couronne et accostée de deux fleurs de lis). M. Wallon a fait reproduire cette peinture primitive en chromolithographie, page 262 de son livre. Rapprochement curieux et typique, le costume de Jeanne est identique à celui que lui ont donné les habitants de Vaucouleurs : le chaperon enveloppant la tête et retombant sur la poitrine, la tunique brune ou robe courte fermée de haut en bas par une rangée de boutons, les chausses qui la dépassent, le ceinturon en cuir et l'épée, les longues guêtres et les éperons. Elle porte des gantelets, des genouillères et des solerets ; mais il est difficile de distinguer sur cette vieille image que le temps a noircie, si ces dernières parties du costume étaient en métal ou en cuir. Quoiqu'il en soit, ce document si curieux doit être considéré comme étant à peu près le seul qui nous donne la vraie physionomie de l'équipement militaire de Jeanne. Au-dessous de la Vierge se trouve une inscription en caractères gothiques à demi effacés où apparaissent encore ces mots :

𝔊𝔦𝔰... 𝔞𝔯𝔶𝔞 𝔍𝔢𝔥𝔞𝔫𝔢 𝔇'𝔄𝔯𝔠
𝔭𝔲𝔠𝔢𝔩𝔢 𝔣𝔬𝔯𝔱𝔢 𝔢𝔫.... 𝔦𝔫: 𝔲𝔠
𝔙𝔦𝔢𝔯𝔤𝔢 𝔐𝔞𝔯𝔦𝔢

Dans cette peinture sur bois, faite avec les procédés de l'époque, alors que les couleurs à l'huile n'étaient pas connues, tout révèle une origine contemporaine de la Pucelle. Elle a dû être faite par un imagier d'Orléans qui a vu la jeune guerrière dans son costume réel, et sans se préoccuper de reproduire avec fidélité les traits de son visage, l'a placée dans une espèce d'*ex-voto* destiné, sans doute, à une église. Ce qui semble autoriser cette conjecture, c'est que la tête de Jeanne est nimbée comme celle de la Vierge et de Saint-Michel, preuve que les habitants d'Orléans reconnaissants considéraient leur libératrice comme une sainte envoyée du ciel.

.·.

Notre excursion dans un domaine historique si lointain, dans ces lieux consacrés par une mémoire bénie et toujours vivante, s'est terminée dans le domaine des réalités actuelles par une visite aux environs immédiats de Vaucouleurs, à la grande usine métallurgique de Tusey d'où sont sorties les colonnes rostrales de la Place de la Concorde.

Très intéressants sont les travaux de cette fonderie où sont occupés des centaines d'ouvriers et où coule dans des formes de sable la lave incandescente du bronze, moulant des statues, des ornements d'architecture, des pièces mécaniques. Tout près de cet antre de cyclopes au fond d'un joli vallon, sont les ruines du château de Gombervaux. Flanqué anciennement de quatre grosses tours, dont deux subsistent encore, ce château est occupé aujourd'hui par une grande ferme qu'exploitent des *anabaptistes français*, ce qui, certes, est une rareté à signaler.

La femme qui dirigeait ce grand train de culture s'appelait la mère Véronique, portant un nom cher aux anabaptistes alsaciens que j'ai connus et chez lesquels ce prénom féminin est très répandu. Sous la porte armoriée du domaine des hauts barons du moyen âge, passent aujourd'hui les bœufs et les vaches aux clochettes retentissantes. Chose remarquable, partout dans ces régions de l'est de la France, où la grande culture est en honneur, vous trouvez adossés aux vieux châteaux, aux vieilles abbayes en ruines, aux vieilles églises effondrées, de vastes exploitations rurales construites avec les matériaux mêmes des forteresses féodales. C'est la vie moderne fécondant en pleine liberté le sol que la mainmorte et le servage avaient stérilisé, c'est l'œuvre humanitaire de 1789 complétant l'œuvre nationale de Jeanne d'Arc.

*
*

Dans ses promenades sur le sol historique de la vieille France, dans le Soissonnais où les époques mérovingienne et carlovingienne ont laissé de profondes racines, où la renaissance a fleuri en de grandioses monuments, le touriste rencontre à chaque pas des ruines imposantes où le souvenir s'attache comme le lierre et reverdit comme lui. Villers-Cotterets, situé au milieu de sa belle forêt légendaire, patrie du grand romancier Alexandre Dumas, père, dont la statue placée à l'entrée de la ville sourit aux voyageurs de ce bon gros sourire de l'aimable conteur est un de ces foyers de souvenirs.

Là, dans ce coin de l'Ile-de-France, les rois possédaient un vieux château, qui fut réédifié par François Ier avec ce luxe architectural qu'il savait donner à tous les monuments de son règne. Aujourd'hui, singulier retour des choses humaines, ce galant rendez-vous de chasse est devenu la propriété de la ville de Paris qui y a créé un asile pour les vieillards pauvres. Remanié de fond en comble pour cette installation hospitalière, le château a perdu, à l'extérieur, son cachet renaissance, mais il a conservé à l'intérieur, ses grands escaliers aux voûtes sculptées à caissons où la salamandre du roi brille partout et, perle incomparable, la grande salle historique couverte de sculptures élégantes, où François Ier signa, le 10 août 1539, l'édit célèbre, dit *Guillelmin*, parce qu'il avait été rédigé par Guillaume Poyet : cet édit réforma la législation civile, prescrivit que tous les actes judiciaires fussent prononcés et enregistrés en langue française à l'exclusion du latin, mit des limites à la juridiction ecclésiastique et créa les registres de l'état civil.

C'était là, comme on le voit, une vraie révolution dans les mœurs administratives et judiciaires, et qui, au point de vue surtout des registres de l'état civil, bien qu'ils fussent tenus par le clergé, eut des conséquences remarquables. Une inscription en lettres d'or, gravée sur un marbre noir, conserve le souvenir de cette intéressante réforme.

A Soissons, l'ancienne capitale du royaume de Neustrie, on peut voir, dans la vieille abbaye de Saint-Médard, convertie aujourd'hui en orphelinat, et où fut renfermé, après sa déposition, Louis-le-Débonnaire, le cabanon qui servit de prison à Abélard, quand sa doctrine fut condamnée en 1122 par le Concile de Soissons. Je me suis arrêté longtemps dans cet asile plein de souvenirs.

XLI

Le docteur Iænger. — Des Vosges au Rhin. — Le Sternsée et le ballon de Giromagny. — Concours régional. — Statue du jeune vigneron. — Au lac de Constance. — Suisse allemande et Suisse romande.

Au mois de mars 1867 ont eu lieu les obsèques du docteur Iænger, éminent praticien qui avait su se créer une grande réputation comme homéopathe et jouissait à Colmar d'une considération justement due à son caractère et à l'élévation de son esprit. Homme d'étude et de profond savoir, il était un adepte chaleureux de la libre pensée, ayant sa philosophie à lui, qui n'était pas celle de tout le monde, ce qui ne l'empêchait point d'être le médecin attitré du Gymnase catholique de Colmar.

Chaque soir son cabinet était le rendez-vous de quelques amis dévoués, vivant comme lui dans le monde de la pensée et apportant leur contingent d'originalité dans ce cénacle fermé. Parmi ces intimes de l'amitié figurait Adolphe Hirn, le savant mathématicien et astronome; Ignace Chauffour, l'éminent jurisconsulte; Frédéric Titot, manufacturier et ancien préfet de Limoges; Ferdinand Hirn, directeur de la maison Haussmann, Jordan et C°. Républicain convaincu, le D¹ Iænger avait été mis à l'index et fut même compris dans les poursuites dirigées en 1849 contre un certain nombre de citoyens de Colmar, suspects de conspirer contre l'état de choses établi, en préconisant une république plus radicale que celle du moment, représentée par le prince président. M° I. Chauffour, qui plaidait pour eux devant la cour d'assises de Besançon, où l'affaire avait été renvoyée, obtint pour ses clients un acquittement auquel ne s'attendait pas le procureur général.

Iænger était un homme de bien dans la plus large acception du mot : sa bourse était ouverte à tous les vrais malheureux et il soignait sans rétribution tous les déshérités qui s'adressaient à lui. Sa religion ne procédait d'aucun dogme ni d'aucune révélation. C'était l'altruisme prêché par le Christ ou l'amour d'autrui dans sa pureté. Aussi ses obsèques civiles ne causèrent-elles aucun étonnement dans la population de Colmar habituée à respecter les convictions de ce philosophe bienfaisant, qui fut conduit à sa dernière demeure par un long cortège d'amis. Avant la levée du corps, son beau-frère, M. Siffermann, de Benfeld, prononça sur le seuil de la maison une petite allocution expliquant que cette dérogation aux usages établis était conforme à la volonté du défunt dont l'idéal humanitaire se tenait en-dehors et au-dessus de toute question religieuse.

* *

Je parlais un peu plus haut de la mise en exploitation du chemin de fer de Munster à Colmar, comme premier tronçon d'une grande ligne devant faire communiquer le versant français des Vosges avec la Forêt Noire, par Colmar, Neuf-Brisach, Vieux-Brisach et Fribourg. On croyait encore naïvement à la fraternité des peuples, et on se hâtait de poser les jalons d'une ligne de jonction jetée par-dessus le Rhin qu'Arioviste (*Heerenfest*) ou chef de troupes, avait franchi avant la naissance du Christ, pour se mesurer avec César dans les plaines d'Alsace (1). Le sort en était jeté et on marcha de l'avant. Le conseil municipal demanda la concession, comme ligne d'intérêt local, du chemin de fer de Colmar au Rhin. La percée des Vosges par le val de Munster paraissant présenter d'insurmontables difficultés, on se rallia un instant à une autre com-

(1) Que de controverses a suscitées l'emplacement du champ de bataille où ils se sont rencontrés ! Un écrivain alsatique, Fr. Ignace Woog, dans son livre *Elsæssische Schaubühne*, a résumé toutes les opinions des historiens anciens et modernes à ce sujet, en émettant l'opinion très rationnelle que le choc eut lieu près de Saint-Appollinaire ou Folgensbourg, dans le Sundgau rauraque, localité située à 5000 pas ou un mille allemand du Rhin. Cela s'accorde avec les Commentaires de César qui indiquent cette distance, ce qui permet de croire qu'il est entré en Alsace par la trouée de Belfort et a suivi la grande ligne ou voie romaine de communication vers Bâle ou Augusta Rauracorum, traversant le Sundgau, où l'attendaient les troupes d'Arioviste. L'opinion de Schœpflin et autres auteurs qui placent le champ de bataille ailleurs et aussi dans l'Ochsenfeld, ne paraît dès lors pas plausible, l'Ochsenfeld étant éloigné de beaucoup plus de 5000 pas du Rhin.

binaison consistant à emprunter la vallée de Saint-Amarin et à faire le percement par Wildenstein pour arriver à la vallée de la Moselotte près Épinal. Au fond tous ces projets n'offraient aucune consistance sérieuse et peu de temps après leur éclosion la guerre franco-allemande vint dissiper toute illusion.

.·.

La température avait été particulièrement belle pendant l'automne de 1867. Nous en avons profité pour faire une courte excursion dans la vallée de Massevaux située dans la partie de la chaîne des Vosges qui avoisine Belfort. La montagne, sur plusieurs points, est très abrupte. Après une ascension assez pénible par un sentier pierreux, nous fîmes une première halte au *Sternsée* (lac de l'étoile) situé dans un entonnoir de montagnes dont les flancs sont couverts de hêtres et de sapins. A quelques pas du lac se trouve une ferme isolée où l'on fabrique de ces grands fromages, en forme de pierres meulières, qui ressemblent tellement au fromage de Gruyère, qu'on les confond facilement. La fabrication de ce genre de fromage dans les fermes vosgiennes a pris les proportions d'une véritable industrie qui, sur le marché français, fait une rude concurrence au gruyère de Suisse.

Sans nous laisser décourager par la perspective d'une montée fatigante, nous résolûmes d'atteindre le sommet du Rothenberg d'où l'on découvre un panorama très étendu. C'était une vraie escalade le long d'une paroi presque à pic où nos pieds mal assurés faisaient rouler les pierres, où aucun sentier praticable n'était tracé. Arrivés au sommet nous nous reposâmes sur la mousse d'un bois de sapins et pûmes contempler la charmante vallée vosgienne de Saint-Maurice, à nos pieds la petite ville industrielle du Thillot aux cheminées fumantes, et devant nous, en plein soleil, le ballon de Servance qui domine la vallée de Giromagny. Ce ballon sur lequel le génie militaire français a construit un fort, après la guerre de 1870, est aujourd'hui un des postes avancés de la trouée de Belfort. A quelques pas au-dessus de notre point d'observation se trouve la ferme où fromagerie du Rothenwasen entourée de hêtres tordus par le vent d'ouest qui, sur ces hauteurs doit être glacial. Tout en plaignant les malheureux marcaires condamnés à vivre là haut en solitaires séquestrés de toute société et privés des ressources d'une bonne nourriture, nous descendîmes les pentes abruptes de la montagne pour rejoindre l'étang artificiel du Neuweyer qui sert de réservoir pour alimenter en force motrice les manufactures de la vallée. Après nous être restaurés au bord de cet étang et après avoir pris un croquis de ce joli paysage, nous dévalons gaiement vers Massevaux, harassés, fourbus, exténués, mais contents tout de même.

La seigneurie de Massevaux était, on le sait, comprise dans la donation faite par Louis XIV au cardinal Mazarin. Elle possédait une ancienne et célèbre abbaye de chanoinesses nobles, de l'ordre des Augustines, très richement rentée, dont les vastes domaines s'étendaient sur toute la vallée et au-delà.

Les lacs et les nombreux cours d'eau, avec leurs déversoirs et leurs chutes naturelles, se prêtaient admirablement à de grandes exploitations minières et manufacturières connues de longue date. Un homme de génie dont la grande figure mérite d'être classée parmi les bienfaiteurs de l'humanité et dont le souvenir plane encore dans tout son relief sur l'histoire du Sundgau du commencement de notre siècle, M. Marc-René-Marie Voyer d'Argenson, devint le propriétaire de ces établissements qu'il transforma et agrandit en leur donnant un considérable essor. Né à Paris en 1771, il fut pendant quelque temps l'élève du célèbre juriste Koch à l'Université de Strasbourg. Bien que doté dès l'âge de dix-huit ans d'une fortune considérable, il n'hésita pas à adopter les principes de la révolution de 1789 et à s'associer aux luttes de la république naissante.

En mai 1792 il était à Givet pour y organiser la garde nationale mobile, devint aide de camp de Lafayette, puis épousa la princesse de Broglie issue des Rosen de Suède venus en France pendant la guerre de Trente ans et fixés à Bollwiller (1). C'est alors qu'il se consacra tout entier à

(1) Conrad de Rosen, maréchal de France, avait acquis en 1680 la seigneurie de Massevaux.

l'exploitation directe de ses domaines en Poitou et en Alsace, qu'il introduisit le premier en France des troupeaux de moutons mérinos, qu'il appliqua à ses forges et laminoirs de la vallée de Massevaux les procédés mécaniques usités en Angleterre, l'affinage des métaux à la houille, la fabrication de la tôle et du fer blanc. Napoléon Ier le tint en très haute estime : en 1809 il lui confia le poste difficile de préfet des Deux-Nèthes, à Anvers, au moment de l'invasion par les Anglais des îles de Beveland et de Walcheren. Placé entre des influences contraires dans un grave procès d'octroi, il fut amené à donner sa démission, et, au mois de mai 1815, fut élu représentant par le collège électoral de Belfort. La part active qu'il prit à l'opposition de l'époque lui attira de nombreuses persécutions, notamment à l'occasion des conspirations du Haut-Rhin. En 1829, peu de temps avant l'avènement du gouvernement de Juillet, il ne resta étranger à aucune des revendications des classes laborieuses : il demandait l'abolition des taxes indirectes sur le sel, sur les boissons, et la réduction du droit sur les tabacs.

Élu député à Strasbourg le 2 octobre 1831, il demeura fidèle à son rôle constant d'opposition, rêvant en matière d'impôt, une taxe unique proportionnée au revenu de chacun. Ce socialiste de bon aloi et de grand cœur, ce précurseur énergique de nos pâles réformateurs modernes qu'effraye l'impôt sur le revenu, fut l'ami et le protecteur de ses nombreux ouvriers qui lui devaient leurs moyens d'existence dans la vallée de Massevaux, et mourut à Paris le 1er août 1842. Peu d'amis suivirent son cercueil. Le peuple qu'il avait toujours aimé et défendu l'avait oublié. Triste retour des choses humaines. L'histoire doit s'incliner devant cette grande mémoire, devant ce républicain de l'avant-veille dont le nom mérite d'être resté légendaire.

.˙.

Dans son *Voyage dans les Vosges*, écrit en allemand par Chrétien-Maurice Engelhardt, et publié en 1831 à Strasbourg par Treuttel et Würtz, il est souvent question des établissements métallurgiques semés dans la vallée de Massevaux le long de la Doller, par M. d'Argenson.

J'en traduis quelques lignes :

« Un peu avant d'arriver en ville on rencontre la fonderie de fer de M. d'Argenson ; ensuite, à l'entrée de la petite localité, les blanchisseries de la manufacture de coton de M. Kœchlin où se trouvent des parcs anglais et où la nature romantique du pays, le cours d'eau qui le traverse et un rocher isolé de forme singulière ont rempli, en grande partie, le rôle de dessinateur de jardins. De Weegscheid où se trouve la fabrique de fer blanc de M. d'Argenson qui fournit d'excellents produits et se perfectionne de jour en jour, un chemin se dirige le long du torrent vers le village de Dolleren qui porte son nom. Ce chemin carrossable conduit à l'entrée d'une vallée latérale où se trouve Oberbruck et où sont installés les martinets, les dépôts ainsi que la factorerie de toutes les usines. Les eaux motrices arrivent à Oberbruck par deux vallées supérieures ; le canal du sud a été formé à son origine par l'endiguement de deux étangs, nommés Neuweyer et sert de réservoir pour les besoins éventuels ; l'autre est une dérivation du Sternsée. Il existe encore dans la vallée de Massevaux une usine de cuivre qui, entre autres produits, livre au commerce d'excellents cylindres ».

Un nouveau concours régional d'agriculture avait eu lieu à Colmar dans le cours de l'été 1867. De nombreux concurrents venus de tous les départements voisins donnèrent une grande animation à ces assises de la production alimentaire. Il y avait alors à Paris des entrepreneurs qui se chargeaient de fournir et de mettre en place le matériel nécessaire. La ville de Colmar a payé, de ce chef, une somme de 16,176'50c. à l'entrepreneur Dumont. La dépense totale s'est élevée à 26,604 fr., y compris les frais du concours des gymnastes. L'Alsace avait compris depuis longtemps la nécessité d'organiser des sociétés de gymnastique et d'entretenir une salutaire émulation entre elles au moyen de concours périodiques qui avaient lieu à Strasbourg, à Colmar et à Mulhouse. On a fini par reconnaître partout la haute utilité pratique de ces exercices corporels destinés à assouplir la jeunessse et à la préparer aux endurances de la guerre.

Les maraîchers de Colmar, qui constituaient une très importante corporation, avaient organisé au Marché couvert une superbe exposition de légumes, de fruits et de fleurs, savoureuse attraction pour les amateurs de botanique, de pomologie et d'œnologie. Il y avait là des choux et des navets monstres, des potirons et des concombres phénoménaux, des pommes et des poires monumentales, des ceps garnis de grappes prodigieuses, rappelant les raisins de Chanaan, et au milieu de tous ces verts, de tous ces violets, de tous ces jaunes intenses, le rouge flamboiement des tomates et les mosaïques rutilantes des roses et des dahlias, en un mot une vraie orgie de couleurs.

．．

La halle couverte de Colmar était complètement achevée en 1867. Il ne restait plus qu'à décorer la fontaine monumentale que l'architecte avait placée dans le pan coupé établi à l'un des angles. Ici encore le talent du sculpteur Bartholdi trouva l'occasion de s'affirmer : il voulut symboliser la destination de cet édifice, que fréquentent les vignerons et les maraîchers, par une statue en bronze représentant un jeune vigneron assis, la tête rejetée en arrière et buvant à même d'un petit tonnelet qu'il tient des deux mains au-dessus de sa bouche. Cette particularité empruntée aux habitudes des ouvriers maraîchers de Colmar qui, en se rendant dans les champs, emportent un petit tonnelet de piquette, donnait un caractère tout à fait typique à la statue que complète, d'ailleurs, un autre détail non moins typique, la présence d'un petit roquet *(Spitz)*, compagnon obligé de tous les ouvriers agricoles et gardien vigilant de leurs habits. Un système de tuyaux ménagé dans l'intérieur de la statue amène l'eau dans le tonnelet d'où le jet de liquide va tomber dans la bouche du vigneron (qui en général a horreur de l'eau et ne la trouve bonne que pour l'arrosage de ses légumes) et redescendait par un autre tuyau dans le bassin de la fontaine. Sans vouloir critiquer la composition de M. Bartholdi, qui a un caractère tout à fait artistique, on peut se demander s'il n'y a pas un tout petit peu d'exagération à condamner un homme de bronze à boire éternellement un jet d'eau vive. C'est l'inverse du supplice de Tantale. En hiver la statue se couvre de stalactites de glace et parfois, en été, le filet d'eau dévie et se déverse sur le torse du jeune vigneron. Quoiqu'il en soit, la statue exposée au salon de Paris de 1868, fut acquise par le ministère des Beaux-arts, alors entre les mains du comte de Nieuwerkerque, et donnée à la ville de Colmar. Elle acquit ainsi sans bourse délier, cette œuvre décorative qui vint très à propos s'installer dans la niche réservée au-dessus du bassin de la fontaine.

*

Au mois de septembre 1868, un second voyage en Suisse m'offrit l'occasion de visiter la partie orientale de ce pays sur les bords du lac de Constance. Je réglai mon itinéraire de façon à traverser de nouveau le lac de Lucerne, voir Notre-Dame-des-Ermites, traverser le lac de Zurich et pousser par Winterthur et Frauenfeld jusqu'à Romanshorn sur le lac de Constance. Laissant le Righi à gauche, nous allons débarquer à Brunnen où nous dînons au milieu d'un groupe d'anglais taciturnes, figés dans la raideur de leur cant britannique. A Einsiedeln j'allai visiter la fameuse imprimerie-librairie Benziger qui répand dans le monde entier son imagerie religieuse et ses livres de piété, et qui a établi des comptoirs jusqu'en Amérique.

L'église où se trouvait la Vierge miraculeuse et le fameux lustre offert par le comte de Chambord, est remplie d'ex-voto et de toute une ferblanterie de mauvais goût attestant l'incroyable persistance de la superstition humaine. C'est dans cette église que le réformateur Zwingli qui, en 1516, était curé d'Einsiedeln, fit entendre ses véhémentes critiques contre le clergé d'alors et la superstition des pèlerins qui lui apportaient leurs offrandes.

M'embarquer à Richterschwyl, traverser le lac de Zurich, visiter sommairement la ville dont les boucheries, d'une propreté flamande, ressemblent à un palais de marbre, fut l'affaire de peu de temps. J'admire la gare, bijou d'architecture élégante et pars pour Romanshorn, où j'arrive avant la nuit. Le train s'était arrêté quelques minutes à Frauenfeld et à Winterthur (canton de Thurgovie), deux grosses bourgades peu intéressantes. La ligne de Zurich à Romanshorn se continue, au delà du lac, de Friederichshafen à Ulm. Il me semble, sans pouvoir l'affirmer, avoir vu charger le wagon-poste de notre train sur un ponton à vapeur et à rails, qui l'a transporté sur la rive opposée.

Le lendemain, par une de ces journées automnales dont l'extrême limpidité permet de découvrir tous les accidents de l'horizon, je montai sur une hauteur dominant le lac et pus contempler cette grande surface d'un blanc laiteux et jaunâtre, encadrée au midi par la chaîne du Dissentis, à l'est par les montagnes du Vorarlberg autrichien et la jolie ville de Bregenz, cette patrie des maçons et des Dampfnudlen (1), au nord par la ville de Constance et les montagnes de la Souabe. Ne pouvant dessiner tout cet immense panorama, je voulus du moins en rapporter une tranche et j'allai sonner à la grille d'une jolie villa pour travailler à l'abri du soleil. Le propriétaire me reçut fort gracieusement et m'installa dans son salon d'où l'on voyait tout le port, et dans le lointain les montagnes dentelées du Dissentis dans le canton d'Appenzell.

A Zurich, l'hôtel de l'Épée où je logeais donne sur le lac et la vue dont on jouit est superbe. De nombreux et beaux édifices ont modernisé l'aspect de cette ville qui est, avec Bâle, une des métropoles de la Suisse allemande. Le Polytechnikum ou École polytechnique de Zurich est son foyer scientifique. C'est le pays luthérien ou plutôt zwinglien formant, au point

---

(1) Nouilles à la vapeur, régal préféré des maçons tyroliens autant dire que ces aimables et lourdes pâtes sont le macaroni des enfants du Tyrol.

de vue, des mœurs et de la civilisation, un contraste marqué avec les cantons catholiques de Lucerne, de Schwytz, d'Uri, de Fribourg, du Valais, qui ont été si profondément troublés en 1845 par la guerre religieuse du Sonderbund. Un mort et un blessé, tel fut le bilan de cette insurrection fratricide contre laquelle le Conseil fédéral leva une armée de 40,000 hommes !!! Le contraste est encore plus accentué dans la Suisse romande qui représente l'influence française par la langue et les mœurs et dont Genève, la Rome calviniste, est avec Lausanne le centre dirigeant. On voit par là que ce petit pays de Suisse, situé au centre et au point culminant de l'Europe, enserré comme un fort dans ses puissantes défenses naturelles, présente des contrastes de races, de religions est de civilisations qui semblent réfractaires à son unité politique. Et cependant cette unité, cimentée et maintenue depuis des siècles par la fédération républicaine des vingt deux cantons est aussi solide que celle des puissants états qui l'entourent et qui, à un moment donné, pourraient mettre sa neutralité en danger.

XLII

Les Comtes de Ribeaupierre rois des Ribauds. — Le trésor de Ribeauvillé. — Grand hanap historique. — Bibliothèque des comtes. — Origine de la Guillotine — Béatrice Cenci. — Fourches patibulaires. — Dernière pendaison à Altkirch.

Pendant l'hiver 1868-1869, nous allâmes nous installer pour quelques jours à Zellenberg où la température était exceptionnellement douce. Ce petit congé me permit d'aller dessiner à l'hôtel-de-ville de Ribeauvillé les beaux vases en argent ciselé offerts à la ville, pendant la première moitié du XVIIe siècle, par les comtes de Rappolstein ou Ribeaupierre, qui possédaient, à titre de fief, la seigneurie de Ribeauvillé et demeuraient dans les trois forteresses féodales qui dominent la cité. Ils avaient, dans l'intérieur de celle-ci, un autre grand château occupé aujourd'hui par le pensionnat des sœurs de la doctrine chrétienne. Ces vases ou hanaps destinés aux grandes solennités épulaires, sont au nombre de sept. Je les ai gravés sommairement par le procédé Comté pour ma notice historique publiée en 1872 dans la *Revue d'Alsace*. Mes dessins ont été reproduits également dans l'*Art en Alsace-Lorraine*, de René Ménard (Paris 1874), et dans l'*Art ornemental*, (Octobre 1883).

Cette famille de dynastes dont l'origine remonte au douzième siècle, s'était toujours signalée par son goût pour les arts et pour les lettres. Elle possédait une importante bibliothèque d'imprimés et manuscrits dont a hérité en 1792 la bibliothèque de la ville de Colmar. Plusieurs grands tableaux historiques figurent également parmi les épaves qui ont enrichi les collections anciennes du musée. La perle du trésor de Ribeaupierre était une grande coupe en vermeil ornée de pierres précieuses et de bas-reliefs représentant les travaux des mineurs dans les mines d'argent de Sainte-Marie-aux-Mines, dont les comtes de Ribeaupierre étaient propriétaires; puis c'étaient des scènes de l'histoire romaine, le dévouement de Mutius Scevola, la mort de Virginie, le combat des Horaces et des Curiaces, et l'expulsion des Tarquins. Six cartouches représentent les travaux d'Hercule. L'artiste, auteur de ce beau travail, et qui a oublié modestement de signer son œuvre, était sans contredit un apôtre du progrès qui, tout en travaillant pour les despotes féodaux, a eu le courage de faire parler à son œuvre le langage de l'humanité souffrante avide de s'affranchir.

N'oublions pas de mentionner ici que le représentant Grégoire a signalé le vase de Ribeauvillé à la Convention nationale comme ayant été sauvé de la destruction pendant les scènes de vandalisme qui ont marqué la période révolutionnaire. Cette coupe merveilleuse, dans la composition de laquelle il est entré vingt-deux livres d'argent provenant des gisements de Sainte-Marie-aux-Mines, a été exécutée, suppose-t-on, en 1530 et était placée comme un surtout décoratif sur la table d'honneur des banquets offerts par les sires de Ribeaupierre à la noblesse du pays et aux princes étrangers.

Elle avait près d'un mètre de hauteur. Gargantua seul ou le mousquetaire Porthos auraient pu la porter à leurs lèvres et la vider. Voilà pourquoi on y puisait au moyen d'un gobelet à dé que chacun des convives, à tour de rôle, était tenu de secouer pour savoir, d'après le nombre de points amenés, quelle quantité de purée septembrale il pouvait boire. Le terroir de Ribeauvillé était célèbre par son cru de vin blanc du Zahnacker. Ce nectar, encore fort apprécié aujourd'hui, a dû servir bien des fois à remplir la fameuse coupe et toutes les autres qui ont fait l'objet de ma notice historique. Ajoutons, pour compléter ce petit résumé, que ce bocal héroïque et légendaire a été conservé longtemps à la bibliothèque de Colmar où il avait été déposé en 1793 par les commissaires du district Marquaire et Casimir Karpff.

Le dernier des Rappolstein, ce prince Maximilien, qui avait été colonel du régiment d'Alsace, au service de la France et que Napoléon Ier fit monter sur le trône de Bavière, revendiqua la propriété de la coupe qui lui fut très gracieusement rendue par le Gouvernement français comme héritage de famille.

Depuis 1869 j'étais obsédé de l'idée de me procurer un jour la photographie de ce bocal célèbre, vrai monument d'art, d'origine alsacienne et d'en exécuter un grand dessin à la plume pour le reproduire par la gravure ; mais le douloureux calvaire de 1870, l'exode et ses tristesses et puis d'autres grandes préoccupations m'ont fait, pendant vingt six ans, non pas oublier, mais ajourner la réalisation de ce rêve d'artiste. Patience et longueur de temps mènent à tout : La Fontaine a toujours raison.

Or, dans ces derniers temps, le goût public s'est porté avec enthousiasme vers ces exhibitions des vieilles richesses artistiques, historiques et ethnographiques qui, durant des siècles, sont restées enfouies, presque introuvables, conservant la patine contemporaine des époques qui les ont vu naître, et comme l'empreinte de la poussière d'autrefois et l'émanation de la vie ambiante.

Épaves brillantes de mondes évanouis qui ont joué leur rôle sinistre dans les tragédies de l'histoire, qui ont assisté aux égorgements monstrueux, aux incroyables hécatombes de la guerre de Trente ans en Alsace, à toutes les grandes invasions dont ce riche et malheureux pays a été l'objet, sans trêve ni merci ; ces monuments qui ont entendu gémir toutes les douleurs humaines, mais n'ont assisté que rarement à de grands et généreux spectacles, ressuscitent comme une leçon d'histoire dans les musées et les expositions rétrospectives. Comme le soleil qui éclaire, impassible, les calamités terrestre, ils brillent aujourd'hui d'un nouvel éclat, racontant les épreuves qu'ils ont traversées.

Une exposition de ce genre a eu lieu en 1895 à Strasbourg, rappelant combien l'ancienne Alsace était richement dotée d'objets d'arts, dans cette ville même où disparurent, emportés en un jour néfaste, les plus précieux chefs d'œuvre.

La cour de Bavière avait bien voulu se dessaisir momentanément, en faveur de cette exposition, du grand hanap en vermeil dont il est question plus haut. C'est là qu'il a été photographié par M. J. Manias qui en a tiré des épreuves en héliogravure. Grâce à l'entremise obligeante et dévouée d'un ami de Colmar, j'ai pu me procurer en juillet 1896 deux de ces épreuves. N'ayant que 0ᵐ30 de hauteur elles permettent difficilement de juger des détails extrêmement compliqués de l'ornementation. Mon dessin qui est terminé, ayant le double de cette dimension, il est facile d'en déchiffrer tous les détails.

Maintenant se pose la question de savoir quel est l'auteur de ce bocal, ou plutôt de ce poëme héroïque. Est-il l'œuvre d'un orfèvre alsacien, de Strasbourg ou de Colmar ? Ou bien, tout en admettant que l'exécution matérielle est alsacienne, ne faut-il pas rechercher le nom de l'artiste qui en a dessiné le modèle, parmi les peintres, graveurs et dessinateurs qui se sont rendus célèbres des deux côtés du Rhin pendant le seizième siècle ? Hans Holbein, le jeune, Virgile Solis, Sebald Beham, Wenceslas Iamitzer, ce dernier surtout qui a dessiné plusieurs vases superbes dont l'un, par sa forme générale et ses détails, se rapproche étonnamment de ceux de notre bocal (1) : même exubérance de détails et de moulures, de mascarons et de rinceaux, de volutes et d'enroulements, de cartouches à têtes de boucs et de satyres.

Virgile Solis et Hans Holbein qui ont dessiné une quantité considérable de modèles pour les orfèvres et armuriers, tout en donnant dans l'excès d'ornementation, procédaient d'après un sentiment plus épuré que celui de Iamitzer et où se sentent les influences italienne et française. Mais à quoi bon raisonner ? On ne peut que cheminer en compagnie de dame Incertitude, tant qu'on n'aura pas trouvé dans un inventaire contemporain le nom de l'artiste. Les conjectures, vague tissu d'erreurs, ne peuvent que tourner ici autour de la lettre P, gravée en relief dans un petit cartouche de la base.

Ce qui est incontestable, c'est que ce bocal d'apparat, qu'on n'exhibait qu'aux jours de grand gala, figurait en 1543 au repas de noces de George de Ribeaupierre et d'Elisabeth de Helffenstein; qu'en 1527 Guillaume de Ribeaupierre s'était associé pour l'exploitation des mines d'argent du val de Lièpvre à l'archiduc Ferdinand d'Autriche, après avoir été investi par l'empereur Charles-Quint du droit de les exploiter; qu'en 1530 un gisement assez important d'argent pur y fut découvert et qu'on préleva sur le produit une quantité de vingt deux livres pour la confection du bocal qui resta dans la famille afin de perpétuer le souvenir de cette heureuse découverte.

On a même extrait des pépites d'argent massif dont chacune pesait trois quintaux.

Le pasteur Billing a écrit en allemand une description minutieusement correcte mais un peu froide de cette œuvre d'art pour dérouler aux yeux du lecteur, sans le secours du dessin, un ensemble aussi splendide que compliqué. Patience; le moment viendra où on lira le dessin même aussi facilement qu'on lit dans l'Iliade la description du bouclier d'Achille, *si magna licet componere parvis*. Cependant

---

(1) Voir la planche 233 de l'*Album de la Renaissance* publiée en 1877 par l'éditeur G. Hirth, de Munich.

l'artiste qui l'a créé n'avait point le talent expéditif de Vulcain qui, en une seule nuit, improvisa à coups de marteau et de burin, toutes les scènes de la création ; et il est à supposer que notre orfèvre inconnu a mis des années à ciseler les fantastiques végétations de son œuvre.

Par un privilège séculaire, les seigneurs de Ribeaupierre étaient les rois des ménétriers d'Alsace. On célébrait chaque année, à leur cour, la fête du *Pfifferlag*, (Jour des musiciens), fête à l'occasion de laquelle tous les ménétriers de la Haute-Alsace tenaient leur séance de justice sous la présidence de leur roi. La grande coupe devait nécessairement être placée sur la table du banquet offert à cette association joyeuse, dans une salle du château seigneurial, afin de donner aux convives la satisfaction et l'honneur d'y boire un coup et même deux, ce à quoi les gosiers de musiciens n'ont pas l'habitude de bouder. Cette fête du *Pfifferlag* continue à se célébrer chaque année, le 8 septembre, sous les plantureux ombrages du *Herrengarten* (Jardin des seigneurs) dont les belles charmilles remontent à la période prospère des dynastes de Rappolstein.

En somme, ces rois de la beuverie et de la haute liesse, doivent peut-être plus de gloire à leur titre de Rois des Ribauds, qui s'est incrusté dans le souvenir populaire, qu'aux coups d'estoc et de taille qu'ils ont donnés dans leur carrière politique de barons féodaux et quelque peu pillards. Le chroniqueur Woog, qui n'aimait pas les détrousseurs de grands chemins, les appelait couramment *Raubvolk* (voleurs) et leurs châteaux *Raubnester* (nids de voleurs). Tel était le château de la Molkenbourg que les Rappolstein possédaient à Guémar.

Parmi les volumes manuscrits de la bibliothèque des Ribeaupierre, il en est deux particulièrement curieux et que j'ai feuilletés avec le plus vif intérêt. L'un est une histoire de la balistique renfermant de nombreux dessins à la plume, avec la description des engins primitifs de l'artillerie. M. Lorédan Larchey, le savant bibliothécaire de l'Arsenal, est venu à Colmar y puiser des documents précieux pour son Histoire de l'Artillerie ancienne qu'il avait publiée d'abord, autant que je me le rappelle, sous la forme d'un petit volume autographié avec des planches dessinées par lui-même.

L'autre volume est un imprimé, avec gravures sur bois, coloriées à la main, réuni à d'autres brochures formant ensemble un assez gros recueil relié en parchemin. Il est intitulé : « *Das Symbolum der heiligen Aposteln, darin der Grund unsers christlichen Glaubens gelegt ist, ausgelegt durch D. Mart. Luth. Mit schœnen, lieblichen Figuren. 1548* ». (Le Symbole des saints Apôtres ou le fondement de notre foi chrétienne, expliqué par le Docteur Martin Luther. Accompagné de belles et gracieuses images, 1548).

Ces *belles et aimables* images, au nombre de douze, sont des gravures sur bois représentant chacune, le plus gracieusement possible, le supplice d'un apôtre. Celle qui reproduit le supplice de Saint Mathieu, est particulièrement remarquable en ce sens que le patient est décollé au moyen d'une machine absolument identique à notre guillotine moderne. En effet, elle se compose de deux poutres montantes, enfoncées dans le sol, réunies en haut par par une simple traverse, au dessous de laquelle est le couperet jouant dans les rainures et attaché au déclic par une corde que tient le bourreau, tandis que l'un des aides maintient le patient agenouillé et que l'autre lui tient la tête en dehors de la lunette. Ces aides ont les manches à crevés de l'époque de François Ier, et donnent par là même, une date certaine à la gravure. Des soldats à pied et à cheval entourent l'échafaud. On voit qu'il ne manque à la machine que la plate-forme et la bascule.

La bibliothèque de Colmar possède encore d'autres anciens volumes reproduisant des machines analogues, entre autres une impression strasbourgeoise de 1508 et une bâloise de 1553 intitulée « *B. Brandt, Vollk. Begriff-Basel MDLIII* » et qui représente une exécution par la guillotine.

Le volume cité plus haut est accompagné de cette note :
« D'après le *Figaro*, il existe dans le *Manuel de l'amateur d'estampes*, une gravure d'Aldegrever datée de 1553 et représentant une guillotine. On voit en effet, le fils de (nom en blanc) agenouillé devant une machine, reproduction exacte de celle décrite dans la consultation du chirurgien Louis. La tête du patient est maintenue enserrée sous le tranchant convexe d'un couperet glissant dans des rainures (1). »

Cette machine à décollation, nommée *manaja* en italien, est aussi gravée dans l'ouvrage d'Achille Bocchi, intitulé *Symbolic. Quæstion.* (1555).

Dans son *Dictionnaire des sciences*, Bouillet nous apprend que, dès 1507, on exécutait à Gênes au moyen de la *manaja* et que ce même instrument trancha la tête de la belle et célèbre Béatrice Cenci. Le 11 septembre 1599, Béatrice, sa sœur Lucrezia et l'un de leurs frères, Giacomo, convaincus de parricide sur Francesco Cenci, leur père, qui les avait déshonorés par ses crimes et ses mœurs inavouables, furent exécutés publiquement à Rome. Cette exécution, faite avec une espèce de guillotine, très imparfaite, donna lieu à des accidents et à des mouvements populaires. La belle romaine, se débattant sous la main du bourreau, eut la gorge hachée avant de recevoir le coup fatal. Elle fut inhumée dans l'église de San-Pietro in Montorio auprès du maître-autel que décorait alors la *Transfiguration* de Raphaël. La tombe de cette belle blonde aux cheveux d'or s'abritant sous le rayonnement d'un des plus grands chefs-d'œuvre de l'art ! Quel souvenir évoque cette petite dissertation sur les origines de la guillotine !... L'histoire tragique de la belle et infortunée romaine est restée vivace dans les souvenirs populaires. Paul Delaroche, le peintre ordinaire des princes décapités, a été séduit par cet émouvant souvenir et en a fait le sujet d'un de ses tableaux : *La Cenci menée au supplice*.

(1) Je dois ces curieux renseignements à une communication toute gracieuse de M. André Waltz, bibliothécaire de la ville de Colmar, qui a fait à mon intention des calques très fidèles de ces vieilles gravures.

Nil novi sub sole. On est habitué à attribuer au docteur Guillotin, de Saintes, membre de la Constituante, le peu enviable honneur d'avoir inventé, dans un but humanitaire, l'instrument de mort rapide qui porte son nom, alors que cet engin était connu depuis près de trois siècles. Le docteur a simplement fait revivre un ancien système de décollation tombé en désuétude. Ces machines, dont on nous montre l'image dans les vieux livres allemands et italiens, ont réellement fonctionné à l'époque de la Renaissance. Toujours est-il que depuis lors, la décollation par le glaive a prévalu en Allemagne, en Italie et en Suisse, et que la pendaison est restée le supplice légal en Russie, en Autriche, en Angleterre et en Turquie, de même qu'elle l'était en France avant la Révolution.

Ce bon docteur Guillotin n'avait pas besoin de cette célébrité macabre pour aller à la postérité. Après avoir terminé sa carrière politique, il reprit ses fonctions de médecin, et c'est lui qui fonda la célèbre association médicale qui existe encore à Paris sous le nom d'*Académie de Médecine*. Convenons que la légende à laquelle s'attache le nom de ce médecin philantrope est de celles qui ont la vie dure. Elle ne sera jamais démolie quoique puissent faire ceux qui ont en mains les preuves palpables de la vérité.

La réapplication de la guillotine en France a eu, du reste, ce résultat auquel l'homme civilisé ne peut qu'applaudir, c'est de débarrasser certains grands pays de l'aspect hideux et sauvage des potences et fourches patibulaires placées à l'entrée des villes petites et grandes, où elles ont laissé leurs noms sinistres aux terrains consacrés aux exécutions et que les gravures de Callot ont fixées dans leur tragique éloquence. A Altkirch, la colline du gibet, qui fait partie du petit bois de Saint-Morand, s'appelle aujourd'hui encore *Galgenboden* (terre de la potence).

La dernière pendaison, à Altkirch, eut lieu en 1783. A cette époque reculée la législation seigneuriale était cruelle et impitoyable pour le vol. Un malheureux paysan de Carspach, qui avait volé *une cravate* en soie à la foire d'Altkirch, fut condamné pour ce minuscule délit, à être pendu. Ma grand'mère Ursule Hanser, qui m'a raconté ce fait, avait alors quinze ans et fut désignée par le curé pour aller quêter, dans la foule des assistants, de quoi faire dire des messes pour le repos de l'âme du patient. Je ne sais si cette malchanceuse victime d'une justice monstrueuse, qui avait échangé sa cravate de soie contre une cravate de chanvre, en sut beaucoup de gré au curé. Mais c'était l'usage.

XLIII

Chemin de fer de Colmar au Rhin. — Le Bildstein et le Seelbourg. — Mines d'argent de Sainte-Marie. — Christophorus. — Paphinisnaïda. — Charles Gérard. — Erwin. — Herrade de Landsperg et le Hortus deliciarum.

Un décret du 24 avril 1869 avait concédé à la ville de Colmar le chemin de fer de Colmar au Rhin dont j'ai amplement parlé plus haut. La préparation de ce projet avait été l'objet de nos préoccupations depuis plusieurs années et m'avait causé, à moi personnellement, un surcroît de travail énorme. Une loi du 1 mai suivant autorisait la ville à emprunter une somme de 1,700,000 francs, remboursable en trente annuités, pour le paiement de son contingent fixé au même chiffre de . . . . 1,700,000 fr.
L'État s'engagea à fournir une subvention de 960,000 »
et la part contributive du département était de 200,000 »

Total . . 2,860,000 »

Telle était la situation des choses lorsque le comité du chemin de fer de Fribourg au Rhin demanda à conférer avec le comité de Colmar pour déterminer le point exact où la ligne devait franchir le Rhin et s'entendre sur le système de construction du pont à établir. Cette conférence eut lieu à Vieux-Brisach le 29 décembre 1869 en présence des ingénieurs des deux lignes. Chose digne de remarque, les deux parties s'engagèrent à employer tous leurs efforts pour que les travaux des deux lignes fussent commencés au mois de mai 1870 et achevés au 1 juin 1871, de façon qu'à cette date l'exploitation des deux sections pût s'ouvrir à la fois. La réunion fut cordiale ; des toasts ronflants, dans les deux langues, firent appel à la concorde ; les commissaires de Colmar, maire en tête, rapportèrent la meilleure impression de cette entrevue internationale. Tous ces beaux projets se noyèrent, quelques mois après, dans la sombre catastrophe de 1870, et les travaux, repris après l'annexion, donnèrent lieu à la création d'une ligne stratégique allemande.

Chemin de fer de Colmar au Rhin. — Le Bildstein et le Seelbourg. — Mines d'argent de Sainte-Marie. — Christophores. — Baptistaids. — Château Saint-Ulrich. — Ferrade de Landsperg et le Hortus deliciarum.

Dans le courant de l'été de 1869, j'allai visiter la partie de la montagne qui s'étend entre Riquewihr et Sainte-Marie-aux-Mines. Un dimanche matin, accompagné de notre vieux et fidèle vigneron, je m'engageai dans le petit vallon où s'élèvent au milieu des sapins, les ruines du donjon de Reichenstein, démantelé pendant la Guerre de Trente Ans, pour gravir ensuite les escarpements qui mènent aux sommets arides du Seelbourg. Là, entouré d'un fouillis d'arbres, se cache un immense rocher aux formes bizarres que surmontent les ruines du château de Bildstein. Antérieur à la période gothique, ce château a un bel appareil de pierres de taille à bossages, et son donjon carré domine d'un côté la vallée de Riquewihr et de l'autre celle de Ribeauvillé.

Niché là haut comme une aire de vautours, ce château n'a pas d'histoire. Cependant on sait qu'au moyen âge il servait de prison pour les malfaiteurs et avait conservé cette destination dans les seigneuries de Riquewihr et de Horbourg, jusqu'en 1633, époque où il fut pris et démantelé par un corps d'Impériaux. Ses oubliettes, devenues légendaires, inspiraient une telle terreur aux habitants de Riquewihr que lors de la transaction de 1489, avec Henri VI, comte de Wurtemberg et de Montbéliard, il fut stipulé expressément qu'aucun bourgeois de la ville ne pourrait plus être enfermé dans la profonde tour du Bildstein. Cette charte, véritable *mea culpa* ou acte de contrition du nouveau seigneur, se trouve aux archives de Montbéliard. Ce hobereau promet de ne faire emprisonner ses vassaux que dans la tour blanche de Riquewihr, ce qui est on ne peut plus gracieux, de ne plus leur administrer la schlague, ce qui est plus gracieux encore, de ne plus les injurier ni les calomnier, ce qui est le comble de la gracieuseté (1). Munis de ce bon billet à La Châtre, les braves habitants de Riquewihr n'avaient plus le droit de se plaindre, ayant la séduisante perspective d'être bouclés dans la tour blanche et de rêver aux inappréciables bienfaits de la charte de 1489.

Toute cette crête de la montagne est hérissée d'amas de rochers qui lui donnent un caractère sauvage. A deux pas de la vieille forteresse, dans un site boisé mais aride, se cachent les huttes misérables du petit hameau de Neudorf (village neuf), où demeurent quelques pauvres familles de bûcherons et de sabotiers séparées du monde sur ces hauteurs incultes où le sol avare ne leur offre que des pommes de terre.

Voici Aubure (Altwihr) village à population mixte catholique et protestante, qui de son altitude de 1100 mètres, domine la vallée de Ribeauvillé et est aujourd'hui encore le village le plus élevé de la chaîne des anciennes Vosges. C'est là que se réfugièrent quelques uns de ces farouches anabaptistes du seizième siècle, que le duc de Wurtemberg chassa de Riquewihr et qui se transformèrent à la longue en paisibles protestants ou catholiques (2).

Quelques coups de collier encore, par des sentiers peu frayés, et nous arrivons au sommet de la côte de Sainte-Marie d'où nos regards plongent sur cette ville moitié alsacienne et moitié lorraine. Séparée en deux parties par le petit cours d'eau de la Lièpvre, la partie alsacienne parle le patois du pays, tandis que dans la partie lorraine on parle exclusive-

---

(1) *Musée historique et pittoresque d'Alsace*, Louis Levrault.
(2) Ibid.

ment le français. L'exploitation des mines d'argent des environs, depuis longtemps abandonnée, avait été, il y deux siècles, une source de richesse pour cette localité dont les habitants sont très industrieux. Au seizième siècle ces mines, exploitées par les comtes de Ribeaupierre, étaient extraordinairement productives : de 1528 à 1530 on n'y recueillit pas moins de 7000 Mark d'argent par an. Pendant les années 1530 à 1539 on en a extrait des pépites d'argent natif dont chacune pesait trois quintaux. Cet argent était si blanc et si fin qu'il put être travaillé, sans emploi du feu, par les orfèvres et les monnayeurs.

Les fabriques de cotonnades de Sainte-Marie-aux-Mines sont très avantageusement connues comme produit spécial de l'industrie alsacienne. En entrant en ville j'allai serrer la main à mon cousin H... qui s'était créé une position, comme représentant de commerce, dans ce centre manufacturier qu'habitait une famille B..., à laquelle il était apparenté, famille de bons vivants et d'aimables causeurs, qui a fourni au clergé alsacien deux ou trois abbés, véritables abbés de cour, n'engendrant à aucun point de vue la mélancolie. L'abbé Adolphe B... que j'ai connu vicaire à Colmar, résumait en son aimable personne, toutes les qualités brillantes mais légèrement superficielles d'une race douée des séductions de l'esprit et du bon ton.

Pauvre Édouard ! un an après, ce beau jeune homme plein d'intelligence et d'avenir, mourait à la fleur de l'âge, atteint de la fièvre typhoïde à Villefranche (Rhône) où il commandait une compagnie de la Légion alsacienne. Colmar et Mulhouse avaient fourni un fort contingent de volontaires pour les luttes suprêmes. M. Julien Sée, de Colmar, prononça les dernières paroles d'adieu sur la tombe du lieutenant H... et subit quinze jours d'arrêt pour avoir pris la parole sans l'autorisation du commandant. C'était la discipline inflexible appliquée à ce noble sentiment de la confraternité sous les armes.

M. George Stoffel, ancien employé aux archives de la préfecture du Haut-Rhin et ancien percepteur d'Altkirch, avait succédé à M. Thomas dans les fonctions de bibliothécaire de la ville. Savant modeste et sérieux, n'ayant jamais fait étalage de ses connaissances archéologiques, il a su, par ses recherches patientes, élucider bien des questions obscures, surtout dans le domaine bien intéressant des cours colongères du moyen âge. Il laisse après lui une œuvre à la composition de laquelle il a consacré une grande partie de son existence, le *Dictionnaire des communes du Haut-Rhin*, dans lequel il a concentré le résultat de ses consciencieuses recherches sur les origines historiques des villes et communes rurales du pays, avec des indications précieuses sur d'anciens villages disparus.

Stoffel, un des anciens et estimés collaborateurs de la *Revue d'Alsace*, avait un flair extraordinaire pour rétablir le vrai sens de certaines interprétations fantastiques données par des écrivains de valeur mis en présence du texte obscur des vieilles chartes. En voici un exemple assez original. M. L. Levrault, également collaborateur de la *Revue*, dans un article publié en 1852 sur la vallée de la Brusche, avait relevé dans une charte carlovingienne ce mot étrange de *Paphinisnaïda*, qui dans ce grimoire où le latin coudoyait le tudesque, semblait sonner comme une évocation du monde grec. Il s'agissait d'une vallée arrosée par la cascade de Nideck et dont un canton portait cette appellation originale. En traduisant le mot par *Naïade de Paphos*, M. Levrault émit l'opinion que ce lieu avait été habité jadis par une colonie gallo-romaine. « *Paphinisnaïda* » devait être, disait-il, une villa gallo-romaine, et à en juger d'après le dérivé évident du verbe grec ναυ et du substantif latin *naïs*, une villa près d'une source ou d'une cascade, peut-être Nideck ? Ce nom si harmonieux et qu'on est si étonné de trouver au milieu des appellations barbares des chartes carlovingiennes, serait ainsi le nom antique de la belle cascade d

Nideck, et probablement d'une villa ainsi appelée par la fantaisie d'un grand seigneur gallo-romain *amateur des riantes fictions de la Grèce.*

Et nunc erudimini. Stoffel appliqua à cette élucubration poétique la douche froide de son impeccable érudition, en apprenant à M. Levrault que ce beau nom grec de *Paphipisnalda* signifiait tout simplement en patois germanique, *Pfaffenschnaite*, c'est-à-dire, *défrichement de moines.* C'était une concession de terres à cultiver faite par Charlemagne et Louis le Débonnaire à l'Évêché de Strasbourg qui les concéda moyennant redevances à une colonie de religieux.

C'est sous le pseudonyme de *Christophorus* (Stoffel diminutif alsacien de Christophe) que Stoffel écrivait dans la *Revue d'Alsace* ses intéressantes communications historiques et philologiques. Quand j'écrivis ma notice historique sur le comté de Ferrette, j'eus plusieurs fois recours à ses savantes explications de vieux textes et je suis heureux de lui donner ce témoignage reconnaissant dans mes souvenirs.

Parmi les hommes qui ont creusé un large sillon dans le champ des études alsatiques, parmi les chercheurs modernes qui ont fait d'heureuses trouvailles et publié des livres qui resteront comme un témoignage de leur haute culture intellectuelle, nous devons une mention d'honneur à Charles Gérard, avocat à la cour d'appel de Colmar, ancien sous-commissaire du gouvernement à Altkirch et à Saverne et ancien représentant du peuple en 1848. Originaire de Longwy où il est né le 24 janvier 1813, il habita longtemps Ste-Marie-aux-Mines, cette ville moitié lorraine et moitié alsacienne ; il résumait en lui le génie de deux races, et a donné de bonne heure la mesure de ses brillantes qualités d'esprit et de ses rares facultés d'assimilation. Il eut la force de renoncer au prestige de ses positions officielles pour revenir à Colmar plaider le mur mitoyen, ce qui prouve qu'il n'était l'ami ni du galon ni du panache. Beau parleur, critique sagace et souvent caustique, profond jurisconsulte, possédant des notions sur toutes choses, explorateur consciencieux des arcanes historiques, sachant défricher avec méthode les landes les plus abstruses du passé, il avait mis toute sa passion, toute son ardeur de savant à se créer une bibliothèque exclusivement alsatique. C'était un des plus fins limiers de cette chasse au livre à une époque où les chercheurs, encore clairsemés, revenaient rarement bredouille. Bref, par acquisitions, par échanges, par dons gracieux de ses amis, il eut bientôt accumulé sur les rayons de son cabinet de travail les trésors les plus authentiques, les incunables les plus rares de notre vieille histoire provinciale.

C'est là dedans qu'il a puisé les matériaux mis en œuvre dans ses diverses publications ; c'est là cette bibliothèque qui représentait un vrai patrimoine de famille et qui, à un certain moment, a attiré l'attention de l'Alsace. Collection amassée d'abord par pur dilettantisme, elle est devenue plus tard, sous l'empire de certaines circonstances, un capital mobilisable. De là sont sorties les intéressantes notices publiées par la *Revue d'Alsace*, telles que *la bataille de Turckheim et la bataille d'Entzheim*, gagnées par Turenne sur les Impériaux ; puis l'*Ancienne Alsace à table*, livre remarquablement documenté et écrit avec une verve gauloise entraînante où figure, sous une forme étincelante et savoureuse, la description des menus historiques de nos pères, d'où se détachent des pages dignes de Brillat-Savarin ; ensuite l'*Essai d'une Faune historique des mammifères sauvages de l'Alsace* description de tous les fauves vivant en Alsace dans les temps anciens et modernes ; enfin les *Artistes de l'Alsace pendant le moyen âge*, œuvre d'une érudition débordante où il soutient cette thèse, que d'aucuns disent paradoxale, qu'Erwin de Steinbach le merveilleux architecte de la cathédrale de Strasbourg, était d'origine française et s'appelait en réalité *Hervé de Pierrefonds* ; qu'en exerçant son art en Allemagne il a vu, comme bien des artistes du moyen âge, son nom se transformer en celui d'*Erwin von Steinbach*, qui est la traduction littérale du nom français. De même le peintre français Roger de la Pasture, né à Tournai, au quinzième siècle n'est plus connu aujourd'hui que sous le nom flamand de Roger van der Weyden, parce qu'il a exercé son art à Bruges.

Ce n'est pas ici le lieu de discuter cette question qui fournirait matière à controverses sérieuses. Bornons-nous à mentionner ce fait hors de conteste c'est que la grande façade de la cathédrale de Strasbourg porte l'empreinte de l'architecture de l'Ile-de-France, de cet art prétendu gothique qui a été imité dans toute l'Europe.

On dirait — c'est Gérard qui parle — qu'Erwin a voulu laisser sur la cathédrale une signature qui permît à la postérité de le reconnaître, le blason même de sa nationalité. Comment interpréter autrement la présence sur le grand portail, au cœur même de l'œuvre d'Erwin, des armoiries françaises de Saint-Louis et de sa mère Blanche de Castille?

En effet, parmi les scènes sculptées sur le grand portail, on voit la Résurrection du Christ dont le tombeau est garni de fleurs de lis semblables de tous points à celles de France et alternant avec les tours de Castille. Fait tout aussi digne de remarque, sur le même portail figure la statue équestre de Clovis, roi des Francs.

Ne serait-ce point là un commencement de preuve à l'appui de l'opinion de Gérard? Je sais fort bien que le sculpteur alsacien Friederich, qui avait la généreuse toquade de travailler gratis pour la postérité et pour la gloire, a sculpté une statue d'Erwin dont il a fait cadeau au village de Steinbach dans le duché de Bade, confirmant ainsi la légende d'après laquelle Erwin serait né dans cette localité, ce qui, paraît-il, n'est établi par aucun document probant. Ce monument, qui a été inauguré le 30 août 1844, aurait-il la même valeur historique que la statue du prétendu inventeur de la poudre qui fait un si fulgurant effet à Fribourg, sur la jolie petite place des Franciscains, et qui est l'œuvre du sculpteur badois Aloïs Knittel?

Pétrarque et d'autres nous apprennent, en effet, que la poudre existait déjà en Italie en 1338, longtemps avant Berthold Schwartz, dont la date de naissance n'est pas certaine. Les Anglais aussi, dit-on, en ont fait usage en 1346 à la bataille de Crécy. Enfin l'invention de la poudre à canon est attribuée aussi au moine anglais Roger Bacon mort en 1294.

Friederich eût pu, tout aussi bien, offrir sa statue au village alsacien de Steinbach, situé entre Cernay et Thann, et le gratifier ainsi d'un grand homme tout aussi authentique que celui du Steinbach badois. Il n'en faut pas davantage pour accréditer peu à peu dans l'esprit des masses des erreurs historiques flagrantes.

Erwin n'apparaît, semble-t-il, qu'une seule fois avec le nom de *Steinbach*, et cela dans l'inscription qui, jusqu'au dix-huitième siècle se trouvait sur le portail principal de la cathédrale. Il est admis aujourd'hui par les archéologues que cette inscription était apocryphe. Au congrès archéologique qui eut lieu à Strasbourg en 1859, M. de Schauenbourg se prononça en faveur de la commune de Steinbach près de Thann. M. Gérard, après avoir dit qu'une opinion ancienne et presque universellement adoptée lui assigne pour patrie le village de Steinbach, dans le margraviat de Bade, développe son opinion personnelle qui place son lieu de naissance à Pierrefonds, en France. Depuis lors le docteur Woltman de Berlin, qui s'est beaucoup occupé de l'art en Alsace et a écrit une biographie d'Erwin, avoue n'avoir aucun renseignement sur le lieu d'origine et d'apprentissage du maître ; « seulement, dit-il, la façade de la cathédrale de Strasbourg, par l'agencement de ses formes, prouve que son créateur a fait ses études dans les loges maçonniques de France » (1). Cette opinion d'un auteur allemand, très connu dans le monde de l'érudition par des œuvres importantes, n'est pas à dédaigner et nous fait comprendre que la conception hardie de Gérard ne manque pas d'une base sérieuse.

Ce brave Friederich, un peu naïf dans ses admirations rétrospectives, m'a donné les épreuves lithographiques des deux statues offertes par lui au duché de Bade, celle d'Erwin et celle d'un Christ assis, contemplant un crâne, placée au cimetière de Lœrrach ou de Lahr, qui était le lieu d'origine de sa première femme.

Gérard, ce chercheur passionné avait, à un haut degré, le sentiment inné de l'art. Il possédait d'instinct et au bout des doigts, le vocabulaire sacro-saint de l'idéal, et il l'a prouvé en

---

(1) *Allgemeine deutsche Biographie*, T. VI. p. 332.

écrivant, dans son livre des *Artistes alsaciens*, la biographie d'Herrade de Landsperg, abbesse de Hohenbourg. Saluons et admirons. Nous sommes devant une œuvre unique au monde, le *Hortus deliciarum*, le jardin des délices, résumant le cycle des connaissances humaines au moyen âge, écrite et illustrée de miniatures par une femme « la plus suave figure du moyen âge religieux, le type le plus accompli des perfections de la femme monastique. Elle se présente à nous la tête ceinte de la triple couronne de la science, de la poésie et de l'art, et cette auguste couronne mériterait d'être environnée du nimbe de la sainteté ». Le voilà, crayonné en deux lignes par Gérard, le portrait de cette magicienne des temps gothiques, digne de devenir la Béatrix d'un Dante qui n'existait pas encore.

Née vers 1125, sous le règne de Frédéric Barberousse, l'empereur légendaire, elle devint en 1167 abbesse du monastère de Hohenbourg, sur la montagne Sainte-Odile. Consultée par les évêques et même par les papes, elle était considérée comme une des lumières et l'honneur de son siècle. Elle possédait le grec et parlait le latin comme un docteur de l'Université de Paris. Elle connaissait Aristote, Platon, Cicéron, les écrits d'Abélard et de tous les hommes célèbres de son temps.

Le *Hortus deliciarum* était le livre destiné à l'éducation religieuse et renfermait tout ce qu'Herrade jugeait indispensable à l'éducation de la femme. C'était le cours complet et illustré de miniatures des études suivies à Hohenbourg. On ne connaissait point de manuscrit à images du XIIe siècle qui présentât des peintures aussi grandes que celles du *Hortus deliciarum*.

Qu'est devenu ce trésor entouré du respect et de l'admiration de sept siècles, resté intact et pur dans son vélin immaculé, plus âgé et honoré que nos grandes cathédrales de pierre, qui avait trouvé son dernier abri dans la bibliothèque de Strasbourg ? Les bombes du siège de 1870, en incendiant ce précieux dépôt historique, ont en un clin d'œil réduit en cendres l'œuvre du merveilleux génie d'Herrade : elle s'est évanouie en fumée avec le musée archéologique et la galerie de peinture, avec quatre cent mille manuscrits historiques et livres incunables, avec les antiquités gallo-romaines réunies par Schœpflin et les monuments de l'époque mérovingienne, laissant une traînée douloureuse de plus dans l'histoire des cruautés humaines et un regret éternel aux amis du beau !... Ceci c'est de l'histoire contemporaine, un fragment de chronique navrante, une date néfaste, *14 août 1870*.

.˙.

Par un de ces hasards providentiels qui se rencontrent parfois dans l'enchaînement des choses humaines, la postérité ne sera pas entièrement déshéritée de l'œuvre d'Herrade.

Voici comment il lui est devenu possible de jouir d'une partie au moins des planches de ce livre encyclopédique, dans lequel Alexandre et César portent l'accoutrement des chevaliers du XIII° siècle et Cléopâtre le costume des châtelaines de l'époque. Quand le grand Opéra de Paris s'occupa de monter *Robert le Diable*, les artistes chargés de dessiner les costumes furent fort embarrassés de se procurer des modèles archéologiques pouvant s'adapter à l'époque présumée où vivait le prince normand. Or, vers 1843, la ville de Strasbourg avait envoyé le précieux volume du *Hortus deliciarum* à une exposition rétrospective de Paris. Les costumiers de l'Opéra saisirent cette occasion de copier les planches les plus caractéristiques qui leur servirent à composer la mise en scène.

L'attention ayant ainsi été appelée sur ce chef-d'œuvre, un des plus éminents amateurs de Paris et grand protecteur des arts, le comte Auguste de Bastard, en prit un certain nombre de calques sur papier de Chine, planches d'ensemble et figures isolées, et fit reproduire par la lithographie en manière noire, toute une série de ces planches qu'on peut voir au département des Estampes de la Bibliothèque nationale. Elles remplissent un grand atlas de cent vingt-deux feuillets (1839-1842). Il y a là dedans des figures mouvementées et expressives, des compositions d'une puissante originalité, comme la chute des mauvais anges, la grande courtisane de l'Apocalypse, le combat des vertus et des vices, l'arbre de Jessé, révélant un art curieux au possible. La *Gazette des Beaux*-

Arts, en publiant en 1873, un article de M. Ch. Cournault sur le Musée de Nancy et les collections d'Alsace-Lorraine, a reproduit la planche des *Supplices de l'enfer*. Elle est vraiment typique cette planche à fond noir parsemé de larmes, où se tordent les damnés torturés par les démons. L'un des compartiments est consacré au supplice des soldats (*armati milites*) et des Juifs (*Judei*). On voit dans deux grandes marmites entourées de flammes, d'une part, un groupe de soldats costumés comme ceux de Guillaume-le-Conquérant sur la tapisserie de Bayeux ; de l'autre, de malheureux sémites tout nus, ayant comme signes distinctifs leurs bonnets jaunes pointus. De grands diables armés de fourches, les retournent dans cette rôtissoire de Satan. N'est-elle pas étrangement suggestive cette scène, dessinée au douzième siècle par des religieuses, dans le silence et le recueillement de leur cloître de Hohenbourg ? Elle nous montre qu'à cette époque si reculée les reîtres, ces ravageurs de provinces, partageaient avec les enfants d'Israël, ces financiers cosmopolites, les rancunes populaires les plus ardentes. Herrade, la sainte femme, ne pouvait moins faire que de leur donner une place privilégiée dans un coin épineux de son *Jardin des délices*.

Rappelons encore, pour l'édification complète de nos lecteurs, que cet incomparable trésor a attiré de tout temps l'attention des savants, comme s'ils avaient eu le pressentiment de sa disparition dans une catastrophe. On s'efforçait de reproduire en *fac simile* quelques unes de ses planches les plus caractéristiques, pour en conserver au moins un reflet approximatif. Ainsi, en 1818, l'Alsacien Christian-Moritz Engelhardt publia à la librairie Cotta, de Stuttgart, un in-8° de deux cents pages avec Album in-fol. de douze planches coloriées à la main et intitulé : *Herrad von Landsperg, Æbtissin zu Hohenburg oder St-Odilien im Elsass, und ihr Werck : Hortus deliciarum* (1).

Peu de temps après la guerre franco-allemande, la Société pour la conservation des monuments historiques d'Alsace publia à Strasbourg, chez Trübner, sous le titre *Hortus deliciarum* par l'abbesse Herrade de Landsperg, la reproduction hé-

(1) Bibliothèque Chauffour, à Colmar.

liographique d'une série de miniatures calquées sur l'original avec texte explicatif par MM. les chanoines Straub et G. Keller, (deux fascicules in-fol.) (1). Les planches, parues en 1879, sont exécutées d'après des calques appartenant à l'Œuvre Notre-Dame, à la Bibliothèque municipale de Strasbourg, à M. Straub et à M. le comte de Bastard.

J'avais toujours eu d'excellentes relations avec Charles Gérard. Quelque temps avant sa mort à Nancy, où il s'était retiré après la guerre, il m'envoya comme souvenir un ouvrage in-fol. d'Albert Durer intitulé : *Etliche Underricht zu Befestigung der Stett, Schloss und Flecken* (Instruction sur l'art de fortifier les villes, châteaux et bourgs), réimprimé en 1708 chez Jérôme Formschneyder à Nuremberg, et orné de nombreux dessins gravés par le maître. C'est une épave, non sans valeur, des recherches de l'éminent bibliophile et montrant les faces multiples du génie de Durer à la fois peintre, graveur et ingénieur militaire.

Berlin possède aujourd'hui la grande bibliothèque alsatique de Gérard. Mais après la vente de celle-ci, il était parvenu à en composer une seconde, un peu moins importante mais tout aussi intéressante qu'il a cédée, à beaux deniers, à la ville de Mulhouse.

XLIV

Le retable de Luemschwiller. — Fresques de Burnkirch. — Charles Grad. — Gustave Lambert et le Pôle-Nord. — Excursions extra-terrestres. — Un grand voyageur. — L'Isthme de Panama. — Le coton en Algérie.

Dans un coin des dernières ramifications jurassiques, dominant la pittoresque vallée de l'Ill, aux environs d'Altkirch, sur une éminence d'où la vue s'étend sur la chaîne des Vosges, se cache le petit village de Luemschwiller entouré de vignes et de carrières. Schœpflin le cite, dans son *Alsatia*

(1) Bibliothèque Chauffour, à Colmar.

illustrata, comme produisant du *bonum vinum rubrum*, un aimable petit vin rouge ayant une certaine parenté avec le Suresnes ou l'Argenteuil. Depuis peu la renommée, d'ailleurs très discrète, de ce produit du cru se trouve éclipsée par une belle œuvre d'art longtemps ignorée et subitement mise en lumière. Le temps y a mis sa patine fumeuse; n'empêche qu'on y devine un artiste de tempérament, un de ces précurseurs comme en ont produit les Flandres, l'Allemagne et l'Italie.

C'est un retable à huit sujets, de la fin du XVᵉ ou du commencement du XVIᵉ siècle, placé depuis l'époque de la Réforme dans l'église de ce petit village. Les deux vantaux de ce retable recouvrent un triptyque composé de trois figures en bas-relief; au milieu la Vierge et l'enfant, à droite et à gauche deux images de saintes, le tout très médiocrement sculpté.

Donnons ici la parole à la légende qui s'est perpétuée de père en fils chez les habitants. Aux temps troublés de la Réforme, vers 1525, la ville de Bâle possédait un certain nombre de couvents renfermant des trésors artistiques dont, à juste titre, il étaient jaloux. Dans l'un d'eux vivait un frère lai, nommé Hagenbach, originaire du village de Luemschwiller; le supérieur du couvent, voulant mettre à l'abri le beau retable dont il est question ici, chargea Hagenbach d'aller le cacher dans son endroit natal où il était parfaitement en sûreté; les archiducs d'Autriche, maîtres du pays de Ferrette, ayant par leurs règlements draconiens, su maintenir tout le Sundgau dans le giron de l'église catholique.

Les moines bâlois, dispersés par la tourmente, ne songèrent point à revendiquer le fidéi-commis et, le temps aidant, la précieuse épave fut recueillie dans l'église du village et exposée à l'admiration naïve d'une population rurale incapable d'en apprécier la valeur. Pendant des siècles elle échappa aux recherches des amateurs d'objets d'art. Dans ces derniers temps l'église de Luemschwiller a été reconstruite et le retable placé au milieu de la nef. Henner l'a vu à sa nouvelle place. Avec ce diagnostic sûr, acquis dans l'étude des vieux maîtres, il a reconnu dans ce monument l'œuvre d'un peintre de grand mérite.

Il serait, certes, téméraire de vouloir inscrire un nom quelconque, sous cette composition. Autant elle s'éloigne des lignes austères et des formules hiératiques de Martin Schongauer et de ses contemporains, autant elle semble se rapprocher de la facture de certains artistes flamands. Peut-être pourrait-on trouver, dans ce faire mouvementé, une certaine parenté avec le talent si personnel de Hans Holbein le vieux. Mais, en l'absence de documents écrits, toute attribution conjecturale risque de faire fausse route, et c'est toujours là l'écueil contre lequel viennent buter les investigations critiques poussées dans le domaine des peintres primitifs. Trop souvent, hélas ! ils oubliaient de signer, même d'un simple monogramme, leurs fières compositions.

Bornons-nous donc à décrire l'œuvre en quelques lignes d'après les photographies prises sur place. Le triptyque a 1 mètre 17 c. m. de haut sur 1 m. 75 de large. Il s'agit, on le voit, de figures d'assez petites dimensions, puisque ce modeste cadre renferme huit compartiments : l'Annonciation, la Visitation, la Nativité, La Circoncision, l'Adoration des Mages, la Présentation au Temple, La Fuite en Egypte, la Mort de la Vierge.

On remarque l'originalité de composition de la Nativité, où l'âne se met à braire pendant que le bœuf lèche les mains de l'enfant Jésus. N'est-ce point là une note fantaisiste d'un peintre en rupture avec la formule étroite de ses prédécesseurs ? Dans la mort de la Vierge, les attitudes des personnages groupés autour du lit sont très osées et du caractère le plus original. Un détail à relever encore : toutes les draperies sont traitées avec cette exubérance de plis chiffonnés et cassés à la manière de l'école de Bruges dont le type s'est transmis, le long du Rhin jusqu'à Bâle, aux diverses écoles allemandes.

Ce n'est pas là, certainement, une de ces œuvres maîtresses devant lesquelles l'admiration se donne libre carrière ; mais du moins ce monument nous offre-t-il un grand intérêt historique. Remontant à une époque très éloignée, il nous révèle le tempérament d'un artiste novateur, affranchi des entraves gothiques et plantant bravement sa palette indépendante sur seuil du temple grandiose de la Renaissance. En somme ces vieilles peintures sont dignes de tous nos respects, car elles font partie du patrimoine artistique de l'Alsace.

.˙.

Dans le voisinage de Luemschwiller, au point précis où la Largue se jette dans l'Ill, à Illfurth, près du gué ou *Furth* de la rivière, se trouve une antique église qui porte le nom de *Burnkirch*, nom d'un hameau disparu et aussi d'une ancienne famille noble d'Altkirch. Dans le chœur de cette petite église on voit des fresques à moitié effacées dont les figures naïves rappellent les débuts de l'art en Alsace, au commencement du XVe siècle. Elles sont antérieures à celles du Beau Martin de Colmar et accusent une certaine parenté avec l'art flamand d'où est sortie la technique de Gaspard Isemann et de ses contemporains qui semble avoir rayonné sur toute la rive gauche du Rhin.

A ce cycle historique de la peinture il faut rattacher les nombreuses *Danses macabres* que la première moitié du XVe siècle a vu surgir dans toute l'Europe à la suite de la terrible peste de 1439. Celle de Bâle, peinte sur le mur du couvent des Dominicains, a été exécutée par Hans-Hug Kluber, à l'époque où se tint le Concile de Bâle qui dura de 1431 à 1448. Elle n'a rien de commun avec les dessins si remarquables et si célèbres de la *Danse des morts* de Hans Holbein le jeune. Les moines Dominicains semblaient avoir la spécialité de ces œuvres de mortification, de ces spectacles saisissants de la mort s'attaquant à toutes les conditions humaines, fournissant un thème toujours émouvant à leurs prédications : *Vanitas vanitatum !* quelle mine inépuisable de donations et d'œuvres pies avaient trouvée là les bons Pères pour enrichir les trésors de leurs cloîtres ! Soldats de la foi, gardiens des dogmes catholiques de par l'investiture du Pape, le glaive séculier était à leurs ordres. Leur bienveillance était recherchée par les grands et par les humbles parce que chacun tremblait devant leur bras puissant. Être inhumé dans leur église ou dans leur cloître était pour ceux-ci une faveur précieuse mais toujours coûteuse. C'est ce qui explique l'appareil de mort dont ils s'entourèrent.

A Strasbourg, dans ce fameux Temple neuf, devenu si tristement célèbre, dans cette ancienne église des Dominicains construite par eux en 1254 et dont ils restèrent en possession jusqu'à la Réforme, ils firent peindre une danse des morts sur tout le pourtour de la nef. Au moment de leur dispersion, l'église convertie en magasin d'approvisionnement de guerre, paraît être restée vide pendant longtemps. Est-ce à cette aurore des temps nouveaux que la danse des morts fut recouverte d'un badigeon ? Toujours est-il qu'aucun document des archives n'est venu jeter un peu de lumière sur cette question de la création et de la suppression de ces peintures murales. Toutes les recherches imaginables faites dans les archives, bibliothèques et manuscrits étaient demeurées stériles : ni Specklé, ni les autres chroniqueurs n'en ont fait mention.

Cette longue éclipse se prolongeait indéfiniment lorsque, en 1824, au cours de quelques réparations, M. Auguste Arnold, architecte de l'édifice, fit effectuer des grattages qui amenèrent la découverte d'une partie de ces vieilles fresques. En poursuivant l'opération avec soin on mit à nu une suite complète de la danse des morts. Dans une notice allemande, intitulée le *Temple neuf à Strasbourg*, et imprimée en 1825 chez J.-H. Heitz, le pasteur Fréd.-Guillaume Edel, a consacré une longue description à cette découverte qui, alors, avait produit une grande sensation. Sa notice est accompagnée de planches lithographiques dessinées avec beaucoup de soin par Auguste Arnold et imprimées chez M. F. Boehm, à Strasbourg. Les groupes de personnages ont une belle allure révélant une main habile : ils portent le costume du XVe siècle, ce qui donne une date à l'œuvre anonyme. Sous ses formes multiples, la mort n'est plus le hideux squelette au rictus macabre que nous voyons ailleurs. Couverte d'un linceul, sa silhouette est celle d'un homme d'une extrême maigreur ayant enveloppe charnue et toute l'aisance de ses mouvements. Il y a loin de là aux formes hiératiques et raides de nos peintres alsaciens et allemands du XVe siècle, ce qui, étant donné une certaine élégance de dessin, permettrait de supposer que la longue série de ces tableaux funèbres a été peinte par un artiste dominicain venant d'Italie ou des Flandres, nouveau Fra Angelico qui savait draper les corps sans les envelopper dans les plis cassés si chers à nos artistes du nord.

Le Temple neuf, complètement détruit avec sa fresque macabre, par suite du bombardement de 1870, a été remplacé par une église entièrement nouvelle, construite d'après les plans de M. Salomon, architecte, et inaugurée le 4 octobre 1877.

*
* *

Au printemps de l'année 1868 je reçus la visite d'un jeune homme d'une vingtaine d'années, portant lunettes, et ayant l'air timide et gêné de sa personne comme un jeune écolier. C'était Charles Grad de Turckheim, alors attaché comme secrétaire particulier à M. Antoine Herzog, le grand industriel du Logelbach. Ancien élève du Gymnase catholique de Colmar, lesté du bagage littéraire et scientifique qu'il avait pu conquérir dans cet établissement dirigé par des prêtres fort instruits mais d'un libéralisme très mitigé, il travailla avec acharnement à perfectionner lui même ses études à peine ébauchées. Doué d'un remarquable esprit d'assimilation et d'une dose non moins remarquable d'ambition, il eut le bonheur de trouver dans les établissements industriels du *Logelbach* un centre d'activité qui lui fournit les moyens d'explorer et de cultiver le vaste champ d'études où l'appelait sa grande activité intellectuelle. Nouveau Pic de la Mirandole, il s'occupa *de omni re scibili et quibusdam aliis* et se voua spécialement à l'étude de la botanique, de la minéralogie, de l'histoire, de la géologie, de la géographie, de la cosmographie, de la physique, de la chimie, de la géométrie, de l'algèbre, de l'hydrographie, de l'hypsométrie, de l'orographie, de la météorologie, de l'astronomie, de la sylviculture, de la statistique, de la mécanique, de l'économie politique et des questions agricoles, industrielles et sociales, y compris les questions religieuses, qui furent de sa part, l'objet de constantes et mystiques préoccupations.

D'autres auraient peut-être trouvé ce programme un peu chargé, mais un esprit encyclopédique comme le sien ne reculait pas devant les tâches les plus écrasantes. Et ne croyez point que j'exagère : il se trouvait à l'aise dans ce monde de l'érudition et de la pensée souveraine. Fils de ses œuvres, sans rien devoir à l'éducation classique des grandes écoles, il avait tout appris de lui-même par les livres et par les voyages, appliquant à la lettre le proverbe : *Fabricando fit faber*. Il avait au plus haut degré l'esprit d'observation et d'analyse avec le don séduisant de trouver la note émouvante et de provoquer l'intérêt du lecteur par le charme de son style. Son jardin scientifique offrait, on le voit, un riche ensemble de plantes rares indigènes et exotiques, qu'il cultivait toutes avec un égal entrain.

.·.

Comment se fait-il que le cerveau humain puisse coordonner et mener de front l'étude de tant de matières différentes qui hurlent de se trouver ensemble ? Ce type d'une organisation extraordinaire devient, en effet, par sa grande rareté, un intéressant sujet d'étude. On est tenté de se demander si l'ébranlement physique qu'il a éprouvé à l'âge de huit ans en tombant d'un arbre où il poursuivait un écureuil, et qui a réagi à la fois sur son cerveau et sur son cœur, n'est pas pour beaucoup dans le développement et la sensibilité excessifs des lobes de son encéphale, dans son état nerveux toujours inquiet, toujours surexcité, dans cette soif ardente de tout voir, de tout approfondir, d'effleurer toute la création, de surprendre la nature dans ses plus intimes arcanes. Poussé sans trêve ni merci par son démon intérieur dans des chemins inaccessibles où d'autres auraient risqué de culbuter cent fois, allant du Sahara au Spitzberg, en passant par le Sinaï et le Vésuve, plongeant dans le monde noir des houillères du Lancashire et dans le blanc royaume des salines cristallisées de Pologne — cette évocation des *mille et une nuits* — pourvu par dame nature d'un estomac d'autruche et de jarrets d'acier, dînant d'un morceau de pain et d'une pomme après des courses folles, ce sybarite à rebours a résolu le problème de promener dans le monde entier l'ennemi intime rivé à son être, cette maladie de cœur qu'un innocent écureuil avait plantée dans son organisme comme un ver dans un beau fruit. Et ce ver rongeur, contre lequel il luttait désespérément, l'a conduit par tous les labyrinthes de la vie jusqu'au point d'interrogation final, ce signe mystérieux et cabalistique dont aucun savant n'a encore deviné l'énigme.

A en croire la légende, Pascal aussi aurait subi, dans sa jeunesse un ébranlement qui aurait développé les étonnantes facultés de son cerveau. Il voyait sans cesse un gouffre ouvert à ses côtés, éprouvant la pénible sensation d'un homme qui va s'y précipiter, et sa courte existence fut cruellement attristée par ce singulier état d'âme.

. . .

Pour se distraire de ses études abstruses, Grad s'occupait aussi d'histoire locale, recueillant nos gracieuses légendes alsaciennes dont il cherchait à expliquer le sens souvent énigmatique. Muni de sa boîte de botaniste et armé de son marteau casse-pierres, il explorait tous les recoins de nos montagnes vosgiennes, escaladait leurs sommets les plus abrupts, interrogeait le passé préhistorique de ces rochers témoins des périodes antédiluviennes, allait s'asseoir au foyer des pâtres et des marcaires des Hautes-Chaumes qui vivaient là haut séparés, pour ainsi dire, du monde et lui racontaient les vieilles légendes ; puis il rentrait riche d'observations et de collections qui servaient de canevas à d'intéressantes études. Ces études qu'il communiquait volontiers aux revues et aux journaux scientifiques et littéraires, étaient pour lui un moyen de propagande d'autant plus précieux qu'il y gagnait la satisfaction d'être nommé membre correspondant de certaines sociétés savantes. C'était la première étape sur le grand chemin de la renommée.

Charles Grad était donc venu, en sa qualité de correspondant de la société de géographie, m'informer que le capitaine de vaisseau Gustave Lambert désirait faire prochainement une conférence à Colmar sur le projet hardi qu'il avait conçu d'aller explorer le Pôle-Nord dans des conditions nouvelles qui paraissaient devoir lui assurer le succès. Grad s'étant chargé d'organiser la partie matérielle de cette conférence, venait me prier de lui en faciliter les moyens en intéressant le maire à cette œuvre nationale, ce que je m'empressai de faire, étant moi-même très enthousiasté de tout ce qui pouvait étendre le domaine de la géographie.

Un comité alsacien, sous la présidence de M. Dollfus-Ausset, de Mulhouse, le savant explorateur des glaciers, s'était formé pour organiser ces conférences et faire circuler les listes de souscription. Le 15 avril 1868, Grad publia dans la *Revue d'Alsace* une petite étude sur la question du Pôle dont la solution préoccupait depuis longtemps les hardis navigateurs anglais et américains. D'accord avec Lambert, il préconisait la possibilité d'arriver au pôle par le Détroit de Behring que cet explorateur, dans un premier voyage sur un vaisseau baleinier avait visité déjà. Grad partageait avec lui la conviction de l'existence d'une mer libre dans les régions glacées du pôle. Déjà en 1866 il avait fait, à ce sujet, une communication à l'Académie des sciences. « J'ai montré, dit-il avec une superbe assurance que, contrairement aux idées généralement admises et, en me fondant sur des observations positives, il n'y a pas de calotte de glace unie, continue, aux pôles. Dans le nord et dans le sud, la mer se dégage chaque année de son manteau de glace, comme dans nos climats les arbres perdent leurs feuilles aux approches de l'hiver. Ce fait est prouvé par la double navigation de Ross dans l'Océan austral, par les découvertes de Parry et de Kane dans les mers arctiques. »

Le navire le *Boréal* devait être installé dans des conditions toutes spéciales, sous la direction du capitaine Lambert et devait partir dans le courant de l'été 1870. Une somme de 600,000 francs était demandée à une souscription nationale pour assurer la réalisation du projet. La conférence eut lieu dans la salle du théâtre où un nombreux auditoire applaudit aux plans hardis exposés par le savant officier. Hélas! la guerre survint, le *Boréal* resta ancré dans le port et le capitaine Lambert se joignit aux vaillantes troupes de marine qui contribuèrent à la défense de Paris. Cet homme énergique, toujours le premier au feu, fut blessé à mort à Buzenval, dans une des sorties meurtrières qui eurent lieu vers la fin du siège et où périt aussi un artiste de grand avenir, Henri Regnault. Ainsi s'écroula ce projet si intéressant qui, pendant trois ans, a passionné l'opinion. Gustave Lambert avait, un des premiers, émis l'idée de l'existence d'une mer libre de glaces dans l'axe même du pôle et comptait y arriver par le détroit de Behring. Victime de son dévouement à la patrie, il dut laisser là son rêve grandiose qui, depuis, a été repris par d'autres et ne semble pas prêt à se réaliser.

*
* *

Gustave Lambert avait écrit et fait distribuer une brochure remarquablement documentée contenant tout l'historique des tentatives faites depuis les temps anciens jusqu'à nos jours par de hardis aventuriers pour résoudre le grand problème géographique. Toutes les chances bonnes ou mauvaises des divers itinéraires à suivre y étaient étudiées avec la compétence d'un homme qui avait personnellement exploré les régions boréales et s'était rendu compte des moyens à employer pour arriver à cette mer libre qui, selon lui, devait exister au sommet de la calotte polaire. Les phénomènes météorologiques, la géodésie de ces parages, le magnétisme terrestre, la formation des glaces et leur rupture, l'action du gulf stream et des courants sous-marins, les marées, la vie végétale et animale plus active qu'on n'est porté à le croire dans ce monde à peu près inconnu, forment une suite de chapitres qui en rendent la lecture très intéressante. Ce travail du savant physicien et géographe est accompagné d'une carte des régions polaires boréales, dressée d'après V.-A. Malte Brun.

Nordenskiold et Nansen, que Paris a fêtés depuis lors, ont serré de très près la solution du mystère polaire. Nansen, après des efforts surhumains, étant parvenu au-delà du 86ᵉ degré de latitude, il ne restait plus à franchir qu'environ quatre degrés pour assurer à la fin de notre siècle cette conquête sur l'inconnu. Nature énergique comme pas une et savant marin, ce jeune norwégien est décidé à reprendre la lutte en profitant de l'expérience acquise dans son premier voyage d'où il est revenu sain et sauf avec la satisfaction de n'avoir perdu ni son navire ni aucun de ses dévoués compagnons.

Pour prévenir le retour des inondations qui avaient plusieurs fois désolé l'Alsace, M. Antoine Herzog avait conçu le projet d'établir de grands réservoirs d'eau dans les vallées tributaires de l'Ill. Grad fut chargé d'étudier le projet et il resta à la hauteur d'une tâche aussi considérable. Il voulut visiter lui-même les ouvrages historiques exécutés dans la plupart des pays de l'Europe. De là des séjours prolongés en Angleterre, en Pologne, en Italie, en Espagne, en Orient, dans le Nord de l'Afrique jusqu'à l'intérieur du Sahara et du Soudan égyptien sur le Nil (1).

D'où la publication d'une série d'études : *Essai sur l'hydrologie du bassin de l'Ill, Essai sur le climat de l'Alsace et des Vosges, L'hypsométrie de la chaîne des Vosges, Considérations sur la géologie et le régime des eaux du Sahara algérien.*

(1) Vie et Œuvres de Charles Grad, par M. l'abbé Celty.

Déjà en 1850 un syndicat s'était formé entre les industriels des vallées de Kaysersberg, d'Orbey et du Logelbach pour l'endiguement du lac Blanc et du lac Noir, afin de permettre de régler le débit de la Weiss et de la Fecht selon les besoins des établissements industriels combinés avec ceux de l'agriculture de la région. Ce grand travail dont l'initiative a été prise par les chefs des établissements Herzog et Lefébure à Orbey fut confié à la haute direction de M. César-Auguste Jeanmougin, chef comptable de ces établissements, qui avait été nommé directeur du syndicat. Il fut terminé, paraît-il, en 1860 et rendit de grands services au pays.

. .

Charles Grad, ce buveur d'azur, cet assoiffé d'idéal, voué à l'étude des sciences dans ce qu'elles ont de plus positif et de plus matériel, offrait un singulier mélange de choses qui n'ont point l'habitude de frayer ensemble. Ce penseur qui, d'une envolée superbe, savait s'élancer dans l'infini, sonder l'incommensurable et l'inconcevable des mondes stellaires, dont notre système solaire n'est qu'un mince fragment, avait foi dans la vertu merveilleuse de l'eau de Lourdes et allait s'agenouiller dans la grotte où les pèlerins de tous pays viennent naïvement chercher le remède à toutes les misères humaines. Il y a dans certaines existences de ces contrastes inexplicables au premier abord et dont il faudrait peut-être rechercher les causes dans l'atavisme, cette formidable puissance qui domine l'être tout entier et oblitère souvent la clairvoyance de la raison. Un savant superstitieux est une rareté comme le merle blanc.

La guerre de sécession en Amérique avait porté un coup terrible à l'industrie cotonnière en Alsace. Les métiers *self-acting*, habitués jusqu'alors à filer sans relâche les blancs flocons de l'Alabama et de Mobile, allaient épuiser leur stock et chômer au grand détriment des producteurs et des consommateurs. C'était une grève générale à courte échéance. Il fallait aviser. La maison Ant. Hertzog dont les filatures consommaient d'énormes quantités de coton, avait conçu le projet de créer des plantations de ce précieux textile en Algérie. Il fallait trouver des terrains appropriés, pourvus de cours d'eau susceptibles d'être canalisés. Autant que je puis me rappeler, Grad fut chargé d'aller explorer la province d'Oran. Ses connaissances géologiques et agricoles le rendaient particulièremet apte à remplir une pareille mission.

Après un séjour de quelques mois dans la colonie africaine, séjour qu'il mit à profit pour la parcourir et l'étudier en tous sens et pour pousser jusqu'à Laghouat, à la frontière du Sahara, il acquit pour la maison Hertzog une grande surface de terrains incultes où les essais de plantation de coton donnèrent de bons résultats. Avec les documents qu'il rapporta, complétés par les importants travaux de M. Léon Lefébure, M. A. Hertzog publia une longue notice où la question si intéressante de la culture du coton en Algérie était étudiée aux points de vue théorique et pratique.

N'étant pas à même d'apprécier la valeur de ce travail, je n'insisterai point, et cela d'autant moins que le projet est demeuré sans suite, le coton des Indes Anglaises étant venu combler le déficit du coton des États-Unis.

..

Ch. Grad a publié, dans la *Revue d'Alsace*, d'intéressantes légendes alsaciennes et des récits de ses excursions dans les Vosges. Il savait donner une large part à l'élément pittoresque de ces excursions, et la note sentimentale y dominait quand il était question de promenades au clair de lune dans les ruines du petit château de Hageneck près Wintzenheim. Nature mystique et enthousiaste, poussant jusqu'à l'exaltation ses idées religieuses, il a concentré dans un article intitulé : *Une soirée au Hageneck*, son système de la vie future, cherchant à expliquer « quelle devait être cette vie éternelle des élus, *que l'œil de l'homme n'a pas vue, dont son oreille n'a pas entendu parler, que son cœur a tant de peine à compren-*

dre. » C'est toute une dissertation soutenue avec le baron Magnus et les dames de la famille, dont il n'est pas difficile de reconnaître les types sous le voile transparent des noms d'emprunt. Il entre en scène sous le nom de Karl et s'appuyant sur un texte superbe de Saint-Augustin, il en tire des conclusions qui provoquent l'étonnement de Magnus, homme positif, et pratique, peu sympathique au mysticisme dans lequel il voyait avec peine plonger son jeune ami « le savant de la maison » comme Karl avait la modestie de s'appeler lui-même.

XLV

Dans l'azur. — Un intrépide voyageur. — Aux sommets de l'idéal. — Le Cap Nord et le soleil de minuit. — Au mont Sinaï. — L'isthme de Suez. — Carrière politique de Grad. — Au Reichstag. — Pèlerinage à Lourdes.

Voici la profession de foi qui peint l'homme tout entier :
« Tous ceux qui ont aimé, qui ont désiré la vérité, qui ont rêvé une félicité suprême, qui ont brûlé du désir de pénétrer dans les mystères de ce monde, qui se sont laissé ravir aux étincelles de beauté qu'ils trouvaient dans les ombres d'ici-bas, tous ceux-là ont-ils songé sérieusement à ce que c'est que d'être admis à posséder réellement, sans partage, la vérité et le beau ? S'ils se sont attachés avec une foi sincère, vivante, à la certitude de l'avenir qui nous est promis et nous attend, ils ont vu cet avenir comme une réalité toute proche de nous. Ils savent ce que peut être l'éclaircissement de toutes les ignorances, la perception claire de tant de choses qu'ils avaient soif de comprendre, la possession d'une beauté infiniment au-dessus des images qui les faisaient languir de désir, la pleine jouissance d'un amour auprès duquel les rêves les plus doux sont seulement de pâles et froides impressions.

.... Une pareille certitude doit nous détacher de la vie qui nous en sépare, et doit nous donner aussi, par la solidité d'une telle espérance, le courage de tout supporter.

« A ceux qui nous demandent des preuves et la raison de

notre confiance en l'immortalité, nous répondrons qu'il ne s'agit pas ici de démonstration mathématique et que les sentiments de notre cœur sont des arguments aussi légitimes, tout aussi solides que les raisonnements de notre intelligence ».

On voit que Grad, ce possédé d'amour infini et d'idéal, savait draper sa pensée sous le charme d'une phraséologie brillante et que ses envolées dans un au-delà que personne ne connaît, dont personne n'est revenu, témoignent au moins de sa soif sérieuse de connaître. On dirait que dans ses rêves de jeune homme flottait, comme une apparition mystérieuse, la rayonnante image d'une Béatrix terrestre à laquelle son cœur captivé rendait un culte idéal. Elle planait au-dessus de lui dans des régions inaccessibles et ignorait, paraît-il, le culte intérieur dont elle était l'objet. Grad, mort jeune, a emporté son secret : il s'était condamné à embaumer sa passion au fin fond de son être ; mais il est permis de le croire, cette passion idéalisée devint le levier qui lui fraya le chemin de la célébrité. Rien, dès lors, ne l'arrêta dans cette course au clocher vers tous les points culminants où allait se poser l'oiseau bleu, fuyant sans cesse vers d'autres régions inexplorées, inaccessibles de son rêve. Il me rappelle ce chasseur légendaire de Marseille qui, s'étant mis à la poursuite d'un *châstre*, oiseau légendaire comme lui, arriva d'étapes en étapes jusqu'à Rome et brûla sa poudre sans parvenir à lui mettre un grain de plomb dans l'aile. C'est, hélas ! le sort de tous les idéalistes emportés par l'hippogriphe de leurs rêves passionnés, passant à côté de l'humanité vivante et prosaïque.

Sans doute l'idéal, cette émanation divine, ce consolateur des âmes meurtries, a sa raison d'être et doit occuper une large place chez le penseur dont l'existence est assurée et qui trouve en lui l'oubli de ses petites misères et un encouragement à élever son âme ; mais au banquet de la vie de tout le monde, de l'humble travailleur et du déshérité, il n'est qu'un rare et délicat hors-d'œuvre.

« Il me faut partir pour les hauteurs » s'écriait Grad, et il reprenait sa marche vers le double idéal de sa vie, l'amour de Dieu et l'amour de la terre natale.

Vers la fin de sa courte existence il écrivait dans son Journal intime : « La gloire! illusion souveraine, dernière vanité, je m'en dégagerai aussi ».

Quel est l'homme et surtout le savant qui n'a pas sacrifié quelque peu à la vanité ?

On ne saurait en vouloir à Grad d'avoir eu une excellente opinion de lui-même. Dans les *Lettres d'un bourgeois*, il fit de sa personne un portrait flatté, terminé par cette aimable boutade : « Grand Dieu ! Comme les savants sont ennuyeux, même doublés d'un député ».

Autre petite vanité moins pardonnable. Comme bien d'autres, il était simple *correspondant* de l'Institut de France, ce qui n'implique point la qualité de *membre* de l'Institut, comme semblait le faire croire la mention faisant suite à sa signature.

Voici, condensée en quelques lignes, son amère conviction d'avoir embrassé trop de choses à la fois : « Si j'ai une ambition, c'est de faire rendre à mon existence, sous la règle du devoir, son maximum d'effet utile. Seulement pour atteindre ce maximum, ma vie actuelle est trop dissipée. Je me suis engagé dans trop de choses ; je suis pressé de trop d'affaires pour les mener toutes de front, abandonné à mes seules forces.

« J'ai travaillé beaucoup et je reste pauvre ».

Dans notre siècle d'argent, rester pauvre quand on possède une somme de savoir bien supérieur à celui de certains alchimistes de la finance, n'est-ce pas faire preuve d'un détachement vraiment chrétien ? C'est là le grand honneur de sa vie.

* *

Alors, dans des voyages lointains, Charles Grad chercha à satisfaire sa soif de l'inconnu. Comment fit-il pour subvenir aux dépenses incessantes de ces courses lointaines incessamment renouvelées ? On a beau être sobre comme un trappiste, la locomotion est toujours coûteuse. On dit qu'il avait un vieil oncle curé qui lui ouvrait sa bourse. Et puis M. A. Herzog à qui il rendait de grands services, se montra probablement généreux en lui fournissant le viatique indispensable. C'est ainsi qu'il put visiter toute la France, l'Italie, l'Autriche, l'Allemagne, la Hollande, l'Égypte, la Palestine, l'Angleterre, la Suède et la Norvège, explorer tous les pays miniers, descendre dans ces enfers de travail où grouillent les populations noires qui ne connaissent pas le soleil et qui, à coups de marteau, gagnent les millions que se partagent les rois du jour, gavés de toutes les jouissances....., les vampires de la haute finance. Son insatiable curiosité le poussa jusqu'au Cap Nord, au pays des Lapons et des rennes, aux régions désolées où le soleil ne se couche pas pendant six mois, jetant ses lueurs blafardes sur les dentelures des montagnes fantastiques.

.·.

Au mois de Juillet 1883, Grad est sur les côtes de la Laponie, aux îles Loffoten dont les montagnes aux découpures étranges semblent appartenir au monde des rêves quand le soleil de minuit les illumine de sa lumière spectrale. Il a vu aussi de très près le périlleux tourbillon du Maëlstrœm et a manqué d'y être entraîné par la danse vertigineuse des flots. On visite aujourd'hui le Cap Nord aussi facilement qu'on fait une excursion à Jersey ou au Mont-Saint-Michel, grâce au service de paquebots mis à la disposition des touristes, avec tout le confortable nécessaire.

Voici les impressions du touriste Grad, en face de l'Océan glacial :

« Le Cap Nord se dresse superbe, pareil à un gigantesque bastion avancé, à l'extrémité de l'Europe, en face de l'Océan glacial. Un coup d'aile semble suffire pour atteindre le sommet. Manquant d'ailes, j'ai tâché d'y monter à pied comme le premier bourgeois venu. Point de chemins, d'ailleurs, ni de sentier tracé. On s'élève du fond d'une gorge par dessus les éboulis. Des deux côtés de la gorge ou plutôt de la cheminée, où vous vous hissez en vous aidant des mains, les escarpements rocheux de grès métamorphiques s'élèvent en murailles verticales.

Cette gorge sert de lit à un ruisseau. Le ruisseau naît d'un champ de névé sur les éboulis. Ses bords sont gazonnés, verts, riants, émaillés de fleurs en plein épanouissement. Qui le croirait ? Presque toute la flore du Hohneck vosgien se retrouve ici, avec la même fraîcheur vigoureuse, la même vivacité de couleurs que dans nos hauts pâturages. Trouver les fleurs des Vosges, jusqu'au tendre myosotis, la fleur du souvenir, *Vergissmeinnicht*, sur les rives immédiates de l'Océan glacial, quelle grande surprise ?

. . . .

« Lorsque je vis le soleil de minuit pour la première fois, pendant une éclaircie, à travers l'ouverture d'un bras de mer et entre deux rangées de monts élevés il était tout à fait splendide et dans son plein éclat.

Le ciel, absolument pur dans cette direction, avait un coloris d'un rouge sang sur lequel les sommets du littoral se détachaient en relief. Cette lumière rouge se tamisait avec ses tons pourpres, à travers le feuillage d'un bois de bouleaux nains qui revêtait les parois du chenal rocheux où nous passions, se réfléchant sur les arêtes nues des montagnes plus hautes et sur les flots de la mer. Chaque lame de la mer reflétait l'image de l'astre radieux qui descendit lentement et se releva de nouveau sans disparaître au-dessous de l'horizon. Quand le soleil de minuit reste masqué par les montagnes, l'atmosphère vaporeuse étale au ciel, du côté opposé, toutes les couleurs du prisme avec des reflets rouges, jaunes, orangés, verts, bleus, indigos, violets fondus les uns dans les autres en tons adoucis, moelleux. Ce n'est plus la lumière vive du jour, ce n'est pas non plus la nuit, mais quelque chose d'indécis, un crépuscule lumineux ».

Sa curiosité le poussa aussi à traverser les déserts brûlants pour gravir la montagne Sainte du Sinaï aux sommets étranges, glacés de neige, où tonna la foudre de Jéhovah, dans un paysage biblique qui bouleverse l'imagination, où sont les grottes bondées de trésors qu'habitent depuis de longs siècles les moines syriaques conservant des parchemins mystérieux qui remontent à la plus haute antiquité.

Pierre Loti, lui aussi, a visité récemment ces parages sans vie où le silence éternel n'est interrompu que par le cri rauque du vautour, où le paysage sinistre rappelle ceux de l'Enfer de Dante.

Sous toutes ces latitudes, dans ces mondes si différents du nôtre, foulés par le pied infatigable de notre pèlerin, c'était une mine inépuisable d'observations, d'études de toutes espèces qui firent l'objet de brochures et d'articles de Revues, en somme œuvres d'un dilettante qui n'apprirent rien de neuf à l'humanité, quelque chose comme les relations de voyages de Xavier Marmier, ayant avec celles-ci la parenté littéraire. Ces études lui valurent toutefois, le titre de correspondant de l'Institut qu'il sut utiliser dans ses ouvrages subséquents en faisant suivre sa signature de ces mots : « de l'Institut de France ».

．·．

Rien de ce qui touche aux grands problèmes scientifiques et industriels des temps modernes n'est resté étranger à notre jeune savant. Bien avant M. Ferdinand de Lesseps il avait cherché à étudier la question si controversée du percement de l'isthme de Panama ; il avait étudié les travaux publiés par les ouvriers de la première heure et, dans un article très documenté, inséré dans la *Revue d'Alsace* en 1863, il a fait un résumé comparatif des données fournies par les ingénieurs Garella et Courtines envoyés à Panama par le Gouvernement Français, par Alexandre de Humboldt, par le colonel Lloyd, que le président Bolivar avait chargé en 1825 d'étudier la question du canal interocéanique, par l'explorateur allemand Moritz Wagner, par Kennish et par Félix Belly. Il a condensé dans vingt pages tout le côté technique, hypsométrique, orographique de la grande question du percement.

Voici la fin de cette intéressante étude :

« Le climat de l'isthme et sa chaleur excessive, les miasmes pestilentiels des côtes et les forêts vierges à l'intérieur sont des obstacles que tout voyageur ne parvient pas à surmonter.

Cependant malgré ces difficultés énormes, malgré des obstacles qui peuvent paraître insurmontables, on ne saurait trop apprécier l'importance de cette contrée pour l'avenir de la civilisation. Sans doute on ne trouve pas dans l'Amérique Centrale cette vallée admirable disposée d'une manière si providentielle dans l'étroite langue de terre de Suez, mais quel essor l'industrie et le commerce ne prendraient-ils pas, si notre époque devait résoudre le grand problème de la double canalisation de l'isthme de Suez et de celui de Panama ».

Le grand problème de Suez a été résolu par M. de Lesseps, en dépit de l'opposition anglaise qui exploite aujourd'hui son œuvre et couve le projet de l'absorber complètement.

Quant au Panama, le colossal effort de l'ingénieur français pour vaincre les résistances de la nature et les influences néfastes de certains hommes, a sombré dans le cataclysme dont nous avons vu récemment le triste spectacle. Que sont devenus les centaines de millions sortis des bas de laine français ? Ils sont entrés dans la poche de financiers aussi véreux que cosmopolites. A la place de ce mot trop complaisant les bons entendeurs sauront en mettre un autre plus typique.

. .

Après les tristes événements de 1870, Grad fut porté par les circonstances à assumer un rôle politique qui semblait étranger à sa mission de savant mais devant lequel son patriotisme ne recula pas.

Glissons rapidement sur cette période de sa vie qui fut pour lui un calvaire où, malgré sa perspicacité, il sembla ne pas s'être assez rendu compte des responsabilités et suivit notamment à Neuf-Brisach, une ligne de conduite qui ne fut pas approuvée par ceux-là même qui lui étaient le plus dévoués.

Ses occupations au Reichstag de Berlin et au Landesausschuss ne l'empêchèrent pas, toutefois, de faire continuellement des voyages à Paris où il soignait sa réputation de savant en écrivant dans la *Nouvelle Revue* des articles économiques très étudiés.

Le pèlerinage de Lourdes, devenu une attraction souveraine pour le monde des âmes crédules, avait séduit Charles Grad comme une grande panacée.

Voici ce qu'il en dit :

« 15 août 1875 à Lourdes. Jamais de ma vie je n'ai eu des heures meilleures qu'hier soir. Je me promenais au bord du Gave, près de la Grotte des apparitions de Massabielle. Le soleil était à son déclin, éclairant de ses derniers rayons un site magnifique... Oui, j'étais venu ici pour me recueillir et demander à ma bonne Mère du ciel son inspiration ou ses grâces. J'ai prié avec effusion..... Aujourd'hui je prie encore. Je suis revenu à la grotte le soir, suppliant Marie de me rendre la santé ou de m'éclairer malgré ma foi chancelante et les distractions qui me tourmentent ».

Involontairement, devant cette foi naïve du charbonnier et du breton, je songe à l'écureuil cause innocente d'un ébranlement du cerveau.

Atteint depuis longtemps d'une maladie de cœur, il ne sut pas ménager sa santé et continuait à prodiguer son activité fiévreuse dans des pérégrinations de tous genres et dans des études absorbantes. Voulant laisser à l'Alsace un monument durable de son filial attachement il fit paraître dans le *Tour du Monde*, une longue suite d'articles sur l'Alsace ancienne et contemporaine, accompagnés de charmantes illustrations dessinées par le peintre alsacien Frédéric Lix, un des maîtres de l'illustration moderne. Ce fut même aux dessins de cet artiste que la publication dut son principal attrait.

Compositeur hors ligne, Lix a semé dans tous les ouvrages à gravures des milliers de planches, vrais trésors d'art et d'érudition. Dire que ce grand travailleur est mort le 24 février 1897 sans avoir reçu la décoration de la Légion d'honneur due depuis longtemps à son mérite exceptionnel, n'est-ce point rappeler que le mérite modeste a de la peine à se faire jour quand il n'est pas soutenu par des influences souveraines ? Cet homme de haute valeur a sombré dans l'indifférence égoïste de ses contemporains.

La première partie de ce travail de longue haleine, mais hâtivement composé de pièces et de morceaux empruntés de droite et de gauche, est consacrée à la Haute-Alsace. Une large place y est faite au musée de Colmar et aux œuvres des anciennes écoles rhénanes qu'il renferme, puis à la biographie et aux œuvres de J.J. Henner avec la reproduction, gravée par Thiriat, de son portrait peint par lui-même pour la galerie des Offices de Florence. Tous ces articles ont été réunis en un fort beau volume qui devait être suivi de celui de la Basse-Alsace pour lequel Grad avait déjà réuni de nombreux matériaux, mais que son état de santé de jour en jour plus chancelant ne lui permit point d'entreprendre.

Lui qui admirait les beaux spectacles de la nature, manquait absolument du sens artistique, ce sixième sens qui qui est le privilège d'une élite. Mais on ne peut pas tout avoir.

Dans son écriture saccadée on chercherait en vain une parenté lointaine avec la calligraphie. Mon Dieu! que de pattes de mouches sont sorties par millions de ce cerveau encyclopédique, véritable arithmomètre, où les chiffres arabes, mêlés aux signes algébriques, arabes aussi, dansaient leur sarabande échevelée!

XLVI

Conférences à l'exposition de 1889. — Mort prématurée du savant. — Son monument à Turckheim. — Séjour champêtre du Logelbach. — La famille Herzog. — Le peintre miniaturiste Hertrich. — Chapelle construite par M. Ant. Herzog.

Tout en rendant hommage à l'infatigable travailleur, à la sagacité de ses recherches et à son talent de mise en scène, on ne peut s'empêcher de reconnaître que cette œuvre porte l'empreinte d'un travail trop hâtif. Toujours préoccupé de produire à jet continu les ouvrages les plus divers, l'auteur ne songeait peut-être pas assez à la devise *Chi va piano va sano*. Malgré son triste état de santé il était très assidu aux séances du Reichstag et continuait à collectionner partout des documents statistiques qu'il utilisait pour ses publications.

Ma dernière rencontre avec Grad eut lieu à Paris chez un ami commun, au mois de juillet 1889, pendant l'exposition universelle. Il était venu, en sa qualité de membre de plusieurs sociétés savantes faire des conférences dans le local affecté sur l'Esplanade des Invalides, à ce genre d'exercices oratoires. En dépit de son état de santé déplorable, il ne voulut point manquer cette grande occasion de se produire devant le public international qui suivait ces conférences persuadé qu'il était, que le monde perdrait à ne point l'entendre. Il se surmena dans ce métier échauffant devant lequel reculaient de plus vaillants que lui ; et quand il s'était bien mis en nage sans prendre la précaution de changer, lui, atteint d'une maladie cardiaque, il allait absorber des boissons glacées. Ses amis le considéraient comme perdu ; car cette tension sans cesse ni trêve de toutes ses facultés vitales, était un véritable suicide.

Sonder les arcanes du cœur humain n'est pas chose facile ; mais dans la vie il n'y a pas d'effet sans cause. Sera-t-on suspecté de fantaisie romanesque en émettant discrètement l'opinion que toute cette activité surchauffée, toute cette production hâtive, en serre et chaude, tout ce mépris d'une mort qui le guettait depuis longtemps, avaient peut-être pour moteur une passion voilée pour une âme sœur qui hantait ses rêves et à laquelle son affection, contrariée sur cette terre, donnait rendez-vous dans les sphères éthérées ? Il mourut en 1890, dans sa maison natale à Turckheim, à peine âgé de quarante huit ans, donnant à sa famille et à ses amis l'édifiant spectacle du chrétien stoïque acceptant avec résignation le sacrifice suprême. Heureux ceux qui meurent jeunes ! Ils sont aimés des dieux.

* *

J'ai cherché à esquisser les grandes lignes de cette physionomie curieuse à bien des titres en consultant mes souvenirs et mes propres impressions.

Pour tracer le portrait à la plume de cette étrange personnalité, si déconcertante pour l'observateur impartial, je pourrais faire des emprunts à l'excellent panégyrique qu'a dédié à sa mémoire son ancien condisciple au collège libre, M. l'abbé Celly, aujourd'hui curé à Mulhouse. Mais ce volume biographique de plus de trois cents pages (c'est beaucoup), écrit par un styliste à la plume élégante, part d'un point de vue tout à fait différent du mien et où l'on sent l'empreinte d'une éducation commune dominée par un courant exclusivement religieux. J'ai préféré m'en tenir à mon appréciation indépendante et étudier en toute liberté, avec la curiosité d'un amateur épris de belles choses, l'homme intime, le savant, le penseur et aussi .... le rêveur. Cela me suffit, d'autant mieux que je ne trace ici qu'une simple esquisse sans toucher au côté politique de la vie de Grad, qui a été le tourment de ses dernières années, le sentier épineux où il a laissé des lambeaux de sa chair. J'ai pu me tromper, puisque le milieu où vivait et s'agitait cette belle intelligence, n'a pas encore acquis le recul nécessaire pour permettre de l'embrasser d'un coup d'œil d'ensemble.

Dès aujourd'hui, pourtant, ne peut-on pas se demander ce qui reste de tant d'activité dépensée, de tant de papier noirci, de tant de brochures publiées, de tant d'articles semés aux quatre vents de l'horizon ? Il en reste, sans doute, le souvenir d'un homme de grande valeur intellectuelle, d'un chercheur inquiet de tous les inconnus de la nature, d'un doux rêveur, mais qui, en se fourvoyant dans la politique autonomiste, a dépensé en vains efforts une activité qu'il eût, peut-être, pu employer plus utilement.

Mais sa bonne volonté, ses persévérants efforts, son dévouement indiscutable au cher pays natal, ont reçu avant le jugement définitif de la postérité, leur récompense anticipée. A peine avait-il rendu l'âme qu'un comité se forma à Turckheim et à Colmar dans le but de lui ériger une statue ou au moins un buste dans sa ville natale. La statue que j'ai vue ébauchée dans l'atelier du sculpteur, a cependant paru un peu excessive et l'on est revenu à l'idée plus modeste d'un buste. Espérons que la postérité, mieux éclairée que nous, ratifiera le jugement des contemporains car il s'agit d'un homme qui est une exception brillante, qui a résumé en lui tout un cycle de connaissances, dévoué comme pas un à son cher pays, et possédant la vertu antique des preux.

Le monument fut mis au concours en 1893 et une commission spéciale, choisit le projet présenté par deux jeunes artistes d'origine alsacienne, M. Enderlin (1), sculpteur et M.

---

(1) M. Enderlin, artiste de talent, appartient à une famille originaire de Dirlinsdorf, canton de Ferrette. Son grand-père était maire et conseiller général.

Umbdenstock, architecte, de Colmar, tous deux élèves de l'École des Beaux-arts de Paris. Ce monument, dont j'avais vu l'ébauche dans l'atelier de l'artiste, se compose d'un piédestal très simple sur lequel s'appuie une figure allégorique bien mouvementée représentant la muse de l'histoire et surmonté du buste en bronze de Grad, qui est fort ressemblant. Il a été exposé en 1896, au salon des Champs-Élysées et l'inauguration a eu lieu dans le courant du mois d'août de la même année.

* *

Cette figure énigmatique de Ch. Grad avait emprunté un cachet particulier au milieu où elle a vécu et où elle a reçu son empreinte indélébile. La famille Herzog, du Logelbach, qui compte parmi les premières de la grande industrie alsacienne, était un de ces foyers sympathiques attirant dans son orbite toute la société bien pensante de Colmar.

Madame Antoine Herzog, mieux connue sous le nom de Madame Ernestine, était le génie bienfaisant de la maison, animant tout autour d'elle. Dans cet intérieur bourgeois et patriarcal vivifié par une belle jeunesse, elle trônait respectée et adulée comme une reine, faisant rayonner autour d'elle ses œuvres de bienfaisante assistance.

* *

Cette petite galerie de rapides croquis demande à être complétée par celui d'un type curieux. Dans ce milieu où dominait la sévère figure de M. Antoine Herzog, que Grad appelait *Magnus*, on voyait s'agiter un personnage curieux, espèce de pince-sans-rire, qui jouait le rôle d'amuseur dans la famille et avait su s'y rendre aussi indispensable qu'un chambellan dans un palais. C'était M. Michel Hertrich, peintre miniaturiste, poète à ses heures, peintre et poète d'un certain talent. Il était l'organisateur, le boute-en-train de toutes les fêtes, le chantre attitré, l'aimable familier de la maison. Sans lui pas de partie de plaisir complète. Ce loustic peignait très agréablement la miniature, art charmant détrôné par la photographie qui a détrôné tant de choses, et avait remporté une médaille au salon de peinture de Paris. Son portrait du chanoine Maimbourg, curé de Colmar, autre personnalité originale de l'époque, figure au musée de cette ville avec une collection de peintures à l'huile très consciencieuses représentant des vues de Colmar et des environs. J'aime à retrouver son nom sous ma plume pour rappeler son talent d'artiste et même de poète, à ceux de ses contemporains qui auraient pu l'oublier.

Dans cet intérieur patriarcal, l'élément féminin, rempli de distinction et de grâces attractives, dominait facilement son entourage un peu effacé. Madame Ernestine, devenue le bon génie de la maison, partageait avec sa sœur et ses jeunes filles, le privilège de répandre une atmosphère de sociabilité et de gaieté communicative dans cet intérieur parfois sévère qui avait besoin d'un certain stimulant. Attirés dans la sphère d'influence de cette aimable colonie, des artistes, des savants, des hommes de lettres, des ingénieurs, des magistrats, des ecclésiastiques surtout, prenaient volontiers le chemin du Logelbach où la famille Herzog avait su multiplier sous toutes les formes, les charmes de son séjour champêtre.

Le Letzenberg, petit contrefort des Vosges, enclavé dans son vaste domaine, surmonté d'un châlet où l'on accédait par un énorme escalier ; le charmant vallon du Florival traversé par le cours d'eau de la Fecht, des jardins splendides, un parc aux doux ombrages, des concerts et des dîners fins, il n'en fallut pas davantage pour attirer dans ce domaine du bon Dieu une société choisie. Ce n'était là, toutefois, que l'aimable côté des choses temporelles. Pour répondre aux besoins spirituels, qui occupaient une place prépondérante dans la maison, M. Ant. Herzog avait fait construire vis-à-vis de ses établissements, une chapelle gothique dont la silhouette gracieuse se détache sur le fond violet de la montagne. Ce monument, inspiré sans doute par la piété de sa femme et dont les plans ont été dressés par un architecte belge, d'après ceux de la Sainte-Chapelle de Paris, qui lui a coûté fort cher et fait grand honneur à sa mémoire.

Quand il fut terminé en 1863, j'en fis un dessin d'après nature qui fut reproduit par le *Monde illustré*.

Mais n'oublions pas que je ne parle ici que par ouï-dire. La seule occasion où j'ai eu l'honneur de voir de près M. et Madame Herzog, est celle dont il est question dans les lignes suivantes.

...

Peu après la guerre, M. Herzog acquit à Paris, rue Murillo, un magnifique hôtel dont l'une des façades donne sur le parc Monceau. On préludait alors à la création du grand quartier aristocratique de la Plaine Monceau, devenu depuis une grande ville peuplée d'hôtels princiers, de squares et de statues. M. Herzog acheta dans ce quartier d'avenir un lot de terrains qu'il revendit à la Société immobilière qui venait de se former et qui a remué là, tout un monde d'ouvriers et de matériaux. C'est lui qui fit donner à l'une des nouvelles rues le nom de rue du Logelbach, en souvenir du faubourg de Colmar où sont ses établissements industriels.

Dans le courant de l'automne 1874, je fus abordé au Parc Monceau par M. Herzog que j'eus quelque peine à reconnaître tant il avait blanchi. Il me conduisit dans son hôtel situé en bordure de la promenade et où il comptait venir, en famille, passer l'hiver. Dans son cabinet de travail il me montra le portrait en pied et en robe rouge de M. Fauconneau-Dufresne, premier président de la cour de Besançon et père de son gendre.

Connaissant le talent d'Henner comme portraitiste, il avait conçu le projet de faire faire par lui le portrait de sa femme, grandeur naturelle. Quelque temps après, M. et Madame Herzog, sachant que j'étais lié avec Henner, vinrent me trouver et me prièrent d'être l'intermédiaire entre l'artiste et eux pour régler les conditions d'exécution de cette œuvre. Avant d'entreprendre le tableau en grand, l'artiste fit, à titre d'étude préalable, un portrait en buste d'une merveilleuse ressemblance qui lui servit de point de départ pour l'exécution du grand portrait. Cette tête d'étude fit partie de l'envoi d'Henner à l'exposition universelle de 1878.

Peu de temps après la célébration de la cinquantaine du mariage de M. et de Madame Antoine Herzog, la mort est entrée dans cette maison hospitalière où, pendant une longue série d'années, tant d'amis avaient trouvé bon accueil.

XLVII

Le colosse de New-York. — Dix-sept ans de labeur. — Mode de construction. — Le Monde de la féerie. — Triomphe de l'artiste. — Christophe Colomb. — Jean Rœsselmann. — Le Lion de Belfort. — Monument de Bâle. — Médaille d'honneur.

Comme nous l'avons vu plus haut, M. Bartholdi rêvait depuis longtemps de signaler sa carrière artistique par une de ces œuvres grandioses qui immortalisent leur auteur.

Consacrer le souvenir de l'indépendance américaine à laquelle la France avec Rochambeau et Lafayette, avait pris une si grande part, était devenu pour lui le plus cher objet de ses rêves, à mesure qu'approchait le centenaire de cet événement historique. La France, se disait-il, dont la révolution de 1789 avait affranchi l'esprit humain, ne pouvait manquer de partager l'idée d'offrir aux États-Unis un monument rappelant ce grand souvenir. De là, naquit l'idée d'une statue colossale de la Liberté éclairant le monde, qu'il proposa de placer comme un phare dans la rade de New-York, sur l'îlot de Bedloë.

Après la guerre, au mois de septembre 1871, il partit pour l'Amérique avec l'idée bien arrêtée d'y provoquer une manifestation française en créant un monument franco-américain à frais communs entre les deux peuples. Il avait à cet égard, pleins pouvoirs de MM. Oscar de Lafayette, Ed. Laboulaye et Henri Martin, qui, plus tard, firent partie du comité organisateur. Il s'agissait d'un monument colossal, d'une œuvre exceptionnelle destinée à frapper l'esprit public. L'immigration allemande aux États-Unis, avait pris des proportions considérables et se remuait beaucoup pour assurer davantage son expansion sur le nouveau continent. En plantant son œuvre patriotique sur le sol libre de l'Amérique et en prouvant ainsi l'indéracinable vitalité de son pays, Bartholdi cherchait à enrayer le mouvement contraire.

L'artiste m'a conté par le menu tous les déboires, toutes les luttes homériques, toutes les démarches sans trêve, toutes les angoissantes péripéties, qui durant dix-sept ans, furent son partage dans cette poursuite à outrance de la grande œuvre intercontinentale. En pouvait-il être autrement quand on songe à l'immensité de l'effort et de la dépense, à l'incertitude des ressources qui toutes étaient à créer, à toutes les petites vilenies que certains détracteurs se plaisaient à accumuler pour décourager l'auteur de ce nouveau travail d'Hercule ? Il est sorti triomphant et indemne de l'épreuve. C'est là ce que nous devons retenir en songeant au renom que cette œuvre virile entre toutes a fait jaillir sur lui-même et sur son pays natal.

* *

Le comité franco-américain s'était constitué en 1875 et avait pris en main la création des voies et moyens d'exécution.

Voici la composition de ce comité :

SECTION FRANÇAISE	SECTION AMÉRICAINE
Président, Cte Ferdinand de Lesseps ;	Président William M. Evarts.
Vice-Présidents : Dietz-Monnin, Comte Sérurier, Bozérian, A. Bartholdi, J. de Castro, secrétaire général.	Rich. Butler, secrétaire général.
	James W. Pinchot, trésorier.
E. de Lafayette, P. de Rémuzat, Waddington, C. de Witt, Simonin, Jean Macé, Th. Robin, Caubert, de Lagorsse-Goupil, N.	Jos. W. Drexel, Chairman. Edwin D. Morgan, John Jay, Will. Cullen-Bryant, Parke Godwin, Mumford Moore, Samuel D.

Appleton, G. Glænzer, Alfassa, Beurdeley, Grimault, Millaut, J. Cazot, Arbel.

Babcok, Will H. Wickham, John Taylor, Johnston, Henri F. Spaulding, Théod. Roswelt, Frédéric Coudert, Clark Bell, W. H. Appleton, Théod. Weston, John F. Denny, Anson Ph. Stokes, Samuel P. Avery, Seaver Page, Worthington, Wittredge.
Ingénieur Gén. Stones.
Architecte, R. Hunt.

De l'appel adressé au public par le Comité nous devons retenir les lignes suivantes :

« L'Amérique va célébrer prochainement le centième anniversaire de son indépendance. Cette date marque une époque dans l'histoire de l'humanité ; au Nouveau monde elle rappelle son œuvre, la fondation de la grande république ; à la France une des pages qui font le plus d'honneur à son histoire.

« Il s'agit d'élever, en souvenir du glorieux anniversaire un monument exceptionnel. Au milieu de la rade de New-York, en face de Long Island où fut versé le premier sang pour l'indépendance, se dresserait une statue colossale se dessinant sur l'espace, encadrée à l'horizon par les grandes cités de New-York, New-Jersey et Brooklyn. Au seuil de ce vaste continent plein d'une vie nouvelle, où arrivent tous les navires de l'univers, elle surgira du sein des flots ; elle représentera la *Liberté éclairant le monde*.

« Ce monument sera exécuté en commun par les deux peuples, associés dans cette œuvre fraternelle, comme ils le furent jadis pour fonder l'Indépendance. »

Le Congrès du sénat et de la chambre des représentants des États-Unis, réuni le 22 février 1877, ratifia l'œuvre du Comité et mit à sa disposition l'îlot de Bédloë comme emplacement futur du monument. Cet îlot était un fort commandant la rade et son mur d'enceinte, entourant la base du piédestal, est resté debout.

Une fois lancée dans le monde parisien, l'idée fit rapidement son chemin, et les moyens d'exécution ne tardèrent pas à se créer. Une souscription nationale fut ouverte à laquelle l'État prit part dans une large mesure. Une loterie d'objets d'art fut organisée, dont le tirage eut lieu en juin 1880. La plupart des artistes de Paris y apportèrent leur offrande. Enfin les procédés les plus ingénieux furent mis en œuvre pour réaliser les ressources nécessaires.

La statue devait avoir quarante-six mètres de hauteur, non compris le piédestal. Avec de pareilles proportions il ne fallait pas songer à la fondre, ni en un seul jet, ni en plusieurs. Sans parler de l'énormité de la dépense, il fallait considérer l'impossibilité absolue d'établir un moule dans des dimensions aussi considérables. L'esprit inventif de l'artiste s'arrêta alors à l'idée de modeler la statue en plaques de cuivre de deux centimètres d'épaisseur martelées sur un patron en bois ayant la forme de la statue grandeur naturelle et solidement rivées entre elles, de manière à emprunter complètement la forme du modèle et à prendre l'aspect d'une statue de bronze.

Un escalier tournant a été ménagé dans le corps de la statue, depuis la base jusqu'au sommet de la petite galerie circulaire qui entoure le flambeau. La statue est absolument vide : elle tient par douze boulons en fer de 15 centimètres de diamètre sur 15 centimètres de long scellés dans le piédestal.

\. \. \.

On commença par exécuter la tête et une partie du buste qui furent exposés au Champ-de-mars, lors de l'exposition universelle de 1878 où elles provoquèrent l'étonnement et l'admiration des visiteurs. En même temps M. Bartholdi exposa l'une des mains du colosse pour permettre aux visiteurs de juger des proportions extraordinaires de son œuvre. Il suffira, pour les faire apprécier, de dire que l'oreille seule a un pourtour de 1 mètre 60 centimètres.

Avec la carte d'entrée permanente que l'artiste avait eu la gracieuseté de m'offrir, j'ai pu suivre graduellement jusqu'en 1885, l'exécution des différentes parties de la statue qui se trouva mise sur pied dans le courant de cette année. C'est alors que l'auteur put dire sans fausse modestie : « *Exegi monumentum aere perennius* ».

Quel labeur énorme, quelle attention de tout instant a exigés la mise au point de cette œuvre titanique ! Tout ce que l'énergie de ce pygmée qui s'appelle l'homme a pu déployer pour vaincre la matière rebelle a été employé dans la préparation longue et pénible de ce projet, comme dans son exécution tout aussi longue et aussi incidentée.

Et cependant M. Bartholdi était loin d'être au bout de ses peines. Il fallut s'occuper du démontage, du transport des énormes morceaux au Havre, de leur embarquement sur un vaisseau de l'État et du remontage de la statue dans la rade de New-York.

Les américains avaient pris à leur charge les frais de construction du piédestal sous la direction du général Stones. Il fut établi en granit avec un escalier intérieur donnant accès jusqu'au sommet de la statue d'où partent les rayons électriques du phare.

L. modèle de la statue a passé par deux opérations de grandissement. M. Bartholdi exécuta d'abord une figure d'étude mesurant 2^m 11 de hauteur, du talon au sommet de la tête. Le second modèle qui mesurait 8^m 50 fut divisé par sections reproduites mathématiquement. La forme générale fut ébauchée en charpentes de bois recouvertes de lattes et de plâtre, mise au point et amenée à sa forme définitive par les ouvriers marteleurs qui imprimaient les feuilles de cuivre par pression et battage au maillet.

La puissante armature en charpente de fer qui sert de point d'appui à toute l'enveloppe de la statue, a été étudiée et exécutée par M. Eiffel l'auteur de la fameuse tour de 300 mètres.

Enfin MM. Gaget, Gauthier et Cⁱᵉ (25 rue de Chazelles) qui ont organisé avec M. Bartholdi ce travail de cyclopes, ont, eux aussi, bien mérité du comité franco-américain. En approchant de leurs ateliers retentissants où une soixantaine de pygmées s'acharmaient à dompter un géant, on croyait entrer dans le monde de la féerie, dans le pays des Lilliputiens essayant d'enchaîner Gulliver.

M. l'ingénieur Talanzier a publié, en 1883, dans le *Génie civil*, une étude approfondie de ce procédé de travail au repoussé qui avait déjà été employé pour la statue de Saint Charles Borromée sur le Lac Majeur. Il est curieux de rapprocher les dimensions des diverses statues colossales depuis les temps anciens jusqu'à nos jours :

Statue de la Liberté	Colonne Vendôme	Colosse de Rhodes	Arminius en Westphalie
46ᵐ 08ᶜᵐ	44ᵐ	41ᵐ 60ᶜᵐ	28ᵐ 30ᶜᵐ

Saint Charles Borromée	Vierge du Puy	Bavaria
23ᵐ	16ᵐ	15ᵐ 70ᶜᵐ

Splendides furent les fêtes de l'inauguration du monument. L'écho m'en est revenu par les lettres de mon ami Hubert Diss qui habitait alors New-York et me tenait au courant de l'enthousiasme des Yankees. M. Bartholdi entrait vivant dans la gloire. On donna son nom à une rue, à une place, à des docks, à des établissements divers. Des marchands plaçaient leurs magasins sous le vocable de l'homme célèbre du jour. Ainsi Diss, qui faisait le commerce de tableaux, intitula son salon : *Bartholdi's arts room*, (Salon artistique Bartholdi).

Ceux qui, le 26 octobre 1886, ont assisté à cette solennité, ont dû conserver l'impression vivace de l'hommage rendu aux inspirateurs d'une œuvre qui scella de nouveau l'ancienne amitié de la France et des États-Unis. La mise en scène, merveilleuse à tous égards, était faite pour émouvoir les plus indifférents. Toute la rade remplie de vaisseaux et de milliers d'embarcations aux pavillons éclatants, les musiques civiles et militaires jetant leurs notes entraînantes dans cette manifestation populaire que dominaient le grondement du canon, les hourrahs, les acclamations, les trépignements de joie sous un soleil splendide, le bruit sourd et solennel des grandes foules galvanisées par une grande idée, tel était l'inoubliable spectacle, inoubliable surtout pour notre artiste alsacien, qui au pied de son œuvre colossale, contemplait profondément ému, ce prestigieux tableau des Mille et une nuits.

La colonie américaine de Paris se cotisa pour faire ériger le modèle original de la statue sur la place des États-Unis. Au moment où ce modèle allait être détruit, M. Morton, ministre des États-Unis, et quelques amis, MM. Mackay, Bennett et autres ont fait les frais de la fonte de ce modèle que M. Bartholdi leur avait donné. Un autre exemplaire de la statue fut érigé à l'extrémité de l'île des Cygnes près du pont de Grenelle. Pour que rien ne manquât aux hommages décernés au sculpteur Colmarien, qui était déjà officier de la Légion d'honneur il fut nommé commandeur de cet ordre. Pouvait-il rêver mieux lors de ses modestes débuts, quand je le vis en 1857, dans son petit atelier de Colmar, pétrir avec enthousiasme cette terre glaise d'où devait sortir une œuvre immortelle ?

Il a continué, depuis, la série de ses succès par la création d'autres œuvres importantes, comme par exemple, la statue de Christophe Colomb qui vient d'être fondue en argent massif par un orfèvre de New-York, la fontaine de Jean Rœsselmann, prévôt de Colmar, cet ami de Rodolphe de Habsbourg que l'artiste a représenté en costume de chevalier du Moyen âge, sous les traits modernes et chevaleresques d'un maire de Colmar très connu ; le remarquable groupe en marbre qu'il vient d'exécuter en souvenir de l'assistance donnée par la Suisse aux assiégés de Strasbourg en 1870, groupe érigé sur la place de la gare à Bâle et qui a valu à son auteur la médaille d'honneur du salon de sculpture en 1895.

Une de ses œuvres les plus populaires et les plus attachantes dans sa note patriotique, c'est le *Lion de Belfort*, enlevant sa fière et colossale silhouette sur le rocher que domine le château-fort, et rappelant l'invincible résistance de ses défenseurs. La réduction en bronze de ce monument national, qui figure sur la place Denfert-Rochereau à Paris, donne une idée frappante de cette œuvre aussi puissante par sa conception que par la noble simplicité de ses lignes sculpturales.

N'oublions pas le beau monument élevé par les Alsaciens-Lorrains à Gambetta aux Jardies où le grand patriote termina sa trop courte carrière, et la dernière œuvre colmarienne de M. Bartholdi, la statue assise de Gustave-Adolphe Hirn, le savant mathématicien et astronome; enfin le groupe *Lafayette et Washington*, donné à la ville de Paris par un citoyen de la libre Amérique, M. Joseph Pulitzer, directeur-propriétaire du journal le *World*. Ce monument, inauguré le 1er décembre 1895 dans le square des États-Unis, repose sur un piédestal en grès des Vosges de 3 mètres de hauteur.

N'oublions pas non plus qu'au cours de sa carrière d'artiste déjà longue, M. Bartholdi a réalisé d'autres œuvres durables, telle que la statue de Vercingétorix (au musée de Clermont-Ferrand), celle de Champollion au collège de France, celle de Vauban à Avallon, celle de Gribeauval, grand maître de l'artillerie, aux Invalides et le fronton du Musée de Rouen.

Au salon des Champs-Élysées de 1897 nous avons vu la plus récente œuvre de M. Bartholdi, le modèle en plâtre d'une nouvelle fontaine monumentale destinée à la ville de Colmar déjà très largement dotée des œuvres de notre sculpteur. Pour en apprécier la valeur décorative, qui paraît très originale, il faudra la voir dans son cadre, à côté du vieil édifice du *Kaufhaus* où s'épanouit l'architecture du XVIe siècle, qui est celle adoptée par l'artiste. Élevé en souvenir d'un vieux chevalier alsacien bardé de fer, Lazare de Schwendi, à qui on attribue l'introduction du raisin de Tockay dans le vignoble alsacien des environs de Colmar, il représente le vieux seigneur de Hohlandsperg, armé de pied en cap et brandissant fièrement son raisin. Pour ceux qui ne sont pas familiarisés avec la chronique locale, ce mouvement exigera une légende explicative. Ayant demeuré au milieu du vignoble de Kientzheim, où se trouve son tombeau, le vieux chevalier devait s'intéresser beaucoup au perfectionnement du cépage de ce charmant coin de pays. Les amateurs de la liqueur dorée de Riquewihr s'associeront de grand cœur à cet hommage très posthume rendu au vieil amateur cuirassé.

XLVIII

EXCURSION DE DEUX ALSACIENS

En Belgique et en Hollande (1)

Visites aux Musées de Bruxelles, Gand, Bruges, Anvers. — Une ville morte. — Van Eyck et Memling. — Un marbre de Michel-Ange à Bruges.

Eugène Fromentin, le peintre des scènes arabes de l'Algérie, l'artiste écrivain qui a peint le Sahara d'après nature, venait de publier son curieux livre sur les musées des Pays-Bas et avait reporté l'attention des amis de l'art sur les trésors qu'ils renferment. Je n'eus pas de peine à me laisser entraîner par ce mouvement de curiosité. Un matin de juillet 1882, sous le charme des longues journées d'été, Henner et moi prîmes le train pour Bruxelles, emportant dans nos valises légères le guide Joanne qui devait nous servir de fil conducteur dans le labyrinthe des musées, monuments et collections particulières que nous tenions à explorer à fond.

Bruxelles, un petit Paris, a de magnifiques édifices, anciens et modernes, des boulevards comparables à ceux de

---

(1) Je termine mon volume de souvenirs par le récit des impressions de voyage de deux Alsaciens en Belgique et en Hollande.

Paris, mais dont les dimensions excèdent les besoins d'une circulation restreinte et semblent leur enlever toute animation. Le Palais de la Bourse, le Palais de la Justice, le théâtre, constructions toutes modernes, se distinguent par leur architecture somptueuse trahissant la recherche du grandiose. Dans certains édifices religieux où le style jésuite domine avec son clinquant et son ornementation de mauvais goût, apparaît encore la trace vivante de l'ancienne et cruelle domination espagnole. Mais l'œuvre maîtresse où se résume toute l'histoire du vieux Bruxelles, où chaque pierre rappelle de navrants souvenirs, où se sont figés sous la rude patine du temps les efforts et les douleurs d'un peuple avide de libertés, c'est le fameux hôtel de ville, cette dentelle de pierre avec ses pignons façonnés, ses galeries à jour, ses consoles, ses clochetons, ses balcons fleuronnés et son beffroi aux élancements superbes qui semble monter comme une prière dans l'azur, et qui a bien souvent sonné le glas des guerres civiles.

Monument d'architecture gothique, situé presque en face de l'hôtel de ville, l'église Sainte-Gudule, d'un style assez sévère à l'extérieur, a subi dans son mobilier les exigences disparates du style rococo des Jésuites qui semblent avoir pris à tâche de dénaturer à plaisir la belle ordonnance des nefs anciennes. Ainsi, la chaire à prêcher, considérée généralement comme un chef d'œuvre de sculpture et de patience, est plutôt une composition extravagante qu'une vraie œuvre d'art. Au milieu d'une végétation luxuriante, qui a la prétention d'être paradisiaque, on voit un ange armé du glaive et chassant Adam et Ève du paradis ; des singes, des écureuils, des paons, des perroquets, des coqs et des poules, aimable ménagerie de l'Eden, forment contraste avec le squelette grimaçant qui poursuit nos deux premiers parents. Lors de la publication dans le *Tour du Monde* des

Ces pages où se reflètent la nature et l'art d'un beau pays, ne seront peut-être pas indifférentes aux lecteurs qui ont eu la patience de me suivre jusqu'ici dans l'œuvre de bon souvenir vouée à la terre sacrée de nos aïeux où l'art a toujours été en honneur.

intéressantes notices de M. Camille Lemonnier, sur la Belgique, la maison Hachette m'a demandé de lui dessiner cette chaire aussi célèbre que fantaisiste par l'exubérance de ses détails, œuvre d'imagination sinon de talent d'Henri Verbruggen. Parmi les autres monuments belges que j'ai dessinés pour la même publication, figure la petite fontaine du *Maenne kepis*, dont le nom flamand assez transparent laisse deviner le caractère ultra-naturaliste. On semble très fier à Bruxelles de cet impertinent petit bonhomme, savez-vous?

Après avoir visité rapidement les principaux monuments de Bruxelles, nous faisons une longue station au musée de peinture qui est très riche en primitifs flamands. M. Fétis, le savant conservateur du musée, pour qui l'ami Havard nous avait donné un mot de recommandation, se fit plaisir de nous montrer les toiles les plus célèbres de Rubens, de Rembrandt et de Van Dyck, que possède le musée et d'appeler notre attention sur les rares panneaux des frères Van Eyck, de Memling et de Roger van der Weyden. Nous avons été tout particulièrement intéressés par les deux volets latéraux du fameux triptyque des Van Eyck, l'*Adoration de l'Agneau mystique*, dont le panneau central est conservé dans l'église de Saint Bavon à Gand. Sur ces deux volets sont peintes les figures nues d'Adam et d'Ève. Elles sont reproduites évidemment d'après nature, tellement leur expression et leur anatomie sont remarquables. Un autre fragment du triptyque de Saint-Bavon est au musée de Berlin, de sorte que le chef-d'œuvre de Jean et d'Hubert van Eyck est aujourd'hui dispersé, grâce à la coupable indifférence de la fabrique de Saint-Bavon qui a laissé mutiler cet incomparable monument de l'art du XVe siècle.

« Quoiqu'il en soit, ces restes sont grandioses, ils nous étonnent, ils nous confondent par leur science, ils nous émeuvent par leur élévation et par leur ampleur. On se sent écrasé par ce miraculeux savoir qui éclate ainsi dès le début, par cette expérience consommée qui se manifeste dès le principe. On cherche des précurseurs, des initiateurs, et les obscurités de l'histoire enveloppent si bien cette prodigieuse éclosion, qu'elle paraît comme une sorte de génération spontanée, sans précédents d'où elle découle sans antécédents qui l'expliquent.

« Où les Van Eyck avaient-ils appris cette technique merveilleuse qui représente l'accumulation des études de plusieurs générations ? Question redoutable et bien loin encore d'être résolue (1) ».

*
**

Le surlendemain de notre arrivée à Bruxelles nous partons pour Gand, ville commerçante, animée, agitée, vibrante où l'on sent une puissante volonté de conserver la fortune acquise et de l'agrandir encore, une de ces vieilles cités municipales, fières de leurs franchises séculaires, qui, tout en suivant le progrès moderne, n'a point renoncé au culte du passé, comme le prouve le respect qu'elle porte à ses vieux monuments. Nous débarquons en plein marché, devant la belle façade de l'hôtel de ville et en face de la tour du beffroi située au bout de la grande rue, sombre décor du moyen âge. Sur la place du marché les cuisinières portant au bras gauche de grands paniers à anse, en fer blanc, nous semblaient de vieilles connaissances tant leurs costumes et leurs allures se rapprochent de ceux des ménagères alsaciennes. Notre première visite fut pour l'église Saint-Bavon où nous contemplâmes longuement le fameux panneau central de l'*Agneau mystique* des frères Van Eyck, avec ses légions d'élus agenouillés au pied de la fontaine de vie. Nous admirons l'étonnante conservation de cette œuvre, vrai trait d'union entre le Moyen-Age et la Renaissance par la perfection de ses procédés techniques rappelant celle du *Condottiere* d'Antonello de Messine, au Louvre, œuvre contemporaine tout aussi étonnante.

C'est aux Van Eyck que la tradition attribue l'honneur d'avoir inventé la couleur à l'huile et d'avoir communiqué leur secret aux artistes italiens de l'époque.

(1) Henry Havard. — *La Flandre à vol d'oiseau.*

Nous visitons ensuite l'église de Saint-Nicolas, qui renferme de superbes tableaux de Rubens et de Van Dyck. Ce dernier figure aussi à Saint-Bavon où nous admirons son Christ en croix popularisé par de nombreuses copies et des milliers d'estampes. Puis, après avoir jeté un rapide coup d'œil sur les canaux couverts d'embarcations, sur les quais animés et les pignons si pittoresques des maisons qui les bordent, nous retournons à la gare prendre le train de Bruges.

Ces gares belges sont vraiment étranges : elles ressemblent à des cathédrales gothiques se détachant comme un anachronisme sur les édifices modernes qui les entourent.

* *

Nous arrivons à Bruges à midi, ce qui prouve que ces vieilles villes flamandes, Bruxelles, Gand, Bruges, sont très peu distantes l'une de l'autre. Pour ne point perdre de temps — car nous voulions aller le même jour à Ostende — nous déjeunons à la table d'hôte d'un hôtel voisin de la gare. Il y avait là une dizaine de convives paraissant tous appartenir à la population du pays. C'était un vendredi, jour strictement maigre dans cette vieille ville catholique déchue de son ancienne splendeur, dans cette ville morte, aux rues désertes qui ressemble à un immense béguinage. On nous servit quatre à cinq plats de marée, des moules, de la raie, du maquereau, de la sole, du homard en salade ; puis, pour les mécréants assez audacieux pour demander de la viande, on consentit à terminer le repas par un bifteck aux petits pois. N'importe, ce repas maigre, qui aurait contenté le moine Gorenflot, était fort bien accommodé et nous y fîmes honneur. Au dessert nous eûmes le spectacle d'une scène de mœurs locales assez typique.

Un homme du peuple, en état d'ivresse, vint s'abattre sur le trottoir, sous les fenêtres de la salle à manger. Tous les n[...] scandalisés de voir un ivrogne dans cette ville cléricale réputée pour ses bonnes mœurs et sa tempérance : un agent de police s'empressa de le relever et de le mettre à l'ombre. Nos voisins de table semblaient tout honteux qu'un pareil spectacle pût être donné à des étrangers dans la vieille et respectable cité flamande.

.•.

Une impression étrange s'empare du touriste au moment où il pénètre dans cette ville du silence figée dans sa solitude et dans sa ruine comme le château effrité, plein de ronces, de la Belle au bois dormant. Sous le ciel bleu, sous le soleil éclatant tout y est vide et morne.

En regardant les clochers et leurs clochetons, les pignons déchiquetés se découpant sur le ciel avec la rigidité cadavérique des matières inertes, on s'attend à entendre sonner le glas de tout un monde évanoui, d'un monde qui, jadis jetait sa note vibrante sur ces canaux enjambés par des ponts en dos d'âne, pleins de bateaux et de bateliers affairés, sur ces maisons si pittoresques, aux fines découpures, sur ces quais et ces ruelles autrefois si vivants. Toutes les maisons sont fermées, les rideaux tirés, les habitants calfeutrés chez eux, égrenant silencieusement le chapelet, toujours le même, toujours implacablement monotone, de leurs journées incolores.

De cette cité si chère aux ducs de Bourgogne, si commerçante jadis, où des navires du monde entier venaient chercher les toiles, les dentelles et les draps des Flandres, faisant ruisseler l'or dans les comptoirs des marchands, il ne reste qu'un souvenir.

Par ci, par là, un chat noir traverse la rue comme un éclair, une vieille religieuse coiffée de son béguin passe comme une ombre lamentable, une ouvrière dentellière, assise sur le pavé où pousse l'herbe, agite fébrilement et d'une façon inconsciente ses fuseaux et ses bobines, sans lever la tête, sachant parfaitement qu'aucun incident de la rue ne viendra la troubler.

Seul, comme battant les dernières pulsations d'une vie presque éteinte, le carillon du beffroi, ce même carillon qui jadis, chantait les fêtes d'une population en liesse ou marquait d'un glas sinistre les tragédies des guerres religieuses dont ce pavé porte encore la sanglante empreinte, seul le carillon, comme un dernier sourire, envoie son mélancolique salut à la ville engourdie que rien ne galvanise plus, pas même un chant d'ouvrier, pas même le rire sonore d'un enfant. Car — c'est là encore un des caractères dominants de cette nécropole — on ne rencontre point dans ses rues une troupe d'enfants, réveillant par leurs jeux et leur gaieté les échos amortis.

Il ne reste au touriste saturé de l'immense ennui qui suinte partout sur ces murs moisis, sur ces ponts lépreux, sur ces tours lamentablement gercées par le champignon de la ruine, qu'à se retremper au contact des œuvres d'art qui abondent dans les musées, les églises et l'hôtel de ville. Là il y a une moisson de jouissances à recueillir. Dans ce cimetière du passé, dans ce Campo Santo de l'histoire, tout évoque les grands noms qui ont fait la gloire artistique du pays. Anvers a son Rubens, Gand a ses Van Eyck, Bruges a son Memling. Celui-ci a sa légende que nous raconte l'ami Havard, dans son beau livre, *La Flandre à vol d'oiseau*.

« Ce n'est pas à l'Académie qu'on doit étudier Memling : c'est à l'hôpital Saint-Jean qu'il nous faut le chercher. Là, on le retrouve dans son milieu et sur son terrain. Il est chez lui. Il y est si bien que de cette convenance parfaite entre l'œuvre et le cadre, entre l'hôpital et les tableaux qui l'illustrent, il est sorti une légende toute faite qui a traversé les siècles et à laquelle, si nous en croyons la critique moderne, il faut renoncer.

« Cette légende nous raconte qu'après la bataille de Nancy (1574), un jeune soldat blessé vint, par une froide nuit d'hiver, heurter à la porte de cette sainte demeure, réclamant un gîte et des soins. Il avait été attaché à la personne de Charles-le-Téméraire en qualité de peintre. A la mort de son maître il avait été rudoyé et chassé. Mourant d'épuisement et de faim il était venu demander du pain et du repos. Un le soigna, il guérit ; et c'est alors que, par reconnaissance, il commença ces ravissantes peintures qui, en payant l'hospitalité reçue, allaient rendre son nom immortel. »

.·.

Donc nous sonnons à la porte de l'hôpital Saint-Jean. Nous traversons l'ancien cimetière Notre-Dame, puis toute une série de cours humides et de murs de forteresse pour arriver à la chapelle isolée qui, au siècle dernier, a été transformée en musée. Hans Memling y est représenté par ses deux œuvres capitales, la *Nativité* et la *Châsse de Sainte-Ursule*, jouissant dans le monde de l'art d'une réputation égale. Deux merveilleux portraits et le *Mariage de Sainte-Catherine*, y proclament aussi son génie. Mais c'est le triptyque de la *Nativité* qui l'emporte sur tout le reste. Ce n'est plus la peinture un peu hiératique des Van Eyck. Le souffle de la Renaissance a passé par là.

Ce qui nous frappa de prime abord, en examinant de près le triptyque, c'est la prodigieuse conservation de ces peintures qui ont l'air d'être saturées d'huile à l'excès. N'est-ce pas à cette circonstance qu'est dû leur aspect jeune, gras et brillant ? Le panneau central représente l'*Adoration des mages*, celui de gauche *Jésus adoré par sa mère*, celui de droite la *Présentation au Temple*.

Les figures sont de vraies miniatures peintes avec un fini merveilleux : « Toutes les figures posées dans le sens qu'il convient, drapées dans la mesure qu'il faut, sont reliées par une dépendance absolue au reste de la scène. Et cette dépendance, cette subordination des personnages, de leurs attitudes, de leurs vêtements, des ornements qu'ils portent, de la lumière qui les baigne, à l'expression de la pensée-maîtresse de l'œuvre, est comme l'aurore d'un art nouveau inconnu jusque là, mais qui va conquérir le monde (1) ».

(1) Henry Havard. — *La Flandre à vol d'oiseau.*

Les peintures de la *Châsse de Sainte Ursule* sont également des miniatures à l'huile, mais moins parfaites que celles du triptyque. C'est là une œuvre décorative plutôt qu'une suite de tableaux dans la vraie acception du mot, la glorification d'une légende née sur les bords du Rhin et qui s'est déroulée d'une façon tragique depuis Cologne jusqu'à Rome. Qui n'a entendu parler du martyre des onze mille vierges compagnes de Sainte Ursule, se promenant à travers le monde de la féerie, et allant, brebis innocentes, se faire massacrer par les barbares à Cologne ?

Nous quittons le sanctuaire de Memling pour aller visiter la chapelle du Saint Sang et l'hôtel de ville, deux adorables monuments gothiques qui se touchent, étonnant assemblage de lignes et de couleurs, de niches et de pinacles, de balustrades et de statues, un rêve traduit en pierres, une dentelle murale tissée par une fée.

Aucune description par le pinceau ou par la plume ne saurait donner une idée de la splendeur que dégage aujourd'hui encore cet ensemble de monuments aériens de la vieille capitale flamande, si industrieuse, si célèbre dans le monde entier sous le règne des ducs de Bourgogne. Quelle richesse dans cet intérieur de la chapelle du Saint Sang dont la relique, rapportée de Terre Sainte par Thierry d'Alsace, est conservée dans une châsse en or et en pierreries, vrai chef d'œuvre de l'orfévrerie flamande !

L'église Notre-Dame toute peuplée de chefs-d'œuvre de la peinture et de la sculpture, renferme les tombeaux de Charles-le-Téméraire et de Marie de Bourgogne, sa fille, *la plus riche héritière de la chrétienté,* comme disent les chroniques ; elle renferme aussi les écussons armoriés des chevaliers de la Toison d'or, dont j'ai raconté ailleurs les origines assez équivoques et, en tout cas, singulières.

Mais toutes ces splendeurs historiques s'éclipsent devant une œuvre puissante due, dit-on, au ciseau de Michel Ange : un groupe en marbre, *la Vierge et l'enfant Jésus*, placé dans la chapelle du Saint Sacrement. Si réellement comme le prétend la tradition, ce groupe est de la main même du grand artiste, il nous ferait voir son talent sous un aspect tout différent de celui de ses autres œuvres. Celle-ci, en effet est d'un fini impeccable, d'une grâce et d'une distinction auxquelles ce génie si fier et si indépendant ne nous avait pas habitués. On n'y sent pas la fougue de son ciseau souvent incorrect mais toujours magistral.

XLIX

Plage d'Ostende. — Un caravansérail cosmopolite. — Cathédrale d'Anvers. — Descente de croix de Rubens. — Architecture des jésuites. — Jardin botanique. — Haarlem et ses tulipes. — Franz Hals.

On a peine à s'arracher à l'obsession de tant de belles choses : mais notre voyage avait son programme tracé d'avance et nous partons à trois heures pour Ostende, une de ces plages maritimes chères aux pays du nord, qui, avec Blankenberghe sa voisine, est le rendez-vous de la haute société allemande, anglaise et belge. Pays de plaine unie, sans accidents de terrain, sans ces falaises pittoresques qui font le charme des plages normandes, Ostende a un aspect plutôt sévère que gai et reflète, dans tout son extérieur, la raideur anglo-saxonne et le cant britannique. Sa gare est une cathédrale comme celles de Bruges et de Gand, son music-hall une immense et froide rotonde ; ses maisons alignées sur la plage ressemblent à des hôtels princiers. Tout cela, comme le dit avec justesse l'ami Havard, produit l'effet d'un caravansérail et paraît être le refuge préféré de toute une colonie cosmopolite qui vient chercher là le plaisir plus que le repos. Le roi des Belges y a fait construire, au bord de la mer, un vaste chalet de plaisance où il passe une partie de la belle saison à la bourgeoise, et sans aucun déploiement d'apparat. Dans cette ville animée aujourd'hui par toutes les vanités mondaines, par toutes les élégances d'une société plus ou moins parvenue, on chercherait en vain un coin pittoresque rappelant ses vieilles origines. Le champignon moderne a tout envahi : il a fait craquer les vieux murs, effacé les vieux souvenirs. On a remplacé tout cela par des hôtels, des restaurants, des cercles, des cafés, des salles de concert et de jeu, de quoi faire le bonheur du high life et de la finance qui se moque des souvenirs historiques comme d'un ennuyeux hors d'œuvre. Ostende fut fortifiée dans le temps par Guillaume-le-Taciturne et soutint un siège mémorable ; elle avait le plus beau port du littoral. Une ancienne gravure nous a conservé le dessin et les proportions monumentales de son hôtel de ville d'alors, en grande partie disparu aujourd'hui.

Après avoir visité la jetée du port, qui est superbe, le parc aux huîtres qui a acquis un grand renom dans le monde des gourmets, après une longue promenade sur la plage immense où grouillait le monde des baigneurs avec ses cabines roulantes, après avoir coudoyé toutes les banalités de ce lieu de plaisir qui n'apprend absolument rien aux hommes d'étude, nous prenons à huit heures du soir le train d'Anvers qui devait nous dédommager de notre ennui d'Ostende et où nous arrivons vers une heure du matin, harassés de fatigue et affamés, ne trouvant plus qu'un garçon endormi qui ne peut nous offrir qu'un poulet étique. Le lendemain, pendant que nous prenions le café, le maître d'hôtel vint nous présenter d'un air obséquieux un album destiné à recueillir les autographes des voyageurs de marque, comptant sur le grand renom d'Henner pour exciter la curiosité de sa clientèle. Qui sait ? peut-être l'artiste pousserait-il la complaisance jusqu'à griffonner un croquis de nymphe sur ces pages blanches étrennées par une actrice parisienne, autre nymphe dont les pattes de mouche célébraient, en dix lignes émues, la gloire de Rubens. Henner, toujours sobre en tout, se borna à inscrire son nom sur l'album.

.

La place verte dont le centre est occupé par une statue assez médiocre de Rubens, doit son nom au marché aux légumes qui s'y tient et aux beaux arbres dont elle est entourée. Son vaste carré est circonscrit par des hôtels et de vieilles maisons assez vulgaires que domine la silhouette majestueuse de la cathédrale avec ses deux tours, dont l'une inachevée, et que le vent salé de la mer continue, depuis des siècles à ronger comme un cancer, déchiquetant à la longue les délicates sculptures de ses clochetons, de ses statues et de ses galeries gothiques. En entrant par le transept de droite qui s'ouvre sur la Place verte, nous nous trouvons en face du rideau qui masque la *Descente de Croix*, ce chef d'œuvre de Rubens. Des pèlerins du monde entier viennent admirer la grande page du maître dont l'inspiration prodigieusement féconde a peuplé de tableaux tous les musées d'Europe et dont la gloire incontestée plane comme un diadème étoilé sur sa ville natale. Le rideau s'écarte devant la foule des spectateurs attentifs, la lumière d'un grand vitrail jette ses rayons obliques sur l'œuvre du grand maître qui, instantanément, devient vivante comme la réalité même. Un silence solennel, le silence de l'admiration, règne parmi les spectateurs fascinés par cette étonnante puissance de l'art humain. Un instituteur de campagne arrive avec une troupe d'écoliers avides, eux aussi, d'admirer le chef d'œuvre dont on les a entretenus au foyer de la famille comme d'une chose surhumaine. Chacun d'eux, semblant obéir à un mot d'ordre, tire de sa poche un petit calepin sur lequel il inscrit ses impressions ou plutôt ses émotions naïves. Ce sera évidemment, le canevas d'un devoir de classe qui restera chez ces enfants le souvenir d'une excursion bénie.

A la gauche du chœur se trouve le pendant du célèbre tableau, l'*Assomption de la Vierge*, œuvre tout aussi remarquable peut-être que la *Descente de Croix*, mais bien moins célèbre et bien moins admirée.

Nous aussi, séduits par la chaude coloration et les touches vigoureuses de ce dernier tableau, nous nous sommes mis d'accord avec les préférences générales, sachant qu'elles sont justifiées par l'influence des écoles d'Italie que Rubens était allé étudier et dont s'était inspirée sa nouvelle manière de peindre.

Anvers est la grande cité catholique du Nord. Partout sa foi éclate dans des images pieuses, dans des calvaires, dans des madones nichées à l'angle des maisons. Malgré les troubles religieux et politiques qui l'ont ébranlée depuis la Réforme, malgré les bandes révolutionnaires qui ont promené le fer et le feu devant les sanctuaires de son culte, ces signes extérieurs de sa dévotion imagée sont restés là, respectés depuis des siècles. Ce respect pour les manifestations du culte a créé toute une floraison architecturale, multiforme et multicolore, qui couvre l'intérieur des églises de sa végétation parasite et jette une note discordante dans les belles lignes gothiques de ces édifices. Cette ornementation exubérante et de mauvais goût triomphe surtout dans l'église Saint-Charles bâtie par les Jésuites dans un style théâtral fait pour amorcer la naïve crédulité des fidèles. Le plan est celui des basiliques romaines et semble avoir été choisi pour diriger leurs regards et leurs prières vers la ville éternelle.

Dans chaque église une statue de la vierge couverte d'or, de brocart et de pierreries, au regard fixe et dur, à laquelle on attribue tout naturellement de nombreux miracles, attire les hommages des croyants et devient, pour les femmes, l'objet d'un culte passionné, intransigeant.

Mais le monument qui résume le mieux cette prodigieuse influence du clergé sur la population d'Anvers, influence qui s'étend à tout le pays belge, c'est l'immense calvaire qu'il a fait édifier tout auprès de l'église Saint-Paul pour frapper l'imagination des plus indifférents. C'est une rocaille gigantesque (elle a vingt mètres de haut) où sont figurées par des statues grandeur naturelle toutes les scènes de la Passion. Au dessus de cette montagne est le Christ en croix foulant aux pieds la mort.

« A la base de ce rocher postiche il existe une caverne sombre. Fouillez cette grotte du regard sans vous laisser arrêter par les deux Romains en tôle peinte, qui semblent garder le Saint-Sépulcre. Tout autour, enfermés dans des trous grillagés, derrière des barraux énormes, de pauvres damnés à moitié calcinés, effrayants d'angoisse et de douleur, se débattent au milieu des flammes, tendant vers le visiteur leurs bras désespérés, lançant vers lui leurs regards suppliants (1) ».

Des esprits simples, des cerveaux crédules et naïfs sont saisis d'effroi devant ces fictions renouvelées des Mystères du moyen âge. Comment n'exerceraient-elles pas une influence énorme sur le peuple qui les coudoie chaque jour et finit par se familiariser avec l'idée de l'enfer ?

Le musée, que nous visitons ensuite, renferme des Rubens de premier ordre ; nous allons voir aussi toutes les églises où figurent des travaux du maître et la jolie maison d'architecture italienne qu'il a fait construire et où il avait installé, dans une rotonde située entre cour et jardin, une merveilleuse collection d'objets d'art antique.

La maison des Plantin, ces anciens et célèbres imprimeurs dont les descendants ont respecté l'habitation et les ateliers typographiques avec leurs presses primitives et les magistrales épreuves qu'ils en ont tirées a ensuite fixé notre attention et nous a vivement intéressés comme un monument de la science et de la littérature humaines.

. . .

Une des gloires les plus incontestées d'Anvers, c'est son port de commerce sur l'Escaut, dont l'estuaire sur la mer du Nord ressemble à une véritable mer sillonnée par les navires du monde entier. Il a ruiné, à son profit exclusif, le *Damme* ancien port de Bruges la superbe qui se meurt aujourd'hui tandis qu'Anvers grandit et étend chaque jour sa puissance maritime au détriment de Dunkerque et du Havre. Ce port d'Anvers dont les quais se prolongent à perte de vue, présente un aspect des plus curieux. Tous les pavillons du

---

(1) Henry Havard. — *La Flandre à vol d'oiseau.*

globe s'y entrecroisent, y débarquent fiévreusement leurs ballots de marchandises, que d'autres emportent ou qui s'accumulent dans les immenses docks construits récemment. Bien qu'il s'agisse là de manifestations exclusivement matérielles, nous nous sentions vivement intéressés par l'immensité de l'effort qu'a exigé la création de cet ensemble commercial rappelant Tyr et Carthage, mais n'atteignant pas encore le développemment de Hambourg.

Nous passons la soirée dans un de ces grands halls internationaux, un de ces concerts beuglants que le faux goût moderne a installés dans tous les grands centres de population pour offrir une distraction plus ou moins saine au monde du travail comme aux blasés de la vie. C'est ce qu'on peut appeler, à juste titre, un concert européen ; car on y entend des chanteuses françaises, anglaises, allemandes, italiennes, espagnoles, flamandes qui, tour à tour, provoquent les applaudissements d'une foule bruyante. Ces virtuoses sont condamnées au rôle humiliant de venir, un plateau à la main, faire le tour de la salle et recueillir les gros sous prix de leurs couplets, pendant que les spectateurs se gorgent de bière. Cette corvée dégradante de la quête imposée aux artistes du chant nous a vivement choqués.

Le jardin botanique d'Anvers, avec sa ménagerie de fauves est un des plus beaux établissements de ce genre qui existent en Europe. De même que dans les musées on n'y entre qu'en payant. Les dimensions des cages sont très grandes, et les lions, tigres et panthères peuvent y bondir à leur aise. Une propreté vraiment flamande y est entretenue par un nombreux personnel de gardiens. Nous regardions deux belles lionnes qui, à travers les barreaux, léchaient les mains d'un gardien qui les avait teintes de sang en découpant les quartiers de viande destinés au repas des animaux. Sans se soucier des crocs ni des griffes de ces bêtes, cet homme avait l'air de jouer avec des chats domestiques, ce qui ne laissa point de nous causer une certaine admiration pour ce mépris inutile du danger.

On sait qu'Anvers est depuis longtemps le grand marché des bêtes fauves, l'entrepôt zoologique où viennent puiser les grandes ménageries d'Europe, qui fournit au Jardin des

Plantes de Paris ses spécimens d'animaux rares. Tout un monde de voyageurs belges, allemands et hollandais parcourt les régions torrides comme les glaces du nord pour se procurer à grand prix et souvent dans des conditions périlleuses, les lions, les tigres, les ours blancs, les rhinocéros, les hippopotames, les éléphants, les gros serpents, etc., qu'ils amènent ensuite au marché d'Anvers où ils trouvent acheteurs.

Après cette intéressante visite nous allons prendre le train de Hollande qui nous fait traverser un pays plat à peine mamelonné de quelques collines où l'on trouve la jolie petite station de Rosendæl (vallon des roses). A partir de là et tout le long de la voie, nous jouissons de l'aspect riant des prairies animées par les troupeaux de vaches et de bœufs qui, pendant tout l'été, sont jour et nuit à la pâture. Pour les préserver des brouillards nocturnes, on les recouvre d'une grosse toile rattachée sous les fanons. Ainsi costumées, ces bêtes prennent, à la chute du jour, une physionomie étrange. On dirait des fantômes d'animaux préhistoriques se promenant comme des ombres chinoises dans un paysage imaginaire. Des troupes de vanneaux viennent s'abattre autour d'elles, cherchant dans les prés les insectes dont ils se nourrissent. Des pâturages à perte de vue, dans la région des *polders*, conquis sur la mer par le génie et la persévérance d'un peuple industrieux, s'étendent le long de la ligne du chemin de fer jusqu'à l'estuaire de la Meuse qui, aux environs de Dordrecht, devient un véritable bras de mer connu sous le nom de Nœrdyk (digue de la mer). Sur ce bras de mer, un pont en fer de deux kilomètres et demi de longueur, construit, je crois, par une maison française, donne passage à la ligne du chemin de fer. Ce n'est pas sans une sensation de légitime orgueil qu'on se sent entraîné par dessus les vagues de la mer qui battent incessamment les piles du pont secouées par la locomotive et maintenues en place par des amoncellements de rochers que les ingénieurs sont forcés de remplacer sans cesse.

De Dordrecht à Rotterdam, c'est une véritable région de cours d'eau et de marais. Sans vouloir nous arrêter dans ces deux villes commerçantes qui ont joué un rôle important dans l'histoire des Pays-Bas, nous nous bornons à les admirer au passage, car le chemin de fer traverse les faubourgs et nos regards plongent dans les maisons élégantes et les cafés qui bordent la voie. Tout le monde est aux fenêtres pour voir passer le train. Nous ne nous arrêtons non plus à Delft, la ville des vieilles faïences dont la cathédrale historique s'enlève majestueuse sur l'horizon, abritant les tombeaux des princes d'Orange, souverains des Pays-Bas. Il me semble être ici en pays de connaissance tant j'ai vécu par la pensée au milieu de ce monde d'artistes et d'artisans que mon ami Havard a fait revivre dans son *Histoire de la faïence de Delft*, dont j'ai patiemment étudié toutes les péripéties en dessinant les chefs-d'œuvre de sa céramique. Une portion de notre vie à tous deux est condensée dans l'étude des gracieuses arabesques bleues qui ornent ce volume écrit par un passionné chercheur, épris de toutes les curiosités de l'art.

A l'horizon, le long de la mer du Nord, de grandes dunes de sable jettent leur note triste et jaunâtre dans le paysage. Une légère brume les enveloppe, masquant les digues qui, aux abords du Zuyderzée, protègent le pays contre l'envahissement des flots.

Laissant à gauche la ville de La Haye (s'Graven Haage) que nous nous promettons de voir au retour, et traversant rapidement la vieille et célèbre ville de Leyde, assise près de l'embouchure du vieux Rhin, nous nous dirigeons sur Haarlem dont le musée, plein d'œuvres de Franz Hals nous attirait comme un fruit défendu. Franz Hals, un des peintres les plus étonnants de la pléiade hollandaise, dont Rembrandt est le grand maître, semble n'avoir pas eu conscience de son talent tout en devinant d'instinct l'intensité de vie qui anime ses personnages. Son immense toile, *La réunion des arquebusiers*, est une collection de portraits parlants : ils vivent d'une vie exubérante dans leurs collerettes blanches tuyautées, dans leurs chapeaux noirs à larges bords. Ils sont là, bons vivants, assis autour d'une table, riant, gesticulant comme de braves hollandais qui ne tourmentent pas les soucis de la vie. Tout à côté, un autre grand tableau représentant des religieuses béguines en costume blanc et noir, brossé avec la puissance d'un maître accompli. C'est par le portrait, vibrant comme la vie même, sortant du cadre comme une étonnante manifestation de la réalité, comme une apparition à fleur de peau de l'être intime, que Hals s'est imposé à l'admiration de la postérité. Le musée du Louvre possède de lui le portrait de Descartes, et dans la salle Lacaze, celui de Hille Bob, tête de femme étrange.

. . .

Le musée de Haarlem est installé à l'hôtel de ville, bel édifice de la Renaissance, crénelé comme un château fort. Un escalier extérieur très ancien donne accès à une vaste salle avec plafond à poutres apparentes, une estrade et des rangées de stalles, comme dans un oratoire et qui, depuis l'introduction du code civil, est devenue la salle des mariages. Elle est comme une antichambre du musée dont la porte s'ouvre dans le fond.

Franz Halz a été long à conquérir la célébrité qui, aujourd'hui, s'attache à son nom. Peu connu des critiques modernes, ce nom était resté discrètement enveloppé d'ombre, laissant en pleine lumière ceux de ses élèves Adrian Van Ostade et Brauwer, dont les œuvres, cependant, pâlissent devant la fougue d'exécution, devant la bravoure de pinceau du maître.

Comme un rare joyau, comme une de ces perles sans prix, qui fait l'orgueil de ses possesseurs, le musée de Haarlem exhibe aux yeux des visiteurs, un tableautin signé du nom de *Pieter Lastman, 1629*, représentant une *Petite Nativité*. Au premier coup d'œil on se dit : c'est un Rembrandt ! tellement la facture de ce petit tableau est empreinte de l'âme du grand maître, de son inimitable et mystérieuse lumière rappelant le monde des rêves. Je laisse ici la parole à Henry Havard qui a trouvé la solution du problème :

« Mais d'abord, est-il bien de Lastman, ce petit tableautin qui s'abrite sous le nom du maître de Rembrandt ? Ce ne sont là ni les sujets qu'il préfère, ni les compositions qu'il choisit d'habitude, ni son dessin ni sa couleur.

« Je sais ce que vous pouvez me répondre : la signature est là. En lettres bien visibles on peut lire : P. LAST. ME. F. 1629. Mais que prouve cette signature du maître ? Ignorez-vous que, pendant toute la durée de l'apprentissage, l'élève n'avait l'autorisation de signer ni de vendre aucun de ses tableaux ; que le maître les revêtait de sa griffe pour leur donner une valeur marchande ? Que cette signature était la marque de fabrique, le pavillon couvrant la marchandise ?

« Or, quel était l'élève fréquentant en 1629, l'atelier de Lastman, dont le faire et les préoccupations offrent de l'analogie avec ce tableautin ? Ne voyez-vous pas des rapports nombreux, irréfragables, entre ces petits personnages et un tableau du musée de La Haye : le *Siméon au Temple* ? Mais alors... Eh bien, pourquoi non ? Pourquoi ne pas supposer que cette œuvre imparfaite et cependant si typique est l'ouvrage d'un débutant de génie, encore élève, encore étudiant, un essai de Rembrandt en apprentissage ? La question est posée : laissons au temps le soin de la résoudre (1) ».

Pour Henner, qui a particulièrement étudié Rembrandt, la question est toute résolue. Rendons à César ce qui appartient à César. En sortant du musée nous jetons un coup d'œil sur l'église de Saint-Bavon, grande bâtisse froide et triste du quinzième siècle, dont l'intérieur n'a de remarquable que ses orgues, célèbres par leurs cinq mille tuyaux, vraie attraction

---

(1) Henry Havard. — *La Hollande à vol d'oiseau.*

pour les étrangers. Entendre jouer cet orgue monstre doit être une jouissance sans pareille. On se figure les prodigieux effluves harmoniques, les grondements de tonnerre, les mélodieux soupirs de violoncelle, et les sonorités puissantes des cuivres, passant à travers cette légion de tuyaux animés comme un corps vivant, par les touches magistrales de l'organiste.

A côté de l'église nous admirons la grande boucherie, édifice du XVII° siècle, une dentelle de pierre d'où jaillit une exubérante floraison de pinacles, d'obélisques, de consoles, de frises, de festons, de moulures ornées de têtes de bœufs et de moutons, où la pierre et la brique ont contracté une alliance agréable à l'œil. Cet édifice qui, au temps de la splendeur commerciale de Haarlem, a vu couler tant de sang et a entendu le râle de tant de bêtes, a été converti en hôtel des ventes, destination qui contraste avec la ruine de la vieille cité qui n'a plus d'autre source d'activité que l'industrie des pépiniéristes.

* *

Qui ne sait qu'une des gloires de cette ville a été, de tout temps la culture, je devrais devrais dire le culte des tulipes ? Qui n'a lu les histoires extraordinaires, les invraisemblables légendes, les contes fantastiques qu'a fait éclore cette passion extravagante des vieux hollandais pour leur fleur préférée ? Qui n'a lu l'étourdissant roman de Dumas père, *la Tulipe noire*, dont les péripéties se passent à Haarlem même ? Ville paisible et silencieuse comme une thébaïde, ses rues sont aujourd'hui désertes. Dans cette nécropole presque pareille à Bruges nous avons cependant rencontré une compagnie d'infanterie allant à l'exercice, tambours battants, clairons sonnants.

Les uniformes et les sonneries, qui ont beaucoup d'analogie avec ceux de France, nous ont produit l'illusion d'un soubresaut galvanique réveillant pour un instant les échos assoupis. C'est à Haarlem que nous avons pu nous faire une idée de la propreté merveilleuse qui règne dans toutes les villes hollandaises. Pas un brin d'herbe dans les pavés, pas un fétu de paille ou de crottin dans les places ou les rues, pas une tache sur les maisons ou les édifices publics ; partout on voit s'agiter les servantes, lavant, frottant, astiquant, époussetant les portes, les serrures, les vitres, les pavés, les escaliers, les balcons.

N'est-ce pas encore là un des côtés curieux de la physionomie que présente ce peuple aquatique, usant de l'eau à profusion pour l'embellissement extérieur et intérieur de ses habitations, n'en usant pas du tout pour son hygiène corporelle ? Est-ce croyable ? On prétend qu'il n'existe point d'établissements de bains publics en Hollande, circonstance qui a fait enrager ce malheureux Maxime Lalanne, l'habile dessinateur qui accompagnait Havard dans sa pérégrination à travers toute la Hollande. Il endurait le supplice de Tantale dans la république aquatique si spirituellement célébrée par La Fontaine.

Haarlem et Leyde sont situés au milieu d'un vrai paradis terrestre. Autour de la cité artistique comme autour de la cité savante c'est une succession de cottages et de villas, abrités sous de grands arbres, embaumés de parterres de fleurs, résidences de nababs enrichis dans les Indes néerlandaises et revenus au pays natal pour y jouir au sein d'une belle nature où les serpents et les bêtes fauves de Java sont inconnus, de leur grande fortune gagnée dans les épices. Il y a un demi siècle à peine que Haarlem avait dans son voisinage un lac ou plutôt une petite mer de dix huit mille hectares de surface. Par un de ces prodiges d'industrie et de persévérance empruntés au génie des castors, les Hollandais ont réussi en huit ans à le convertir en terre ferme. Là où les vagues menaçantes battaient les chaussées de communication et tenaient sans cesse en éveil les populations alarmées par la perspective d'un désastre, on voit aujourd'hui des jardins plantureux, des pépinières florissantes, et des villages aux doux noms champêtres, comme Blœmendal (vallon des fleurs) et Vogelenzang (chant des oiseaux).

Rencontrer ces noms idylliques dans la langue hollandaise, c'est respirer le parfum d'une fleur dans les landes rocailleuses d'un désert. Rien ne saurait donner une idée de la rudesse de l'idiôme batave. Dans sa langue imagée notre grand fabuliste appelait la Hollande une république de grenouilles vivant dans des marais. Il aurait pu ajouter que leur langue est rebelle à la notation musicale ; que les sons gutturaux en sont le plus bel ornement et que Térée, l'ennemi des rossignols, qui a arraché la langue à Philomèle, n'aurait jamais pratiqué cette opération cruelle sur un gosier batave. Après tout, les hollandais trouvent peut-être leur langue harmonieuse. N'insistons pas : c'est affaire de goût.

Chapitre L

Amsterdam, la Venise du Nord. — Ronde de nuit de Rembrandt. — Pléiade d'artistes. — Tailleries de diamants. — Jardin botanique. — Panthère noire de Java. — La Haye & Schweningen. — Les trésors d'un Musée.

De Haarlem à Amsterdam, cette Venise du Nord, la route traverse un paysage idéal, plaqué de touffes de verdure, piqué de maisons de campagnes plus jolies les unes que les autres. La digue du chemin de fer et la gare audacieusement plantée au milieu des flots et la silhouette de la grande ville d'où émergent ses clochers, ses campaniles et ses pignons pointus, peints de toutes les couleurs de l'arc-en-ciel, semble s'estomper dans la brume grise de la mer.

Quelle est belle et pittoresque cette grande cité bâtie sur pilotis, qui semble sortir de la mer comme Amphitrite, où se croisent dans un fourmillement ininterrompu, sur ses canaux enchevêtrés du Rosegracht, du Herregracht, du Prinzegracht et autres Gracht tout aussi sonores, les bateaux, les pontons, chalands, les paquebots déchargeant leurs marchandises couvertes de tous les pavillons du monde ! D'un côté, les maisons baignent leurs pieds dans l'eau comme à Venise, de l'autre, on a créé de beaux quais conquis péniblement sur la mer depuis cinq cents ans, au moyen des fascines et de terres rapportées.

Sur le Dam, place de forme bizarre qui a donné son nom à la ville, nous trouvons la grande masse du palais du roi, œuvre d'une hardiesse inouïe, colosse construit par des pygmées sur un emplacement que recouvrait la mer. Et ces pygmées qui n'avaient ni bois, ni pierres, ni marbres, sont allés chercher en Norwège les treize mille pilotis sur lesquels repose leur palais, ont amené à grands frais d'autres pays lointains les blocs de pierre et de marbre qui en forment les assises.

On ne peut que s'incliner devant de pareils efforts et les admirer. Et dire que ce palais est aujourd'hui abandonné, qu'Amsterdam a perdu son ancien titre de capitale de la Hollande, et que c'est s'Graven Haage (la Haie du comte), qui est devenu le chef-lieu, siège du gouvernement.

Amsterdam, néanmoins, s'agrandit sans cesse. Sa forme d'éventail dont le port forme la pointe extrême, rayonne en tous sens, se développe sans trêve par de nouveaux pilotis, de nouveaux ponts, de nouveaux canaux. Voyez le *Vondelpark*, ce bois de Boulogne d'Amsterdam ; il est sorti de terre en quelques années comme par enchantement. Autour du polder dont la baguette d'une fée semble l'avoir fait émerger, se cachent aujourd'hui des villas charmantes sous de verts ombrages. On ne peut que s'incliner encore et admirer encore.

Nous avions mis pied à terre à l'hôtel du *Café français*, situé au beau milieu de la Kalverstraat, cette longue rue qui amène la vie, c'est-à-dire la foule au Dam comme l'artère principale du corps humain fait affluer le sang au cœur. La Kalverstraat (rue des veaux), quoique peu large, est la voie fameuse et grouillante, cette autre Canebière où se trouvent les plus beaux magasins et où les fumeurs sont à l'aise comme le poisson dans l'eau. Les marchands de tabacs y sont en légion. De trois en trois maisons on rencontre de ces toutes petites boutiques, où, à côté des havanes les plus purs, des panatelas les plus authentiques, des manilles les plus exquis, vous trouvez, aux prix les plus bas, de ces produits infimes, parents de la feuille de choux, qui n'ont du tabac que le nom et sont infumables pour les amateurs habitués au parfum des tabacs français et ont encore l'arrière goût des mauvais tabacs belges. Il n'est pas étonnant qu'on fume énormément dans cette ville aquatique habitée par des légions de moustiques qui, pendant les chaleurs, deviennent très agaçants. Ces affreux insectes nous ont littéralement empêchés de dormir pendant les deux nuits que nous avons passées à l'hôtel. En y songeant la peau m'en démange encore.

.·.

Mais n'oublions pas que nous sommes venus en Hollande, non point pour faire des études commerciales, géographiques ou économiques, mais surtout pour y respirer, au milieu d'une nature prodigue, ce parfum d'art que dégage la patrie de Rembrandt, de Franz Hals, de Paul Potter, de Van der Helst et de tant d'autres grands artistes. Le nouveau musée d'Amsterdam était alors en construction et les chefs-d'œuvre de Rembrandt se trouvaient encore dans l'ancien musée du *Trippenhuis*. C'est là que nous allons contempler cette grande toile, cette troublante merveille, que l'accumulation des vernis successifs avait noircie, au point d'en faire un effet nocturne. Un intelligent débadigeonnage nous montre que ce tableau, célèbre dans le monde entier, est tout simplement une sortie matinale de la compagnie des arquebusiers d'Amsterdam. N'importe, la légende de la *Ronde de nuit* incrustée dans la mémoire des touristes et dans les innombrables volumes de l'histoire de l'art, continuera à subsister longtemps encore, sinon toujours.

Pour donner une idée des richesses accumulées dans le Trippenhuis, Havard a écrit ces lignes que je tiens à citer :

« Jamais œuvres plus étonnantes ne se trouvèrent nulle part en meilleure compagnie. Quelle glorieuse assemblée que celle qui réside dans ce Trippenhuis ! Les Ostade, les Steen, les Dusart y personnifient la verve et la gaieté de leurs contemporains. Les Franz Hals, les Bol, les Flink, les Mierevelt nous présentent leurs variétés civiles et leurs prétentions guerrières. Pieter de Hooch et Brekelenkamp nous dévoilent leur intérieur honnête et familier. Van der Heyden, les deux Berkheyden et Beerstraaten nous disent le culte qu'il nourrissaient pour leur ville natale; pendant que Hobbema, les Ruysdael, Wynants, Aalbert Cuyp, Van Goyen, nous initient à leur amour des champs. C'est une réunion complète dont on chercherait en vain ailleurs l'équivalent. Tous y sont, les grands et les petits, les grands surtout. Terburg et Metzu avec leurs jolies scènes d'intérieur et leurs mignons portraits, Van Huysum avec ses fleurs, Karel Dujardin et Berghem avec leurs animaux spirituels et leurs scènes d'Italie, les Van de Velde avec leurs vaisseaux, Bakhuizen avec ses tempêtes, Asselyn avec ses batailles, Paul Potter avec superbes ruminants et les Both avec leurs couchers de soleil dont ils semblent avoir dérobé le secret à Claude Lorrain. »

*
* *

Une chose particulièrement intéressante, que nous n'avons pas eu le temps de visiter, c'est le quartier israélite, le *Ghetto* d'Amsterdam. A en croire les impressionnistes, tout un peuples grouillant vit là en plein air pour ainsi dire, comme il vivait jadis sous la tente en Orient. Il y a là des étalages de marchands qui y vendent toutes les camelotes, toutes les friperies, tous les déchets, toutes les loques, toute la ferraille du bric-à-brac, toutes les fritures nauséabondes et toutes les boissons plus ou moins alcooliques. De ce milieu dépenaillé où la propreté est inconnue, sortent des cris rauques, des appels stridents, des interjections gutturales dans une langue sans nom. C'est là que Rembrandt allait chercher les modèles de ses mendiants loqueteux et qu'il trouvait ces admirables figures de rabbins, de docteurs du Thalmud que la fièvre de son pinceau savait fixer en pages immortelles. Pour réaliser sur la toile ces types curieux, perles rares sorties d'un milieu infect, il n'avait pas un long chemin à parcourir, car sa maison était située tout près du fameux quartier.

Là aussi, à deux pas, sur les bords de l'Amstel, sont les tailleries de diamants. Là, sous son vrai jour, dans la splendide réalisation de ses rêves d'or, remuant les millions à la pelle trône la fière Israël, la fille aimée de Jehowah, qui a su accaparer à son seul bénéfice toute l'industrie de la taille des diamants. Et encore l'exploitation de ce Pactole est-elle devenue le monopole de quelques familles seulement. Tous les placers du monde entier, du Transwaal à Golconde, de Calcutta à Tobolsk, de l'Oural au Mexique, sont ses tributaires. Depuis deux siècles sont sortis de cette usine des Mille et une nuits tous les brillants, tous les solitaires, toutes les rivières et tous les diadèmes que nous voyons scintiller dans les vitrines des joailliers, allumant de leurs feux toutes les convoitises humaines. Étonnez-vous, après cela, que ce génie commercial, que cette volonté de fer, concentrés dans le cerveau d'une seule race, soient en train de conquérir le monde !

Nous allons au Herregracht, (canal des seigneurs) frapper à la porte d'un bel hôtel moderne et admirer deux célèbres portraits peints par Rembrandt, le bourgmestre Zix et sa femme, deux chefs-d'œuvre conservés comme de précieuses reliques par les descendants du bourgmestre.

．．

Enfin la réputation universelle du jardin botanique et de la ménagerie d'Amsterdam nous attira et nous fit passer quelques instants agréables. Possédant un domaine colonial bien plus important que la métropole, il n'est pas étonnant que la Hollande soit fière de montrer aux étrangers des spécimens de sa flore des tropiques, de sa faune de Java, de Sumatra et de Bornéo. Nous avons vu là cette fameuse panthère noire de Java, qu'Eugène Suë a illustrée dans son *Juif errant*, faisant des bonds prodigieux dans sa cage grande comme une maison, des éléphants monstrueusement gros dont on avait scié les défenses et qui semblaient humiliés d'avoir perdu ce signe de leur force. Mais une scène vraiment étrange se produisit devant la cage d'un lion qu'Henner électrisa de son regard à tel point que l'animal poussa des rugissements formidables et se précipita vers lui en cherchant à briser les barreaux de sa cage : il entra dans un vrai paroxysme de fureur. Scène d'autant plus inexplicable qu'Henner a l'œil doux et sympathique, qu'il aime les bêtes et serait incapable de les agacer de parti pris. Quoiqu'il en soit, le fait est là et prouve que les hommes doués d'une certaine acuité de vision peuvent exercer une mystérieuse fascination sur les animaux.

.·.

Ce n'est pas sans regret que nous quittons cette cité étonnante que le prodigieux effort de l'homme a fait jaillir du sein des ondes. En prenant le train pour La Haye nous sommes poursuivis par l'éblouissante obsession de tout ce qui avait frappé notre vue et notre imagination dans cette vaste fourmilière. La nouvelle capitale, quoique possédant une histoire et des monuments intéressants, nous a bien moins séduits qu'Amsterdam. C'est à La Haye, que l'excellent Henry Havard, devenu récemment inspecteur général des Beaux-Arts, a passé plusieurs années de son exil volontaire, travaillant comme un bénédictin à faire revivre les annales artistiques de ce petit pays qui a constitué pendant longtemps, au milieu de l'Europe, un de ces foyers où venaient se réchauffer tous ceux qui vivent dans le monde de la pensée et de l'amour du beau. Aujourd'hui encore, ce foyer si intense continue à éclairer de son rayonnement l'histoire de l'humanité, restant pour les fidèles du monde entier, pour les pèlerins de tous costumes, une des plus magiques attractions de l'art et de la nature.

Havard demeurait sur la Place d'Orange (Oranje Plein). De là il rayonnait dans toute la Hollande et dans tout le pays flamand, butinant comme l'abeille, *apis Matinæ more modoque*, fouillant les vieux livres, explorant les vieux manuscrits, les vieux monuments, lisant et parlant le hollandais comme un vrai Batave, s'assimilant la langue pittoresque mais peu mélodieuse de la Flandre flamingante, constituant de pièces et de morceaux, assemblage d'heureuses trouvailles, tout un arsenal de matériaux pour ses publications futures !

Là il écrivit cette *Histoire de la Faïence de Delft*, œuvre de grande érudition, à laquelle il a bien voulu m'associer comme collaborateur artistique. Dans ces pays si fiers, à juste titre, de leurs vieilles gloires dont il a été un des passionnés évocateurs, Havard a laissé des sympathies et des amitiés inaltérables. Dans sa *Flandre* et sa *Hollande à vol d'oiseau*, où le charme du style rivalise avec la profondeur de la pensée il fait entrer le lecteur dans le vif de son sujet, lui faisant toucher du doigt les hommes et les choses, les tragédies de l'histoire et les comédies de la vie, les singularités des mœurs relevées par de piquantes anecdotes.

Je disais tout à l'heure que La Haye nous a bien moins séduits qu'Amsterdam. Entendons-nous : il n'y a aucun point de comparaison entre les deux villes. S'Graven Haagen, *La Haie du comte*, est l'ancien village, le rendez-vous de chasse, l'oasis charmante qui, aujourd'hui, a une population de près de cent mille âmes, située à l'entrée d'un bois, peuplé d'arbres centenaires, hauts comme des cathédrales ; « c'est la cité aristocratique, par excellence, la ville polie, élégante, des grandes manières et du bon ton ». Cité de grands souvenirs, La Haye a joué un rôle dans l'histoire politique de l'Europe. Le stathouder Guillaume d'Orange, le *Taciturne*, y a laissé sa profonde et indestructible empreinte. Dans le Mauritzhuis, sur la Place des Stathouders est le musée de peinture, une des plus intéressantes galeries de l'Europe, non point par le nombre des tableaux, mais par la qualité des œuvres maîtresses qu'elle offre à l'étude et à la méditation des amateurs. Ici on salue avec un profond respect l'œuvre capitale de Rembrandt, sa *Leçon d'anatomie*, sa *Suzanne* et son *Siméon au Temple*, plus loin, le *Taureau* de Paul Potter, œuvre géniale dont la puissance de relief est prodigieuse, le talent de l'artiste ayant victorieusement lutté avec la nature ; tout à côté est son portrait peint par lui-même, tenant sa palette et ses pinceaux à la main. Henner me fait remarquer que ces pinceaux sont minces et pointus, ce qui explique le procédé de l'artiste habitué à peindre, non à larges coups de brosse, mais par petites hachures et arrivant néanmoins à produire de grands effets d'ensemble.

Nous sommes ici au milieu d'une aristocratie de la peinture, devant un choix de trois cents œuvres hors ligne signées des maîtres les plus admirablement doués, les Rubens, les Van Dyck, les Holbein, les Wouwermans, les Téniers, les Ostade, les Hondekoeter, les Gérard Dow, les Breughel, les Bergheim, *e tutti quanti*. Toute la magie de ces sorciers du pinceau est là exerçant son étrange fascination sur l'œil des visiteurs ! Ceux qui ne comprennent pas, ceux qui restent froids devant cette majesté de l'art humain, sont à plaindre. Il leur manque ce je ne sais quoi qui constitue une des plus intimes jouissances de la pensée, ce sixième sens qui est le sens du beau... en un mot l'idéal. La gravure a popularisé tous ces chefs-d'œuvre où trône comme une reine la *Femme au chapeau de paille*, de Rubens, où Metzu, Terburg et Jean Steen étalent ces ravissantes scènes d'intérieur faites pour séduire les plus indifférents.

Le palais des anciens comtes, le Binnenhof, est le centre politique de la ville : sur la petite place qu'il occupe et où se groupent très irrégulièrement les édifices du gouvernement, il s'est passé des événements tragiques : les pages d'histoire qui les rappellent sont couvertes de taches sanglantes. C'est à l'entrée même de la cour que que fut arrêté Grotius et c'est en face, devant le perron de la chapelle, un peu à droite, sur un échafaud bâti en une nuit, que fut décapité à l'âge de soixante et onze ans, l'homme d'état le plus grand, le plus considérable que la Néerlande ait produit, l'un des plus honnêtes citoyens dont l'Europe s'honore, Jan van olden Barnevelt, grand pensionnaire de Hollande, le fondateur de l'Indépendance des Provinces réunies (1). L'exécution de ce

(1) Henry Havard. — *La Hollande à vol d'oiseau.*

grand homme, sacrifié par une vengeance politique, parce qu'il appartenait au parti républicain, pèsera éternellement sur la mémoire du stathouder Maurice de Nassau. Cornélis et Jean de Witt, les deux grands patriotes républicains, expièrent sur la même place leur libéralisme et y furent massacrés par une populace en délire.

..

Laissons ces souvenirs sinistres, ces hantises tragiques qui, malheureusement, se rencontrent trop souvent dans l'histoire des peuples ; jetons un regard rapide sur la belle perspective du Vivier toute bordée de palais princiers et allons faire notre visite obligatoire à la plage maritime de Scheveningen. Aller à La Haye sans voir Scheveningen serait chose tout à fait incorrecte et anormale. Comme la préface enchanteresse d'un livre inconnu, les abords de la petite plage forment un tableau ravissant de verdure, de fleurs, de villas ombragées d'arbres séculaires, de pièces d'eau rayées par les blanches évolutions du cygne. Un tramway traverse les bosquets touffus et frissonnants qui s'appellent *Schereningsche boschjes* et qui, par une belle allée couverte, vous mènent à l'entrée de ce village-bijou, au milieu d'un océan de sable et de dunes, contraste d'autant plus sévère que la mer du Nord, dans ces parages, a l'aspect jaune d'une eau bourbeuse. Sous les arbres de l'avenue sont installées de nombreuses boutiques où se vendent les bibelots du souvenir, et les petits verres de ce fameux curaçao de Hollande dont la réclame, sous le vocable de Wynand Fockink, a inondé la quatrième page de tous les journaux du continent.

Sur la plage jaune comme la mer, au milieu du fourmillement des baigneurs aux costumes exotiques se détachent les notes crues de la livrée multicolore des hommes attelés aux cabines montées sur roues. C'est un vrai carnaval, très peu élégant, de bleu, de rouge, de jaune criard qu'on semble avoir inventé tout exprès pour mettre un peu de gaieté sur ce fond mortellement triste de la mer du Nord où la déesse Amphitrite ne se pare jamais d'une écharpe d'azur.

Malgré tous ces effets disparates, cette coquette plage de

Scheveningue a conquis, en raison de son voisinage du parc enchanteur de La Haye, une réputation européenne. Involontairement en regardant cette mer houleuse, toujours frémissante, on songe aux longues nuits d'hiver où la tempête déchaîne ses colères, où les vagues monstrueuses et sinistres viennent battre les digues et font trembler la modeste bourgade déjà éprouvée par des cataclysmes historiques.

Des hôtels splendides, alignés le long de la plage, tournent leurs façades vers l'horizon lointain et embruni, n'ayant d'autre distraction que cette mer immodérément maussade. Nous allons visiter le joli belvédère qui domine la dune, avec son balcon arrondi tout étincelant de propreté, puis le panorama de Scheveningue pris du haut de ce belvédère par le peintre Mesdag, dont les superbes marines figurent tous les ans au salon de Paris. Mesdag est le peintre attitré de la mer du Nord, comme Canaletto a été celui de Venise : il en a pénétré, en vrai poète, toutes les tristesses, toutes les profondes mélancolies, pareilles à celles du ciel gris et violacé sur lequel s'enlèvent ses vagues tourmentées : son pinceau sait rendre l'âpre grandeur de leurs colères avec leurs crêtes écumantes, leurs houles moutonneuses et leurs glauques perspectives qu'anime le vol saccadé des pétrels.

Pêcheurs et pêcheuses de Scheveningue, tous bien attifés et d'une propreté légendaire, ont l'air de personnages d'opéra comique, les hommes avec leurs casquettes en cuir couvre-nuques, les femmes avec leurs casques d'argent et leurs jupes volumineuses. Car c'est là encore un des traits distinctifs de la femme du peuple en Hollande, c'est que plus elle a de jupons superposés plus elle est fière d'elle-même.

Rentrés à La Haye, nous y prenons le train pour Paris, emportant toute une collection de beaux souvenirs que je me promettais bien de fixer sur le papier avec les clichés instantanés que j'avais emmagasinés dans ma mémoire où quatorze ans écoulés ne les ont pas fait trop pâlir.

Au moment de clore cette série de mes mémoires, au seuil de l'année néfaste qui a vu se dérouler dans notre cher et merveilleux pays d'Alsace tant de pages tragiques je ne sais si je pourrai jamais poursuivre une tâche si absorbante. L'homme propose, mais les hasards de la vie, le destin souvent inclément, se jouent des meilleures intentions.

Dans ma longue promenade à travers le passé, tout en suivant un chemin plein de ronces et bordé de tombeaux, j'ai pu cueillir çà et là quelques fleurs cachées dans la lande et respirer leur parfum discret ; me retournant parfois pour voir s'évanouir dans la brume du couchant les rêves d'or, les visions capiteuses, l'azur trompeur des illusions.

Et malgré les heures amères, malgré les spectacles navrants coudoyés en chemin, je reste sur ma conviction, consolante pour ma vieillesse, que la vie n'est pas à dédaigner quand on sait la comprendre et y associer, avec une foi ardente dans l'avenir, une large part d'idéal et de bonté.

FIN

TABLE DES MATIÈRES

Chapitres.   Pages.
- I. Chères ombres.   5
- II. A vol d'oiseau, Sondgau et Rauraques.   6
- III. La révolution à Ferrette. — Incendie de la maison du bailli. — Pillages   9
- IV. Sur le Rhin. — De Strasbourg à Dusseldorf. — La Fontaine et Brend'amour. 15
- V. Les invasions de 1813 et 1815. — Le général Lecourbe. — Pierre Lidy et le Champ de la Mort. 19
- VI. Le major Devallant. — Calamités de 1817. — Mosaïque ethnographique. — La famille Cassal . 22
- VII. Le poëte des Jardins à Luppach. — Le Café et la Muse. — Le docteur Charles Soller et l'Homœopathie. 25
- VIII. L'instruction sous les Bourbons. — Dessin et calligraphie. — Redler et Kram. — La girafe. — Le collège d'Altkirch et ses abbés. — Charles X à Mulhouse. — Le peintre Hirn. — Le lithographe Engelmann 28
- IX. Franconi. — Un juge original. — Théâtres. — La Saint-Nicolas. — Etrennes d'un harpiste. — Veilleur de nuit. — Oracle de St André. — Les rois Mages. — Sainte Agathe et les maléfices . 36
- X. Carnaval et carême. — Souvenirs pantagruéliques. — Emancipation des femmes. — Fêtes printanières. — Cloches de bois. — Concert de ténèbres. — Escargots et mésanges 43
- XI. Un krach dans le Sundgau. — Excursion à Bâle. — Barbanègre à Huningue. — La tour du Lally. — Erasme et Holbein. — Le panorama de Wocher. — Peintures d'Appiani à Saint-Morand. — Le roman d'un comte 49
- XII. L'hiver de 1829. — Une exécution capitale. — Un enfant né sans bras. — La flétrissure. — Souvenir du collier de la reine. — Xavier Jourdain, un industriel bienfaiteur 56

PAGINATION DECALEE

Chapitres.	Pages.
XIII. La révolution de 1830. — Garde nationale. — La Fête-Dieu. — Un aumônier de la duchesse d'Orléans. — M. Ch. de Reinach, pair de France. — L'émigration polonaise.	61
XIV. A l'armée de Condé. — Spilmann et le duc d'Enghien. — Souvenirs de trois Alsaciens. — Expédition de Grèce. — Lord Byron. — Conquête d'Alger. — La lithographie en Alsace. — Le télégraphe Chappe. — Création des chemins de fer. — La photographie. — Les allumettes chimiques.	72
XV. Le choléra de 1832. — Louis-Philippe en Alsace ; sa réception à Altkirch. — L'abbé Fleury. — Un émule de Saint Labre. — Châteaubriand et les hannetons. — Le musée Speyr à Bâle. — La bible de Charlemagne et le coffret de Numa Pompilius.	83
XVI. Dans les Vosges. — Ribeauvillé, le Kœnigsbourg. — Notre-Dame de la Pierre. — Landseron et la Bourg. — Curieuse salle de bains. — Un vieux châtelain. — La carte de l'État-Major. — Les saints du Sundgau. — Panorama d'Heidwiller.	93
XVII. Un charmeur. — Hommaire de Hell. — La Smala d'Abd-el-Kader. — L'échauffourée de Strasbourg. — Un notaire mécanicien et poète. — Le château de Morimont et la famille Bruat. — Le général Bonaparte et le docteur Pognet.	101
XVIII. Les Trappistes d'Oelenberg. — Les squelettes du Père Géramb. — La baronne d'Oberkirch. — Ecrivains et artistes romantiques. — Emile de Girardin. — Les fortifications de Paris. — L'agiotage. — Halle aux blés et champ de foire d'Altkirch. — La vie du paysan et la culture au Sundgau. — L'intervention sémite. — Costumes	111
XIX. Taïti et ses Néréides. — Un portraitiste de Durmenach. — Résurrection de la « Joconde ». — Mort de Dumont d'Urville. — La *Vénus de Milo*. — Lapérouse. — Mort du duc d'Orléans. — Le tableau de la « Stratonice ». — Au val de Giromagny. — Ballon d'Alsace. — Le Saut de la truite	126
XX. Jean-Jacques Henner. — Notes biographiques. — Ses débuts, son œuvre. — Le grand prix de peinture. — Séjour à Rome. — Correspondance	136

Chapitres	Pages
XXI. J.-J. Henner. — La villa Médicis. — Naples et le Vésuve. — B. Ulmann. — C. Bernier	147
XXII. L'*Alsace* et les dames de Thann. — L'industrie céramique. — Tuiles Gilardoni. — Vieilles diligences. — Henri Mouleux. — L'ingénieur Emile Muller. — Pierre angulaire. — L'ingénieur Kauffmann. — Pléia'e poétique.	154
XXIII. La Vénus de Mandeure. — Montbéliard et ses princes. — Une ville gallo-romaine. — Saint Morand le vigneron. — Son tombeau et ses exvoto. — Une promenade à Arlesheim. — Le monument de Delille	169
XXIV. Louis Chauffour. — Champagne électoral. — Le bourreau de Colmar. — Jules Favre. — Révolution de Février. — Suffrage universel. — L'arbre de la liberté	180
XXV. Agape démocratique. — Cavaignac et Bonaparte. — Les timbres-poste. — Emeutes. — Crémieux à Altkirch. — Réaction. — Le peintre Dauphin. — Fondation de la *Revue d'Alsace*. — Charles Cassal	190
XXVI. Sépultures gallo-romaines. — Champs lunaires. — Passage des Alpes. — Alcide Gorgel et le blason. — En Crimée. — Mulhouse, chef-lieu. — L'immaculée Conception. — Les deux conseillers de Neyremand père et fils.	202
XXVII. Magistrats alsaciens. — Les dangers de la mer. — Un préfet ingénieur. — Coup d'état municipal à Colmar. — Une série de projets. — Ossuaires et nécropoles	212
XXVIII. Sites et monuments. — Mosaïque de Bergheim. — Le nouveau maire. — Le général Pélissier et l'amiral Bruat. — Epées d'honneur. — Auguste Bartholdi. — Henri Lebert	222
XXIX. Rodolphe Kœppelin. — La magistrature. — Le champ du mensonge. — La statue Rapp. — A Vieux-Brisach. — Un nageur intrépide. — Le retable de 1523. — Riquewihr et Ammerschwihr. Un âne sculpté	229
XXX. Voltaire à Colmar. — L'académie de Pfeffel. — Sa statue. — Friederich et sa tabatière. — Statue de Martin Schœn. — Le kiosque. — Ecole de musique. — André Kiener et le canal	243

Chapitres.		Pages.
XXXI.	Legs Hanhart. — Musée d'Unterlinden. — Adolphe Hirn. — Le général Atthalin. — Le président Poinsot. — En chemin de fer. — Travaux du Rhin	256
XXXII.	Vieux abus. — Le monument Bruat. — La « liberté éclairant le monde ». — En Egypte. — Monuments de Marseille. — Festival de Chanteurs. — Fraternité internationale	268
XXXIII.	Société d'histoire naturelle. — Moineau blanc. — Création du Musée de Colmar. — Louis Hugot. — Ignace Chauffour. — Edmond About à Saverne. — Nouvel Hôtel de Préfecture. — Mme Lafarge, à Montpellier	278
XXXIV.	Hommaire de Hell. — Voyage en Turquie et en Perse. — Paysages de la Martinique. — Tombouctou. — La fille de René Caillié en Alsace	287
XXXV.	Magasin des tabacs. — Monument Bruat. — Souscriptions. — Concours régional agricole. — Grand prix. — Moniteur du concours. — Un joli menu. — A Fribourg. — Chinois colmarien. — Restauration de la cathédrale	297
XXXVI.	Antoinette Lix. — Chemin de fer de Munster au Rhin. — Le figaro de Zellenberg. — Ecoles et marchés. — Inauguration du monument Bruat. — Cantate et festin	308
XXXVII.	Au lac Blanc. — Guerre du Mexique. — Financiers et gogos. — Le saucisson de foie gras. — Les travaux publics de Colmar. — Simple addition. — Les Trois Epis. — X. Mossmann. — Bartholdi à San-Francisco	320
XXXVIII.	Un fonctionnaire hors ligne. — Château d'eau. — Usine à gaz. — Conférences publiques. — Jean Macé et le Petit-Château. — Fiefs alsaciens des princes de Montbéliard. — Les chiens d'une princesse. — Exposition universelle. — Le Windsbühl	335
XXXIX.	Au lac des Quatre Cantons. — Lever du soleil au Righi. — Les hôtels suisses. — Le pont du Diable. — Légende. — Le trou d'Uri, à Andermatt. — Le Pilate	346
XL.	Un peu de législation municipale. — Le duc de Chambord. — Le procédé Comte. — La Schlucht.	

Chapitres.		Pages.
	— A Vaucouleurs et à Domremy. — Maison et monument de Jeanne d'Arc. — Son costume militaire. — Une vieille peinture. — Château de Gombervaux	356
XLI.	Le docteur Iænger. — Des Vosges au Rhin. — Le Sternsée et le ballon de Giromagny. — Concours régional. — Statue du jeune Vigneron. — Au lac de Constance. — Suisse allemande et Suisse romande	370
XLII.	Les comtes de Ribeaupierre, rois des Ribauds. — Le trésor de Ribeauvillé. — Grand Hanap historique. — Bibliothèque des comtes. — Origines de la guillotine. — Béatrice Cenci. — Dernière pendaison à Altkirch	379
XLIII.	Chemin de fer de Colmar au Rhin. — Le Bildstein et le Seelbourg. — Mines d'argent de Sainte-Marie. — Christophorus. — Paphinisnaïda. — Charles Gérard. — Erwin. — Herrade de Landsperg et le Hortus deliciarum	388
XLIV.	Le retable de Luemschwiller. — Fresques de Burnkirch. — Charles Grad. — Gustave Lambert et le Pôle Nord. — Excursions extra terrestres. — Un grand voyageur. — L'isthme de Panama. — Le coton en Algérie.	400
XLV.	Dans l'azur. — Un intrépide voyageur. — Aux sommets de l'idéal. — Le Cap Nord et le soleil de minuit. — Au mont Sinaï. — L'isthme de Suez. — Carrière politique de Grad. — Au Reichstag. — Pèlerinage à Lourdes	413
XLVI.	Conférences à l'exposition de 1889. — Mort prématurée du savant. — Son monument à Turckheim. — Séjour champêtre du Logelbach. — La famille Herzog. — Le peintre miniaturiste Hertrich. — Chapelle construite par M. Antoine Herzog	421
XLVII.	Le colosse de New-York. — Dix-sept ans de labeur. — Mode de construction. — Le monde de la féerie. — Triomphe de l'artiste. — Christophe Colomb. — Jean Rœsselmann. — Le lion de Belfort. — Monument de Bâle. — Médaille d'honneur.	427

Chapitres.		Pages.
XLVII.	Visites aux Musées de Bruxelles, Gand, Bruges, Anvers. — Une ville morte. — Van Eyck et Memling. — Un marbre de Michel-Ange à Bruges	435
XLIX.	Plage d'Ostende. — Un caravansérail cosmopolite. — Cathédrale d'Anvers. — Descente de croix de Rubens. — Architecture des jésuites. — Jardin botanique. — Haarlem et ses tulipes. — Franz Hals.	444
L.	Amsterdam, la Venise du Nord. — Ronde de nuit de Rembrandt. — Pléiade d'artistes. — Tailleries de diamants. — Jardin botanique. — Panthère noire de Java. — La Haye et Scheweningen. — Les trésors d'un Musée.	456

NOTES & EXPLICATIONS

Page 18, ligne 11.

Jean-Jacques-Isidore Gérard de Grandville, né à Nancy en 1803, mort en 1847, s'était distingué par une étude consciencieuse de la nature, une profonde observation et un comique plein de vérité.

Contrairement aux indications qui m'avaient été données, il n'a point exercé de fonctions à la Mairie de Nancy.

Page 55, ligne 27.

Au lieu de « Devenu receveur des postes à Saverne il y a épousé Mlle de Latouche, fille du maire, lisez : Devenu receveur des postes à Wissembourg, il y a épousé Mlle Le Joindre, fille du président du Tribunal.

Page 80, ligne 2.

Au lieu de Châlons-sur-Marne, lisez Chalon-sur-Saône.

Page 82, lignes 23 et 27.

Au lieu de Sauviac, lisez Sauria.
    »   St-Lothaon, lisez St-Lothain.

Page 181, ligne 17.

Au lieu de « il était un des nombreux fils », lisez « il était un des parents ».

André Kœchlin était fils du docteur Jean-Jacques Kœchlin, né en 1754 mort en 1814.

Page 260, ligne 15.

Au lieu d'*antie*, lisez *ante*
    »   de *mécantibus*, lisez *micantibus*.
    »   de *crexit*, lisez *erexit*.

Page 425, dernière ligne.

Au lieu de coûter, lisez *coûte*.

www.ingramcontent.com/pod-product-compliance
Lightning Source LLC
Chambersburg PA
CBHW051619230426
43669CB00013B/2103